称谓词借代词赏析

潘 涌 著

中国言实出版社

图书在版编目（CIP）数据

称谓词借代词赏析/ 潘涌著. -- 北京 ：中国言实出

版社，2019.3

ISBN 978-7-5171-3048-2

Ⅰ．①汉… Ⅱ．①潘… Ⅲ．①汉语—称谓—研究

Ⅳ．①H136.4

中国版本图书馆CIP数据核字（2019）第010397号

出 版 人　王昕朋

总 监 制　朱艳华

责任编辑　赵　歌

出版统筹　冯素丽

责任印制　佟贵兆

封面设计　刘　云

出版发行　**中国言实出版社**

地　　址：北京市朝阳区北苑路180号加利大厦5号楼105室

邮　编：100101

编辑部：北京市海淀区北太平庄路甲1号

邮　编：100088

电　话：64924853（总编室）　64924716（发行部）

网　址：www.zgyscbs.cn

E-mail：zgyscbs@263.net

经　　销　新华书店

印　　刷　北京虎彩文化传播有限公司

版　　次　2020年3月第1版　　2020年4月第2次印刷

规　　格　710毫米×1000毫米　1/16　　26.75印张

字　　数　364千字

定　　价　88.00元　　ISBN 978-7-5171-3048-2

序

张福勋

潘兄与我，大学同学。朝夕相处，莫逆于心。

我曾于其《语文教学艺术论》（中国言实出版社，2016年10月）代序中，称赞潘兄"垒垒札记，孜孜兀兀。含唐咀宋，经史唯富；驰骋中外，贯穿今古"。可知他札记的扎实功夫与厚实功底。

事隔三年之后，另一本呕心沥血之大著《称谓词借代词赏析》赫然在目，不禁让我唏嘘再三，感慨万千！

潘兄自去年以来，染病在身，以耄耋之垂垂暮年，日夕讽咏，终日端坐，露钞雪纂，以书记为乐。勤于收集抄录，不分寒暑昼夜。

六十年来，游目经籍，宅心书史，退能守静，怡然自足。读书笔记，靡有一日之停、一刻之怠。

书中二十二类三十万字札记，或校雠，或刊正，或考据，或溯源，有的笺释词语，有的索隐词义，凡每事每典，皆穷尽原委，钩深达旨。往往标新理于众家之表，立异义于群贤之外，一点一滴，都心血所炙。因其嗜学有素，故能启晨光于积晦，澄百流于一源。让人忽焉领悟，于心雀跃也。

兄常言：读书并不能使人的生命延长，却可以让人生最美妙的时刻永驻。

良哉，斯言也！

呜呼!《易》之"乾"卦曰:"学以聚之,问以辨之,宽以居之,仁以行之。"此乃潘兄之大概也。今日之成功,岂不由志之专于是而然欤!

2019年6月7日农历端午节
(张福勋,全国宋代文学学会理事、陆游研究会理事。
包头师范学院文学院教授)

读书风雅事，称谓知几人

——写在《称谓词借代词赏析》前面

平　凡

　　这是潘老师给我布置的作业，深感倚畀之殷，付托之重，然而无论如何是不敢称作"序"的，充其量算作一篇读后感而已。

　　潘老师是我倾心俯首、非常敬重的老师。先生杖朝之年，依然笔耕不止，佳作迭出。刚读过他的《语文教学艺术论》，如今《称谓词借代词赏析》又摆在了案前，再一次践行了他"不满足现状、不重复自己、不愧对人生、不厌倦知识"的人生操守。展稿阅读，通篇发潜阐幽，贯穿今古，能量满满；掩卷摩挲，顿觉往事历历，感慨唏嘘，余味悠悠。

　　"称谓"一词，最早见于《晋书·孝武文李太后传》："虽幽显同谋，而称谓未尽，非所以仰述圣心，允答天人。宜崇正名号，详案旧典。"这里的"称谓"即称呼，与我们今天所说的"称谓"含义颇为接近，"崇正名号"，说明了古人对称谓的高度重视。

　　古代对称谓词的研究，有许多专著：《尔雅·释亲》，系统阐释了亲属称谓词的用法和意义；东汉刘熙所撰《释名·释亲属》、明代李翊的《俗呼小录》、清代周象明的《称谓考辨》等，从语源学和词义学的角度，对称谓词作了较为系统的释义和考辨；清代梁章钜在其洋洋三十二卷的《称谓录》中，对古代称谓系统作了全面汇总。近几十年来，学术界对现代汉语称谓词的研究，更是成绩斐然，可谓宇内承平，学术昌盛，才士如林。

　　一般而言,称谓词可以反映人们的社会地位以及人与人之间的社会关系。由于中国古代文化的封闭性和尊卑有序的文化心理定式,汉语称谓词具有森严的等级特性,所谓"贵贱有等,长幼有差,贫富轻重皆有称也"。同时,儒家义理的核心是情感和理性,由于等级文化和情感文化力量的冲击,汉语称谓词变得游移不定甚至令人难以把握。且世易风移,文字改变,称谓谬错,意义失真。潘老师嗟世人之冷漠,叹俗儒之穿凿,惋称谓毁于凡学,痛文字败于传讹,拨乱反正,经年研磨,数次归纳,《称谓词借代词赏析》一书方应运而生。全书从文化学、语义语用学以及社会语言学角度,通过对并称(合称)、喻称(譬称)、代称(借称)、别称、泛称(通称、统称)、敬称(尊称)、美称(誉称、颂称)、省称(略称、简称、缩称)、谦称、俗称、贬称(蔑称、讥称)、特称(专称)、自称、戏称(讥称、嘲称)、婉称、雅称(亚称)、昵称(爱称)、隐称(暗称)、旧称(古称)、对称、讹称(误称、传称)、讳称等二十二个大类的分析比较研究,深入审视称谓词的功用和表述,揭示了称谓词的一些特征,在中国汉语词汇学和历史文化学研究方面都具有一定的学术价值。

　　创作的灵感来自对现实的感悟,如同人类命运与情感的体验,创作使灵感得以提升。这是一种说不清道不明的原生状态,深邃得令人神往,精细得令人发喟。我以为,潘老师的《称谓词借代词赏析》犹如一曲远古回音,让人感受到一场从未有过的称谓体验。

　　"壮心未与年俱老,枫临晚秋叶更红。"潘老师深藏若虚,对世俗名利淡漠,保持一个书生应有的本色。他宽厚质朴,古道热肠,习惯了披星戴月,孤灯守望。他老来自奋,黾勉成名,声光炜然,是恂恂儒雅的君子,深为学界同仁所推崇。又因他才性卓异,文采斐然,秀句名篇,娓娓道来,尤为广大师生所称道。他的称谓词研究,不滞不涩,左右逢源,透露着"活"的生机,富含着历史的辩证法。在人人争先恐后赶往聚光灯前的时候,潘老师是如何在幽长岁月中感受隐秘的心灵颤动?在多少人沽名钓誉、唯利是图的时候，潘老师是如何能够在那些逸出现实的部分找到暌违的隐秘之门？在多少人浮光掠影、声色犬马的时候，潘老师又是如何在词语深处孜孜矻矻，探赜索隐？这的确需要我们深思。

孟子曰："可欲之谓善，有诸己之谓信，充实之谓美，充实而有光辉之谓大，大而化之之谓圣，圣而不可知之之谓神。"潘老师用耐心昭示教师本色，用专心传递育人高尚，用爱心铸就生命辉煌，用超凡的才智、过人的毅力，不断地标示出自己的新高；用特有的激情、创新的理念，引领着称谓词研究的方向。这也正是他得以成为杏坛名师的重要原因。我对恩师的治学精神深表钦佩。

我坚信，这部著作的出版，无疑是潘老师献给学界的一份温暖。

2019年春节于北京紫台

前　言

称谓，简言之，就是称呼、名称。

亲属有称谓，如称父亲说"高堂"，称母亲说"萱室"，称夫妻说"伉俪"，称兄弟说"昆仲"。

年龄有称谓，如男子二十称"弱冠"，女子十五称"及笄"，三十岁称"始室""壮岁""而立之年"，七十岁称"古稀之年""悬车之年""致仕之年""杖国之年""从心所欲之年"。

君主有称谓，如夏、商、周时代称天子为"王"，秦至清称天子为"皇帝"。古代帝王也称"君主""君""后"。

职官有称谓，如辅佐君王的有"三公"（太师、太傅、太保）；屈原当过"三闾大夫"，掌管昭、屈、景三姓贵族；司马迁当过"太史令"，掌管记载史事、编写史书。

女性有称谓，如年轻女子称"女郎"，女中豪杰称"巾帼英雄"，女中博学者称"女史"，美女称"罗敷"，丑女称"无盐"。

朋友有称谓，如打破年龄界限称"忘年之交"，相识时间短称"一面之交"，生死不忘称"刎颈之交"，也称"羊左之交""忘私之交"，无官职者称"布衣之交"，道义上相交称"君子之交"，相知甚深称"金兰之交""管鲍之交""尹班之交""忘食之交"。先为友后成仇称"张陈之交"，发小之间的好友称"总角之交"。

社交有称谓，如初次见面称"久仰"，好久不见称"久违"，请人帮忙称"劳驾"，求人原谅称"包涵"，礼貌不周称"失敬"，赞人见解称"高见"。

个人有称谓，或直呼姓名，如杜甫；或称官职，如杜拾遗、杜工部；或称籍贯，如杜巩县；或称排行，如杜二；或称影响，如"诗圣""诗哲"；或称居地，如"杜草堂""杜少陵"。

老师有称谓，如先生、夫子、师、师傅、业师、恩师、宗师、教习、教谕、学正、学官、祭酒等。

死亡有称谓，如天子死称"崩"，诸侯死称"薨"；父母死称"见背"，文士死称"骚魂"；和尚死称"涅槃"，道士死称"羽化"；少年死称"夭折"，老年死称"寿终"。

以上数例称谓所用的都是汉语词汇，现在我们要研究的就是汉语词汇的各种称谓，概括为"称谓词汇"或"称谓词"。

汉语词汇的称谓特别多，主要有并称、喻称、代称、别称、泛称、敬称、美称、省称、谦称、俗称、贬称、特称、自称、戏称、婉称、雅称、昵称、隐称、旧称、讹称、对称、讳称等二十多种。许多称谓又有不同的用词，如并称，又说"合称"；喻称，又说"譬称"；泛称，又说"通称""统称"；敬称，又说"尊称"；美称，又说"誉称""颂称"；省称，又说"略称""简称""缩称""省写"；贬称，又说"蔑称""诬称""鄙称""贱称""讥称""恶称"；特称，又说"专称"；戏称，又说"讥称""嘲称""谐称""谑称"；昵称，又说"爱称"；隐称，又说"隐语""遁辞""暗语"；旧称，又说"古称"；"婉称"和"讳称"往往互相混用，很难分清；许多称谓你中有我、我中有你，交错出现，难免雷同。

各种称谓中，只有少数是单一的称谓，如"盐梅"是喻称宰辅重臣，"扛鼎"是代称西楚霸王项羽，"泰山"是岳父的别称，"令慈"是对别人母亲的敬称。其余多数有两个或两个以上的称谓。

一个词有两个称谓的如"拙荆"，既是对妻子的别称，又是妻子自己的谦称。"青藜"，既是拐杖的代称，又是读书人的代称。"沧渤"，既是东海和渤海的并称，又是大海的泛称。"渔樵"，既是打渔和砍柴的并称，又是隐居的代称。"陵谷"，既是"高岸为谷，深谷为陵"的省称，又是世事巨变的喻称。"慎独简贵"，既是独处时要谨慎与富贵时要节俭的并称，又是操守极高者的泛称。"鸣于乔木"，既是仕途到达高位的喻称，又是乔迁新居的喻称。"黄钟瓦釜"，既是艺术性高雅和低俗的文艺作品的喻称，又是有才德之人被遗弃而无才德之人却高就的喻称。"贤良"，既是"贤良文学"的省称，又是"贤良方正"的省称。"继武"，既是继承前人事业的喻称，又是事务相继而至的喻称。"题红"，既是"红叶题诗"的省称，又是"题红叶"的省称。

一个词有三个称谓的如"玉节"，是竹笋的美称，也是藕的美称，还是手杖的美称。"幽明"，是无形事物和有形事物的并称，也是死和生的并称，还是阴间和阳间的并称。"退食"，既是官吏廉洁奉公的代称，又是归隐退休的代称，还是不受贿的代称。"面壁磨砖"，既是办事不会成功的喻称，又是"面壁坐禅"和"磨砖成镜"的并称和省称。"修齐治平"，既是"修身、齐家、治国、平天下"的并称和省称，又是人的思想愿望和最高境界的代称。"韦编三绝"，既是读书刻苦的喻称，又是《易经》的代称，还是书籍的泛称。

一个词有四个称谓的如"圭璋"，既是圭和璋两种玉器的并称，又是珍贵礼器的泛称，也是高尚品德的喻称，还是新生儿的美称。"续貂"，既是"狗尾续貂"的省称，又是自己不如别人的谦称，也是前后不相协调的喻称，还是滥授官爵的喻称。"狮吼"，既是"河东狮吼"和"狮子吼"的省称，又是悍妇的喻称，也是惧内者的代称。"倚声之学"，既是词作的代称，又是词人的代称，也是词学的代称，还是填词的代称。

一个词有五个称谓的如"朱紫"，既是红色和紫色的并称，又是高官服饰的代称，也是正邪是非的喻称，辞采飞扬的喻称，还是华丽富贵的喻称。

除了以上一词有多个称谓的现象外，还有以下一些特殊情况。

1. 同一个词代称多人

如"刘郎"代称不同朝代的五个人：汉高祖刘邦，汉武帝刘彻，东汉仙人刘晨，南朝宋武帝刘裕，三国蜀主刘备。又如"重瞳"代称传说中和历史上的七个人：古代圣君虞舜，传说中创造文字的仓颉，晋文公重耳，西楚霸王项羽，新朝开国皇帝王莽，唐末农民起义军领袖黄巢，南唐后主李煜。

2. 多个词代称同一个人

如潘郎、潘生、潘令、潘花、潘车、潘果、潘橡、掷果、潘郎貌等九个词都代称西晋文学家潘岳。又如尼山、宣尼、象尼、宣尼公、东鲁、圩顶、素王、家丘、东家丘、圣师、龙蹲、感麟等十二个词都代称孔子。

3. 多个词称谓同一内容

如连理木、连理枝、连理树、连理杯、连理带等五个词均喻称夫妻恩爱、情感坚贞。又如郢中曲、郢中篇、郢中吟、郢止篇、郢中白雪、郢曲等六个词均代称郢地优美的歌曲，又喻称高雅的诗作。又如蕉叶覆鹿、梦中得鹿、蕉鹿、鹿蕉、梦鹿、鹿梦等六个词均喻称得失荣辱犹如梦幻。又如莼羹鲈脍、莼鲈之思、秋风鲈脍、莼鲈秋风、鲈肥莼美、张翰思归、莼鲈、鲈莼、鲈脍、鲈莼、忆鲈、思鲈等十二个词均喻称思乡之情、辞官之意。又如芹献、献芹、野人芹、野人奏曝、野人献芹等五个词均喻称礼品微薄。再如积微知著、集腋成裘、积露为波、积铢累寸、累浅成深、聚水成川、聚沙成塔等七个词均喻称积少成多，日渐明显。

4. 同义或近义的一个词或两个词，称谓却有褒有贬、有正有反

如风雨如晦，既喻称在恶劣的环境下不改变气节操守，又喻称局势动荡、社会黑暗，二者一褒一贬，喻义不同。又如食玉炊桂，既喻称物价昂贵、生活艰难，又喻称生活奢侈、极度浪费，二者一正一反，喻义不同。又如风流人物，既誉称英俊杰出、对一个时代有很大影响的人物，又贬称举止轻浮、善于调情的人，二者一褒一贬，喻义相反。又如"猪肚"和"豕腹"，有时喻称诗文内容丰富、饱满充实，有时则指诗文的中间部分庞杂冗长、

多而无用。二者一褒一贬，截然相反。又如"显处视月"和"牖中窥日"，两个词意思相近，一个是说在明显处看月亮，一个是说在窗户里看太阳，但"显处视月"既喻称治学深广博学，又喻称泛览而不精；"牖中窥日"既喻称治学简明扼要，又喻称专注而不博。二者各有褒贬，容易混淆。再如"骑马寻马"和"骑驴寻驴"，两个词意思相同，但"骑马寻马"是喻称已经有了好处，还要谋求另外的好处；而"骑驴寻驴"却是喻称东西就在自己手里，还要到处寻找。二者一正一反，喻义不一。

5. 同一个词有不同的典故

如"饭牛"就是一词二典。一个是秦穆公重用百里奚的故事，一个是齐桓公重用宁戚的故事。典故不同，寓义却相同，都是喻称贤才先屈身于卑贱之事，后被明君起用。

以上说的是称谓词语的一些特殊情况，其实汉语称谓词语十分复杂，就连称谓分类也十分艰难，许多称谓互相交叉，你中有我，我中有你。如"诗圣""诗帝""诗雄"，既是专称，又是誉称；同一个称谓既指这个人又指那个人，如"诗帝"既称南唐后主李煜，又指清高宗乾隆皇帝；同一个称谓也有变化，如李煜既称"诗帝"，又称"词帝"，因为"诗"与"词"可以分家，也可以混说。

特殊归特殊，复杂归复杂。本书就是要抛开这些因素，把汉语称谓词分成二十二种，一一作些归纳研究。

目　录

一、并称（合称）

并称，也叫"合称"，是把几物并列或把几词合并，组成一个新词。它们之间有相同或相反的内容，或者有可以互相比较的内容。如"屈宋"是战国时楚国诗人屈原和宋玉的并称，他们既是师生关系，又都是辞赋大家，都是《楚辞》的代表作家。

并称主要是词语并称和人名并称。为了便于检索，我们把词语并称分成二字词语并称、三字词语并称、四字词语并称三类；把人名并称分成二字人名并称、四字人名并称和其他人名并称三类。

（一）二字词语并称

两个字的词语并称可以分成山河二字并称、国名地名二字并称、官爵二字并称、人物二字并称、著作学派二字并称、器物二字并称、植物二字并称、动物二字并称、其他二字并称等九类。

1. 山河二字并称

沧渤 东海和渤海的并称，泛称大海。苏曼殊《断鸿零雁记》："余诚冲幼，竟敢将阿姨、阿母残年期望，付诸沧渤。"冲幼，年幼。

涛濑 波涛和激流的并称。濑，音lài，从沙石上流过的急水。《汉书·扬雄传上》："终回复于旧都兮，何必湘渊与涛濑。"

河岳 黄河和五岳的并称，泛称山川。南宋·文天祥《正气歌》："天地有正气，杂然赋流形，下则为河岳，上则为日星。"

淄渑 山东淄水和渑水的并称。相传二水味各不同，混之则难辨。后喻称性质截然不同的两种事物。淄，音zī；渑，音shéng。北周·庾信《哀江南赋》："浑然千里，淄渑一乱。"倪璠注："喻当时贵贱混乱，尽被掳辱矣。"

泾渭 陕西泾水和渭水的并称。相传泾水浊，渭水清。后喻称优劣是非分明。也是"浊泾清渭"的省称。唐·刘知己《史通·采撰》："谈者或以前为后，或以有为无。泾渭一乱，莫之能辨。"

瀍邙 河南洛阳瀍水和邙山的并称。瀍，音chán；邙，音máng。山水之间多王侯陵墓，因以山水名代称帝王陵墓。清·顾炎武《恭谒天寿山十三陵》："盛德比灞杜，宏规轶瀍邙。"灞杜，汉文帝墓灞陵和汉宣帝墓杜陵，代称文、宣二帝。轶，超过。

海岳 大海和高山的并称。岳，指五岳，代称大山。《旧唐书·房玄龄传》："臣老病三公，且夕入地，所恨竟无尘露，微增海岳。"尘露，尘埃和露水，喻称微小不足称。

湘沅 湖南湘水和沅水的并称，也作"沅湘"。沅，音yuán。西汉·东方朔《七谏·沉江》："赴湘沅之流澌兮，恐逐波而复东。"澌，音sī，流水。

岷峨 四川岷山和峨眉山的并称。岷，音mín。南朝·江淹《建平王让右将军荆州刺史表》："水交沅澧，山通岷峨。"

崤函 长安和洛阳间的崤山和函谷关的并称，泛指险要的山关，也作"函崤"。崤，音xiáo。西汉·贾谊《过秦论》："秦孝公据崤函之固，拥雍州之地。"

衡湘 湖南衡山和湘水的并称，代称湖南。唐·韩愈《柳子厚墓志铭》："衡湘以南，为进士者皆以子厚为师。"

云亭 山东兖州云云山和亭亭山的并称，二山为古代帝王封禅处。兖，音yǎn。封禅，祭祀天地；禅，音shàn，祭地。《史记·封禅书》："炎帝封泰山，禅云云；黄帝封泰山，禅亭亭。"

伊颖　河南伊水和颖水的并称。颖，音yǐng。唐·韩愈《祭十二郎文》："当求数顷之田于伊颖之上，以待余年。"

豪濮　安徽濠水和河南濮水的并称。庄子和惠子曾游于濠，庄子也曾钓于濮，代称隐者的居处，也代称闲适无为、逍遥脱俗的生活情趣。豪，通"濠"。濮，音pú。

2. 国名地名二字并称

瀛阆　传说中瀛州和阆苑的并称，是神仙居住的地方，也是宫苑的代称。瀛阆，音yínglàng。唐·陆龟蒙《奉和袭美公斋四咏次韵·鹤屏》："何由振玉衣，一举栖瀛阆。"

幽并　幽州和并州的并称。二地在今河北、山西、内蒙古、辽宁部分地区，代称豪侠之气，也代称侠义之地。南朝·宋·鲍照《拟古诗》："幽并重骑射，少年好驰逐。"

宛洛　古邑宛和洛的并称，二地即今河南南阳和洛阳。东汉时洛阳是国都，南阳是经济中心。代称名郡、名都。宛，音yuān。东汉·王逸《荔支赋》："宛洛少年，邯郸游士。"荔支，即荔枝。

吴越　春秋时吴国和越国的并称。两国地域相近，代称江浙地区。

吴楚　春秋时吴国和楚国的并称。两国地域相近，代称江南地区。唐·杜甫《登岳阳楼》："吴楚东南坼，乾坤日夜浮。"坼，音chè，裂，分开。乾坤，代称日月。

商洛　陕西商县和洛县的并称，因境内有商山和洛水而得名。汉初，"商山四皓"隐居于此。

胡越　胡地和越地的并称，喻称疏远隔绝，泛称北方和南方少数民族地区。唐·白居易《与元微之书》："况从胶漆之心，置于胡越之身，近不得相合，退不能相忘。"

朔云　朔方郡和云中郡的并称，在今山西、内蒙古一带。《文选·颜延之·赭白马赋》："眷西极而骧首，望朔云而蹀足。"骧，音xiāng，头高昂；蹀，音dié，踏，顿足。

盘阊 苏州城门盘门和阊门的并称，代称苏州。阊，音chāng。南宋·陆游《度筰》："安得画船明月夜，满川歌吹入盘阊。"筰，音zuó，竹索。

郑卫 春秋时郑国和卫国的并称，代称郑、卫两地的音乐和诗歌，也代称风俗浮华淫靡之地。旧说《诗经》中《郑风》和《卫风》中的诗篇多淫靡浮华的内容，这是偏见。其实郑卫之声大多为民歌，亦多写爱情，并非"淫声"。唐·白居易《邓鲂张彻落第》："众耳喜郑卫，琴亦不改声。"

骊阿 陕西骊山和阿房宫的并称，代称繁华之地。骊，音lí；阿房，音ēpáng。扬雄《将作大匠箴》："秦筑骊阿，嬴姓以颠。"南宋·章樵注："秦役作骊山，又筑阿房宫，未成而秦亡。"

州郡 州和郡的并称，州大于郡，泛称地方，也作"州县""州里"。汉·班固《西都赋》："与乎州郡之豪杰，五都之货殖。"货殖，财物、商品。

3. 官爵二字并称

宰牧 宰相和州牧的并称，泛指治民的官吏，也泛称地方官吏。牧，古代治民之官。晋·孙绰《喻道论》："三辟五刑，犯则无赦。此王者之常制，宰牧之所司也。"三辟，夏、商、周三代之刑法，辟，音bì，法。五刑，古代的五种刑法，说法不一，《隋书·刑法志》定"笞、杖、徒、流、死"为五刑。

牧伯 州牧和方伯的并称，泛称封疆大吏，也泛称州郡长官。方，地方州郡；伯，地方长官。《汉书·朱博传》："今部刺史居牧伯之伯，秉一州之统……"

宰祝 太宰和太祝的并称，皆为古代主管祭祀之官。《礼记·月令》："乃命宰祝，循行牺牲，视全具。"郑玄注："宰祝，太宰，太祝，主祭之官。"

史巫 祝史和巫觋的并称，代称司祭祀、事鬼神的人。觋，音xí，男巫。《汉书·地理志下》："好祭祀，用史巫。"

公孤 "三公"和"三孤"的并称。"三公"，指太师、太傅、太保；"三孤"，指少师、少傅、少保，泛称朝廷重臣。清·魏源《默觚下·治篇十二》："至治之世，士在公孤；小康之世，士在僚采。"僚采，同僚。士，同"仕"，做官。

秘著 秘书郎和著作郎的并称。六朝时秘书郎掌管图书典籍，著作郎掌管国史资料和写作撰述。《南史·郭原平传》："会稽郡贵重望计及望孝，盛族出身，不减秘著。"望重，名望大；望孝，孝名大。

禄位 俸禄和爵位的并称，泛称官位俸禄。《国语·晋语八》："（范宣子）赖三子之功而飨禄位。"飨，通"享"。

藩臬 藩司和臬司的并称，即明清两朝地方官布政使和按察使的并称，布政使管财政、民政；按察使管司法。泛称中级地方官吏。臬，niè。明·何景明《省中公宴》："劝酬尽是文武士，列坐俱为藩臬臣。"

缨笏 冠带和手板的并称，代称官吏。缨，系在颔下的帽带；笏，音hù，大臣上朝时手里拿的手板，备忘记事用。《文选·颜延之〈皇太子释奠会作诗〉》："缨笏匝序，巾卷充街。"李善注："缨笏，垂缨秉笏也，皆朝臣之服，故举服以明人。"巾卷，头巾和书卷，古代太学生所用。匝，环绕。

乡保 乡约和地保的并称，泛称乡中小吏。太平天国歌谣《春天百花开》："春天百花开，太平天军来。财主逃得快，乡保忙躲开。"

荣秩 荣誉和官阶的并称，代称官运亨通。秩，官吏的俸禄，引申为官吏的职位或品级。《后汉书·陈龟传》："（臣）过受国恩，荣秩兼优。"唐·白居易《出府归吾庐》："身闲自为贵，何必居荣秩。"

4. 人物二字并称

渔樵 渔夫和樵夫的并称，也是捕鱼和砍柴的并称，代称隐居。宋·苏轼《前赤壁赋》："况吾与子渔樵于江渚之上，侣鱼虾而友麋鹿。"

昆仲 兄和弟的并称。昆，兄；仲，弟。也作"昆弟"。鲁迅《狂人日记》："某君昆仲，今隐其名，皆余昔日在中学时良友。"

屠博　屠夫和赌徒的并称。代称隐于市井而行侠好义者，也泛称地位低微者。《梁书·张充传》："觅知己，造时人，骋游说，蓬转于屠博之间，其欢甚矣。"

考妣　亡父和亡母的并称。古代父死称"考"，母死称"妣"。妣，音bǐ。《尔雅·释名》："父曰考，母曰妣。"考妣本代称父母，后转化为代称亡父和亡母。

妇孺　妇女和儿童的并称，也作"妇竖"。竖，童仆，偏称儿童。清·戴璐《藤阴杂记》："今梨园子弟盛演萧后打围，妇孺皆知其英武也。"

嫔息　妻子和子女的并称。嫔，音pín，妇人的美称；息，子女。三国·魏·应璩《与董仲连书》："出蒙讥于臧获，入见谪于嫔息。"臧获，古代对奴婢的贱称，骂奴为"臧"，骂婢为"获"。

媒妁　媒人和妁人的并称。媒，谋合二姓者；妁，音shuò，斟酌二姓者。一说男方的介绍人称"媒"，女方的介绍人称"妁"，泛称媒人。《淮南子·缪称训》："媒妁誉人，而莫之德也。"《孟子·滕文公下》："不待父母之命，媒妁之言，钻穴隙相窥，逾墙相从，则父母、国人皆贱之。"逾，越过。

媒傅　姆媒和师傅的并称。媒，也作"保"。唐·柳宗元《亡妻弘农杨氏志》："五岁，属先妣之忌，饭僧于仁祠，就问其故。媒傅以告，遂号泣不食。"

娵孀　孕妇和寡妇的并称。代称人们所怜悯的人。娵，音zōu，孕妇。清·袁枚《俗吏篇》："娵孀崽子栏满道，牵裾各各陈衷肠。"

嫡庶　嫡子和庶子的并称。嫡，音dí，正妻所生之子；庶，妾所生之子。也作"嫡孽"。孽，音bì，妾。《列子·力命》："齐公族多宠，嫡庶并行。"张湛注："齐僖公母弟夷仲年生公孙无知，僖公爱之，令礼秩同于太子也。"

嫡妾　正妻和小妻的并称。妾，小妻，偏房。明·冯梦龙《东周列国志》第二回："申后曰：'汝父宠幸褒姒，全不顾嫡妾之分，将来此婢得志，我母子无置足之处矣。'"

孀单　寡妇和孤儿的并称。《新唐书·萧复传》："鬻先人墅以济孀单，吾何用美官，使门内馁且寒乎？"美官，位高禄厚之官。鬻，音yù，卖；墅，本宅之外的田庄园林。

师伯　风伯和雨师的并称，即风神和雨神，泛称风雨，也作"风伯雨师"。汉·扬雄《河东赋》："叱风伯于南北兮，呵雨师于东西。"

优伶　俳优和乐工的并称，泛称戏曲演员。俳优，以乐舞谐戏为主；乐工，以唱歌为主。俳，音pái，杂戏、滑稽戏。清·朱彝《北窗呓语》："每遇优伶演剧，金鼓振天，并坐之人，不通一语。"

优偶　倡优和木偶的并称，泛称演员。清·唐甄《潜书·权实》："若徒以文也，譬之优偶之戏，衣冠言貌，陈事辨理，无不合度，而岂其实哉！以娱人之观听也。"

人野　懂礼仪的人和愚昧无知的人的并称。唐·王勃《山亭兴序》："嵇叔夜之龙章凤姿，混同人野。"

俊选　俊士和选士的并称，泛称可以深造的优秀人才。俊士，周代所取之士称"俊士"；选士，周代录取乡人中德业有成就者称"选士"。《礼记·王制》："命乡论秀士，升之司徒，曰选士。司徒论选士之秀者，而升之学，曰俊士。"

旄倪　老人和小孩的并称。旄，音mào，通"耄"，老人；倪，音ní，通"兒（儿）"，小孩。宋·范成大《麻线堆》："非客敢窃议，道旁询旄倪。"

童叟　儿童和老人的并称，如说"童叟无欺"。清·朱鹤龄《湖翻行》："吁嗟苍生尔奈何，但见号咷走童叟。"

怙恃　父亲和母亲的并称。语出《诗·小雅·蓼莪》："无父何怙，无母何恃。"怙，音hù，依靠；恃，音shì，凭恃。也作"恃怙"。

耄悼　老人和幼儿的并称。耄，音mào，通"耄"，八九十岁称耄；悼，七岁。《礼记·曲礼》："七年曰悼。"后泛指年幼之人。《汉书·平帝纪》："及耄悼之人刑罚不加，圣王之所制也。"

甿隶　农夫和奴隶的并称，泛称社会地位低下的人。甿，音méng，农民。《史记·陈涉世家》："陈涉瓮牖绳枢之子，甿隶之人。"瓮牖绳枢，用破瓮作窗户，用绳子缚着门枢，代称房屋简陋，家境贫穷。牖，音yǒu，窗户。

轮舆 轮人和舆人的并称，代称造车的人。轮人，造车轮的人；舆人，造车厢的人。《孟子·滕文公下》："则梓匠轮舆，皆得食于子。"

黔皂 黔首和皂隶的并称，代称平民百姓。黔首，黑头，穷人以黑巾裹头，代称百姓；皂隶，奴隶，差役。黔，音qián，黑色；皂，黑色，古代称穿黑衣的养马人。《南齐书·武帝纪》："仰荐宗禋，俯勖黔皂。"宗禋，对祖先的祭祀，禋，音yīn，祭名；"勖"，音xù，助也。

5. 著作学派二字并称

洛闽 宋代哲学学派洛学和闽学的并称，即"程朱理学"。北宋程颢、程颐兄弟是洛阳人，南宋朱熹曾在福建侨居讲学，故称洛学和闽学。清·黄宗羲《复秦灯岩书》："学者不宗洛闽，即宗姚江，不可别自为宗。"姚江，指明代大儒王守仁，其学派，称"姚江学派"，即"阳明学派"。

浑盖 "浑天说"和"盖天说"的并称，也是省称。这也是中国古代的两种天文学观点。"浑天说"意谓天像球形；"盖天说"即"天圆地方说"，意谓天圆如张盖，地方如棋局。北周·庾信《进〈象经赋〉表》："日之远近，本非童子所问；天之浑盖，岂是书生所谈。"

坟丘 《三坟》和《九丘》的并称，也是省称。传说是伏羲、神农、黄帝时的书，是中国最古老的著作，已失传。或谓《九丘》即《洛书》。也作"丘坟"。东汉·应场《文质论》："览坟丘于皇代，建不刊之洪制。"不刊，不改易。

坟索 《三坟》和《八索》的并称，也是省称，已失传。或谓《八索》即《河图》。

坟典 《三坟》和《五典》的并称，也是省称。《五典》传说是少昊、颛顼、高辛、唐尧、虞舜时的书，已失传。《南史·丘巨源传》："少好学，居贫，屋漏，恐湿坟典，乃舒被覆书，书获全而被大湿。"《左传·昭公十二年》楚灵王称赞左史倚相："是良史也，子善视之。是能读《三坟》《五典》《八索》《九丘》。"

河洛 《河图》和《洛书》的并称，也是省称。《易·系辞上》中说，"河出图""洛出书"。传说伏羲时，有龙马从黄河出现，背负"河图"；有神龟从洛水出现，背负"洛书"。据说，"河图"就是后来的八卦，"洛书"就是后来的《尚书·洪范》。南朝·梁·刘勰《文心雕龙·原道》："取象乎河洛，问数乎蓍龟。"

丹坟 丹铅和坟典的并称，也是省称，泛称著述。丹铅，旧时校点书籍时所用的丹砂和铅粉。丹砂即朱砂，古人用朱笔评点书籍，铅粉、白粉用来涂抹修改。清·王夫之《连珠》："是以虞夏之心，益焜煌于北海；丹坟之业，不陨获于嬴秦。"焜煌，明亮，辉煌。陨获，困迫失志。

箫勺 舜乐《箫》和周乐《勺》的并称，代称教化。唐·李德裕《谢恩不许让官表状》："《箫》《勺》可致于太平，文轨尽同于元化。"元化，帝王的德化。

图史 图书和史籍的并称，泛称书籍。《旧唐书·宋璟传》："且苍梧之野，骊山之徒，善恶分区，图史所载。"苍梧，即九嶷山，在湖南；骊山，在陕西。

儒玄 儒学和玄学的并称，也是省称。玄学，魏晋时期的一种哲学思潮，有"新道家"之称，也称"玄远之学"。玄，幽远。《晋书·江惇传》："性好学，儒玄并综。"

儒道 儒学和道学的并称，也是省称。先秦时两个重要的哲学流派，对后世影响极大。《三国志·魏志·钟会传》："弼好论儒道，辞才逸辩，注《易》及《老子》，为尚书郎，年二十余卒。"弼，指曹魏时经学家王弼，死时仅二十四岁。

公谷 《公羊传》和《谷梁传》的并称，也是省称。战国时齐人公羊高作《春秋公羊传》，谷梁赤作《春秋谷梁传》，二书是对鲁国史书《春秋》的阐释，再加上春秋末鲁人左丘明作的《春秋左氏传》（简称《左传》），合称"春秋三传"。《新唐书·儒学传下·啖助》："助爱《公》《谷》二家，以《左氏》解义多谬，其书乃出于孔氏门人。"

文什 文章和诗篇的并称，泛称诗文著作。什，《诗经》中的《雅》和《颂》大多以十首为一卷，名之曰"什"。唐·刘禹锡《董氏武陵集纪》："公卿大夫以忧济为任，不暇器人于文什之间。"器人，选择人才。

序跋 书前序文和书后跋文的并称。如同现在的"前言"和"后记"。"序"也作"叙""引""绪"。如《汉书·叙传》。清·姚鼐《古文辞类纂》分文章为十三类，其中有"序跋"类。

序论 序和论的并称，代称史传文开头的引言和结尾的评论。如《太史公自序》《八方序跋》。《宋书·范晔传》："至于《循吏》以下及《六夷》诸序论，笔势纵放，实天下之奇作。"

传诔 传记和诗文的并称。传，音zhuàn，用以记述死者的事迹和德行；诔，音lěi，用以表示对死者哀悼的诗文。《东观汉记·平原怀王胜传》："平原王葬，邓太后悲伤，命史官述其行迹，为传诔，藏于王府。"

蒿露 乐府中两首古代挽歌《蒿里》和《薤露》的并称，也是省称，代称死亡或丧葬。薤，音xiè。清·周亮工《书影》："余入闽时，客以其诗来，予悲其蒿露，谓客曰：'余任其葬，子任其诗。'"

选骚 南朝·梁·萧统选编的《文选》和战国屈原著的《离骚》的并称，也是省称，泛称文学作品中的精品。《文选》也称《昭明文选》。宋·刘克庄《答谢法曹》："《选》《骚》意度卑唐体，晋宋文章让谢家。"意度，指作品的意境和风格。唐体，指唐诗的体式风格。

训谟 《尚书》中"六体"中之"训"和"谟"的并称，泛称教训谋画。训，记述君王训导之辞；谟，音mó，记述君臣谋议国事之辞。宋·范仲淹《任官惟贤材赋》："大哉考古典之训谟，观前王之取舍。"

论孟 《论语》和《孟子》的并称，也是省称，泛称儒家经典著作。《二程遗书》："学者先须读《论》《孟》……以此观他经，甚省力。"

韶武 虞舜《韶》乐和周武王《武》乐的并称，泛称高雅的古乐。汉·王充《论衡·自纪》："闾巷之乐，不用《韶》《武》。"

骚策 《离骚》和《国策》的并称，也是省称，泛称文学和史学著作。《国策》也作《战国策》，西汉刘向编定，是一部记载战国时期游说之士的政治主张和言行策略的史学著作。清·章学诚《文史通义·答大儿贻选问》："若六代辞章，全出《骚》《策》。"

6. 器物二字并称

沉麝 沉香和麝香两种香料的并称，也是省称，泛称香料。沉香是产于亚热带的一种香木，麝香指雄性麝脐部的分泌物，有香气。五代·王仁裕《开元天宝遗事·嚼麝之谈》："宁王骄贵，极于奢侈，每与宾客议论，先含嚼沉麝。方启口发谈。香气喷于席上。"

沉檀 沉香和檀香的并称，也是省称，泛称香料。檀香是梵文"梅檀那"的省称，是一种香木。唐·罗隐《迷楼赋》："斯楼乃峙，榱桷沉檀，栋梁杞梓。"榱桷，音cuī jué，屋椽；杞梓，音qǐ zǐ，杞木和梓木，皆良材。

涓埃 细流和尘土的并称，也是泛称，喻称微小之物，也作"涓尘"。唐·杜甫《野望》："惟将迟暮供多病，未有涓埃答圣朝。"

涕泗 眼泪和鼻涕的并称。也作"涕洟"。涕，眼泪；洟，音yí，鼻涕；泗，音sì，鼻涕。明·孙梅锡《琴心记·赍金买赋》："徘徊倚袖，涕泗沾衣。"赍，音jī，把东西送给别人。

汤炭 滚水和炭火的并称，也是省称，喻称痛苦处境和危险境地。《魏书·田益宗传》："皆拯群生于汤炭，盛武功于方来。"方来，将来。

瓶锡 僧人使用的瓶钵和锡杖的并称，也是省称，代称僧侣或僧侣生活。五代·齐己《夏日荆渚书怀》："中途息瓶锡，十载依公卿。"

泉刀 古代钱币泉和刀的并称，泛称钱币。泉，古钱币名，谓流通如泉，币上铸"泉"字。刀，古钱币名，其形如刀，故名。

泉贝 古代钱币泉和贝的并称，泛称钱币。贝，商代以贝代币。贝的计算单位是"串"和"朋"，五贝为一串，两串为一朋。唐·王勃《上刘右相书》："是知发挥地利，农桑启其业；振荡天功，泉贝流其用。"

冕笏 礼冠和手板的并称，泛称仕宦者。《文选·王融〈永明十一年策秀才文〉》："若闲冗毕弃，则横议无已；冕笏不澄，则坐谈弥积。"闲冗，闲散的官职。横议，恣意议论。坐谈，空谈。弥，益，更加。

玉桂 "米如玉"和"柴如桂"的并称，喻称生活费用昂贵，也喻称生活奢侈浪费。《战国策·楚策三》："楚国之食贵于玉，薪贵于桂。"

珠玳 珠玉和玳瑁的并称，也是省称，喻称服饰华贵。玳瑁，音dàimào，动物名，形似龟，其角质板可制作饰品。南朝·齐·范云《赠张徐州稷》："傧从皆珠玳，裘马悉轻肥。"傧从，侍从。裘，皮衣。轻裘肥马，形容生活奢华。

瑕蠹 瑕玷和蛀虫的并称，喻称坏人坏事。蠹，音dù，蛀蚀器物的虫子，喻称祸害国民的人和事。玷，音diàn，玉上的斑点，喻称人的缺点过失。明·张居正《遵谕自陈不职疏》："欲剔瑕蠹以新化理，意义甚盛。"不职，不称职。

瑾瑜 两种美玉瑾和瑜的并称，泛称美玉，喻称美德贤才。北齐·颜之推《颜氏家训·省事》："今世所睹，怀瑾瑜而握桂兰者，悉耻为之。"

朱墨 朱笔和墨笔的并称，用于书籍的编撰和批注，代称公文。宋·陆游《老学庵笔记》卷十："凡太宗圣论及史官采摭之事。分为朱墨书以别之。"摭，音zhí，拾取。

株块 木头和土块的并称，喻称愚昧无知。株，露出地面的树根、树桩，泛称草木。《列子·杨朱》："名者，固非实之所取也。虽称之弗知，虽赏之不知，与株块无以异矣。"

彗孛 彗星和孛星的并称，也是省称，代称灾祸或战争。孛星，古代传说中的一种光芒四射的彗星。孛，音bèi。《后汉书·卢植传》："比年地震，彗孛互见。"比年，每年，连年。

履舄　单底鞋和复底鞋的并称。履，古代单底鞋称"履"；舄，同"舄"，音xì，古代复底鞋称"舄"。泛称鞋。《史记·滑稽列传》："男女同席，履舄交错，杯盘狼藉，堂上烛灭。"履舄，鞋子杂乱地放在一起。

弧矢　弓和箭的并称，泛称武功、兵事。《易·系辞下》："弦木为弧，剡木为矢，弧矢之利，以威天下。"弦，安上弓弦。剡，音yǎn，削，削尖。

韦弦　皮革和弓弦的并称，喻称缓急，也喻称外界的启迪和教益，用以警戒、规劝。也作"弦韦"。语出《韩非子·观行》："西门豹之性急，故佩韦以自缓；董安于之性缓，故佩弦以自急。"韦，皮革；弦，琴弦。《文选·任昉〈王文宪集序〉》："夷雅之体，无待韦弦。"李善注："韦，皮绳，喻缓也；弦，弓弦，喻急也……言王公平雅之性，无待此韦弦以成也。"唐·杨炯《后周宇文彪神道碑》："公为中正，佩以韦弦。"

巾帔　头巾和披肩的并称。帔，音pēi，披肩。《北史·李裔传》："（李裔）尝着巾帔，终日对酒，招致宾客，风调详雅。"

巾帼　古代妇女的头巾和头饰的并称，代称妇女。帼，音guó，头巾，头饰。《新唐书·东夷传·高丽》："庶人衣褐，戴弁，女子首巾帼。"弁，音biàn，帽子。

带冕　衣带和冠冕的并称，代称高官尊位。《汉书·叙传上》："今吾子幸游帝王之世，躬带冕之服。"颜师古注："带，大带也；冕，冠也。"

帷第　帷帐和床席的并称，也是省称。代称寝息之处。第，音zǐ，床席。《新唐书·褚遂良传》："昭仪昔事先帝，身接帷第，今立之，奈无下耳目何？"

衡樊　衡门和樊篱的并称，也是省称，泛称简陋的房舍。衡门，横木为门；樊篱，以篱笆为墙。《宋书·明帝纪》："其有贞栖隐约，息事衡樊……"贞栖，隐居；息事，使事情平息。

衔勒　马嚼口和马络头的并称，代称道德法纪。《孔子家语·执辔》："夫德法者，御民之具，犹御马之有衔勒也。"

干革　盾与甲胄的并称，泛称兵器武备。干，音gān，盾；革，甲胄。胄，音zhòu，头盔。《史记·太史公自序》："始皇既立，并兼六国，销锋铸镰，维偃干革……"镰，音jù，钟，古代乐器。偃，音yǎn，倒伏。

干戈　盾和戈的并称，泛称武器。也作"干戚"。戈，古代的一种曲头横刃兵器；戚，像斧一样的兵器。汉·桓宽《盐铁论·世务》："兵设而不试，干戈闭藏而不用。"试，使用。

圭璋　圭和璋两种玉器的并称，泛称珍贵的礼器，也喻称品德高尚，卓有才干，也美称新生的儿子。过去生子叫"弄璋"。圭，音guī，也作"珪"，长而顶端成三角形的玉器；璋，音zhāng，长而顶端成锐角形的玉器。清·袁枚《新齐谐·滑伯》："圭璋兖冕而出者，官必升迁；深衣便服而出者，官多不祥。"

埃芥　尘埃和芥草的并称，也是省称，喻称微末之物，不足珍惜。晋·葛洪《抱朴子·交际》："虽文艳相雄，学优融玄，同之埃芥，不加接引。"相雄，指汉代文学家司马相如和扬雄；融玄，指汉代经学家马融和郑玄。

埙篪　埙和篪两种乐器的并称，二者合奏，声音和谐。喻称兄弟亲密和睦。埙，音xūn，古代的一种陶制圆形吹奏乐器；篪，音chí，古代的一种竹制单管横吹乐器。也作"埙箎""壎篪"。箎，同"篪"；壎，"埙"之异体字。宋·黄庭坚《送伯氏入都》："岂无他人游，不如我埙篪。"

壤芥　泥土和小草的并称，也是省称，喻称微贱之物。清·唐甄《潜书·自明》："宝非己有，犹壤芥也，夫岂非宝不可以为宝。"

奎壁　二十八宿中奎宿和壁宿的并称，也是省称。旧谓二星主文运，后代称文艺。宿，音xiù，星宿。清·荻岸山人编次《平山冷燕》第十六回："二兄青年高才，焕奎壁之光，润文明之色。"

吻翰　口和笔的并称，泛称口才和文才。吻，嘴唇，代称嘴；翰，代称笔。唐·范摅《云溪友议》卷四："例物之外，别赐宫锦五十段，楞枷瓶及唾盂各一枚，以赏吻翰之端也。"例物，按规定发给的钱物；楞枷瓶，僧人用的盛水器。

囷窌 谷仓和地窖的并称，泛称粮仓。囷，音qūn，圆形谷仓；窌，音jiào，储粮的地窖。《荀子·荣辱》："余刀布，有囷窌。"

刍豆 草和豆的并称，代称牛马的饲料。刍，音chú，草。宋·沈作喆《寓简》："昔刘景升有大牛，重千斤，啖刍豆十倍常牛。"啖，音，dàn，吃。

几砚 几案和砚台的并称，也是省称，也作"几研"。宋·苏轼《雨中过舒教授》："窗扉静无尘，几砚寒生雾。"

几榻 靠几和卧榻的并称，也是省称，泛称日用器具。榻，音tà，狭长而较矮的床，代称床。三国·魏·应璩《与侍郎曹长思书》："悲风起于闺闼，红尘蔽于几榻。"

冰玉 冰和玉的并称，喻称高洁如冰玉的人或物。宋·苏轼《别子由》："又闻缑山好泉眼，傍市穿林泻冰玉。"谓泉水清如冰似玉。

冰炭 冰块和炭火的并称，喻称性质相反、不能相容的事物。《韩非子·用人》："争讼止，技长立，则强弱不觳力，冰炭不合形，天下莫得相伤，治之至也。"觳，音jué，通"角"，较量。觳力，以力比胜负。

冠笄 古代男子的冠和女子的笄的并称，泛称成年男女。也作"笄冠"。冠，帽子。古代男子二十岁行冠礼。"冠礼"的"冠"，音guàn，戴帽子。笄，音jī，簪子。古代女子十五六岁行笄礼，即把簪子插进头发里，挽住头发。

刀砧 刀和砧板的并称，代称宰杀。砧，音zhēn，切物的砧板。

丹铅 朱砂和铅粉的并称，用以校勘书籍，代称校订之事。唐·韩愈《秋怀诗》："不如觑文字，丹铅事点勘。"觑，音qù，看。"丹铅"也是胭脂和铅粉的并称，妇女化妆用品，代称妇女。宋·陆游《探梅》："高标元合着山泽，绝艳岂复施丹铅。"

铅黄 铅粉和雄黄的并称，也是省称。用以校点书籍。黄，雄黄，用以校点书籍。姚华《曲海一勺·骈史下》："故书成证俗，未足比其铅黄。"

传刍 驿站和草料的并称，泛称车马草料。传，音zhuàn，驿站的房舍，代称驿站；刍，草料。清·唐甄《潜书·考功》："昔者唐子为长子知县，将见都御史达良辅，赋役、传刍，备诵之，以待难也。"

斤墨 斧头和墨斗的并称，也是省称，皆为木匠的工具，代称木匠。唐·白居易《寓意诗》："匠人执斤墨，采度将有期。"

股掌 大腿和手掌的并称，喻称距离很近。《国语·吴语》："大夫种勇而善谋，将还玩吴国于股掌之上，以得其志。"种，指越王勾践之谋臣文种。

膏兰 油脂和香草的并称，喻称消损自身而造福他人。意思是油膏照亮黑暗而自身损灭，香草给人香气而自身变味。《文选·潘尼〈赠侍御史王元贶〉》："膏兰孰为销？济治由贤能。"

胶漆 胶和漆的并称，喻称事物的牢固结合或人们的亲密无间。汉·邹阳《狱中上书》："感于心，合于意，坚如胶漆，昆弟不能离，岂惑于众口哉！"

砚席 砚台和坐席的并称，也是省称，代称学习或同学。《晋书·刘弘传》："少家洛阳，与武帝同居永安里，又同年，共研席。"研，同"砚"。

砧杵 捣衣石和捶衣棒的并称，代称捣衣。砧，音zhēn，捣衣石；杵，音chǔ，捣衣用的小木棒。南朝·梁·何逊《赠族人秣陵兄弟》："萧索高秋暮，砧杵鸣四邻。"

甲胄 铠甲和头盔的并称，代称兵器和战事。也作"介胄"。介，甲。汉·刘歆《移书让太常博士》："然公卿大臣绛灌之属，咸介胄武夫，莫以为意。"绛，指绛侯周勃；灌，指颍阴侯灌婴，二人皆为刘邦的武将，二人起自布衣，鄙朴无文。

甲弩 铠甲和弓弩的并称，也是省称，代称兵器和战争。《新唐书·百官志》："掌缮甲弩，以时输武库。"

毕弋 捕兽用的网和捕鸟用的箭的并称，泛称捕猎。毕，长

16

柄网；弋，音yì，系绳的箭。《诗·齐风·卢令序》："襄公好田猎毕弋，而不脩民事，百姓苦之。"田，同"畋"，音tián，打猎；脩，"修"之异体字，整治。

盘鼎 盘和鼎的并称。代称功勋之记载。古人建功立业后常刻于盘鼎记之。南朝·宋·谢灵运《谢封康乐侯表》："功参盘鼎，胙土南服。"胙土，帝王以土地赐封功臣。胙，音zuò，赐与。

矩绳 曲尺和墨绳的并称，二者皆为木匠的工具，喻称规矩法度。《大戴礼记·哀公问五义》："行中矩绳，而不伤于本。"

羁绁 马络头和马缰绳的并称，泛称驭马或束缚禽兽的绳索。羁，音jī，马络头；绁，音xiè，牵牲畜的绳子。《左传·僖公二十四年》："臣负羁绁，从君巡于天下。"犹言效犬马之劳。

笔札 毛笔和简牍的并称，泛称文具用品，也代称书信。简牍，古代书写用的竹片和木片。牍，音dú，木片。《宋史·钱熙传》："熙负气好学，善谈笑，精笔札。"笔札，指书信。

箫管 排箫和大管的并称，代称管乐器。《文选·南朝·宋·鲍明远〈升天行〉》："凤台无还驾，箫管有遗声。"

蓑笠 蓑衣和笠帽的并称，也是省称，代称雨服和渔翁。清·唐甄《潜书·明鉴》："茅舍无恙，然后宝位可居；蓑笠无失，然后衮服可服。"喻称不忘本。衮服，显宦之服。

笾豆 笾和豆的并称，二者皆为古代的盛器，代称祭器。竹制盛器为"笾"，木制或陶制盛器为"豆"。笾，音biān。《论语·泰伯》："笾豆之事，则有司存。"有司，泛称官吏。

舳舻 音zhúlú，船尾和船头的并称，泛称前后首尾相接的船队，喻称船多。《汉书·武帝纪》："舳舻千里，薄枞阳而出。"薄，迫近，接近。枞阳，地名，在安徽。枞，音zōng。

船骥 船和良马的并称，喻称治国的贤臣。《吕氏春秋·知度》："绝江者托于船，致远者托于骥，霸王者托于贤。伊尹、吕尚、管夷吾、百里奚，此霸王者之船骥也。"

衣钵 僧尼的袈裟和饭盂的并称，喻称法器、思想、技能。钵，音bō，一般称僧人的食器。《传灯录》："五祖衣钵，传于卢行者。"

萍梗 浮萍和断梗的并称，也是省称，喻称漂泊流徙、行止无定。宋·陆游《答勾简州启》："遂容萍梗，暂息道途。"

丝粟 蚕丝和粟米的并称，也是省称，喻称极小或极少之物。唐·罗隐《谗书》："然珪璧者，虽丝粟玷颣，人必见之，以其为有用之累也。"玷，音diàn，玉上的斑点。颣，音lèi，丝上的疙瘩，引申为毛病、缺点。

軿轩 軿车和轩车的并称，也是省称，泛称豪华的车辆。軿，音píng，有帷幕的车子。轩，音xuān，前顶高而有帷幕的车子。也作"辎軿"。辎，音zī，有帷幕的车。晋·陆机《日出东南隅行》："南崖充罗幕，北渚盈軿轩。"

轮蹄 车轮和马蹄的并称，也是省称，代称车马。唐·韩愈《南内朝贺归呈同官》："绿槐十二街，涣散驰轮蹄。"

貂蝉 貂尾和附蝉的并称，二者为古代侍中、侍常等文官的冠饰，后用作达官贵人的代称。宋·陆游《草堂拜少陵遗像》："长安貂蝉多，死去谁复算？"

觚翰 木简和毛笔的并称，代称文辞。觚，音gū，木简；翰，毛笔。明·宋濂《申鲜生辞》："溺觚翰者，以古今之学无出于文而不知有轻术之渊奥。"溺，沉湎。渊奥，深奥。

觞豆 酒杯和食器的并称，也是"觞酒豆肉"的省称，泛称酒肴之具。汉·张衡《东京赋》："执銮刀以袒割，奉觞豆于国叟。"李周翰注："言天子亲执刀，肉袒割牲，奉酒及笾豆于三老五更。"三老五更，古代设三老、五更，是老而退休官员的荣誉称号。或曰三人、五人，或曰各一人。

随卞 "随侯之珠"和"卞和之璞"的并称，也是省称，泛称珍宝，也作"随珠和璧""随珠和玉""随珠荆玉"，也省称作"随珠""和玉""随和"。晋·陆云《赠顾彦先》："光莹之伟，随卞同珍。"伟，精美。

方燧 方诸和阳燧的并称，也是省称。方诸，古代在月下承露取水的器具；阳燧，古代向日取火的凹镜。《淮南子·览冥训》：

"夫阳燧取火于日，方诸取露于月。"燧，音suì。

驾肩 车驾和肩舆的并称，也是省称，二者皆为出行的工具，泛称出行。清·蒲松龄《聊斋志异·颠道人》："章丘有周生者，以寒贱起家，出必驾肩而行。"

鼙鼓 小鼓和大鼓的并称，二者均为古代军中所用之鼓。鼙，音pí，军中小鼓，亦作"鞞鼓"。鞞，同"鼙"，也叫"骑鼓"。唐·白居易《长恨歌》："渔阳鼙鼓动地来，惊破霓裳羽衣曲。"

龟蓍 龟甲和蓍草的并称，也是省称。二者皆为古代占卜用物，代称占卜。蓍，音shī，占卜用的一种草。明·马中锡《罪言》："贾谊谒司马季主外蓍而论圣贤，扬雄从严君平依卜筮而谈忠孝。"辠，音zuì，"罪"的古字。

城隍 城墙和护城河的并称，也是城池守护的代称，也作"城池"。隍，音huáng，无水的护城壕。东汉·班固《两都赋序》："京师修宫室，浚城隍。"

7. 植物二字并称

杞楠 杞木和楠木的并称，皆佳木，喻称良才。杞，音qǐ。晋·左思《三都赋》："踉蹿竹栢，獶猭杞楠。"踉蹿，音yìyú，跨越，超越。獶猭，音liánchuán，兽类奔跑。栢，同"柏"。

杞梓 杞木和梓木的并称，皆佳木，喻称良才。梓，音zǐ。《晋书·陆机陆云传》："观夫陆机、陆云，实荆衡之杞梓。"荆衡，指荆山和衡山的两种优秀木材，喻称优秀的人才。

类似的并称两种良木的词还有"楸梓""梗梓""楩楠""桥梓""桐梓"等。楩，音pián。

松筠 松树和竹子的并称，喻称节操坚贞。筠，音yún，竹子。《隋书·柳庄传》："而今已后，方见松筠之节。"

桑梓 桑树和梓树的并称，为家宅中常种的树，代称故乡或乡里父老。唐·柳宗元《闻黄鹂》："乡禽何事亦来此，令我生心忆桑梓。"

桑榆 桑树和榆树的并称，为日落时余光所在处，喻称日暮、年老，也喻称归隐。《后汉书·冯异传》："失之东隅，收之桑榆。"

梧楸 梧桐和楸木的并称，二树皆逢秋而早凋，喻称秋天来临，也喻称事物的衰落。唐·李白《秋日登扬州西灵塔》："露浴梧楸白，霜催橘柚黄。"

梨枣 梨树和枣树的并称。古代刻书多用梨木和枣木，后代称出版，如说"付之梨枣"。清·方文《赠毛卓人学博》："虞山汲古阁，梨枣灿春云。"

梅柳 梅树和柳树的并称。梅花开放，柳树吐芽，皆为春天来临的信息，代称春天。晋·陶潜《蜡日》："梅柳夹门植，一条有佳花。"

椒兰 椒树和兰花的并称，皆为芳香之物，喻称美好贤德之人，也代称后妃和后妃居处，她们在居所常饰以椒兰。唐·杜牧《阿房宫赋》："烟斜雾横，焚椒兰也。"

椿萱 椿树和萱草的并称，代称父母。椿树长寿，代称父亲；萱草，即忘忧草，古人在母亲居住的北堂种此草，代称母亲。唐·牟融《送徐浩》："知君此去情偏切，堂上椿萱雪满头。"

墨楮 墨和纸的并称，泛称文具。楮，音chǔ，木名，可造纸，代称纸。清·龚自珍《海门先啬陈君祠堂碑文》："君之屋于海也，几六十年，不蓄墨楮，结绳而治。"

冥椿 冥灵和椿树的并称，泛称长寿。冥灵，古代大树名，传说以五百岁为春，五百岁为秋；椿树，又称大椿，古树名，传说以八千岁为春，八千岁为秋。典出《庄子·逍遥游》。

麝檀 麝香和檀木的并称，泛称香料。元·乃贤《头头观》："碧血凝螺黛，香涎逼麝檀。"螺黛，画眉用的一种青黑色颜料。

松鹤 松树和仙鹤的并称，喻称长寿。如说"松鹤遐龄""松鹤同春""松鹤同长"。唐·方干《题长洲陈明府小亭》："松鹤认名呼得下，沙蝉飞处听犹闻。"

8. 动物二字并称

牛骥 牛和千里马的并称，喻称愚者和贤者。清·王浚卿《冷眼观》第三十回："不忍牛骥以并驾而俱疲，工尺因混吹而莫辨。"常说"牛骥同皂"，皂，音zào，牲口槽。工尺，音gōngchě，古代工尺谱中两个不同的音阶名。

枭狐　猫头鹰和狐狸的并称，代称凶鸟和恶兽，喻称险恶之徒。枭，通"鸮"，音xiāo，猫头鹰。《新唐书·宦者传序》："枭狐不神，天与之昏，末如乱何。"

枭鵩　猫头鹰和鵩鸟的并称，旧谓二者是不祥之鸟，喻称不祥之兆。鵩，音fú，似鸮。

枭鸾　猫头鹰和鸾鸟的并称。枭为恶鸟，鸾为祥鸟，喻称恶与善、小人与君子。南朝·梁·刘孝标《辩命论》："然则天下善人少，恶人多，闇主众，明君寡，而薰莸不同器，枭鸾不接翼。"闇，音àn，晦暗；薰莸，音xūnyóu，香草和臭草。接翼，翅膀挨着翅膀。

孔鸾　孔雀和鸾鸟的并称，皆为吉祥之鸟，喻称美好而高贵者。汉·司马相如《子虚赋》："其上则有鹓雏孔鸾。"鹓雏，音yuānchú，传说中与鸾凤同类的鸟。

乌鸢　乌鸦和老鹰的并称，二者皆为贪食之鸟，代称贪婪者。鸢，音yuān，老鹰。《庄子·列御寇》："庄子将死，弟子欲厚葬之……曰：'吾恐乌鸢之食夫子也。'"

虺蜮　毒蛇和鬼蜮的并称，喻称阴险狠毒的害人虫。虺，音huǐ，毒蛇，毒虫；蜮，音yù，传说中能含沙射人的一种害虫。南朝·宋·鲍照《芜城赋》："坛罗虺蜮，阶斗麏鼯。"麏鼯，音míwú，麏鹿和鼯鼠。麏，同"麋"。

蛟凤　蛟龙和凤凰的并称，一为神兽，一为祥鸟，喻称杰出的人才。《晋书·文苑传论》："君章耀湘中之宝，挺荆楚之材，梦鸟发乎精诚，岂独日者之蛟凤。"梦鸟，喻称诗文才思之富。

鹏蜩　鹏鸟和知了的并称，喻称大小悬殊之物。鹏，音péng，传说中的大鸟；蜩，音tiáo，即蝉、知了。唐·孙嘉之《对书史百家策》："孙武绚其韬略，蒙叟混其鹏蜩。"蒙叟，指庄子。

喻称大小悬殊的并称词还有"鹏鷃""鹏虱""鹏鷦""鹏鸡"等。鷃，音yàn，小鸟名；鷦，音jiāo，即鷦鹩，小鸟名。

鹣蹶　比翼鸟和比肩兽的并称，喻称关系亲密。鹣，音jiān，传说中的比翼鸟；蹶，音jué，传说中的比肩兽。比翼鸟，传说此鸟一目一翼，不比不飞，常喻称夫妻。比肩兽，传说此兽雌雄并肩而行，喻称亲密。唐·韩愈《送文畅师北游》："况逢旧亲识，无不比鹣蹶。"

类似的并称词还有"比目鱼""连理树""连理枝"等。

鹣鲽　比翼鸟和比目鱼的并称，喻称交往亲密的朋友或相亲相爱的男女。鲽，音dié，比目鱼，也叫"鲽鱼"，此鱼左右不对称，两眼均位于头的一侧，故名。如说"鹣鲽情深"。宋·王安石《韩持国从富并州辟》："惟子予所向，嗜好比鹣鲽。"

鹦猩　鹦鹉和猩猩的并称，也是省称。皆善于模仿人言或动作，代称禽兽。语出《礼记·曲礼上》："鹦鹉能言，不离飞鸟；猩猩能言，不离禽兽。今人而无礼，虽能言，不亦禽兽之心乎！"

麛卵　幼鹿和鸟卵的并称，泛称幼兽和幼禽。麛，音mí，幼鹿；卵，鸟蛋，代称幼鸟。《礼记·曲礼下》："国君春田不围泽，大夫不掩群，士不取麛卵。"疏曰："麛乃是鹿子之称，而凡兽子亦得通名也；卵，鸟卵子，春方乳长，故不得取也。"掩群，尽取群兽；掩，尽也。

9. 其他二字并称

文轨　文字和车轨的并称，代称国家的统一。秦统一中国后，实行"书同文""车同轨"政策，即统一文字、统一车辙宽窄（即统一道路）。宋·王禹偁《单州成武县行宫上梁文》："一戎而倒载干戈，万国而混同文轨。"

方隅　四方和四角的并称，代称边疆。《南史·陈高祖纪》："世道初艰，方隅多难。"

浇慝　浮薄和邪恶的并称。慝，音tè，邪恶。南朝·陈·徐陵《为贞阳侯与齐荀昂兄弟书》："敦庞既散，诈伪萌生；时托亲邻，信有浇慝。"敦庞，敦厚朴实。

淳漓　淳厚和浇薄的并称，代称风俗的厚薄。也作"淳浇"。漓，薄。宋·陆游《独酌》："已于醉醒知狂圣，又向淳漓见古今。"

温厉 温和和严厉的并称，也是省称。语出《论语·述而》："子温而厉，威而不猛，恭而安。"这是赞扬孔子的话。

屯泰 屯卦和泰卦的并称。代称安危、险夷。屯，艰难；泰，安顺。《梁书·吕僧珍传》："与朕契阔，情兼屯泰。"契阔，久别。

泰否 泰卦和否卦的并称。代称世道盛衰和人事通塞。也作"否泰"。泰，通畅，平安；否，音pǐ，失利，不通。清·姚锡光《东方兵事纪略》："膏血竭于内，边防堕于外，岌岌不可终日，说者谓中国泰否通塞之机，或决于是云。"

物我 外物和己身的并称。如说"物我两忘"。《列子·杨朱》："君臣皆安，物我兼利，古之道也。"

朱紫 红色和紫色的并称，喻称正邪、是非、善恶，如说"朱紫交竟""朱紫相夺""恶紫夺朱"。也喻称辞采，如说"宫商朱紫，发口成句"，也喻称华贵的服饰，如说"官至朱紫""朱紫为荣"。《后汉书·陈元传》："夫明者独见，不惑于朱紫；听者独闻，不谬于清浊。"这里的"朱紫"为是非、善恶之意。

朱墨 红色和黑色的并称。如说"朱墨套印"。也是朱笔和墨笔的并称，用于书籍的批点或编撰。宋·陆游《老学庵笔记》卷十："太宗时史官张泊等撰太祖史，凡太宗圣谕及史官采摭之事，分为朱墨书以别之。"

柝汲 巡夜和汲水的并称，泛称劳作。柝，音tuò，巡夜人用的木梆。汲，音jí，从井中取水。清·唐甄《潜书·权实》："令不行于仆，则柝汲不勤。"

校雠 校和雠的并称，泛称考订书籍，纠正讹误。校，音jiào，一人独校；雠，音chóu，二人对校。清·章炳麟《国故论衡·明解故上》："自隋以降，书府失其守，校雠之事，职诸世儒。"书府，收藏文书图籍的府库。世儒，俗儒。

栖翔 止息和飞翔的并称，喻称行止。《晋书·慕容盛载记》："有雀素身绿首，集于端门，栖翔东园，二旬而去。"

樵苏 砍柴和割草的并称。苏，割草。《史记·淮阴侯列传》："臣闻千里馈粮，士有饥色，樵苏后爨，师不宿饱。"馈，通"馈"，音kuì，远送。**爨**，音cuàn，烧火做饭。"樵苏后爨，师不宿饱"的意思是，靠临时打柴割草来点火做饭，部队就不能安饱。

寤寐 醒和睡的并称，代称日夜。也作"寝兴"。《诗·周南·关雎》："窈窕淑女，寤寐求之。"

宠辱 荣宠和耻辱的并称。如说"宠辱不惊"。宋·范仲淹《岳阳楼记》："登斯楼也，则有心旷神怡，宠辱皆忘，把酒临风，其喜洋洋者矣。"

巽坎 巽卦和坎卦的并称。巽，音xùn，顺利；坎，音kǎn，险恶。喻称旅途艰险。晋·陶潜《庚子岁五月中从都还阻风于规林寺》之二："自故叹行役，我今始知之。山川一何旷，巽坎难与期。"

孝廉 孝悌和清廉的并称，也是省称。是古代选官的一种考试科目。代称举人。晋·葛洪《抱朴子·审举》："故时人语曰：'举秀才，不知书；举孝廉，父别居。'"这是对秀才、举人的嘲讽。

学养 学问和修养的并称。如说"学养深厚"。邹韬奋《萍踪寄语》五十六："在德十年，专研哲学，一望而知为学养渊深的学者。"

姓氏 姓和氏的并称。古代姓和氏不同。姓起于母系，女子称姓；氏起于父系，男子称氏。姓别婚姻，氏别贵贱。秦汉以后，姓氏合一，通称姓，或兼称姓氏。南宋·郑樵《通志·氏族略》："三代之前，姓氏分而为二，男子称氏，妇人称姓……三代之后，姓氏合而为一。"

姓第 姓氏和行第的并称，也是省称。行第，排行的次序。如元稹称"元九"，张籍称"张十八"。

婚宦 结婚和做官的并称，代称喜福双至。《列子·杨朱》："人不婚宦，情欲失半。"

婚冠 婚礼和冠礼的并称。古代男子二十岁加冠，就可以结婚了。北齐·颜之推《颜氏家训·勉学》："世人婚冠未学，便称迟暮，因循面墙，亦为愚耳。"面墙，比喻不学习而识见浅薄。

嫁送 嫁女和送终的并称，也是省称。谓人生之大事。

宋·曾巩《答范资政书》："无田畴屋庐匹夫之业，有奉养嫁送百事之役。"

廉贪 清廉和贪婪的并称，也是省称。也作"廉秽"。宋·苏轼《侯利建等五人除曹刑》："谨视其廉贪仁暴，勤惰明暗，以诏赏罚。"

行草 行书和草书的并称，也是省称。也指间乎行书和草书之间的一种字体。陈衍《元诗纪事·沉贵》："酒酣兴发，以手泼墨，然后挥笔，迅于行草，收拾散落，顷刻而就。"

形名 事物的实体和名称的并称，认为事物的"形"和"名"必须相当。也代称刑律。"形"通"刑"。《淮南子·说山训》："凡得道者，形不可得而见，名不可得而扬，今汝已有形名矣，何道之所能乎。"

宫墨 宫刑和墨刑的并称，也是省称，泛称酷刑。宫刑，又称"肉刑""腐刑"，即男子割势，女子幽闭。墨刑，又称"黥刑""黥面"，即在脸上刺字，再染上墨。黥，音qíng，脸上刻黑字。《旧唐书·刑法志》："故有轻重三典之异，宫墨五刑之差。"三典，指轻、中、重三种刑法；五刑，说法不一，隋唐后指死、流、徒、杖、笞五种刑法。

寅酉 寅时和酉时的并称，泛称早晚、晨昏。寅，三至五时；酉，十七至十九时。宋·王禹偁《送戚维序》："退耕无田，则伏腊寅酉，其可虞乎？"伏腊，本指夏冬两个祭祀名称，借称生活所需的物质资料。虞，企望，期待。

卯酉 卯时和酉时的并称，也是"点卯画酉"的省称，代称旧时官署办公时间。卯，五至七时，是上班时间，官员到时要签到，叫"点卯"，也作"画卯""应卯"。酉，十七至十九时，是下班时间，官员到时要签退，叫"点酉"，也作"画酉"。合起来称"点卯画酉"。

刑罚 刑和罚的并称，泛称对犯法者施行的强制处分。刑，指死刑、徒刑等；罚，指以金钱赎罪。《尚书·吕刑》："刑罚世轻世重。"

刺美 讽刺邪恶和赞扬美好的并称。美，动词，赞美，赞扬。唐·元稹《乐府古题序》："尚不如寓意古题，刺美见事，犹有诗人引古以讽之义焉。"

出处 做官和退隐的并称，泛称出仕和隐处。处，音chǔ。汉·蔡邕《荐皇甫规表》："出处抱义，皦然不污。"意思是不管出仕还是隐居，都要胸怀大义，清白廉洁。皦，音jiǎo，洁白。

干支 古代计时用的十个"天干"和十二个"地支"的并称，也是"天干地支"的省称。用以记年、月、日、时。明·谢榛《四溟诗话》卷四："年长每劳推甲子，夜寒初共守庚申。实对干支，殊欠浑厚。"甲子，指干支纪年的第一年，庚申是干支纪年的第五十七年。

平仄 平声和仄声的并称，泛称声调韵律。普通话的平声指阴平和阳平，仄声指上声和去声。清·吴趼人《二十年目睹之怪现状》第二十五回："一个是秀才，却是八股朋友，作起八韵诗来，连平仄都闹不明白。"

堂奥 厅堂和内室的并称，泛称深奥之处，也喻称朝廷、禁中，也喻称深奥的义理和深远的意境。宋·苏轼《上虢州太守启》："伏惟御府某官，学造渊源，道升堂奥。"奥，音ào，室的西南角。伏惟，旧时书信中常用的下对上有所陈述的表敬之辞。

封禅 祭天和祭地的并称，为古代帝王的祭祀大典。在泰山上筑土为坛，报天之功，称"封"；在泰山下的梁父山上辟场为坛，报地之德，称"禅"。禅，音shàn。《史记·封禅书》："古者封泰山禅梁父者七十二家。"

夭寿 短命和长寿的并称。夭，音yāo，未成年而死。明·唐寅《白发》："夭寿不疑天，功名须壮时。"

弋钓 射鸟和钓鱼的并称。弋，音yì，带丝绳的箭，代称射。三国·魏·嵇康《与山巨源绝交书》："抱琴行吟，弋钓草野，而吏卒守之，不得妄动。二不堪也。"

古籀 古文和籀文的并称，泛称上古文字。古文，指甲骨文、金文等；籀文，即大篆，因著录于《史籀篇》而得名。东汉·许慎《说文解字·叙》："今叙篆文，合目古籀。"目，yǐ，同"以"。

仆围 驾车和养马的并称。仆，驾车；围，音yǔ，养马。《墨子·天志下》："丈夫以为仆围、胥靡。"胥靡，古代服劳役的奴隶或刑徒。

俭泰 节约和奢侈的并称，也作"俭汰"。泰，通"汰"，奢侈。明·王世懋《艺圃撷余》："春秋时，王公大夫赋诗以昭俭泰，亦各以其意为之。"

儒释 儒教和佛教的并称。释，佛祖释迦牟尼的省称，代称佛教。宋·陈善《扪虱新话·儒释迭为盛衰》："吾以是知儒释二者，殆迭为盛衰。"意思是儒教和佛教轮流更替、互有盛衰。

仙佛 道教和佛教的并称。清·薛福成《庸盦笔记》："窃观苍苍者，实系清虚之气，而仙佛诸家皆有天宫之说，何也？"盦，音ān，同"庵"。庸盦，外交家薛福成的号。

商羽 五音中商音和羽音的并称，泛称曲调声律。五音，指宫、商、角、征、羽五个音阶，也作"五声"。角，音jué；征，音zhǐ，本作"徵"。清·方文《李临淮玄素招集松筠阁》："琴筝非昔响，商羽因时变。"

雍泮 辟雍和泮宫的并称，也是省称，泛称古代的大学。辟雍，古代周天子的学宫；泮宫，西周诸侯所设的大学。辟，音bì，即"璧"，像圆璧一样的水池，在雍水之侧；泮，音pàn，半月形的水池，学宫前常设一水池。《后汉书·崔骃传》："临雍泮以恢儒，疏轩冕以崇贤。"意思是到学宫学习弘扬儒学，远离官位崇尚贤达。

升黜 进升和降免的并称，泛称官员的升降。唐·韩愈《进士策问》："宋鲁之君，不贤乎齐晋，其位等，其德同，升黜取舍，如是之相远，亦将有由乎？"

仕止 出仕和归隐的并称。清·梁章钜《归田琐记·七十致仕》："今则距悬车之年，只有二年，而尚有议余不应遽退者，殆亦未就古人行藏之大义，及仕止之恒规，而一按之也。"悬车之年，代称七十岁。行藏，指出处或行止，藏，音cáng。距，通"拒"。

佃渔　猎兽和捕鱼的并称。佃，音tián，通"畋"，打猎。《易·系辞下》："作结绳而为罔罟，以佃以渔。"罔，同"网"；罟，音gǔ，网，指捕鱼。

倍常　倍和常的并称。古代以二为倍，即一倍；八尺为寻，倍寻为常，倍常为三丈二尺。唐·柳宗元《柳州山水近治可游者记》："由屏南室中入小穴，倍常而止，始黑，已而大明，为上室。"

寻常　本指古代的长度单位，参见"倍常"条。寻和常都是平常的长度，后泛称平常、素常。唐·刘禹锡《乌衣巷》："旧时王谢堂前燕，飞入寻常百姓家。"

倍蓰　倍和蓰的并称，泛称数倍。倍，一倍；蓰，音xǐ，五倍。也作"倍屣""倍徙"。屣、徙，皆音xǐ。《孟子·滕文公上》："夫物之不齐，物之情也。或相倍蓰，或相什百，或相千万。"什百，十倍百倍。

爵谥　爵位和谥号的并称，也是省称。生前赐爵位，死后赐谥号。爵，音jué；谥，音shì。元·马端临《文献通考·经籍九》："左氏所书，不但称其名，或字、或号、或爵谥多互见，学者苦之。"

朔晦　朔和晦的并称。朔，音shuò，农历每月初一；晦，农历每月末日。也作"晦朔"。晋·杜预《春秋长历论》："始失于毫毛，尚未可觉，积而成多，以失弦望朔晦，则不得不改宪以顺之。"弦望，指农历每月初七、初八，廿二、廿三和十五（有时是十六、十七）。

嬴刘　秦朝和汉朝的并称，也是代称。秦为嬴姓，汉为刘姓，故称。唐·韩愈《唐故相权公墓碑》："灭楚徙秦，嬴刘之间。"

欣戚　欢喜和忧愁的并称。戚，忧愁。鲁迅《三闲集·在钟楼上》："那时我于广州无爱憎，因而也就无欣戚，无褒贬。"

毁誉　诋毁和赞誉的并称，也是省称。如说"毁誉参半"。《管子·七臣七主》："上好利，则毁誉之士在侧。"

庆殃　福庆与祸殃的并称，也是省称。语本《易·坤》："积善之家，必有余庆；积不善之家，必有余殃。"清·吴定《重建古紫阳书院记》："自古天下治乱兴亡之几，家之庆殃，身之祸极，皆肇于心之存亡。"肇，音zhào，始。

庆唁 庆贺和吊唁的并称，也是省称。吊唁，吊丧死者并慰问生者。明·高启《赠杨荥阳》："握手话苦辛，悲喜杂庆唁。"

祥妖 吉祥与妖异的并称，也是省称。《后汉书·公孙瓒传》："绍令星工伺望祥妖。"

详眚 吉祥与灾祸的并称。眚，音shēng，病，灾。《宋书·五行志一》："仲尼作《春秋》，具书祥眚，以验行事。"

神祇 天神与地神的并称，泛称神灵。祇，音qí，地神。《尚书·汤诰》："并告无辜于上下神祇。"

礼仪 礼节和仪式的并称，也是省称。《史记·礼书》："至秦有天下，悉内六国礼仪，采择其善。"

砭灸 针刺和艾烧的并称，为中医的两种治病方法。砭，音biān，用针刺穴位；灸，音jiǔ，用艾草烧灼穴位。《史记·扁鹊仓公列传》："法不当砭灸，砭灸至气逐。"

眇蹇 目盲和足跛的并称，泛称残疾。眇，音miǎo，一只眼睛瞎；蹇，音jiǎn，足瘸。《后汉书·光武帝纪下》："是夏，京师醴泉涌出，饮之者固疾皆愈，惟眇蹇者不瘳。"瘳，音chōu，病愈。

眷渥 眷爱和恩泽的并称。渥，音wò，沾润，喻称恩泽。宋·沈括《谢赐戎服表》："敢图乏才，过叨眷渥。"叨，音tāo，承受。

生聚 繁殖人口和聚积财物的并称，也是"十年生聚"的省称。《左传·哀公元年》："越十年生聚，而十年教训。"教训，教育人民，训练军队。

稼穑 耕种和收获的并称，泛称农业劳动。稼，播种谷物；穑，音sè，收割谷物。《诗·魏风·伐檀》："不稼不穑，胡取禾三百廛兮。"廛，音chán，一百亩。

耕凿 耕田和凿井的并称，泛称务农。古诗《击壤歌》："日出而作，日入而息，凿井而饮，耕田而食，帝力于我何有哉？"形容人民辛苦劳作，生活安定。

皮黄　京剧中西皮和二黄两种声腔的并称，代称京剧。洪深《戏曲导演的初步认识·准备与设计》："西皮表轻快奔放，二黄表沉郁缠绵。""二黄"源出湖北黄冈、黄陂，故名，又名"湖广调"，陂，音pí。"西皮"，即黄陂调，指秦腔由西传东的唱腔，湖北方言称唱为"皮"。

弦诵　弦和诵的并称，泛称授业朗读之事。配乐而歌为"弦"，无乐朗读为"诵"。《晋书·儒林传序》："东序西胶，未闻于弦诵。"序、胶，古代学校名。

丝肉　乐声和歌声的并称。丝，指弦乐；肉，指从口而出的歌声，即声乐。清·余怀《板桥杂记·雅游》："坐久则水陆备至，丝肉竞陈。"

经纬　经书和纬书的并称，也是经度和纬度的并称，经线和纬线的并称，纵和横的并称。经书，指儒家经典著作，也指其他学派的经典著作。纬书，指宣扬符箓瑞应占验之书，如"七纬"。占，音zhān。宋·文同《织妇怨》："皆言边幅好，自爱经纬密。"指织物。边幅，本指布帛的边缘，代称衣着、仪表，如说"不修边幅"。

丰虚　丰收和荒歉的并称，偏称荒歉。宋·邵雍《洛阳怀古赋》："水旱为沴，年岁丰虚，此天地之常理，虽圣人不能无。"沴，音lì，水不通畅。

雅郑　雅乐和郑声的并称，代称雅俗、正邪。古人认为郑地的音乐为淫邪之声。郑地，指今河南一带。汉·扬雄《法言·吾子》："中正则雅，多哇则郑。"哇，音wā，指靡曼的歌曲。

鸟籀　鸟篆和籀书的并称，泛称古代的书体。西晋·索靖《草书状》："仓颉既生，书契是为，科斗鸟篆，类物象形。"亦称"鸟篆"。科斗，即蝌蚪，指蝌蚪文，篆书的一种。

幽明　无形事物和有形事物的并称，也是死和生的并称，阴间和阳间（人间）的并称。《易·系辞上》："仰以观于天文，俯以察于地理，是故知幽明之故。"王弼注："幽明者，有形无形之象。"

（二）三字词语并称

二京赋　《西京赋》与《东京赋》的并称。东汉张衡拟班固的《两都赋》作《二京赋》。西京，指长安；东京，指洛阳。《后汉书·张衡传》："时天下承平日久，自王侯以下，莫不逾侈。衡乃拟班固《两都》作《二京赋》，因以讽谏。精思傅会，十年乃成。"逾，通"愈"，更加。傅会，同"附会"，指文章的经营缔造，如说"附辞会理"。

松竹梅　即"岁寒三友"，松树、竹子、梅花的并称，喻称贤贞。明·无名氏《渔樵闲话》第四折："到深秋之后，百花皆谢，惟有松、竹、梅花，岁寒三友。"

信达雅　清末严复在《天演论》中的《译例言》中提出的译文三原则"信、达、雅"的并称。忠于原文曰"信"，文辞通畅曰"达"，富有文采曰"雅"。《天演论》："译事三难：信达雅。"

清慎勤　清廉、谨慎、勤勉的并称，泛称官衙之美德。过去衙署公堂多悬挂"清、慎、勤"三字匾额。《三国志·魏志·李通传》："以宠异焉"。裴松之引《晋书》："……为官长当清，当慎，当勤，修此三者，何患不治乎？"后用以为官箴。

律格诗　律诗和格诗的并称。律格诗不同于"格律诗"。中唐诗人把乐府歌行体以外的诗分为律诗和格诗两类，如白居易把《白氏长庆集》以后写的绝句、五律、七律、排律等近体诗称为"律诗"，把五言、七言古体诗称为"格诗"。

破承题　科举考试中八股文的"破题"和"承题"的并称，省称作"破承"。清·吴趼人《二十年目睹之怪现状》第九十九回："你看我足足读了五年书，破承题也作过十多次。"

（三）四字词语并称

四字词语并称可以分为动物四字并称、植物四字并称、器物四字并称、作品学说四字并称、人物四字并称、其他四字并称六种。

1. 动物四字并称

猿鹤沙虫 猿、鹤、沙、虫的并称，代称阵亡的将士或死于战乱的人民。语出晋·葛洪《抱朴子》："周穆王南征，一军尽化，君子为猿为鹤，小人为虫为沙。"

玉走金飞 玉兔和金乌的并称，喻称时光流逝。玉兔，代称月亮；金乌，代称太阳。唐·吕岩《寄白龙洞刘道人》："玉走金飞两曜忙，始闻花发又秋霜。"曜，音yào，两曜，指日、月。

柙虎樊熊 柙中虎和樊中熊的并称，喻称被囚禁的恶人。柙，音xiá，关兽的木笼；樊，关鸟兽的笼子。清·洪昇《长生殿·疑谶》："不堤防柙虎樊熊，任纵横社鼠城狐。"

枭视狼顾 枭盯视和狼频顾的并称，喻称行动警惕，有所顾忌。枭，音xiāo，猫头鹰。战国·卫·吴起《吴子·励士》："今使一死贼伏于旷野，千人追之，莫不枭视狼顾，何者？恐其暴起而害己也。"

宝马香车 名贵的马和华丽的车的并称，代称富贵人家出行的排场。唐·沈佺期《上巳日祓禊渭滨应制》："宝马香车清渭滨，红桃碧柳禊堂春。"禊，音xì，祭祀。

寒蝉仗马 寒天的蝉和仪仗的马的并称，喻称缄口不语的人。《礼记·月令》："（孟秋之月）凉风至，白露降，寒蝉鸣。"《新唐书·李林甫传》："君等独不见立仗马乎？终日无声而饫三品刍豆，一鸣则黜之矣。"仗马，皇帝仪仗中之立马。饫，音yù，饱食，吃；刍豆，喂牲口的草料。

寒蝉僵鸟 寒天的蝉和冻僵的鸟的并称，喻称默不作声的人。清·李渔《慎鸾交·心归》："诗朋同游胜景，怎做得寒蝉僵鸟，反舌无声。"反舌，鸟名，其声数转，故名。梁·沈约有《反舌鸟赋》。

稷蜂社鼠 栖于稷庙的蜜蜂和社庙的老鼠的并称，喻称仗势作恶又难以除掉的坏人。稷庙，五谷之神的庙，稷，音jì，五谷之神。社庙，土地庙。西汉·韩婴《韩诗外传》卷八："稷蜂不攻，而社鼠不熏，非以稷蜂社鼠之神，其所托者善。"

瘠牛羸豚 瘦牛和弱猪的并称,喻称弱小的民族或国家。羸,音léi,弱;豚,音tún,小猪,泛称猪。清·梁启超《匈加利爱国者噶苏士传》:"杜兰斯哇人,撒逊人等,亦随其所敌视之马哥耶族,同成灰烬。瘠牛羸豚,坐待割。"

童牛角马 无角的牛和有角的马的并称,喻称根本不会发生的事物,也喻称不伦不类的东西。童,牛羊无角者为童。汉·扬雄《太玄经·更》:"童牛角马,不今不古。"

蜗角蚊睫 蜗牛的角和蚊子的睫毛的并称,喻称极狭窄的境地。北周·庾信《小园赋》:"陆机则兄弟同居,韩康则舅甥不别。蜗角蚊睫,又足相容者也。"陆机兄弟,指西晋文学家陆机、陆云兄弟,二人曾挤住一处。韩康舅甥,指东晋殷浩、韩伯舅甥曾相伴居住。不别,不忍相别。"蜗角",典出《庄子·杂篇·则阳》。"蚊睫",典出《晏子春秋》:东海有虫巢于蚊睫,飞乳去来,而蚊不为惊。"

蜗争蚁斗 蜗牛争斗和蚂蚁争斗的并称,喻称极微末的争斗。宋·刘克庄《和仲弟》:"蚁斗蜗争求予决,老夫身世自难裁。"

笼鸟槛猿 笼中鸟与槛中猿的并称,喻称受拘禁而不得自由的人。也作"笼禽槛兽"。槛,音jiàn,关兽的笼子。唐·白居易《山中与元九书因题书后》:"笼鸟槛猿俱未死,人间相见是何年。"

狼奔豕突 恶狼奔窜和野猪冲撞的并称,喻称人之横冲直撞。豕,音shǐ,野猪,猪。明·归庄《万古愁》:"有几个狼奔豕突的燕和赵,有几个狗屠驴贩的奴和盗。"

鹏游蝶梦 "鹏游"和"蝶梦"二典的并称,泛称变幻夸诞之谈。《庄子·逍遥游》有鲲鱼化为大鹏鸟徙于南溟的故事。《庄子·齐物论》有庄周梦蝶的故事。鲲,音kūn,传说中的大鱼。宋·刘辰翁《忆秦娥·忆仙》:"昨夜又迟黄石,今朝重叩鸿蒙,碧桃花下醉相逢。说尽鹏游蝶梦。"鸿蒙,旧指宇宙形成前的混沌状态。也作"澒蒙",澒,音hòng。

麟子凤雏 麒麟之子和凤凰之雏的并称,喻称年轻、颖异俊秀的人。汉·焦赣《易林·比之屯》第二卷："麟子凤雏，生长家国。"

麟凤龟龙　麒麟、凤凰、龟、龙四灵的并称，喻称美好灵气的东西。《礼记·礼运》："麟、凤、龟、龙，谓之四灵。"

2. 植物四字并称

牛溲马勃　车前草和腐木菌的并称，喻称无用的东西。唐·韩愈《进学解》："玉札、丹砂，赤箭、青芝，牛溲、马勃，败鼓之皮，俱收并蓄，待用无遗者，医师之良也。"韩愈任国子监祭酒时，给太学生讲课，要求他们兼收并蓄，一些看似无用的东西又可能有用途。这是反其义而用之，玉札、丹砂等六物皆为药材。

宠柳娇花　惹人喜爱的柳枝和娇艳的花朵的并称，喻称美好的春色。宋·李清照《念奴娇·春情》："宠柳娇花寒食近，种种恼人天气。"

姚黄魏紫　牡丹花中两个名贵品种"姚黄"和"魏紫"的并称。姚黄，千叶黄花，出自姚家；魏紫，千叶肉红花，出自魏家，故称。宋·欧阳修《绿竹堂独饮》："姚黄魏紫开次第，不觉成恨俱零凋。"

周菹楚茭　周地的腌菜和楚地的菱角的并称，喻称偏嗜之物。菹，同"葅"，音zū，腌菜；茭，音jì，菱角。明·李东阳《赠王提学云凤》："周菹楚茭心自甘，持以语人如嚼蜡。"

路柳墙花　路边柳和墙旁花的并称，喻称不被尊重的女子，代称妓女。元·王晔《水仙子·答》："从来道水性难拿，从他赸过，由他演撒，终只是个路柳墙花。"赸，音shàn，走过。演撒，方言，勾搭，引诱。

3. 器物四字并称（含建筑等）

牛黄狗宝　牛的胆囊结石和狗的脏器凝结物的并称，喻称坏透了的心肠。清·曹雪芹《红楼梦》第六十五回："若大家好取和便罢，倘若有一点叫人过不去，我有本事先把你两个的牛黄狗宝掏了出来，再和那泼妇拼了这命，也不算是尤三姑奶奶。"（按：牛黄狗宝，在汉语中是贬义词，但在中药中却是药中之宝。）

枯骨死草　龟甲和蓍草的并称，蔑称占卜用物。也作"龟蓍""蓍龟"。蓍，音shī，一种占卜用的草。汉·王充《论衡·卜筮》："……太公推蓍蹈龟而曰：'枯骨死草，何知而凶！'"

弃琼拾砾　丢弃美玉和拾拣瓦砾的并称，喻称丢弃珍贵之物而拾取无用之物。琼，音qióng，美玉；砾，音lì，瓦石。晋·葛洪《抱朴子·博喻》："捐荼茹蒿者，必无识甘之口；弃琼拾砾者，必无甄珍之明。"荼，音tú，苦菜；茹，吃；蒿，野菜；甄，音zhēn，鉴别。

楚璧隋珍　楚之和氏璧和汉之隋侯珠的并称，喻称杰出的人才。明·陈汝元《金莲记·偕计》："想天朝罗网收豪儁，献皇家楚璧隋珍。"儁，音jùn，"俊"之异体字。

歙漆阿胶　安徽歙县的漆和山东东阿县的胶的并称，喻称情投意合。歙，音shè；阿，音ē。明·李昌祺《剪灯余话·田洙遇薛涛联句记》："歙漆阿胶忽纷解，清尘浊水何由逢？"

夏鼎商彝　夏代的鼎和商代的彝的并称，泛指古董重器，也作"商彝夏鼎"。彝，音yí，一种宗庙礼器。清·沈起凤《谐铎·吕仙宝筏》："君文气息逼似《两京》，次者亦韩潮苏海，若以此猎取功名，譬犹执商彝夏鼎鬻诸五都之肆，非弗宝贵，而无如识者希也。"韩潮苏海，指韩愈、苏轼气势磅礴的文章。鬻，音yù，卖。

吹竹弹丝　吹奏管乐器和弹拨弦乐器的并称。竹，代称管乐器；丝，代称弦乐器。唐·韩愈《代张籍与李浙东书》："阁下凭几而听之，未必不如听吹竹弹丝、敲金击石也。"金，指钟；石，指磬。

丹楹刻桷　红漆的柱子和刻有花纹的椽子的并称，代称屋宇华丽精美。桷，音jué，方椽。语出《春秋·庄公二十三年》："秋，丹桓宫楹。"又《春秋·庄公二十四年》："春，王三月，刻桓宫桷。"《东周列国志》第五十回："……画栋雕梁，丹楹刻桷。"

盐梅舟楫　盐梅调味和舟楫配合的并称，喻称辅君济世的贤臣。盐梅,一咸一酸,均为调味所需,喻称国家所需之贤才。楫,音jí,划船用具。元·柯丹邱《荆钗记·春科》:"际风云,盐梅舟楫,一德务臣君。"

立石起柳　卧石自立和枯柳复生的并称,古人认为这是有贤人自民间起而为帝的征兆。《汉书·眭弘传》:"大石自立,僵柳复起。"《汉书·刘向传》:"孝昭帝时,冠石立于泰山,仆柳起于上林。而孝宣帝即位,今王氏先祖坟墓在济南者,其梓柱生枝叶,扶疏上出屋,根垂地中,虽立石起柳,无以过此之明也。"冠石,三石为足,一石在上,谓之"冠石"。扶疏,枝叶繁茂分披貌。

寝苫枕块　睡草荐和枕土块的并称,代称居父母丧事之礼节。也作"寝苫枕草",省称作"寝苫"。苫,音shān,草荐。《仪礼·既夕礼》:"居倚庐,寝苫枕块。"倚庐,古人为父母守丧时所居住的简陋棚屋。

累块积苏　堆砌的土块和积聚的柴草的并称,代称简陋的居室。苏,植物名。《列子·周穆王》:"帝之所居,王俯而视之,其宫榭若累块积苏焉。"

酌金馔玉　金酒杯和玉器皿的并称,代称豪华奢侈的宴饮。馔,音zhuàn,食物。也作"炊金馔玉"。唐·骆宾王《帝京篇》:"平台戚里带崇墉,炊金馔玉待鸣钟。"崇墉,高墙;墉,音yōng,墙。

蹈机握杼　脚踩布机和手握筘梭的并称,喻称掌握着事物发展变化的枢键。杼,音zhù,织布机的梭子;筘,音kòu,织机的部件。汉·徐干《中论·爵禄》:"位也者,立德之机也;势也者,行义之杼也。圣人蹈机握杼,织成天地之化,使万物顺焉,人伦正焉。"

麟趾褭蹏　麟趾金与褭蹏金的并称,省称作"麟褭",代称金锭、金银。褭蹏,音niǎotí,马蹄形的金锭。褭,以丝绳系马,代称马,蹏,同"蹄"。明·张居正《谢堂楼额名并赐金疏》:"兼金千镒,出内廷麟褭之奇;广厦万间,遂寒士帡幪之愿。"兼金,好金子;镒,音yì,二十两或二十四两为一镒。帡幪,音píngméng,帐幕,引申为覆盖。

鲁敦周彝 鲁国的敦和周朝的彝的并称，喻称价值珍贵、值得保护传世的文物。敦，音duì，古代的青铜食器；彝，音yí，古代的青铜礼器。明·宋濂《题品仲实诗后》："（公）立朝大节，极有可法，篇章散落于四方者，固宜宝之如鲁敦周彝，传之于子若孙也。"若，和，及。

文房四宝 笔、墨、纸、砚的并称或合称。纸以安徽（古称宣州）的宣纸、墨以安徽歙州（后改徽州）的徽墨、笔以浙江湖州的湖笔、砚以广东肇庆（古称端州）的端砚为最出名。

徽州四雕 安徽的砖雕、石雕、木雕、竹雕的并称或合称。

绍兴三乌 浙江绍兴的乌篷船、乌毡帽、乌干菜的并称或合称。

四大名绣 湖南的湘绣、江苏的苏绣、四川的蜀绣、广东的粤绣的并称或合称。

晋祠三绝 山西太原晋祠的周柏、难老泉、侍女像的并称或合称，一为千年柏树，一为千年古泉，一为四十二尊精美侍女塑像。

曲阜三孔 山东曲阜孔庙、孔府、孔林的并称或合称。孔庙为祭祀孔子之处，孔府为孔子后裔之居所，孔林为孔子及其后裔的墓地。

三大名楼 湖南岳阳的岳阳楼、江西南昌的滕王阁、湖北武昌的黄鹤楼的并称或合称，是中国的三大名楼，也称"江南三大名楼"。

4. 作品、学说四字并称

荆刘拜杀 元代著名南戏《荆钗记》《白兔记》《拜月亭》《杀狗记》的并称。《白兔记》写后汉高祖刘知远的故事，源于明传奇《刘知远白兔记》，合称"南戏四大传奇"。清·朱彝尊《静志居诗话》："识曲者曰荆刘拜杀为元四大家。"

坚白同异 战国时名家公孙龙的"离坚白"说和惠施的"合同异"说的并称，喻称善辩和诡辩。也作"离坚合异"。坚白，指石头的坚和白石的白。《史记·孟子荀卿列传》："赵亦有公孙龙为坚白同异之辩。"

典谟训诰 《尚书》中《尧典》《大禹谟》《汤诰》《伊训》四个篇目的并称，泛指经典之文。典，典范；谟，谋略；训，教诲；诰，训诫。唐·康骈《剧谈录·宣宗夜诏翰林学士》："尧、舜、汤之道在典谟训诰之间。"

南薰北鄙 南薰和北鄙诗风的并称。南薰，指虞舜《南风》诗所表现的兴盛之风；北鄙，指殷纣时北方边鄙之地的亡国之音。薰，音xūn，温暖，和煦。唐·司空图《成均讽》："夫南薰北鄙，祸福相淫；感物穷微，兴亡是系。"淫，杂乱。

研京练都 东汉·张衡作《二京赋》构思十年和西晋·左思作《三都赋》构思十二年的并称，泛称制作构思之迟缓。京，代称《二京赋》；都，代称《三都赋》，也是省称。南朝·梁·刘勰《文心雕龙·神思》："张衡研京以十年，左思练都以一纪，虽有巨文，亦思之缓也。"纪，十二年为一纪。

经史子集 我国传统图书分类四大部类经书、史书、子书、集书的并称，泛称一切图书。明·胡应麟《少室山房笔丛·经籍会通二》："经史子集，区分为四，九流百氏，咸美附焉，一定之体也。"

黍离麦秀 《黍离》歌和《麦秀》歌的并称，代称亡国之音。《诗经·王风》有《黍离》篇，是周大夫见宗庙宫室尽为禾黍之地，悲叹亡国之恨，作《黍离》之诗。箕子过殷墟，见宫室毁坏，尽生和黍，伤之，作《麦秀》之歌。宋·张戒《岁寒堂诗话》卷上："而无穷之恨，《黍离》《麦秀》之悲，寄于言外。"

清净寂灭 道教的清净无为和佛家的涅槃寂灭学说的并称。寂灭，寂静安稳，度脱生死。清·王士禛《池北偶谈》卷十七："时接佛老之徒，闻其所谓清净寂灭者，而心悦之。"

5. 人物四字并称

牛童马走 牧童和仆役的并称，泛称地位低下的人。马走，"牛马走"的省称，即马卒，代称仆役。唐·元稹《〈白氏长庆集〉序》："然而二十年间，禁省、观寺、邮堠、墙壁之上无不书，王公妾妇、牛童、马走之口无不道。"禁省，禁中，指皇宫；邮堠，传舍，指馆驿。

梓匠轮舆 梓人、匠人、轮人、舆人四种工匠的并称，泛指木匠。梓人，专制乐器悬架、饮器和箭靶的匠人；匠人，木匠；轮人，专制车轮的木匠；舆人，专制车厢的木匠。《孟子·尽心下》："梓匠轮舆能与人规矩，不能使人巧。"意思是师傅传给你的只是规矩，而技巧是要靠自己去寻求的。

鳏寡孤独 鳏夫、寡妇、孤儿、独夫的并称，泛称孤独的人。老而无妻曰鳏，老而无夫曰寡，幼而无父曰孤，老而无子曰独。也作"孤寡鳏独"。鳏，音guān，本指古书中的一种大鱼，明·李时珍《本草纲目·鳞部三》说，鳏，即鳡鱼，其性独行，故曰鳏，后代称无妻的人。《史记·孝文本纪》："赐天下鳏寡孤独穷困及年八十已上、孤儿九岁已下布帛米肉各有数。"

周情孔思 周公和孔子思想感情的并称，泛称人的高尚情操。南宋·辛弃疾《贺新郎·题赵兼善东山园小鲁亭》："下马东山路。恍临风、周情孔思，悠然千古。"

另楚寒巫 楚怀王和巫山神女的并称，代称夫妇或情人分居两地，寂寞孤单。楚，指楚怀王；巫，指巫山神女。典出宋玉的《高唐赋》和《神女赋》，写楚怀王游高唐昼梦巫山神女的故事。另、寒，言其寂寞孤单。明·陈汝元《金莲记·偕计》："孤帏冷簟，难辞白发于北堂；另楚寒巫，更撇红颜于别闼。"簟，音diàn，竹席；闼，音tà，门。

蛮夷戎狄 东夷、西戎、南蛮、北狄的并称，泛称古代边境四方的少数民族。郭沫若《屈原》第二幕："以一介的寒士，做到一国的丞相，公卿大夫，农工商贾，皂隶台舆，蛮夷戎狄，什么样的人差不多我都看过了。"

旧雨新雨 老朋友和新朋友的并称。语出唐·杜甫《秋述》："常时车马之客，旧雨来，今雨不来。"谓过去朋友遇雨也来，而今遇雨也不来了。

红女白婆 少女和老妇的并称。清·蒲松龄《聊斋志异·促织》:"时村中来一驼背巫,能以神卜。成妻具赀诣问,见红女白婆,填塞门户。"赀,音zī,通"资"。

6. 其他四字并称

渔海樵山　下海打渔和上山砍柴的并称,代称隐居生活。清·方文《留别马倩若兼订毗陵之游》:"渔海樵山过此生,向平儿女未忘情。"毗,音pí,同"毗"。

渊涌风行　如水之涌和如风之疾的并称,喻称谈吐滔滔不绝。晋·葛洪《抱朴子·行品》:"士有机变清锐,巧言绮粲,揽引譬喻,渊涌风厉。然而口之所谈,身不能行。"绮粲,华丽美好。粲,音càn,美好貌。

渊渟岳峙　渊水深沉和高山耸立的并称,喻称人的品德高尚。渟,音tíng,水积聚而深。晋·石崇《楚妃叹》:"矫矫庄王,渊渟岳峙。"

玉堂金马　玉堂殿和金马门的并称,代称翰林院。玉堂殿是汉代未央宫的属殿,金马门是汉宫宦者署门,均为学士侍讲之所,后沿用为翰林院的代称。也作"金马玉堂"。宋·辛弃疾《水调歌头·和信守郑舜举蔗庵韵》:"昧平生,公与我,定无同。玉堂金马,自有佳处着诗翁。"

琴歌酒赋　弹琴、唱歌、饮酒、赋诗的并称,泛称高士、文人的生活。宋·韩元吉《武夷精舍记》:"读书肄业,琴歌酒赋,莫不在是。"肄,音yì,学习。

枕石漱流　枕山石和漱涧流的并称,喻称隐居生活。南朝·宋·刘义庆《世说新语·排调》:"王曰:'流可枕,石可漱乎?'孙曰:'所以枕流,欲洗其耳;所以漱石,欲砺其齿。'"枕石漱流是常态,枕流漱石是因误出奇,别出新意。

枕经藉书　枕着经和垫着书的并称,代称嗜好读书,以书为伴。也作"枕典席文"。藉,音jiè,垫着。藉,也作"籍"。汉·班固《答宾戏》:"徒乐枕经籍书,纡体衡门,上无所蒂,下无所根。"吕向注:"枕经典而卧,铺诗书而居也。"纡体,屈身;纡,音yū;衡门,横木为门,犹栅栏门。

杯弓市虎 "杯弓蛇影"和"三人成虎"的并称,也是省称。喻称捕风捉影,自相惊扰。杯弓蛇影,谓一人饮酒,见杯中有蛇,吓病了,其实是墙上的弓影;三人市虎,谓三个人谎说市中有老虎,众人便信以为真。督盦《学界风潮记·天津商学界之活动》:"同时传来上海罢市之说,以致杯弓市虎,危机伺伏,人心恐惶,险状万分。"督盦,音cháān,同"察庵"。

柴汝官哥 古代四大名窑的并称。柴窑在郑州,汝窑在汝州,官窑在京师,哥窑在处州。也作"柴汝官哥定"五大名窑,也作"柴汝官哥定钧"六大名窑。明·高濂《遵生八笺·论官哥窑器》:"论窑器必曰柴、汝、官、哥,然柴则余未之见,汝窑余尝见之。"

戛釜撞瓮 刮磨锅釜和碰撞陶器的并称,喻称粗俗刺耳的声音。戛,音jiá,刮,敲;瓮,音wèng,"瓮"之异体字。宋·严羽《沧浪诗话·诗评》:"读骚之久,方识真味;须歌之抑扬,涕洟满襟,然后为识《离骚》,否则如戛釜撞瓮耳。"

楚雨巫云 楚地的雨和巫山的云的并称,喻称男女欢会之幽情。典出宋玉《高唐赋》。参见"另楚寒巫"条。元·孙周卿《沉醉东风·花月下温柔醉人》:"眼底情,心间恨,到多如楚雨巫云。"

如履如临 "如履薄冰"和"如临深渊"的并称,也是省称,喻称处于险境或战兢恐惧之极。《诗·小雅·小旻》:"战战兢兢,如临深渊,如履薄冰。"《旧唐书·僖宗传》:"朕守大器之重,居兆人之上,日慎一日,如履如临。"

夏五郭公 "夏五"和"郭公"的并称,二词均为《春秋》经文脱漏之处,代称文字有残缺。"夏五",未书"月"字,是缺文。郭公,无传,是失误。《春秋·桓公十四年》:"十有四年春正月,公会郑伯于曹。无冰。夏五。"《春秋·庄公二十四年》:"冬,戎侵曹。曹羁出奔陈。赤归于曹。郭公。"

岗头泽底 卢姓和李姓的并称,泛称豪门世族。唐代极重视大姓世族,崔、卢、李、郑为四大姓氏,最为显赫。其中卢氏称岗头卢,李氏称泽底李,意谓高而深的大户,像山岗的顶,像大泽的底。唐·元稹《去杭州》："骏骨凤毛真可贵，冈头泽底促足论。"

金张许史　汉代显宦的四个姓氏的并称，泛称权门贵族。《汉书》卷七十七载，汉时，金日磾、张安世并为显宦，许广汉为宣帝许皇后之父，史指史恭及其长子史高，恭为宣帝祖母史良娣之兄。

衔环结草　衔环典和结草典的并称，代称报恩。南朝·梁·吴均《续齐谐记》载，杨宝救了一只黄雀，黄雀变成童子回报他四枚白环。《左传·宣公十五年》载，春秋时魏武子有嬖妾，无子。武子疾，命其子颗曰："必嫁是。"疾病，则曰："必以为殉。"及卒，颗嫁之，曰："疾病则乱，吾从其治也。"及辅氏之役，颗见老人结草以亢杜回，杜回踬而颠，故获之，夜梦之曰："余，而所嫁妇人之父也。"也作"结草衔环"。

夕寐宵兴　晚睡和早起的并称，代称勤奋不息。《南史·宋纪上·武帝》："是故夕寐宵兴，搜奖忠烈；潜构崎岖，遇上履虎；乘机奋发，义不图全。"履虎，"履虎尾"的省称，谓踩踏老虎尾巴，喻称处境危险。

夙兴夜寐　早起和晚睡的并称，代称勤奋不息。夙，音sù，早。《诗·卫风·氓》："夙兴夜寐，靡有朝矣。"意思是早起又晚睡，并不止一朝。

宗师哲匠　宗师和哲匠的并称，泛称大家崇仰、堪称师表的人。宗师，受人尊敬、奉为师表的人；哲匠，在某一方面造诣很深的人。也作"宗匠哲师"。唐·颜真卿《尚书刑部侍郎赠尚书右仆射孙逖文公集序》："夫然，信可谓人文之宗师，国风之哲匠者矣！"

切磋琢磨　切骨、磋牙、琢玉、磨石的并称，喻称互相研究勉励，做好学问。牙，指象牙。《诗·卫风·淇奥》："有匪君子，如切如磋，如琢如磨。"

福禄祯祥　四个吉祥字的并称，人名常用字。福，幸福；禄：爵禄；祯，吉祥；祥，善类。

尧天舜日　尧天和舜日的并称，代称尧舜时代，喻称太平盛世。又作"舜日尧天"。宋·文珦《潜山集·梅雨》："尧天舜日远，怀抱若为舒。"

合纵连衡　战国时著名纵横家苏秦的合纵主张和张仪的连衡主张的并称。二人均为鬼谷子的高足。衡，也作"横"，也作"合从连衡"，从，音zòng。《史记·孟子荀卿列传》："天下方务于合从连衡，以攻伐为贤。"

共贯同条　"串在同一钱串上"和"长在同一枝条上"的并称，喻称脉络连贯，事理互通。清·王夫之《石崖先生传略》："涕笑皆神之所行，逡巡皆气之所应，固可于此得吾兄……共贯同条之精爽。"也作"同条共贯"。

真草隶篆　真书（即楷书）、草书、隶书、篆书四种书体的并称。如说"楷草隶篆行，欧柳颜赵王"。

生杀予夺　让你生、让你死、给予你、剥夺你的并称，泛称有权势的人任意处置人民生命财产的极权。明·冯梦龙《东周列国志》第九十七回："夫制国之谓王，生杀予夺，他人不敢擅专。"

元亨利贞　《周易》乾卦四德"元、亨、利、贞"的并称，喻称春夏秋冬，代称时令的周而复始和天道人事的转换。元，始也；亨，通也；利，和也；贞，正也。"元亨利贞"四字为吉祥语。宋·程颐《程氏易传》卷一："元亨利贞，谓之四德。元者，万物之始；亨者，万物之长；利者，万物之遂；贞者，万物之成。"

慎独简贵　"独处时要谨慎"和"富贵时要简省"的并称，泛称极高的思想境界和个人操守。《世说新语·品藻》："真独简贵，不减父祖。"

商枚弄色　商枚（猜枚）和弄色（投骰子）的并称，泛称博戏。骰，音tóu，方言读shǎi，赌具的一种。明·郎瑛《七修类稿·事物五·兄弟两得》："（张居杰、张居俭）俱有声当时，其父，农人也。每酒后必欲二子商枚弄色，庶为作乐。居杰则正言以对，父怒，则奔走以避；而居俭则应声曰：'吾当与老父对焉。'"

出处语默　出处和语默的并称，也是出仕和隐退的并称，说话和沉默的并称，也是省称。语出《易·系辞上》："君子之道，或出或处，或默或语。"出、处、语、默四个字皆为动词。处，音chǔ，居住，即野居、隐居；语，说话。

出云入泥 出云和入泥的并称，喻称人情浇薄，世态炎凉。出云，谓自己青云直上；入泥，谓将朋友踩入泥中。清·王韬《徐古春耆旧诗存序》："及一旦势位崇，名誉盛，畴昔知交，贫贱潦倒，伏处田里，不足引援，往往尽削其酬酢诗文，不使一篇登之集中，出云入泥，良可浩叹。"

凝脂点漆 "面如凝脂"和"眼如点漆"的并称和省称，喻称人的皮肤白嫩，眼睛明亮。《世说新语·容止》："面如凝脂，眼如点漆。"

乘车戴笠 乘车和戴笠的并称，代称友谊深厚，不因贫富贵贱而有所改变。唐·徐坚《初学记》："卿虽乘车我戴笠，后日相逢下车揖；我步行，卿乘马，后日相逢卿当下。"乘车喻称富贵；戴笠，喻称贫贱。

乘马衣轻 乘马和衣轻的并称，喻称生活奢华。语出《论语·公冶长》："愿车马衣裘，与朋友共，敝之而无憾。"衣，音yì，穿；轻，指裘皮。也作"乘坚策肥""乘坚驱良"（乘好车、骑好马）。

匪夷匪惠 "没有伯夷之清"和"没有柳下惠之和"的并称，代称这两位贤人的品德。语出《旧唐书·司空图传》："匪夷匪惠，难居公正之明；载省载思，当徇栖衡之志。"匪，同"非"，无；夷，指殷末周初的伯夷；惠，指春秋时鲁国的柳下惠。载，音zài，且，又；徇，音xùn，顺从；栖衡，代称隐居。

朝夷暮跖 "早晨被誉为伯夷"和"晚上被贬为盗跖"的并称，喻称对人的毁誉多变。明·沈德符《野获编·工部·邵上葵工部》："邵之两年昌言，其是非未可定，然一人之身，朝夷暮跖，亦可以观世变矣。"盗跖，传说中的名叫跖的大盗，常与贤人对称。

作止语默 行动、静止、说话、沉默的并称，也是省称，泛称人的行为言谈。明·王守仁《传习录》卷上："至于作止语默，无处不然，随他发见处，即就那上面学个存天理，这便是'博学之于文'，便是'约礼'的功夫。"

修齐治平　修身、齐家、治国、平天下的并称，也是省称，代称人的理想愿望的最高境界。《礼记·大学》："古之欲明明德于天下者，先治其国；欲治其国者，先齐其家；欲齐其家者，先修其身……身修而后家齐，家齐而后国治，国治而后天下平。"

文治武功　"以文治国的盛绩"和"以武禁暴的伟力"的并称，泛称文武兼用，国治久安。西汉·戴圣《礼记·祭法》："汤以宽治民而除其虐，文王以文治，武王以武功，去民之灾，此皆有功烈于民者也。"功烈，功勋业绩。

望闻问切　中医"四诊"观气息、听声息、问症状、按脉象的并称。明·徐春甫《古今医统大全》："望闻问切四字，诚为医之纲领。"

煎豆摘瓜　"煎豆"典和"摘瓜"典的并称，喻称亲属相残。"煎豆"典出曹植《七步诗》："煮豆燃豆萁，豆在釜中泣。本是同根生，相煎何太急！""摘瓜"，典出自唐·李贤《黄台瓜辞》："三摘犹自可，摘绝抱蔓归。"蔓，音wàn。

祖功宗德　"祖有功"和"宗有德"的并称。古代王朝尊始祖或开国君王为"祖"，有开创之功；其后有德之君则尊为"宗"。《孔子家语·庙制》："古者祖有功而宗有德，谓之祖宗者，其庙皆不毁。"

禁舍开塞　"禁罚和赦免"和"开放和闭锁"的并称，也是省称，喻称施政的两种不同的手段。秦·尉缭《尉缭子·制谈》："今天下诸国士，所率无不及二十万之众者，然不能济功名者，不明乎禁舍开塞也。"

破竹建瓴　"势如破竹"和"高屋建瓴"的并称，也是省称，喻称居高临下，办事容易。瓴，音líng，盛水瓶。建，通"瀽"，倾倒。"高屋建瓴"，谓在高屋之上从瓴中倒水，直泻而下。清·魏源《圣武记》第七卷："由昔岭中峰直抵葛尔崖，实有破竹建瓴之势。"

磨铅策蹇　"磨钝刀"和"鞭蹇驴"的并称，喻称勉力而为，使人为难。铅，铅质的刀，不锋利；蹇，音jiǎn，跛足，引申为跛驴或跛马；跛，音bǒ，腿瘸。唐·白居易《与陈给事书》："可与进也，乞诸一言，小子则磨铅策蹇，骋力于进取矣。"

生寄死归　"视生如寄"和"视死如归"的并称，喻称豁达开朗之性情。《淮南子·精神训》："生，寄也；死，归也。"《儿女英雄传》第十九回："我这病多分不起，生寄死归，不足介意。"

红楼绿窗　"富家女子居室"和"贫家女子居室"的并称。唐·白居易《贫家女》："绿窗贫家女，寂寞二十余。荆钗不值钱，衣上无真珠。""红楼富家女，金缕绣罗襦。"襦，音rú，短袄。

白山黑水　长白山和黑龙江的并称，泛称我国东北地区。《金史·世纪》："生女真之地有混同江、长白山。混同江亦号黑龙江，所谓'白山黑水'是也。"

袒裼裸裎　露胸、露臂、露体的并称，代称粗野无礼或无拘无束。袒，露胸；裼，音xí，露臂；裸，露体；裎，音chéng，露体。《孟子·公孙丑上》："尔为尔，我为我，虽袒裼裸裎于我侧，尔焉能浼我哉？"浼，音měi，污染。

袖犬枕钟　"袖中玩弄的犬"和"枕边报时的钟"的并称，喻称精巧的玩物。清·曹寅《玻瓈杯赋》："而况梯山航海，明珠翠羽之奇；袖犬枕钟，弱水流沙之远。"瓈，"璃"之异体字。弱水，泛称险而遥远的河流。

输攻墨守　"公输盘攻城"和"墨子守城"的并称，代称战争之类的国家大事。语出《墨子·公输》。清·惜秋旅生《维新梦·感愤》："（做工的人）那里有输攻墨守，不过是回檀绣枕细雕锼。"回，环绕；锼，音sōu，镂刻。

贵王贱霸　"崇尚王道"和"贱视霸道"的并称，代称儒家的政治主张。元·黄溍《敕赐康里氏先茔碑》："尧舜其君，贵王贱霸，咨询故老，延登逸民。"故老，年高而有声望的人，多指旧臣；延登，请教；逸民，指遁世隐居的人。

野鹤闲云　"幽闲孤傲的鹤"和"来去无定的云"的并称，

代称人们休闲自由的生活。也作"闲云野鹤""闲云孤鹤"。宋·尤袤《全唐诗话》卷六："州亦难添，诗亦难改，然闲云孤鹤，何天而不可飞。"

齐圣广渊　人的四种美好的德性"齐""圣""广""渊"的并称。齐，中也；圣，通也；广，宽也；渊，深也。《左传·文公十八年》："昔高阳氏有才子八人……齐、圣、广、渊、明、允、笃、诚。天下之民，谓之八恺。"孔颖达疏："恺，和也，言其和于物也。"恺，音kǎi。

斋钟衙鼓　斋堂的钟声和官衙的鼓声的并称，喻称单调乏味的生活。清·汪琨《水龙吟·送龚璱人出都》："彼此斋钟衙鼓，料难忘，分襟情绪。"分襟，离别，分袂。璱，音sè。

（四）二字人名并称

1. 史前人名并称

羲黄　伏羲氏和轩辕氏黄帝的并称，也是省称。二人为华夏民族的祖先。羲，音xī，也作"牺"。宋·范仲淹《依韵答提刑张太傅尝新酝》："长戴尧舜主，尽作羲黄民。"酝，音yùn，酿酒，代称酒。

羲农　伏羲氏和神农氏炎帝的并称，也是省称，二人为华夏民族的祖先。晋·陶渊明《饮酒·羲农去我久》："羲农去我久，举世少复真。"真，指真淳的社会风尚。

炎黄　神农氏炎帝和轩辕氏黄帝的并称，也是省称，二人为华夏民族的人文始祖。也作"黄炎"。严复《道学外传》："今乃奉五百兆炎黄之胄，二千年神圣之教，以听若辈之位置……"兆，百万为兆。

轩唐　轩辕氏黄帝和唐尧的并称，也是省称，尧封于唐地，故称"唐尧"。唐，在今河北唐县。也作"轩尧"。晋·陆云《晋故豫章内史夏府君诔》："披图承禅，袭化轩唐。"

尧舜　唐尧和虞舜的并称，也是省称，二人皆为上古之贤君。舜之先人封于虞，故称"虞舜"。虞，在今山西平陆县东北。语出《易·系辞下》："黄帝尧舜，垂衣裳而天下治，盖取诸乾坤。"韩康伯注："垂衣裳以辨贵贱，乾尊坤卑之义也。"

皇英 尧之女娥皇和女英的并称，也是省称，二人均为舜之妃。汉·班婕妤《自悼赋》："美皇英之女虞兮，荣任姒之母周。"任姒，指周文王之母太任和周武王之母太姒，二人皆为贤后之典范。

朱象 尧之子丹朱和舜之异母弟象的并称。二人皆为不肖子弟。《荀子·正论》："尧舜，至天下之善教化者也……然而朱象独不化，是非尧舜之过，朱象之罪也。"

巢轩 有巢氏和轩辕氏的并称，也是省称，代称上古之世。明·黄周星《六月六日登洞庭西山缥缈峰放歌》："叟童鸡犬寂无喧，别有天地疑巢轩；世人不信桃源记，谁知此是真桃源。"

巢由 尧时巢父和许由的并称，也是省称，尧让位于二人，皆不受，代称隐居不仕的高人。也作"许父"。父，音fǔ，同"甫"，男子的美称。《汉书·薛方传》："尧舜在上，下有巢由。"

歧黄 歧伯和黄帝的并称，也是省称。据说黄帝和他的臣子歧伯皆通医术，二人讨论医学，以问答形式作《黄帝内经》。后世称中医学为"歧黄之术"。二人被尊为医祖。岐黄也代称医学和名医。也作"黄歧""轩歧"。轩，指轩辕氏黄帝。歧，也作"岐"。

曦和 尧时执掌天文历法的曦氏与和氏的并称，也是省称。传说二人皆为女神；或曰曦和是一个人，为日月女神。《楚辞·离骚》："吾令羲和弭节兮，望崦嵫而勿迫。"弭节，按节，缓行。弭，音mǐ；崦嵫，音yānzī，山名，日落的地方。曦和，也作"羲和"。

史巫 古代司祭祀、事鬼神的祝史和巫觋的并称，也是省称。觋，男巫师。《汉书·地理志下》："好祭祀，用史巫。"

龙夔 舜时贤臣龙和夔的并称，泛称贤士。夔，音kuí。唐·韩愈《归彭城》："上言陈尧舜，下言引龙夔。"

伶夔 黄帝的乐官伶伦和舜的乐正夔的并称，也是省称，泛称乐官，也代称乐律。三国·魏·曹植《玄畅赋》："思黄钟以协律，怨伶夔之不存。"

共货 传说中古代始作舟楫的共鼓和货狄的并称，也是省称，二人皆为黄帝之臣。共，音gōng。段玉裁《说文解字注》："共鼓、货狄，黄帝尧舜间人。"

佉仓 佉卢和仓颉的并称，也是省称，二人皆为传说中创作文字的人，也代称文字。佉，音qū。邓溥《大我自津门来书答之以诗》："与谁雠篆籀，梦见译佉仓。"雠，音chóu，校对。

羿浇 传说中的勇士羿和浇的并称，代称勇士。羿，音yì，即善射之后羿。浇，也作"奡"，音ào，夏代寒浞之子。浞，音zhuó。

彭李 尧时彭祖和老子的并称，传说二人皆长寿。清·孔尚仁《桃花扇·投辕》："你那苏张舌辩高，我的巧射惊羿奡。"苏张，指战国时纵横家苏秦、张仪。据说彭祖活了八百岁，老子活了一百岁，后代称长寿者。也作"彭聃"，聃，音dān，老子姓李，名耳，字聃。（按：老子不是史前人物，但一些并称词远近结合，只好以第一个字为先。下同。）宋·陶谷《清异录·肢体》："张崇帅庐，遇生日，设延生大斋，僧道献功德疏，祈祝之词往往上比彭李。"

黄老 黄帝和老子的并称，后世奉二人为道家始祖，故有"黄老哲学""黄老学派"之说。《史记·老子韩非列传》："申子之学本于黄老而主刑名。"申子，指战国时期法家代表人物申不害，他著《申子》，其学说被称为"申子之学"。

2. 夏、商、周、春秋、战国人名并称

仪康 夏朝时仪狄和杜康的并称，也是省称，二人皆善酿酒，后世尊为酒神、酿酒始祖，代称善酿酒者。宋·周必大《胡从周季怀皆许送白酒弥旬不至戏成长韵》："仪康久废祠，酿具散莫纠。"

桀纣 夏朝末帝桀和商朝末帝纣的并称。二人皆为暴君、亡国之君，泛称暴君。《孟子·离娄上》："桀纣之失天下也，失其民也。"

辛癸 商纣和夏桀的并称，也是省称，泛称暴君。商纣名帝

辛，夏桀名履癸，故称。唐·刘知几《史通·载文》："观其政令，则辛、癸不如；读其诏诰，则勋、华再出。"勋华，尧舜的代称。勋，放勋，尧名；华，重华，舜名。

桀跖 夏桀和春秋时柳下跖的并称，也是省称，二人皆残暴，泛称凶残之人。跖，音zhí，即柳下跖，也称"盗跖"。元·关汉卿《窦娥冤·滚绣球》："有日月朝暮悬，有鬼神掌着生死权。天地也，只合把清浊分辨，可怎生胡突了盗跖颜渊。"《荀子·荣辱》："可以为尧禹，可以为桀跖。"

跖蹻 春秋时盗跖和庄蹻的并称，也是省称，二人皆为大盗，泛称坏人。蹻，音jué。《淮南子·主术训》："执术而御之，则管晏之智尽矣；明分以示之，则蹠蹻之奸止矣。"蹠，同"跖"。

夷跖 商末孤竹国君之子伯夷与柳下跖的并称，也是省称。前者清廉，后者贪暴，泛称好人和坏人。南朝·陈·沈炯《独酌谣》："彭殇无异葬，夷跖可同朝。"殇，早死。彭，指彭祖，代称长寿者。

夷惠 伯夷和柳下惠的并称，也是省称。二人皆为古代廉正之士，泛称贤士。柳下惠是春秋时鲁国的贤士展获。汉·扬雄《法言·渊骞》："其为人也奈何？曰：'不屈其意，不累其身。'曰：'是夷惠之徒与？'"

夷皓 伯夷和"商山四皓"的并称，也是省称，皆为古代的高士，泛称有名望的隐士。"商山四皓"指秦末隐居于商山的四个老人：东园公、绮里季、夏黄公、甪里先生。皓，音hào，白发老人；甪，音lù。晋·陶潜《感士不遇赋》："故夷皓有安归之叹，三闾发已矣之哀。悲夫！"三闾，指屈原，屈原曾封"三闾大夫"。

夷叔 商末孤竹国君二子伯夷和叔齐的并称，也是省称，喻称抱节守志的贤者。孤竹国君遗言立嗣，兄弟二人皆不受，逃之。也作"夷齐"。晋·陶潜《饮酒》之二："积善云有报，夷叔在西山。"

夷鱼 伯夷和春秋卫国大夫史鱼的并称，也是省称。伯夷清，史鱼直。泛称清廉忠直之士。史鱼为推荐蘧伯玉曾尸谏卫灵公。尸谏，指以死谏君。《后汉书·周举传》："故光禄大夫周举，性侔夷鱼，忠逾隋管。"侔，音móu，齐等，相当。隋管，指春秋时隋会和管仲，二人皆贤臣。

颜跖 孔子大弟子颜渊和柳下跖的并称，也是省称，泛称好人和坏人。唐·皮日休《九讽系述·遇谤》："既不辨于颜跖，遂一贯于尧桀。"桀，指夏桀，暴君。

孔跖 孔子和柳下跖的并称，泛称好人和坏人。清·张之洞《读史绝句·杜甫》："稷契寻常便许身，忽侪孔跖等埃尘。虽高不切轻言语，论定文人有史臣。"

朱顿 春秋时大富豪陶朱公范蠡和鲁人猗顿的并称，也是省称，泛称富翁，也作"陶猗"。蠡，音lí；猗，音yī。清·和邦额《夜谭随录·梁生》："我两肩荷一口，彼虽朱顿之富，其奈我何哉？"

柴颍 春秋时高柴和颍考叔的并称，也是省称，卫人高柴执亲之丧泣血三年；郑人颍考叔，庄公赐之烤肉，颍留以待母。后泛称尽孝。清·周亮工《书影》卷八："《汉斤彰长碑》云：'丧父事母，有柴颍之行。'"斤，音hàn。

孙吴 春秋时军事家齐人孙武和战国时军事家卫人吴起的并称，也是省称，泛称杰出的军事家。孙武又称"孙武子""孙子"，被誉为"兵家至圣""东方兵学的鼻祖"，著有《孙子兵法》十三篇，被誉为"兵学圣典"。吴起，兵家代表人物，著《吴子兵法》。宋徽宗时被追尊为广宗伯，为武庙七十二将之一。

孙庞 战国时军事家齐人孙膑和魏人庞涓的并称，也是省称。二人同窗学兵法，庞妒孙，膑之（剔去膝盖骨）。后孙大败庞于马陵道，庞自刎。后代称嫉贤妒能，也代称智谋争斗，还代称化友为敌。"孙庞斗智"的故事见明·冯梦龙《东周列国志》。

甘颜 战国时秦之甘罗和春秋时鲁之颜渊的并称，也是省称。二人均少年英才，泛称年少有才。唐·杜佑《通典·选举二》："天监中制九流常选，年未三十不通一经者不得为官。若有才同甘颜，勿限年次。"

甘石 战国时齐人甘公和魏人石申的并称，也是省称。二人皆擅长天文学。清·李斗《扬州画舫录·城西录》："张维贞，字继堂，江都副榜，好甘石之学。"

管晏 春秋时齐国名相管仲和晏婴的并称，也是省称，泛称贤能之大臣。《史记·孟子荀卿列传》："子之称淳于先生，管晏不及，及见寡人，寡人未有得也。"淳于先生，指战国时齐国的政治家、思想家淳于髡。髡，音kūn。

管国 春秋时齐国名相管仲和郑国名相子产的并称，也是省称，泛称贤能之大臣。郑国子产，字国。清·唐甄《潜书·性才》："管国为蒺藜，申商为彗孛，非性之才，所成如是。"蒺藜，音tíbài，稗子；彗孛，音huìbèi，都是彗星，不祥之兆。

管鲍 春秋时齐国大夫管仲和鲍叔牙的并称，也是省称，泛称能臣。鲍叔牙推荐管仲为齐相，二人相知甚深，后世称之为"管鲍之交"。宋·范仲淹《得李四宗易书》："须期管鲍垂千古，不学张陈负一朝。"张陈，指汉朝张耳和陈余，二人初为刎颈之交，后结怨至不两立。事见《史记·张耳陈余列传》。

管葛 管仲和诸葛亮的并称，也是省称，泛称贤相。宋·陆游《自警》："少年不自量，妄意慕管葛。"

管蔡 周武王弟管叔鲜和蔡叔度的并称，也是省称。二人皆反对周公摄政，煽动武庚叛乱，最后周公镇压"三监"，杀管叔，放蔡叔，杀武庚，平定了"三监之乱"。三监，指管叔、蔡叔、霍叔，皆武王之弟。

班倕 春秋时鲁人公输盘和舜臣倕的并称，也是省称，二人皆为巧匠，泛称能工巧匠。盘，亦作"班"，即传说中的鲁班；倕，音chuí。唐·白居易《大巧若拙赋》："巧在乎不违天真……岂徒班倕之辈骋技而校巧哉？"

屈宋 战国时楚国大诗人屈原和弟子宋玉的并称，也是省称，二人皆为辞赋大家，后泛称博学多才之士。唐·李阳冰《〈草堂集〉序》："驰驱屈宋，鞭挞扬马，千载独步，唯公一人。"扬马，指汉之扬雄和司马相如。

屈马 屈原和西汉司马相如的并称，也是省称，二人皆为辞赋大家，后泛称博学多才之士。宋·刘克庄《沁园春·七和林卿韵》："笑杀竖儒，错翻故纸，屈马何曾有艳香。"竖儒，指无识见的儒生。

屈庄 屈原和庄子的并称，也是省称，屈为大诗人，庄为大散文家，泛称文学大家。宋·马永卿《嫩真子·屈庄之言曲尽其妙》："屈庄皆方外人，而言世间事，曲尽其妙。"嫩，音lǎn；方外人，不拘世俗礼法的人，多指儒道隐者。

屈贾 屈原与西汉贾谊的并称，也是省称，二人皆从容辞令，遭遇不幸。后泛称多才而不遇之士。南朝·梁武帝《设谤木肺石二函诏》："怀傅吕之术，抱屈贾之叹。"谤木，即"诽谤木"，也称"华表木"，相传尧舜时于交通要道竖立木牌，让人在上面写谏言。肺石，相传古时设在朝廷门外的赤石，百姓可以站在石上控诉地方官吏，色赤如肺而得名。傅吕，指殷商时的傅说和西周时的吕尚，二人皆贤臣。说，音yuè。旧有谏鼓、谤木、肺石诸词，取义一也。

杨墨 战国时杨朱（杨子）和墨翟（墨子）的并称，也是省称。杨子主张"为我"，墨子主张"兼爱"，观点相左。杨墨之学说与儒家学说对立。《孟子·滕文公下》："杨墨之道不息，孔子之道不著。"

伊吕 商朝名相伊尹和西周名相吕尚（即姜子牙）的并称，也是省称。伊辅商汤，吕辅周武王，皆有政绩，后泛称辅弼之臣。弼，音bì，辅佐。明·沈采《千金记·遇仙》："自愧才兼文武，惭非伊吕之俦；胸有甲兵，颇让孙吴之术。"让，退让。

伊周 伊尹和周公旦的并称，也是省称，二人皆摄政辅君，后泛称辅弼之臣。清·李渔《慎鸾交·造端》："小生才凌董贾，志并伊周。"董贾，指西汉文学家董仲舒、贾谊。

伊傅 伊尹和殷商时名臣傅说的并称，也是省称，相传傅说曾筑于傅岩之野，后商王武丁举为丞相。泛称辅弼之臣。说，音

yuè；筑，用杵夯土筑墙。宋·陆游《读书至夜分感叹有赋》："正如志士才不称，心慕伊傅终何施？"

伊管 伊尹和管仲的并称，也是省称，泛称辅弼之臣。《汉书·邹阳传》："蒙尧舜之术，挟伊管之辩。"

伊箕 伊尹和箕子的并称，也是省称。泛称贤臣、谏臣。箕子是商纣王的叔父，因谏纣王奢侈而被囚禁，贬为奴隶。伊尹作《伊训》，箕子作《洪范》，皆为商代治国理政之书。箕，音jī。《后汉书·崔骃传》："故皋陶陈谟而唐、虞以兴，伊、箕作训而殷周用隆。"皋陶，音gāoyáo，上古传说中的人物，亦作"皋繇"，传说为虞舜的司法官，被誉为"司法鼻祖"。《虞书》有《皋陶谟》。谟，计策、谋略。

姬孔 周公姬旦与孔子的并称。二人皆恪守周礼，代称圣贤之人。唐·黄滔《司直陈公墓志铭》："姬孔之教，与日月以悬天。"

姬吕 周公姬旦和吕尚（姜子牙）的并称，也是省称，二人辅佐周武王灭商建国，后泛称贤能的辅弼之臣。《宋书·周朗传》："今天子以炎轩之德，冢辅以姬吕之贤……"炎轩，指神农氏炎帝和轩辕氏黄帝。冢，音zhǒng，大也。

姬娃 中国古代美女姬娵和吴娃的并称，也是省称，泛称美女。娵，音jū。姬娵，不详。吴娃，战国时赵武灵王王后，赵国大臣吴广之女，故称"吴娃"。娃，美丽的女子，见《史记·赵世家》和《列女传》卷七。

威施 春秋时晋国美女南威和越国美女西施的并称，也是省称，泛称美女。晋·葛洪《抱朴子·博喻》："威施之艳，粉黛无以加；二至之气，吹嘘不能增。"二至，指冬至和夏至。

盐嫫 古代丑女无盐和嫫母的并称，也是省称，无盐是战国时齐宣王之后，嫫母是黄帝之妻。嫫，音mó。清·赵翼《题周昉背面美人图》："真容安知非盐嫫，遗照转共疑施嫱。"施嫱，指美女西施和王嫱（即王昭君）。

妲末 商纣王宠妃妲己和夏桀宠妃妹喜的并称，也是省称，二人皆亡国之妃，后泛称亡国之红颜祸水。妲，音dá；末，同

"妹"，音mò。汉·扬雄《百官箴·少府箴》："昔在帝季，癸辛之世，酒池糟堤，而象箸以噬。至于躭乐流湎，而妲末作祟。"癸辛，指夏桀履癸和商纣帝辛。酒池糟堤，夏桀建酒池可以行船，酒糟堆积成堤，十里外人可见。击鼓招人，一次可供三千人狂饮。躭，音dān，同"耽"，酷嗜；湎，音miǎn，沉迷于酒。

任姒 周文王之母太任和周武王之母太姒的并称，也是省称，二人皆贤惠，后泛称贤惠之后妃。姒，音sì。《汉书·外戚传下》："美皇、英之女虞兮，荣任、姒之母周。"颜师古注："任，太任，文王之母；姒，太姒，武王之母也。"皇英，指尧之女、舜之妃娥皇和女英。

籀诵 周宣王太史籀与黄帝史官沮诵的并称，也是省称。籀，音zhòu。汉·蔡邕《篆势》："般倕揖让而辞巧，籀诵拱手而韬翰。"

佚籀 周之史官史佚和史籀的并称，也是省称，泛称史官。章炳麟《訄书·序种姓下》："至唐，则有赐姓，蛮夷降虏，或冠以李氏。阿史那之削，上矼佚籀重胤。"訄，音qiú。阿史那，古突厥姓氏；矼，音gòng，至，到达；胤，音yìn，后嗣。

旦奭 周文王之子周公姬旦与召公姬奭的并称，也是省称，二人皆为周初之功臣，分陕而治，并有美政，后代称贤臣。也作"周召""周邵"。奭，音shì；召，音shào，同"邵"。汉·蔡邕《太傅胡公碑》："傅圣德于幼冲，率旦奭于旧职。"幼冲，年龄幼小。

汤武 商朝之始祖成汤王和周朝之始祖武王的并称，也是省称，二人皆古之贤君，泛称贤明的君主。《易·革》："汤武革命，顺乎天而应乎心。"

尼轲 孔子和孟子的并称，也是省称，二人皆为儒家的代表人物。也作"孔孟""丘轲"。孔子，名丘，字仲尼；孟子，名轲，字子舆。轲，音kē。唐·马总《意林》卷三引崔元始《正论》："世主莫不愿得尼轲以辅佐，及得之，未必珍也。"

尼聃 孔子和老子的并称，又指儒家和道家两个学派。老子，姓李，名耳，字聃；聃，音dān。唐·黄滔《泉州开元寺佛殿碑记》："……谓竺乾之道与尼聃鼎，宜根乎信，而友乎理。"竺乾，古印度的别称。

孔姬 孔子和周公姬的并称，二人皆为周礼的代表人物。也作"孔周""周孔""丘旦"。唐·陆龟蒙《自怜赋》："服猛鸷兮捕龙螭，吾无力支；大舜禹兮张孔姬，吾其庶几。"宋·王禹偁《吾志》："致君望尧舜，学业根孔姬。"螭，音chī，蛟龙之属；大，张大，动词；庶几，差不多（可以做到）。

孔颜 孔子和大弟子颜回的并称，二人皆为儒家学派的代表人物。《魏书·肃宗纪》："来岁仲阳，节和气润，释奠孔颜，乃其时也。"释奠，古代学校的一种祭祀典礼，陈设酒食祭奠先圣先师。

释聃 佛祖释迦牟尼和老子的并称，代称佛教与道教。太平天国·洪仁玕《资政新篇》："谈世事，足以闷人心；论九流，足以惑众志；释聃尚虚无，尤为诞妄之甚。"

老庄 老子和庄子的并称。二人皆为道教的代表人物，其代表作分别是《道德经》和《庄子》。也称"老庄学派""老庄哲学"。三国·魏·曹植《七启》："窃慕古人之所志，仰老庄之遗风。"

惠庄 战国时思想家惠子和庄子的并称，二人均为宋人，是契友。惠子是名家的代表人物，庄子是道家的代表人物。南朝·梁·刘孝标《广绝交论》："想惠庄之清尘，庶羊左之徽烈。"羊左，指西汉燕人羊角哀和左伯桃，二人为生死之交，也作"羊左之交"。徽烈，宏业，伟业；庶，音shù，幸，希冀之词。

颜冉 孔子弟子颜回和冉耕的并称，也是省称。二人皆以德行著称，也作"冉颜"。南朝·梁·刘孝标《广绝交论》："虽颜冉龙翰凤雏，曾史兰薰雪白。"龙翰凤雏，喻称杰出的人才，也作"龙翰凤翼"。曾史，指曾参和史鳅，是仁义的典型人物；兰薰雪白，芳香洁白，喻称人的德行之美。

游夏 孔子弟子子游和子夏的并称，也是省称，二人皆以文学著称。唐·张说《赠吏部尚书萧公神道碑》："四科得游夏之门，六艺取钟王之隽。"四科，指孔门的四种科目：德行、言语、政事、文学。子游、子夏属文学科。六艺，指古代教育学生的六种科目：礼、乐、射、御、书、数。钟王，指三国时期魏书法家钟繇和东晋书法家王羲之。隽，同"俊"。

宰赐 孔子弟子宰予和端木赐的并称，也是省称，二人皆以辞令著称。汉·蔡邕《隶势》："研桑所不能计，宰赐所不能言。"研桑，指计研和桑弘羊，二人皆为古代善计算的人。

班尔 古代巧匠鲁班和王尔的并称，也是省称。宋玉《笛赋》："乃使王尔、公输之徒，合妙意，角较手，遂以为笛。"

婴臼 春秋时晋人程婴与公孙杵臼的并称，也是省称，二人合谋保护赵氏孤儿。后称危险时可以托孤的人。事见《史记·赵世家》。明·徐渭《桐乡冯母》："自古男儿婴臼少，谁家嫠妇帝王知？"嫠妇，寡妇，嫠，音lí。

廉蔺 战国时赵国的将军廉颇和丞相蔺相如的并称，也是省称。廉蔺有化怨交欢的故事，故泛称顾全大局解除私仇的将相，遂有"廉蔺交欢""将相和"的典故，见《史记·廉颇蔺相如列传》。《宋书·张永传》："当远慕廉蔺在公之德，近效平勃忘私之交。"平勃，指汉代的陈平和周勃，二人都是刘邦的创业功臣。

延吴 春秋时吴人延陵季子和魏人东门吴的并称，也是省称，二人皆丧子而旷达无忧，泛称旷达之士。《文选·潘岳〈西征赋〉》李善注引《礼记》曰："延陵季子适齐，于其反也，其长子死，葬于嬴博之间，其坎深不至于泉。"《列子》："魏有东门吴者，子死而不忧，何也？东门吴曰：'吾尝无子之时不忧，今子死，乃与向无子时同，吾奚忧也！'"坎，音kǎn，坑，凹陷。

胥产 春秋时吴国大夫伍子胥和郑国执政子产的并称，也是省称，二人皆为杰出的政治家。唐·于志宁《隋柱国皇甫诞碑》："博韬胥产，文瞻卿云。"卿云，指司马相如（字长卿）和扬雄（字子云）。

和鹊 春秋战国时名医和与扁鹊的并称，泛称名医，代称医祖。也作"和扁"。和，也作"医和"。汉·班固《答宾戏》："和鹊发精于针石。"

扁仓 战国名医扁鹊和西汉名医仓公的并称，也是省称，泛指名医，代称医祖。仓公，姓淳于，名意，曾任齐太仓令，故称。上书给汉文帝，愿替父顶罪的缇萦就是他的女儿。明·方孝孺《次王仲缙感怀韵十首兼呈张廷壁》之九："保身戒无疾，制治忧小康。苟操敬慎心，何必求扁仓。"

原尝 战国时赵国的平原君赵胜和齐国的孟尝君田文的并称，也是省称，二人皆养食客千人，泛称好客任贤之士。汉·班固《西都赋》："节慕原尝，名亚春陵。"春陵，指楚国的春申君黄歇和魏国的信陵君魏无忌，"春陵"和"原尝"合称"战国四公子"。

荆高 战国时著名刺客荆轲和他的好友高渐离的并称，也是省称。荆轲刺秦王之前，高渐离在易水击筑送行。著名的《易水歌》就产生在这个时候。后泛称任侠行义的人。筑，音zhú，古代的一种击弦乐器。典出《史记·刺客列传》。清·钱谦益《咸子诗序》："少壮为诸生时，流观经史，每及椒举之班荆，绕朝之赠策，荆高燕市之饮泣……辄为引觞击节，曳袖起舞。"椒举，指春秋时楚人伍举，因封于椒，故称。为伍子胥的祖父。班荆，指朋友相遇，互相谈心。绕朝，指有先见之谋略。

荆聂 战国时燕人荆轲和韩人聂政的并称，也是省称。荆轲刺秦王和聂政刺侠累的故事很出名，后泛称侠士、刺客。还有专诸刺王僚、要离刺庆忌的故事，合称"战国四大刺客"。清·梁启超《记东侠》："乃至僧而亦侠，医而亦侠，妇女而亦侠，荆聂肩比，朱郭斗量。"朱郭，指汉代著名侠士朱家和郭解，见《史记·游侠列传》。肩比、斗量，都形容人多、数量大。

奔育 战国时秦之勇士孟贲和夏育的并称，泛称勇士。奔，也作"贲"。《战国策·秦策三》："乌获之力而死，奔育之勇而死，死者，人之所必不免。"乌获，也是秦之勇士，与任鄙、孟贲、夏育齐名。

贲诸 孟贲和春秋吴人专诸的并称，泛称勇士。《战国策·楚策三》："贲诸怀锥刃，而天下为勇。"

育获　夏育和乌获的并称，泛称勇士。汉·陈琳《为袁绍檄豫州》："长戟百万，胡骑千群，奋中黄、育、获之士，骋良弓劲弩之势。"中黄，亦称"中黄伯"，古勇士名。

仪尚　战国时张仪和靳尚的并称。二人皆为屈原的政治外交主张的敌对者。南朝·宋·颜延之《祭屈原文》："谋折仪尚，贞蔑椒兰。"椒兰，指楚大夫子椒和楚怀王少弟司马子兰，二人皆为佞人。

3. 秦以后人名并称

斯鞅　秦大臣李斯和商鞅的并称。二人皆为政治家、法学家。宋·陈传良《送谢希孟归黄岩》："法令如牛毛，斯鞅信手成。"

桑管　西汉桑弘羊和春秋时齐国管仲的并称。二人皆为中国古代著名的理财专家，后泛称贤能之臣。清·王闿运《〈湘潭县志〉序》："傥有桑管，庶理斯纲。"傥，音tǎng，同"倘"，倘若。

终贾　西汉政治家终军和贾谊的并称。二人皆早熟，死时都很年轻。后泛称年轻有为而短命的人。《后汉书·胡广传》："终贾扬声，亦在弱冠。"弱冠，男子二十岁。

绛灌　西汉绛侯周勃和颍阴侯灌婴的并称。二人皆起自布衣，鄙朴无文，曾谗嫉陈平、贾谊。后辅佐刘邦定天下，建功封侯。泛称无文之大臣。《晋书·刘元海载记》："吾每观书传，常鄙随（随何）陆（陆贾）无武，绛灌无文。"清·顾嗣立《贾傅故宅》："绛灌不知才子贵，漫轻年少洛阳人。"洛阳人，指贾谊，贾谊是洛阳人。

刘项　汉王刘邦和楚王项羽的并称。楚汉相争，刘胜项败。唐·李白《猛虎行》："张良未遇韩信贫，刘项存亡在两臣。"两臣，指张良和韩信。唐·章碣《焚书坑》："坑灰未冷山东乱，刘项原来不读书。"

枚马　西汉枚乘和司马相如的并称，也代称才华出众的人。二人皆为辞赋大家。南朝·梁·刘勰《文心雕龙·诠赋》："汉初辞人，顺流而作，陆贾扣其端，贾谊振其绪，枚马同其风，王扬骋其势。"王扬，指西汉王褒和扬雄，二人皆辞赋家。

卿云 西汉司马相如和扬雄的并称，二人皆为辞赋大家。司马相如，字长卿；扬雄，字子云。《南齐书·文学传论》："卿云巨丽，升堂冠冕；张左恢廓，登高不继。"张左，指西晋文学家张载和左思。

班马 有三组并称：①东汉史学家班固和西汉史学家司马迁的并称，也是省称。也作"史班"。《晋书·陈寿·徐广等传论》："丘明既没，班马迭兴。"丘明，指左丘明。没，同"殁"，死。②班固和司马相如的并称，也是省称。唐·清昼《讲古文联句》："屈宋接武，班马继作。"接武，继法前人；武，足迹。③班固和东汉经学家马融的并称，也是省称。

迁雄 司马迁和扬雄的并称，也是省称。二人皆为文学家。明·张居正《翰林院读书说》："迨至有汉方隆，董贾擅其芳声，迁雄端其榘矱，沨沨乎，犹有三代之遗音焉。"董贾，指董仲舒和贾谊。榘矱，音 jǔhuò，规矩，法度。榘，"矩"之异体字。沨沨，音 fēngfēng，形容乐声宛转抑扬。

耳余 西汉将军张耳和陈余的并称，也是省称。二人初为刎颈之交，后反目，耳杀余。喻称朋友反目相残，后称"张陈之交"。宋·范成大《次韵龚养正病中见寄》："瘠肥邈尔自秦越，势利纷然皆耳余。"

吕霍 汉高祖刘邦的皇后吕雉和汉宣帝刘询的皇后霍成君的并称，也是省称。二人皆以嫉妒凶残著称。《后汉书·皇后纪上·皇后纪上》："既无《关雎》之德，而有吕、霍之风，岂可托以幼孤，恭承明祀。"

桓孟 西汉鲍宣妻桓少君和东汉梁鸿妻孟光的并称，也是省称。二人皆为贤惠之妻。代称夫妻同心，安贫乐道。清·蒲松龄《聊斋志异·李八缸》："盖月生妻车氏最贤，有桓、孟之德。"

尹邢 汉武帝宠妃尹夫人和邢夫人的并称。二人同时被宠，武帝怕二人嫉妒，有诏令二人不得相见。代称不相谋面，也代称互相嫉妒，避而不见。也作"邢尹"，见《史记·外戚世家》。

钱钟书《客安馆札记》："熊鱼兼欲而尹邢不妒，天下男子心皆如是。"

班张 东汉班固和张衡的并称。二人皆善辞赋。《晋书·文苑传序》："西都贾马，耀灵蛇于掌握；东汉班张，发雕龙于绨椠。"绨椠，音tìqiàn，供书写用的丝织物和木版片，代称书册。贾马，指贾谊和司马相如。

班范 东汉班固和南朝·宋·范晔的并称。班固著《汉书》，范晔著《后汉书》，齐名。金·王若虚《史记辨惑六》："……班范而下，乃始净尽焉。"

尹班 东汉经学家尹敏和史学家班彪的并称。二人亲善，每相遇交谈，常日旰忘食，昼则至暝，夜则达旦。后泛称莫逆之交。旰，音gàn，晚。典出班固《东观汉记·尹敏传》。

张蔡 东汉张衡和蔡邕的并称。二人皆善辞赋。《文心雕龙·丽辞》："扬、马、张、蔡，崇盛丽词。"

召杜 西汉召信臣和东汉杜诗的并称。二人先后为南阳太守，有惠政，时人称之曰："前有邵父，后有杜母。"合称"召父杜母"。后世称地方好官为"父母官"，即源于此。召，音shào，即"邵"。典出《后汉书·郭杜孔张廉王苏羊贾陆列传·杜诗》。

许郑 东汉经学家许慎和郑玄的并称。许著《说文解字》，郑著书百万言。清·梁启超《变法通议·学校总论》："其有通人志士，或笺注校勘，效忠于许郑；或束身自爱，归命于程朱。"程朱，指程颢、程颐和朱熹。

寇贾 东汉开国名将寇恂与贾复的并称。贾因部将被寇捕杀以为耻，扬言要杀寇。寇效蔺相如，以人局为重，退让。后经光武帝刘秀调解，二人和好如初。后泛称顾全大局，不记私仇。典出《后汉书·寇恂传》。

刘阮 有二组并称：①东汉刘晨、阮肇的并称。二人在天台山采药迷路，遇二仙女，蹉跎半年始归。时已入晋，子孙已过七代。后泛称游仙或男女幽会。典出南朝·宋·刘义庆小说《幽明录》。②晋朝文学家刘伶和阮籍的并称。二人皆纵酒放达，擅长诗文。清·戴名世《醉乡记》："自刘阮以来，醉乡遍天下。"

孙刘 三国吴主孙权和蜀主刘备的并称。元·萨都剌《同曹克明清明日登北固山次韵》："孙刘事业今何在，百年狠石生莓苔。"狠石，相传刘备和孙权踞此石共商破曹大计。

孙曹 三国吴主孙权和魏主曹操的并称。清·伤时子《苍鹰击·劫械》："庐江最上游，赫赫雄藩守。吊孙曹争战陈迹空留。"

曹刘 曹操和刘备的并称。宋·辛弃疾《南乡子·登京口北固亭有怀》："天下英雄谁敌手？曹刘。"

袁曹 汉末袁绍和曹操的并称。清·陈维崧《沁园春·大梁署寓对雪有感》："叹河名官渡，袁曹安在？地连南顿，冯邓徒劳。"冯邓，指东汉冯异和邓禹，二人同为光武功臣。南顿，地名，在今河南项城。

关张 三国蜀将关羽和张飞的并称。二人皆以雄烈著名，泛称猛将。唐·杜甫《谒先主庙》："孰与关张并，功临耿邓亲。"耿邓，指东汉初名臣耿弇和邓禹。王莽篡汉，二人皆起而佐光武定天下。弇，音yǎn。

瑜亮 三国吴将周瑜和蜀相诸葛亮的并称。二人足智多谋，才能匹敌，世称"瑜亮"。后世把这两个出身、地位、才情相近又不得不在一起共事的相互嫉妒、暗中较劲、内部恶斗的人及其心理现象称作"瑜亮情结"。"既生瑜，何生亮"是一句名言。

潘左 西晋文学家潘岳和左思的并称。南朝·梁·钟嵘《诗品·总论》："元嘉中，有谢灵运，才高词盛，富艳难踪，固已含跨刘郭，凌轹潘左。"含跨，超越；凌轹，倾轧，也是超越的意思。刘郭，指晋朝文学家刘琨和郭璞。

机云 西晋陆机、陆云兄弟的并称。二人皆为文学家。代称杰出的兄弟。刘勰《文心雕龙·时序》："岳湛曜联璧之华，机云标二俊之采。"岳湛，指晋之潘岳和夏侯湛，二人过从甚密，均以文章著称。

嵇阮 晋朝文学家嵇康和阮籍的并称。二人皆以嗜酒孤傲著称。宋·苏辙《林笋》："嵇阮欲来从我饮，开门一笑亦逢迎。"

王何 三国魏王弼和何晏的并称。二人为魏晋玄学的代表人物。《晋书·范宁传》："王何蔑弃典文，不遵礼度，游辞浮说，波荡后生。"

澄什　晋朝高僧佛图澄和鸠摩罗什的并称。

王孟　唐代诗人王维和孟浩然的并称。二人皆为山水田园诗人。清·郑燮《跋〈西畴诗稿〉》："以香山温逸之笔，烹炼而入于王孟。"

宋杜　初唐诗人宋之问和杜审言的并称。二人的诗都很风雅。唐·韦蟾《岳麓道林寺》："沈裴笔力斗雄壮，宋杜词源两风雅。"

李杜　有五组并称：①初唐诗人李峤和杜审言的并称。峤，音qiáo。明·胡应麟《诗薮·唐下》："杜审言、李峤结友前朝，李商隐、杜牧之齐名晚季，咸称李杜。"②盛唐诗人李白和杜甫的并称，世称"大李杜"。唐·韩愈《调张籍》："李杜文章在，光焰万丈长。"③晚唐诗人李商隐和杜牧的并称，世称"小李杜"。④东汉名臣李国和杜乔的并称。⑤东汉名士李膺和杜密的并称。

韩柳　中唐散文家韩愈和柳宗元的并称。二人同创"古文运动"，居"唐宋八大家"的第一、第二位。宋·欧阳修《唐柳宗元般舟和尚碑跋》："子厚（柳宗元，字子厚）与退之（韩愈，字退之），皆以文章知名一时，而后世称为韩柳者，盖流俗之相传也。"

元白　中唐诗人元稹和白居易的并称。二人同创"新乐府运动"，也称"元白诗派"。《旧唐书·元稹传》："稹聪警绝人，年少有才名，与太原白居易友善。工为诗，善状咏风态物色，当时言诗者称'元白'焉。"

刘白　中唐诗人刘禹锡和白居易的并称。《新唐书·白居易传》："（居易）又与刘禹锡齐名，号'刘白'。"

高岑　盛唐诗人高适和岑参的并称。二人皆为边塞诗人。唐·杜甫《寄彭州高三十五使君适、虢州岑二十七长史参三十韵》："高岑殊缓步，沈鲍得同行。"沈鲍，指南朝梁诗人沈约和南朝宋诗人鲍照。

寒拾　唐代诗僧寒山和拾得的并称。二人皆为隐士，行迹怪诞，言语非常。别称"和合二仙"，世传"寒山问拾得"之典，十分有趣。陈衍《元诗纪事·行端》："《灵隐寺志》：端文字不由师授，自然能通，自称寒拾里人。"

欧褚 唐代书法家欧阳询与褚遂良的并称，也代称欧褚的书体。宋·梅尧臣《观宋中道书画》："钟王真迹尚可睹，欧褚遗墨非因模。"

颜柳 唐代书法家颜真卿和柳公权的并称，也代称颜柳的书体，世称"颜筋柳骨"。宋·陆游《唐希雅雪鹊》："我评此画如奇书，颜筋柳骨追欧虞。"欧虞，指唐代书法家欧阳询和虞世南。

颠素 唐代书法家张旭和怀素的并称。二人皆善狂草，世称"草圣"。二人性格颠狂放诞，人们称张旭为"颠张"，称怀素为"狂素"，合称"颠张狂素"。清·纪昀《阅微草堂笔记·如是我闻三》："悬笔而书，疾于风雨，字如颠素之狂草。"

杜房 唐太宗名相杜如晦和房玄龄的并称。房善计谋，杜善决断，世称"房谋杜断"。也作"房杜"。宋·李纲《乞罢尚书左仆射第二表》："方国家多难之秋，尤将帅之材为急。所以萧何之于汉，必荐韩彭，有若杜房之于唐，必推英卫。"韩彭，指韩信和彭越，刘邦手下的二员大将。英卫，指唐代名将英国公李绩和卫国公李靖。

房魏 唐太宗名相房玄龄与魏征的并称。两人皆出自河汾文中子门下，是敢于犯颜直谏的大臣，也代称贤相。文中子，指隋朝著名教育家、思想家王通。王通，字仲淹，道号文中子。宋·陆游《感怀》之四："巍巍贞观治，房魏出河汾。"河汾，指黄河和汾水，代称山西省西南部地区。隋朝王通设教于河汾之间，受业者达千余人。后以"河汾"代称王通及其学术流派。

欧秦 北宋词人欧阳修和秦观的并称。清·王国维《人间词话》三十三："美成词深远之致不及欧、秦。"美成，指宋代词人周邦彦。周邦彦，字美成。

欧梅 北宋诗人欧阳修和梅尧臣的并称。金·元好问《论诗》之二十七："讳学金陵犹有说，竟将何罪废欧梅。"讳学，忌讳研习他的学说。

欧曾　北宋散文家欧阳修与曾巩的并称。清·黄宗羲《续师说》："今世以无忌惮相高，代笔门客，张口辄骂欧曾；兔园蒙师，摇笔即毁朱陆。"兔园，也称"梁园"，即"兔园册"，指浅近的书籍，代称浅陋之学、浅薄之地。朱陆，指南宋思想家朱熹和陆九渊。

周姜　北宋词人周邦彦和南宋词人姜夔的并称。二人皆精通音律，自创新调，为格律词派的代表。清·陈廷焯《白雨斋词话》卷三："情词兼胜，骨韵都高，几合苏辛、周姜为一手。"苏辛，指苏轼、辛弃疾。

苏辛　北宋词人苏轼和南宋词人辛弃疾的并称。二人皆为豪放词派的代表。清·周济《宋四家词选·目录序论》："苏辛并称，东坡天趣独到处，殆成绝诣……稼轩则沉着痛快，有辙可循。"稼轩，辛弃疾的号。

柳秦　北宋词人柳永和秦观的并称，二人为婉约词派的代表。

柳李　北宋词人柳永和南宋女词人李清照的并称。二人为婉约词派的代表。清·王士祯《花草蒙拾》："仆谓婉约以易安为宗，豪放唯幼安（辛弃疾）称首。"易安，李清照的号是易安居士。幼安，辛弃疾的字是幼安。

陆辛　南宋诗人陆游和词人辛弃疾的并称。二人皆为爱国主义诗人。

朱陆　南宋理学家朱熹和陆九渊的并称。史有著名的朱陆"鹅湖会讲"，也称"朱陆之辩""鹅湖之会"。鹅湖，寺名，在江西上饶铅山县。这场辩论由著名理学大家吕祖谦主持。辩论持续了三天三夜，最后不合而罢。这场辩论被称为"中国思想史上的里程碑"。元·刘壎《隐居通议·理学一》："乾道、淳熙间，晦庵先生以义理之学阐于闽，象山先生以义理之学行于江西，嶽峻杓明，珠辉玉锵。一时学士大夫雷动风从，如在洙泗，天下并称之曰'朱陆'。"乾道、淳熙，南宋孝宗年号。晦庵，朱熹的字；

象山，陆九渊的号。嶽，同"岳"；杓，音biāo，指北斗七星中柄部的三颗星；洙泗，指山东的洙水和泗水，孔子在洙泗之间曾聚徒讲学。

徽钦　北宋徽宗、钦宗二帝的并称。父子二人均被金人俘获，后客死于金国，史称"靖康之耻"。后泛称亡国之君。清·觉佛《女英雄·杀贼》："皇陵掘，徽钦囚，此恨深深难受。"

富韩　北宋贤相富弼和韩琦的并称。《宋史·韩琦传》："（韩琦）与富弼齐名，号称贤相，人谓之'富韩'云。"

高顾　明朝大儒高攀龙和顾宪成的并称。二人均在无锡东林书院主盟讲学，是中国文学史上的佳话。清·方苞《学案序》："金沙王无量辑《学案》，以《白鹿洞规》为宗……以及高顾'东林'之会约。"

洪杨　太平天国领袖天王洪秀全和东王杨秀清的并称。清·梁启超《中国积弱溯源论》第四节："中国自乾隆以后，四海扰扰，未几遂酿洪杨之变。"

康梁　清末维新变法的领袖康有为和梁启超的并称。清·章太炎《狱中》："中岁主《时务报》，与康梁诸子委蛇，亦尝言及变法。"委蛇，音wēiyí，顺应。

（五）四字人名并称

黄农虞夏　传说中古代圣君黄帝、神农、虞舜、夏禹四人的并称或合称。明·夏完淳《大哀赋》："黄农虞夏，邈哉尚友之乡；南北东西，渺矣安身之所。"尚友，上与古人为友，指与高于己者交游。

神荼郁垒　传说中能制伏恶鬼的神人神荼与郁垒的并称，泛称门神。神，音shēn；荼，音shū；垒，音lù。南朝·梁·宗懔《荆楚岁时记》："绘二神贴户左右，左神荼，右郁垒，俗谓之门神。"

筑岩钓渭　傅说和吕尚的并称，也是代称。传说殷高宗武丁的贤相傅说曾隐于傅岩从事版筑工作，西周文王的贤相吕尚曾隐于渭滨钓鱼。后代称贤士隐居待时。版筑，夯土筑墙。宋·葛立方《韵语阳秋》卷十八："史臣至比之为筑岩钓渭，亦过矣哉！"

附扁和缓 古代四大名医俞跗、扁鹊、医和、医缓的并称或合称。晋·葛洪《抱朴子·辨问》："附扁和缓，治疾之圣也。"

猗卓猗陶 春秋战国时大富翁猗顿和卓氏、猗顿和陶朱公范蠡三个人的并称或合称，泛指富翁。明·陈子龙《琴心赋》："爰有圭赐之家，猗陶之族，张华屋以延伫，启云屏而晋肃。"圭赐，天子常用圭赏赐功臣。延伫，久留；云屏，云形彩绘的屏风。参见"并称"中"二字人名"并称"朱顿"条。

输攻墨守 春秋末战国初公输盘和墨子的并称。输善攻城，墨善守城。代称战争。语出《墨子·公输》。

穿杨贯虱 战国时养由基和纪昌的并称。养能百步穿杨，纪能射中虱心。后泛称射箭技术高超的人。语出《战略策·西周策》和《列子·汤问》。明·归有光《与沈敬甫书》："科举自来皆撞着，必无穿杨贯虱之技。"穿杨，指射穿杨柳的叶子。

轲亲滂母 孟子母亲和东汉范滂母亲的并称。孟母三迁断杼教子，范母勉子成名，泛称母仪的典范。轲，音kē，孟子，名轲；滂，音pāng。明·邵璨《香囊记·褒封》："授经教子，志有逮于轲亲；勉子成名，行不忝于滂母。"逮，赶上；忝，音tiǎn，有愧于。

西眉南脸 春秋时越国美女西施和晋国美女南威的并称，代称女人容貌美丽，泛称美女。唐·李咸用《巫山高》："西眉南脸人中美，或者皆闻无所利。"

吴娃越艳 吴地美女和越地美女的并称。娃，美女。唐·王勃《采莲赋》："吴娃越艳，郑婉素妍。"婉，美好；妍，音yán，美丽。

宋才潘面 战国宋玉和西晋潘安的并称。宋玉才华出众，面貌姣好；潘安仪容俊美，文才称雄，故称。清·李渔《奈何天·虑婚》："我辈居先，常笑文人偃蹇，本自有宋才潘面，都贫贱，争似区区，痴顽福分徼天。"偃蹇，音yǎnjiǎn，傲慢；区区，匆忙；徼，音yāo，通"邀"，求取。

潘文乐旨　西晋潘岳和乐广的并称。潘善文辞，乐善意旨。乐广善于表达意旨，不善于文章；潘岳善于修饰文辞，不善于达旨。二人合作，相得益彰。后代称各有所长、取长补短。《晋书·乐广传》："广善清言而不长于笔，将让尹，请潘岳为表。岳曰：'当得君意。'广乃作二百句语，述己之志。岳因取次比，便成名笔。时人咸云：'若广不假岳之笔，岳不取广之旨，无以成斯美也。'"次比，排列编次；假，借；乐，音yuè。

潘江陆海　"潘岳之才如江"和"陆机之才如海"的并称，喻称有大文才的人。也作"陆海潘江"，也分称"潘江""陆海"。语出南朝·梁·钟嵘《诗品》："陆才如海，潘才如江。"

潘张左束　西晋文学家潘岳、张华、左思、束晳四人的并称或合称。《北史·文苑传序》："比于建安之徐陈应刘，元康之潘张左束，各一时也。"徐陈左刘，指"建安七子"之中的徐干、陈琳、应场、刘桢。

愁潘病沈　西晋潘岳和南朝·梁·沈约的并称。潘因忧愁而早生白发，沈因疾病而瘦减腰围。后泛称烦恼和疾病。元·汪元亨《沉醉东风·归田》："雪月风花不系心，打捱过愁潘病沈。"打捱，忍受；捱，音ái。

檀郎谢女　西晋才子潘岳和东晋才女谢道韫的并称，代称多情而钟情的青年男女。潘岳小名檀奴。唐·李贺《牡丹种曲》："檀郎谢女眠何处，楼台月明燕夜语。"（按：潘岳和谢道韫其实并无关系，这是文人随意组合之词。）

秦皇汉武　秦始皇和汉武帝刘彻的并称，也是省称，泛称有雄才大略的帝王。《文心雕龙·知音》："昔《储说》始出，《子虚》初成，秦皇汉武，恨不同时。"《储说》，指《韩非子》，有《内储说》《外储说》两篇。

唐宗宋祖　唐太宗李世民和宋太祖赵匡胤的并称，泛称有雄才大略的帝王。毛泽东《沁园春·雪》："惜秦皇汉武，略输文采，唐宗宋祖，稍逊风骚。"

吕武操莽　汉之吕雉、唐之武则天、三国之曹操、新之王莽四人的并称或合称。旧谓四人皆为奸邪篡权之野心家，泛称阴险狠毒、篡位夺权之人。汉高祖刘邦的皇后吕雉临朝称制，开启了汉代外戚专权之先河。唐高宗皇后武则天先临朝称制，后即位登基，成为中国历史上唯一的女皇帝；她与吕雉并称"吕武"。三国魏主曹操挟天子以令诸侯，统一了北方。西汉末，皇权旁落，王莽篡汉，代汉建新，史称"王莽改制"。清·梁启超《复金山中华会馆书》："即不爱皇，即不爱国，亦当爱身家，其忍听吕武操莽为我写卖奴契也？"

班香宋艳 东汉之班固和战国之宋玉的并称。二人皆善辞赋，且均以富丽香艳见称，泛称辞赋十分精美。清·孔尚仁《桃花扇·听稗》："早岁清词，吐出班香宋艳；中年浩气，流成苏海韩潮。"

悬梁刺股 汉之孙敬和秦之苏秦的并称。孙敬以绳系发悬梁苦读，苏秦引锥刺股苦读。泛称勤学苦读。西汉·刘向《战国策·秦策一》："（苏）秦读书欲睡，引锥自刺其股，血流至足。"东汉·班固《汉书》："孙敬字文宝，好学，晨夕不休。及至眠睡疲寝，以绳系头，悬屋梁。"

积雪囊萤 东晋之孙康和车胤的并称。孙康映雪读书，车胤囊萤读书。泛称勤学苦读。也作"映雪囊萤"。囊萤，把萤火虫装入口袋中照明。积雪典见《尚友录》卷四，囊萤典见《晋书·车胤传》。

负薪挂角 汉之朱买臣和隋之李密的并称。朱买臣砍柴时不忘读书，李密放牛时把书挂在牛角上读书。泛称勤学苦读。《三字经》："头悬梁，锥刺股。彼不教，自勤苦。如囊萤，如映雪，家虽贫，学不辍。如负薪，如挂角，身虽劳，犹苦卓。"

王杨卢骆 初唐诗人王勃、杨炯、卢照邻、骆宾王四人的并称或合称，世称"初唐四杰"。唐·杜甫《戏为六绝句》："王杨卢骆当时体，轻薄为文哂未休。"哂，音shěn，讥笑。

房谋杜断 房玄龄善于谋略和杜如晦善于决断的并称，泛称贤相，参见"秦以后人名并称"中的"杜房"条。语出《旧唐书·房玄龄杜如晦传论》。元·雅琥《上执政四十韵》："房谋兼杜断，萧律继曹尊。"萧，指汉之名相萧何；曹，指萧何的接班人曹参。史书上有"萧规曹随"之说，见扬雄《法言·渊骞》。

李杜韩柳　唐代大诗人李白、杜甫和唐代大散文家韩愈、柳宗元四人的并称或合称，泛称诗文大家。宋·李清照《〈金石录〉后序》："（渡江后）独余轻小卷轴书帖，写本李杜韩柳集、《世说》《盐铁论》，汉唐石刻副本数十轴。"

颜筋柳骨　唐代大书法家颜真卿和柳公权的并称，泛称书法大家，也泛称其墨宝。参见"秦以后人名并称"中之"颜柳"条。宋·范仲淹《祭石学士文》："曼卿之笔，颜筋柳骨。"曼卿，指北宋文学家、书法家石延年。石延年，字曼卿。

轻俗寒瘦　唐代诗人元稹、白居易、孟郊、贾岛四人的并称或合称，也是"元轻白俗，郊寒岛瘦"的省称。轻，轻佻；俗，俚俗；寒，清峭；瘦，瘦硬。分别代称四人诗风的不同，也代称四位诗人。

韩柳欧苏　唐代文学家韩愈、柳宗元和宋代文学家欧阳修、苏轼四人的并称或合称。宋·罗大经《鹤林玉露》卷五："韩、柳文多相似……韩如美玉，柳如精金；韩如静女，柳如名姝；韩如德骥，柳如天马。欧似韩，苏似柳。"姝，音shū，美女。

韩潮苏海　韩愈和苏轼的并称。潮、海二字言二人风格的雄浑豪迈。也作"苏海韩潮"。清·俞樾《茶香室丛钞·韩海苏潮》引李耆卿《文章精义》："韩如海，柳如泉，欧如澜，苏如潮。"今人称"韩潮苏海"，误矣。

周张程朱　宋代理学家周敦颐、张载、程颢、程颐、朱熹等五人的并称或合称。即濂学、关学、洛学、闽学四个学派的代表。濂，庐山濂溪是周敦颐晚年居所，后世称周为"濂溪先生"。关，张载是关中人，故其学说称为"关学"。洛，程颢、程颐兄弟是洛阳人，故其学说称为"洛学"。闽，福建的简称，朱熹曾在福建讲学，故其学说称为"闽"学。明·薛瑄《读书录》卷二："周张程朱，有大功于天下万世，不可胜言。"

南能北秀 唐代高僧惠能和神秀的并称。二人是佛教禅宗南北两宗的大禅师，皆为禅宗五祖弘忍的弟子。慧能传教于岭南，故称"南能"；神秀传教于北方，故称"北秀"。也作"南顿北渐"，禅宗两派，一派主张顿悟，一派主张渐修。

素口蛮腰 唐代诗人白居易的侍妾樊素和小蛮的并称。二人一善歌，一善舞。白居易诗中有"樱桃樊素口，杨柳小蛮腰"句。见唐·孟棨《本事诗·事感》。

关马郑白 元代四大杂剧作家关汉卿、马致远、郑光祖、白朴的并称或合称。他们的代表作分别是《窦娥冤》《汉宫秋》《倩女离魂》《墙头马上》。

南陈北李 明朝陈敬宗和李时勉的并称。陈为南京国子监的祭酒，李为北京国子监的祭酒。二人皆以直节重望为士林所依归。祭酒，古代学官名。相当于今天的大学校长或教育部长。《明史·陈敬宗传》："初，敬宗与李时勉同在翰林……后二人同时为两京祭酒。"

归奇顾怪 明末文学家归庄和顾炎武的并称。二人皆有才能，且耿介绝俗，故一称"奇"，一称"怪"。清·阮葵生《茶余客话》卷九："（顾炎武）与同邑归庄齐名，乡里有归奇顾怪之目。"目，名称。

南洪北孔 清初戏曲大家洪昇和孔尚任的并称，也誉称二人为清代戏曲之"双璧"。他们的代表作分别是《长生殿》和《桃花扇》。洪昇是浙江人，故称"南洪"；孔尚仁是山东人，故称"北孔"。清·杨恩寿《词余丛话》卷二："康熙时，《桃花扇》《长生殿》先后脱稿，时有'南洪北孔'之称。"

（六）其他人名并称

大小阮 三国魏诗人阮籍和侄子阮咸的并称，后用以美称叔侄。宋·杨万里《和文明主簿叔见寄之韵》："从来大小阮，一笑更谁知？"

大小戴 西汉今文经学家戴德和侄子戴圣的并称。二人分别著《大戴礼记》八十五篇和《小戴礼记》四十九篇。见《汉书·儒林传》。

大小谢 有两组并称：①南朝宋诗人谢灵运和族弟谢惠连的并称。②南朝宋诗人谢灵运和南朝齐诗人谢朓的并称。

大小杜 盛唐诗人杜甫和晚唐诗人杜牧的并称。宋·潘若同《郡阁雅言·杜牧》："杜牧……与杜甫齐名，时号大小杜。"

大小欧阳 唐代书法家欧阳询、欧阳通父子的并称。唐·窦臮《述书赋》下："学有大小夏侯，书有大小欧阳。"大小夏侯，指今文《尚书》学者夏侯胜、夏侯建叔侄。臮，音jì。

大小苏 北宋文学家苏轼、苏辙的并称，也是北宋文学家苏洵和儿子苏轼、苏辙的并称，合称"三苏"。

大小宋 北宋诗人宋庠、宋祁兄弟的并称。《宋史·宋祁传》："（二人）同举进士，礼部奏祁第一，庠第三。章献太后不欲以弟先兄，乃擢庠第一，而置祁第十。"庠，音xiáng。

北海尊陈蕃榻 东汉孔融和陈蕃的并称。孔融为北海相，好客，常曰："座上客常满，尊中酒不空。"陈蕃为豫章太守，在郡不接待宾客，唯徐稺来特设一榻供之，徐走则悬之。""陈蕃榻"也作"陈蕃下榻"，省称作"陈榻"。二典泛称礼贤下士，热待宾客。尊，酒杯，又作"樽"。稺，"稚"之异体字。榻，音tà，狭长而较矮的床，代称床，又特称备客留宿的床，如说"扫榻以待"。王勃《滕王阁序》有"徐孺下陈蕃之榻"。徐稺，字孺子。唐·李白《寄崔侍御》："高人屡解陈蕃榻，过客难登谢朓楼。"谢朓楼，在安徽宣城，江南名楼之一，谢朓任宣城太守时建，也称"高斋"，也称"谢公楼"。明·夏完淳《放歌赠吴锦雯兼讯武林诸同志》："逢人便下南州榻，满座还开北海樽。"南州，指豫章，即今江西南昌。

风流四子 偷香之韩寿、窃玉之司马相如、画眉之张敞、瘦腰之沈约四人的并称或合称。晋人韩寿与贾充女儿偷情，女子偷香赠韩。汉人司马相如弹《凤求凰》挑逗卓文君，后二人私奔。汉人张敞每天为妻子画眉，画得格外好看。南朝梁人沈约想告老还乡，谎报自己多病，腰围减带。

二、喻称（譬称）

喻称，也称"譬称""辟称"。辟，同"譬"，比喻。喻称是对人、物、行为、动作、性格等诸多事物的比喻性称谓。如把书籍喻称为芸帙、瑶帙、芸签、牙签、梨枣、丹铅、万卷、经笥、书田，还喻称为"千钟粟""黄金屋""颜如玉"；把藏书多、读书多喻称为"坐拥书城""腹载五车""汗牛充栋""拥书万卷""满腹经纶""腹笥"等。再如把老师喻称为园丁、慈母、春蚕、蜡烛、春雨、人梯、孺子牛，还喻称为"人类灵魂的工程师"等。这些喻称都是褒义，也有不少喻称是贬义，如把稚嫩拙劣的文字喻称为"栖鸦"，把才识短浅、气量狭小的人喻称为"斗筲"，把微不足道的小技艺喻称为"雕虫"，把兄弟相争喻称为"阋墙"等。

为了方便阅读，利于检索，我们把喻称分为二字喻称、三字喻称、四字喻称、五字喻称、六字喻称、七字喻称、八字喻称七种。数量最多的是四字喻称和二字喻称。

（一）二字喻称

梁岳 指栋梁和泰山，一说指梁山和岳山，喻称重要人物，也作"梁楹"。《礼记·檀弓上》："孔子蚤作，负手曳杖，逍遥于门。歌曰：'泰山其颓乎？梁木其坏乎？哲人其萎乎？'"蚤，通"早"。

客鸟 喻称旅人，意谓外地飞来的鸟。晋·王赞《杂诗》："人情怀旧乡，客鸟思故林。"

栋甍 指栋梁，喻称能担当重任的人。甍，音méng，屋脊。元·刘埙《隐居通议·骈骊三》引宋·聂子述《上梁文》："东里西邻，无复栋甍之接；南贫北富，率为瓦砾之场。"率，都，皆。

盐梅 盐和梅子的并称，喻称宰辅重臣。殷高宗武丁命傅说作相，谓"若作和羹，尔惟盐梅"。意谓盐咸梅酸，作羹汤需要盐和醋。喻称作宰辅也需要调剂各种关系。也作"调饪""调燮"。燮，音xiè，调理。宋·罗大经《鹤林玉露》卷十二："故水火相济，盐梅相成，各以一事自任。"

栖鸦 唐·卢仝《示添丁》："忽来案上翻墨汁，涂抹诗书如老鸦。"后喻称稚嫩拙劣的字。也是戏称，还是谦辞。

猘儿 喻称三国吴孙策。猘，音zhì，狗疯狂。孙策少时非常勇猛，故称。清·陈维崧《西江月·咏史》："姊嫁猘儿孙策，妹归顾曲周瑜。"姊妹，指江东美女大乔和小乔。

玉龙 喻称剑、笛、雪、桥、泉水、瀑布等。毛泽东《念奴娇·昆仑》："飞起玉龙三百万，搅得周天寒彻。"这里的"玉龙"是指雪。

明镜 喻称月亮。明·刘基《怨王孙》："明镜飞上青天，照无眠。"

红颜 喻称年轻漂亮的女子。清·吴伟业《圆圆曲》："恸哭六军俱缟素，冲冠一怒为红颜。"

春尖 喻称女人的小脚。明·沈德符《野获编·妇女·命妇朝贺》："但宫掖邃远，以春尖徒步为苦耳。"

法雨 喻称佛法，谓佛法如雨润泽。《法华经·化城喻品》："普雨大法雨，度无量众生。"

喻称佛法的词还有法云、法海、法灯、法镜、法乳等。

牛腰 喻称诗文数量多。唐·李白《醉后赠王历阳》："书秃千兔毫，诗裁两牛腰。"王琦注："言其卷大如牛腰也。"

为鱼 喻称遭灾。语出《左传·昭公元年》："微禹，吾其鱼乎。"意思是说，如果没有大禹治水，人们都被淹死变成了鱼。

腹尺 指腹的阔度，喻称饭量大。清·吴伟业《穆大苑先卧病桐庐初归喜赠》："药炉愧我形容槁，腹尺输君饮啖工。"啖，音dàn，吃。

姜被 汉代姜肱与二弟仲海、季江友爱，常同被而眠。喻称兄弟友爱。典出《后汉书·姜肱传》。唐·杜牧《冬至日遇京使发寄舍弟》："旅馆夜忧姜被冷，暮江寒觉晏裘轻。"晏裘，即晏子裘，指春秋齐相晏婴，以节俭力行著称，着布衣鹿裘而朝，为称人节俭之典故。

腹笥 喻称读书多，学识广。笥，音sì，书箱。《明史·文苑传二·周玄》："尝挟书千卷，止高棅家，读十年，辞去，尽弃其书，曰：'在吾腹笥矣。'"

书簏 喻称读书多。簏，音lù，竹子等材料编的圆形盛器。唐·皮日休《醉中即席赠润卿博士》："茅山顶上携书簏，笠泽心中漾酒船。"

炳烛 喻称老而好学。西汉·刘向编纂《说苑·建本》中载师旷对晋平公说："少而好学，如日出之阳；长而好学，如日中之光；老而好学，如炳烛之明。"

烹鱼 喻称治国治民之道，也喻称从政的才能。《老子》："治大国若烹小鲜。"鲜，鱼。烹小鱼，不去肠，不去鳞，不能挠，恐其烂。也作"烹鲜"。

斗筲 喻称微小和才识短浅、气量狭小的人。一斗是十升，一筲是一斗二升，皆为量小的容器。筲，音shāo。汉·桓宽《盐铁论·散不足》："百姓或无斗筲之储，官奴累百金。"《论语·子路》："噫！斗筲之人，何足算也？"

春山 喻称妇女的眉毛。春日山色黛青，故称。元·吴昌龄《端正好·美枝》："秋波两点真，春山八字分。"

秋水 喻称妇女眼睛明亮清澈。清·蒲松龄《聊斋志异·宦娘》："今日箇蹙损春山，望穿秋水。"箇，同"个"。

秋扇 喻称弃妇。古诗《秋扇歌》："可怜架上团圆扇，一日秋来人勿恋。"汉·班婕妤《怨歌行》："常恐秋节至，凉飙夺炎热。弃捐箧笥中，恩情中道绝。"

墙仞 喻称贤者之门和学问之深。语出《论语·子张》："夫子之墙数仞，不得其门而入……"谓孔子的智慧才能不可企及。仞，音rèn，七尺或八尺为一仞。

眉斧 喻称女色。语出汉·枚乘《七发》："皓齿蛾眉，命曰伐性之斧。"伐性，危害身心。

稗官 喻称小说野史。稗，音bài，小；稗官，小官。《汉书·艺文志》："小说家者流，盖出于稗官。街谈巷语，道听途说者之所造也。"也作"稗官野史""稗官小说"。

白学 喻称儒家之学。僧侣穿缁衣（黑衣），称世俗为"白"。佛学出世，儒家入世，故称。南朝·宋·慧琳《白黑论》："有白学先生，以为中国圣人经纶百世，其德弘矣，智周万变，天人之理尽矣。"

窦锦 喻称精妙的诗人。东晋·窦滔妻苏蕙织锦为回文旋图诗，赠给远徙的丈夫。见《晋书·列女传》。清·龚自珍《水龙吟》："啸如鲁柱，才如窦锦，遇如班扇。"

覆盆 喻称社会黑暗或无处申诉的沉冤。本义是阳光照不到覆盆之下。晋·葛洪《抱朴子·辨问》："是责三光不照覆盆之内也。"清·钱谦益《蒙恩昭雪恭伸辞谢微悃疏》："于是臣之覆盆得白，而孤生可保矣。"

覆醢 喻称师生间的深厚情谊。孔子听说弟子子路被醢于卫，不忍吃其相似之物，命人把肉酱倒掉。醢，音hǎi，肉酱。古代有酷刑，把人剁成肉酱。典出《礼记·檀弓上》。

香篆 喻称盘香，意谓香烟袅袅如篆字。清·纳兰性德《清平乐》："寂寂绣屏香篆灭，暗里朱颜消歇。"

簪绂 喻称显贵仕宦，也是冠簪和缨带的并称，代称古代官员的服饰。绂，音fú。宋·范仲淹《奏上时务书》："凡居近位，岁进子孙，簪绂盈门，冠盖塞路。"冠盖，指仕宦之显赫。

般斤 古代巧匠鲁班的斧头，喻称大匠的技能。般，通"班"，指鲁班。汉·扬雄《法言·君子》："般之挥斤，羿之激矢；君子不言，言必有中也。"激矢，疾飞的箭。羿，音yì，指唐尧时善射的后羿。斤，斧头。

粪墙 喻称不可救药的人或事。语出《论语·公冶长》："朽木不可雕也，粪土之墙不可杇也。"杇，音wū，粉刷，涂饰。

花魁 喻称绝色美人。名妓也称"花魁"。明·冯梦龙《醒世恒言》中有一篇《卖油郎独占花魁》，讲名妓莘瑶琴与卖油郎秦重的爱情故事。旧谓梅花是百花之魁首。如说"春为一岁首，梅占百花魁"。

万笏 喻称耸立的群山。如说"万笏朝天"。清·林则徐《即目》："万笏尖中路渐成，远看如削近还平。"笏，音hù，大臣上朝时拿的手板，用以记事备忘。

翘楚 喻称杰出的人才或突出的事物。本指高出杂树丛的荆树。翘，高出，仰起；楚，荆木。唐·孔颖达《〈春秋正义〉序》："刘炫于数君之内，实为翘楚。"

绀珠 喻称博记。绀，音gàn，深青透红之色。绀珠，又名记事珠，传说唐朝开元年间，宰相张说有一颗绀珠，或有遗忘之事，把弄此珠，便事无巨细，焕然明晓。典出五代·王仁裕《开元天宝遗事》卷一。

绝足 喻称千里马。绝足，奔驰神速之足。汉·孔融《论盛孝章书》："燕君市骏马之骨，非欲以骋千里，乃当以招绝足也。"

编贝 喻称洁白整齐的牙齿。《汉书·东方朔传》："目若悬珠，齿若编贝。"

铁肩 喻称勇于承担重任的强者。如明·杨继盛《杨忠愍公集》："铁肩担道义，辣手著文章。"后来李大钊改动一个字，书写成"铁肩担道义，妙手著文章"一联送朋友。

铁面 喻称刚直无私、不讲情面的人。如说"铁面无私"。元·无名氏《陈州粜米》第一折："则除是包龙图，那个铁面没人情。"

绣腑 喻称才华出众，文辞华丽。原为李白之弟问李白的话："兄心肝五脏皆锦绣耶？不然，何开口成文，挥翰雾散？"

继武 喻称继续前人的事业，也比喻事物相继而至。也作"续武""踵武"。武，足迹；踵，脚后跟，引申为继承。唐·骆宾王《伤祝阿王明府》："含章光后烈，继武嗣前雄。"含章，包孕美质。

续貂 喻称前后很不相称，也喻称滥授爵位，又谦称自己不如别人（多指文章作品不如别人），还是"狗尾续貂"的省称。貂，音diāo，如獭的动物，皮毛极其珍贵。《晋书·赵王伦传》："时人为之谚曰：'貂不足，狗尾续。'"

纤弓 喻称女子缠过的小脚。明·陶宗仪《南村辍耕录·缠足》："李后主宫嫔窅娘……以帛绕脚，令纤小……由是人皆效之，以纤弓为妙。"窅，音yǎo。

赤子 本指婴儿，喻称百姓，也喻称热爱祖国、对祖国忠诚的人。如说"赤子之心""海外赤子"。宋·胡铨《上高宗封事》："祖宗数百年之赤子，尽为左衽。"左衽，前襟向左掩，这是我国古代某些少数民族的服饰。中原人是右衽，因此以左衽为受其他民族统治阶级压迫的少数民族的代称。

轩鹤 乘车的鹤，喻称特立卓异不同凡响的人，也喻称被宠幸的人。《春秋左传·闵公二年》："狄人伐卫，卫懿公好鹤，鹤有乘轩者。将战，国人受甲者皆曰：'使鹤，鹤实有禄位，余焉能战！'……及狄人战于荥泽，卫师败绩。"

凤头 喻称诗文开头部分精彩引人，不同凡响。也喻称讲演或讲课的开头部分十分精彩。明·陶宗仪《南村辍耕录》："乔吉博学多能，以乐府称，尝云：'作乐府亦有法，曰：凤头、猪肚、豹尾六字是也。'"

猪肚 喻称诗文的中间部分内容充实、丰富详赡。也喻称讲演或讲课的中间部分内容丰富。

豹尾 喻称诗文的结尾部分坚劲有力，余音绕梁，三日不绝。也喻称讲演或讲课的结尾余味无穷。

豕腹 喻称诗文的中间部分内容庞杂冗长。唐·韩愈《石鼎联句》："龙头缩菌蠢，豕腹涨彭亨。"菌蠢，如菌类之短小丛生；彭亨，鼓胀貌。

贯珠 成串的珠子，喻称珠圆玉润的歌声和诗文、声韵。《礼记·乐记》："故歌者上如抗，下如坠……累累乎端如贯珠。"抗，高举。孔颖达疏："上如抗者，言歌声上响，感动人意，使之如似抗举也。"

买赋 喻称失意后想方设法以图再起。典出汉·司马相如《长门赋》序，谓汉武帝皇后陈阿娇失宠被贬至长门宫，陈皇后用重金请司马相如写《长门赋》。武帝感之，复得宠。唐·李白《白头吟》之二："闻道阿娇失恩宠，千金买赋要君王。"

赠鞭 喻称策马快行，也作"赠策"。策，马鞭。曲出《左传·文公十三年》。元·关汉卿《绯衣梦》第三折："俺这里船临汴水休举棹，马到夷门懒赠鞭。"

重台 喻称同类事物中最低下者。重，音chóng。重台，奴婢中的奴婢。明·陶宗仪《南村辍耕录·重台》："凡婢役于婢者，俗谓之重台。"

芹献 喻称微薄的礼品，也是谦称。也作"献芹"。芹，一种水草。典出《列子·杨朱》："昔人有美戎菽、甘枲茎、芹萍子者，对乡豪称之。乡豪取而尝之，蜇于口，惨于腹。众哂而怨之，其人大惭。"所献之物皆低微之属。枲，音xǐ，即麻；蜇，音zhē，刺激；哂，音shěn，讥笑。

跨灶 本指良马奔跑时，后蹄印跃过前蹄印，即后步超过前步。后喻称良马，也喻称儿子超过父亲。宋·苏轼《答陈季常书》："长子迈作吏，颇有父风，二子作诗骚殊胜，咄咄皆有跨灶之兴。"迈，指苏轼的长子苏迈；二子，指苏轼的二儿子苏迨。迨，音dài。

踢骥 受约束的良马，喻指不能发挥才能。踢，音jú，马行不进貌；骥，良马，千里马。《史记·淮阴侯列传》："骐骥之局踢，不如驽马之安步。"局踢，音júzhú，徘徊不前；安步，慢步前进。

锐顶 四周高尖而中间低洼的头顶，喻称博学多才之人，也代称孔子。也作"圩顶"。圩，音wéi，凹。《史记·孔子世家》："（孔子）生而首上圩顶。"

镂尘 雕刻尘土，喻称不可能办到的事情，也喻称工艺精细到不见形迹。也是"镂尘吹影"的省称。《关尹子·字》："言之如吹影，思之如镂尘，圣智造迷，鬼神不识。"

云飞 喻称才情奔放、奋发有为、远走高飞等多层意思。

雷苏 春雷一响，万物复苏。喻称政治清明。唐·李绅《趋翰苑遭诬构四十六韵》："涸鱼思雨润，僵燕望雷苏。"涸，音hé，水干。

雾雪 喻称舒卷自如，也喻称曲高和寡的诗文。语出唐·钱起《美杨侍御清文见示》："雾雪看满怀，兰荃坐盈掬。"兰、荃，皆为香草名。

灵琛 珍宝。喻称优秀的文学作品。琛，音chēn，珍宝。清·缪荃荪《〈宋元词四十家〉序》："探灵琛于古楮，采片玉于珍秘。"古楮，代称古籍或诗文。楮，音chǔ，树名，代称纸和诗文。

只凤 喻称独身男女。宋·薛季宣《坊情赋》："嗟物之各有偶兮，怨只凤之无凰。"凤凰，雄的叫"凤"，雌的叫"凰"。

雄飞 喻称奋发有为，大有作为。语出汉·班固《东观汉记·赵温传》："大丈夫生当雄飞，安能雌伏。"

雌伏 喻称屈居下位，无所作为。参见上条。

雕龙 喻称善于修饰文辞或刻意雕琢文字。典出《史记·孟子荀卿列传》。《后汉书·崔骃传赞》："崔为文宗，世禅雕龙。"禅，音shàn，相传授。

雕虫 喻称从事不足道的小技艺，常指写作诗文辞赋，是"雕虫小技"的省称。也作"雕虫篆刻"。虫，指虫书；刻，指刻符，秦书八体之三。西汉时蒙童学之，喻称小技。《北史·李浑传》："（浑）尝谓魏收曰：'雕虫小技，我不如卿；国典朝章，卿不如我。'"

鸡肋 鸡的肋骨，喻称无用而又不忍舍弃的东西。语出《三国志·魏书·武帝纪》："夫鸡肋，弃之如可惜，食之无所得。"这是杨修说的话。

雏凤 幼凤，喻称有才华的子弟，也喻称儿子超过父亲。唐·李商隐《韩冬郎即席为诗相送》："桐花万里丹山路，雏凤清于老凤声。"韩冬郎，指唐代诗人韩偓，小字冬郎，十岁能诗。老凤，指其父韩瞻。偓，音wò。

陵谷 是"高岸为谷，深谷为陵"的省称，喻称自然界或世事巨变。也作"谷陵""谷变"。语出《诗·小雅·十月之交》："高岸为谷，深谷为陵。"

逝川 消逝的流水，喻称流逝的岁月，也是"逝者如斯"的省称。唐·李白《古风十一》："逝川与流光，飘忽不相待。"

连璧 并列的璧玉，喻称并美的人或事物。语出《庄子·列御寇》："吾以天地为棺椁，以日月为连璧，星辰为珠玑。"也作"联璧"。南朝·宋·刘义庆《世说新语·容止》："潘安仁、夏侯湛并有美容，喜同行，时人谓之连璧。"棺椁，亦作"棺椁""椁榔"，榔，同"椁"，音guǒ，古代套在棺材外的大棺材。

过蓝 喻称学生超过老师或后人胜过先人。犹"青出于蓝"。语出《荀子·劝学》："青，取之于蓝而青于蓝。"蓝，蓝草，可作染料。清·阮元《小沧浪笔谈》卷二："小松为丁敬身先生高弟，篆隶铁笔，实有过蓝之誉。"铁，同"铁"。

运甓 喻称刻苦自励。晋·陶侃："朝运百甓于斋外，暮运于斋内。"甓，音pì，砖。也作"运甓公""运甓翁""陶公百甓"。语出《晋书·陶侃传》。

遗芬 喻称前人留下的盛德、美名、业绩。也作"遗芳"，犹"余香""遗芳余烈"。宋·梅尧臣《叶大卿挽词》之二："丰碑几当立，籍甚着遗芬。"籍甚，盛大，盛多。

遗箠 丢失了鞭子，喻称丧失政权。箠，音chuí，"棰"之异体字，鞭子。汉·桓宽《盐铁论·结和》："秦摄利衔以御宇内，执修棰以笞八极，骖服以罢，而鞭策愈加，故有倾衔遗策之变。"骖服，驾车的马。

谷驹 喻称不被重视的贤人。语出《诗·小雅·白驹》："皎皎白驹，在彼空谷。"皎皎，洁白貌。白驹在空谷，不能驰骋。白驹，代称志行高洁的人。明·冯梦龙《醒世恒言·三孝廉让产立高名》："那时天下乂安，万民乐业，朝有梧凤之鸣，野无谷驹之叹。"乂，音yì；乂安，平安，安定。

豺豕 豺狼和野猪，喻称凶狠残暴的恶人。《文选·桓温〈荐谯元彦表〉》："方今六合未康，豺豕当道。"

豹斑 豹子身上的一块斑纹，喻称事物很少的一部分，也喻称见识狭少。也作"豹管""管窥""管中窥豹""管见"。典出《晋书·王献之传》："此郎亦管中窥豹，时见一斑。"

豹变 如豹的花纹发生显著的变化，喻称人的行为变好或势位变得显贵。也作"虎变"。语出《易·革》："君子豹变，小人革面""大人虎变，未占有孚。"（按：虎豹幼时并不好看，成长过程中花纹斑点越来越美。）

诗袋 存放诗稿的袋子，喻称满腹诗才的人或作诗很多的人。也作"诗囊""诗窖"。或曰是唐代诗人李贺的故事，或曰是宋代诗人梅尧臣的故事。明·康海《中山狼》第二折："谁曾见这锦囊诗袋，却遮藏的虎党狐侪。"侪，音chái，辈，类。

调饪 喻称宰相重辅之臣。也作"调鼎""调燮"，意犹"盐梅"。意思是说，宰相犹如高级厨师，善于以盐、梅调和羹汤，处理好国家大事。《旧唐书·陆贽传论》："贽居珥笔之列，调饪之地，欲以片心除众弊，独手遏群邪。"珥笔，古代史官、谏官上朝，常插笔冠侧，以便记录，谓之"珥笔"。珥，音ěr，插。

阅川 喻称年华。语出晋·陆机《叹逝赋》："悲夫！川阅水以成川，水滔滔而日变。"阅，汇集，总聚。唐·刘禹锡《酬乐天咏老见示》："经事还谙事，阅人如阅川。"谙，音ān，熟悉。谙事，熟悉事理。诗句的意思是，经历过的世事多见识就广，接触了解的人越多观察起来更加一目了然。

饭牛 喂牛，喻称贤才屈身于卑贱之事。语出《管子·小问》："百里傒，秦国之饭牛者也，穆公举而相之，遂霸诸侯。"也作"饭秦"，饭，名词用作动词。百里傒，也作"百里奚"。另有宁戚饭牛、齐桓公重用为相的故事，义同。

余唾 残剩的唾沫，喻称别人已经说过的话或已经写过的文章。如说"拾人余唾"。清·江藩《汉学师承记·阎若璩》："讲经之家岂可拾其余唾哉！"

飞熊 喻称君主得贤才之征兆。典出佚名《武王伐纣平话》：说西伯侯姬昌夜梦一只飞熊至殿下，周公解梦说必得贤人。不久得姜尚辅政。清·刘献廷《广阳杂记》卷五："今人称隐士见用，多曰渭水飞熊。"也作"飞熊入梦"。

阋墙 喻称兄弟相争，代称内部争斗。阋，音xì，争吵。典出《诗·小雅·常棣》："兄弟阋于墙，外御其务。"务，即"侮"。意思是兄弟在墙内（即家内）争吵，（但在关键时刻会）同心抵抗外侮。

鬒云 喻称美发如云。鬒，音shùn，头发。清·厉鹗《为商宝意悼亡妾环娘次韵》之二："鬒云翠减伤琼树，臂玉香消失绿华。"

马骨 喻称贤才俊士。《战国策·燕策一》有郭隗为燕昭王花千金买死马骨头的故事。也作"千金买骨""千金市骨"，省称作"马骨"。

黄鹤 喻称一去不返的事物。语出唐·崔颢《黄鹤楼》："黄鹤一去不复返，白云千载空悠悠。"

凫乙 喻称认识事物不清，各执己见。是"越凫楚乙"的省称。《南齐书·高逸传·顾欢》："昔有鸿飞天首，积远难亮。越人以为凫，楚人以为乙，人自楚越，鸿常一耳。"凫，音fú，野鸭子；乙，通"鳦"，音yǐ，燕子。南朝·齐·张融《答周颙书》："夜战一鸿，妄申凫乙。"战，争论。

鸣玉 佩玉，腰间佩戴的玉饰，行走时相碰发声。喻称出仕在朝。《文心雕龙·章表》："天子垂珠以听，诸侯鸣玉以朝。"

鹪枝 喻称聊以自慰的处境，也喻称器量狭小，欲望有限，也喻称人应知足，贪多无益。《庄子·逍遥游》："鹪鹩巢于深林，不过一枝；偃鼠饮河，不过满腹。"也作"巢林一枝""饮河满腹"。鹪鹩，音jiāoliáo，一种小鸟；偃鼠，即鼹鼠，一种小鼠。鼹，音yǎn。

鼹鼠　出处、喻称同"鹪枝"。

鱼水　喻称夫妻相得或男女情笃，也喻称君臣相得或军民相爱，又泛称关系密切。《三国志·蜀志·诸葛亮传》："于是与亮情好日密。关羽、张飞等不悦，先主解之曰：'孤之有孔明，犹鱼之有水也。'"

鱼乐　喻称纵情山水，逍遥游乐。语出《庄子·秋水》。庄子与惠子游濠梁之上，见儵鱼出游从容，因辩论鱼是否知乐。庄子曰："儵鱼出游从容，是鱼乐也。"惠子曰："子非鱼，安知鱼之乐？"庄子曰："子非我，安知我不知鱼之乐？"儵鱼，即白鲦；儵、鲦，皆音tiáo。也作"濠上鱼""濠梁鱼""观鱼濠上""知鱼乐""知鱼"等。

鲛珠　传说鲛人（人鱼）泪珠所化的珍珠，喻称泪珠、雨珠、水珠。典出西晋·张华《博物志·异人》："南海外有鲛人，水居如鱼，不废绩织，其眼泣则能出珠。"

鲲凤　大鱼和凤凰的并称，喻称超越世俗的卓然之士。鲲，音kūn，古代传说中的一种大鱼。宋玉《对楚王问》："故非独鸟有凤而鱼有鲲，士亦有之。夫圣人瑰意琦行，超然独处，世俗之民，又安知臣之所为哉！"瑰意琦行，卓异的思想和不凡的行为。瑰，音guī，卓异；琦，音qí，美好；行，音xìng。

鲲鹏　传说中的大鱼和大鸟的并称，喻称博大的自然环境，没有大海，不足以大鲲畅游；没有太空，不足以大鹏展翅。典出《庄子·逍遥游》："北冥有鱼，其名为鲲；鲲之大，不知其几千里也！化而为鸟，其名为鹏；鹏之背，不知其几千里也！"

鲸吞　像鲸鱼一样吞食，喻称饮食放量，也喻称以强吞弱，兼并土地。明·郎瑛《七修类稿·辩证下·张天锡》："（张天锡）其豪放飘逸，则鲸吞海吸。"《三国演义》第六十回："东有孙权，常怀虎踞；北有曹操，每欲鲸吞。"

逐鹿　喻称群雄并起，争夺天下。鹿，喻称帝位。《汉书·蒯通传》："秦失其鹿，天下共逐之。"

梦鹿　喻称得失荣辱犹如梦幻。典出《列子·周穆王》，说一个樵夫打死了一只鹿，藏于坑中，盖上蕉叶。后来忘了藏鹿的地方，他以为是梦。他说起此事的原委，被邻人听见，邻人找到了鹿。捕鹿者又梦见获鹿的人，于是引出了一场官司。也作"蕉叶复鹿""梦中得鹿""鹿蕉讼""鹿蕉""蕉鹿""鹿梦"等，多达二十多个同源词。

麟馔　用麒麟的肉做的肴馔，喻称珍贵的食品。肴馔，音yáozhuàn，丰盛的饭菜。元·李存《挽三十七代仙姑》："麟馔已供仙府贵，鸾封犹被国恩长。"

点墨　喻称极少的文化，也是"胸无点墨"的省称。南宋·禅僧颐藏编辑《古尊宿语录》卷十二："眼里有瞳人，肚中无点墨。"尊宿，谓受人尊敬的前辈。瞳人，也作"瞳仁"。

鼋羹　大鳖作的汤，本指精美的食物，后喻称精美的事物。鼋，音yuán，似鳖。《史记·郑世家》："及入，见灵公进鼋羹。"

鼠虎　喻称失势和得势，也喻称处于低位和高位。语出唐·李白《远别离》："权归臣兮鼠变虎。"清·黄鷟来《赠陈省斋》之五："得失奚足问，英雄任鼠虎。"鷟，音zhuó。奚，何。

龟镜　龟可以卜吉凶，镜可以别美丑，喻称可供人对照学习的榜样或引以为戒的教训。也作"龟鉴"。鉴，音jiàn，镜子。语出《隋书·魏澹传》："贤圣相承，莫过周室，名器后稷，追谥十三王，此即前代之茂实，后人之龟镜也。"茂实，盛美的德业。

鼫枝　喻称浅薄的才能。语出北齐·颜之推《颜氏家训·省事》："鼫鼠五能，不成伎术。"说鼫鼠"能飞不能过屋，能缘不能穷木，能游不能渡谷，能穴不能掩身，能走不能先人"。鼫，音wū，一说当为鼯鼠，即梧鼠。伎，同"技"。也作"鼫鼠五技而穷""五技而穷"。

斋马 喻称廉吏的乘马。《旧唐书》中说冯元淑所乘的马午后不给草料，令其作斋。（按：佛教徒以过午不食为"斋"。）

鼻斤 喻称出众的才能，也喻称纠正错误。语出《庄子·徐无鬼》，谓匠人运斤（斧）成风，砍斫郢人鼻子上的白土。也作"鼻垩挥斤""郢匠挥斤""郢人运斤""郢人斤斧""郢斤""郢匠""郢斧""郢斫"等，类似的词语多达二十余个。垩，音è，白土。

齐禽 喻称胸有抱负而暂时未能发达的人，也喻称平时没有突出的表现，一下子做出了惊人的成绩。《史记·滑稽列传》中齐威王对淳于髡说："此鸟不飞则已，一飞冲天；不鸣则已，一鸣惊人。""齐禽"，齐国的鸟。

狗彘 喻行为卑劣的人，也是狗和猪的并称。彘，音zhì，猪。《孟子·梁惠王上》："鸡豚狗彘之畜无失其时，七十者可以食肉矣。"汉·贾谊《新书·时变》："黥劓者攘臂而为政，行惟狗彘也。"黥劓，音qíngyì，古代的两种刑罚，脸上刺字，割鼻子。

飘尘 飞扬的尘埃，喻称迁徙不定的生活。南朝·宋·鲍照《翫月城西门廨中》："客游厌苦辛，仕子倦飘尘。"翫，"玩"之异体字；廨，音xiè，官署。

首丘 喻称归葬故里，也喻称怀念故乡。传说狐狸死时头向着它的丘穴。也作"归正首丘"。《礼记·檀弓上》："大公封于营丘，比及五世，皆反葬于周。君子曰：'乐，乐其所自生，礼不忘其本。古之人有言曰"狐死正丘首"，仁也。'"《楚辞·九章·哀郢》："鸟飞反故乡兮，狐死必首丘。"首，头向着；丘，狐穴所在之土丘。

其他的二字喻称还有很多，如人体的各部位都有二字喻称，如"头脑"喻称首领、领头人；"耳目"喻称亲信、探子；"手足"喻称兄弟；"手腕"喻称手段；"骨肉"喻称至亲；"心腹"喻称最信得过的下属；"动脉"喻称交通干线；"心肝"喻称最钟爱的人；"发肤"喻称受之父母，不敢损伤，是为孝道；"肝脑"喻称下对上忠诚效力，不怕牺牲；"口舌"喻称劝说、争辩、交流、言语等;"唇齿"喻称关系密切,互相依靠,如"唇齿相依""唇亡齿寒";"膏肓"喻称重病无法挽救;"头脸"喻称人的脸色态度、情绪变化。再如"雪花"一词的喻称就多达数十个,如瑞叶、仙落、碎琼、寒酥、六出、玉龙、琼花、梨花、琼瑶、琼妃、玉英、玉沙、玉絮、玉鸾、玉蕊、凝雨、鹅毛等。再如"水"的喻称有镜水、镜角、镜面、清镜等。

类似的一词多喻词还有很多,如月亮、太阳、书籍、老师等,将在各种称谓中出现,这里就不一一列举了。

(二)三字喻称

大拇指 手的第一个指头,喻称老大、头领,多为黑社会行话。如陈忠实《白鹿原》中土匪头子就叫"大拇指"。也喻称最好的。清·文康《儿女英雄传》第十五回:"(邓九公)伸出一个大拇指头,说道:'高!'"表示赞许、佩服。

班女扇 喻称失宠或废弃之物。典出汉成帝妃班婕妤失宠后作的《团扇》:"常恐秋节至,凉飙夺炎热。弃捐箧笥中,恩情中道绝。"飙,音biāo,狂风;箧笥,音qièsì,箱子。也作"班姬扇""悲纨扇"。《团扇》也作《怨歌行》。参见"二字喻称"中"秋扇"条。

狮子吼 本为佛教语,比喻佛菩萨说法时震慑一切外道邪说之神威。后喻称悍妇或惧内的人。是"河东狮子吼""河东狮吼"的省称,还省称作"狮吼"。宋·苏轼《寄吴德仁兼简陈季常》:"龙丘居士亦可怜,谈空说有夜不眠;忽闻河东狮子吼,拄杖落手心茫然。"陈慥,北宋眉州人,字季常,好谈佛,而其妻悍妒,故苏轼以佛家语赋诗戏之。

海龙王 喻称富豪,也说"海龙君"。传说龙宫中多珍宝。四海龙王皆富,东海龙王放广最富。清·翟灏《通俗编·禽鱼》:"今浙中犹有'海龙君岂少宝'之谚。"

肱三折 喻称医术精良,也喻称阅历广,经验丰富。语出《左传·定公十三年》:"三折肱,知为良医。"意思是手臂断了三次,也懂得了治疗，成了好医生。也作"三折肱"。肱，音gōng，手臂。近代沈昌直《赠董蓉生》："家世肱三折，文才笔一枝。"自注："君精医术，并喜为诗。"

纵壑鱼　纵游于川壑中的鱼，喻称身处顺境，所至如意。语出汉·王褒《圣主得贤臣颂》："千载一会，论说无疑，翼乎如鸿毛遇顺风，沛乎若巨鱼纵大壑。"唐·杜甫《将适吴楚，留别章使君留后，兼幕府诸公，得柳字》："昔如纵壑鱼，今如丧家狗"。沛，音pèi，水势湍急貌。

垒方城　喻称打麻将，也是戏称。也作"垒长城"。

凭肩语　喻称亲昵密语。凭肩，把手搭在别人肩上。宋·范成大《题赵昌四季花图海棠梨花》："阿环不可招，空寄凭肩语。"

稷下亭　喻称学者讲学著述荟萃之地，也称"稷下学宫"。稷下，指齐国都城临淄西门（稷门）附近地区，当时是田齐的学宫。战国时稷下聚集了包括邹衍、淳元髡、慎到等众多学者在内的近万人在此讲学、学习、著述，形成了著名的"稷下学派"，也称"稷下之学"。稷，音jì，田齐，诸侯国名。稷下学宫的学生后来被尊称为"稷下先生"。唐·卢照邻《文翁讲堂》："锦里淹中馆，岷山稷下亭。"

章台柳　喻称窈窕美丽的女子。唐·许尧佐《柳氏传》写韩翃和柳氏破镜重圆的故事。二人皆以《章台柳》词互诉衷肠。《章台柳》，又名《忆章台》。唐·韩翃《章台柳·寄柳氏》："章台柳，章台柳，往日依依今在否？纵使长条似旧垂，也应攀折他人手。"翃，音hóng。清·吴伟业《赠荆州守袁大韫玉》之四："西州士女章台柳，南国江山玉树花。"

芝兰室　喻称贤士之居所或助人从善之环境。《孔子家语》："与善人居，如入芝兰之室，久闻而不知其香，即与之化矣。"《颜氏家训·慕贤》："与善人居，如入芝兰之室，久而自芳也。"

经史笥　装经书、史书的箱子，喻称博通经史的人。笥，音sì，书箱。《梁书·许懋传》："与司马褧同志友善，仆射江祏甚推重之，号为'经史笥'。"褧，音jiǒng；祏，音shí。

铁公鸡 喻称十分吝啬的人，是"铁公鸡，一毛不拔"的省称。语出清·袁枚《子不语》卷二十二《铁公鸡》："(济南一富翁)性悭吝，绰号'铁公鸡'，言一毛不拔也。"

走麦城 喻称失败或陷于绝境。《三国演义》中有关羽败走麦城，被吴将所擒于临沮的故事。麦城，在今湖北当阳境内；临沮，在今湖北南漳境内。沮，音 jǔ。

豆萁才 喻称才思敏捷，出口成章。典出《世说新语·文学》。魏文帝曹丕逼迫弟弟曹植在七步之内作一首诗，否则要杀死他。曹植作了著名的《七步诗》："煮豆持作羹，漉菽以为汁。其在釜下燃，豆在釜中泣。本自同根生，相煎何太急！"其，音 qí，豆茎；釜，音 fǔ，锅。

丰城狱 喻称埋没人才的地方。传说豫章人雷焕任丰城令时获得龙泉、太阿两柄宝剑，后沉没于丰城狱底。省称作"丰狱"。唐·白居易《和梦游春》："车摧太行路，剑落丰城狱。"

丰城剑 喻称杰出的人才，也喻称杰出人才有待识者发现。剑，指龙泉、太阿二剑。参见"丰城狱"条。清·孙枝蔚《赠魏生》："才华顺似丰城剑，和气当如春草轩。"

象牙塔 原是法国十九世纪文学批评家圣佩韦批评同时代消极浪漫主义诗人维尼的话，后喻称脱离现实生活的文学艺术家的小天地。也作"水晶之宫"。鲁迅先生曾号召文艺家要走出象牙塔，到社会中去反映现实生活。或曰，"象牙塔"出自圣经《旧约·雅歌》。

跨青牛 相传老子骑着青牛去函谷关而仙升，喻称出世学道。语出西晋·王浮《老子化胡经》。明·吴承恩《南吕一枝花·感皇恩》："呀，虽只是万贯缠腰，也有那乌帽罗袍，心只愿跨青牛，挥玉麈，伴黄鹤。"麈，音 zhǔ，即鹿尾，拂尘。

触逆鳞 喻称因诤谏而触怒皇帝或强权者。传说龙的喉下有逆鳞径尺，触之必杀人。古人以龙喻称君主。也作"批逆鳞"。批，触也。语出《韩非子·说难》："夫龙之为虫也，柔可狎而骑也。然其喉下有逆鳞径尺，或人有婴之者，则必杀人。人主亦有逆鳞，说者能无婴人主之逆鳞，则几矣。"径尺，直径一尺；婴，通"撄"，音yīng，触犯。

郢中曲 本指郢地（今湖北江陵一带）优美的歌曲，喻称高雅的诗篇。也作"郢中篇""郢上曲""郢中吟""郢中雪""郢雪""郢中白雪"，省称作"郢曲"。语出宋玉《对楚王问》："客有歌于郢中者，其始曰《下里》《巴人》，国中属而和者数千人。其为《阳阿》《薤露》，国中属而和者数百人。其为《阳春》《白雪》，国中属而和者不过数十人。引商刻羽，杂以流徵，中属而和者不过数人而已，是其曲弥高，其和弥寡。"属和：音zhǔhè，跟着别人唱；《下里》《巴人》《阳阿》《薤露》《阳春》《白雪》，皆古歌曲名。《下里》《巴人》是下曲名，《阳阿》《薤露》为中曲名，《阳春》《白雪》为高曲名。阿，音ē；薤，音xiè。明·徐桢卿《古意》："空为吟中客，不见郢中吟。"吟中客，喻指歌手或诗人。引商刻羽，谓曲调高古、讲求声律的演奏。商声在五音中最高，称"引"；羽声较细，称"刻"。流徵，音调名，徵，音zhǐ。

青眼客 喻称意气相投的好友。青眼：眼睛正视，眼珠在中间，表示对人尊敬或喜欢。与"白眼"相对。传说魏晋名诗人阮籍能作"青白眼"，即以青眼看他喜欢的人，以白眼看他讨厌的人。典出《晋书·阮籍传》："籍又能为青白眼。见礼俗之士，以白眼对之。及嵇喜来吊，籍作白眼，喜不怿而退。喜弟康闻之，乃赍酒挟琴造焉。籍大悦，乃见青眼。"《世说新语·简傲》亦载之，文字略异。怿，音yì，喜悦；赍，音jī，以物送人。

长鲸饮 像长鲸一样大饮，喻称豪饮。唐·杜甫《饮中八仙歌》："左相日兴费万钱，饮如长鲸吸百川。"

连理木 喻称夫妻恩爱贤贞。也作"瑞木""连理枝""连理树""连理杯""连理带"。连理树是指两棵树的枝条合生在一起的树，常与"比翼鸟"并举。《山海经》《尔雅》均有记载。唐·白居易《长恨歌》："在天愿为比翼鸟，在地愿为连理枝。"

透颖锥 喻称不甘困顿的非凡志向，本意是囊中的锥子的尖端总会穿透出来。见《史记·平原君虞卿列传》中"毛遂自荐"

的故事。颖，音yǐng，本指禾的末端，代称细长物体的尖端，这里指锥子。唐·元稹《酬翰林白学士代书一百韵》："叶怯穿杨箭，囊藏透颖锥。"叶，指柳树叶。

远山色 喻称女子秀美的眉，也作"远山眉"。唐·白居易《井底引银瓶》："婵娟两鬓秋蝉翼，宛转双蛾远山色。"

调鼎手 调和五味之人，喻称治国理政之才。省称作"调鼎"，犹"调饪""调燮""盐梅"，分别参见该条。南朝·梁元帝《金缕子·立言上》："余见宰人叹曰：'伊尹与易牙同知调鼎，而有贤不肖之殊。'"宋·黄庭坚《喜知命弟自青原归》："谅非调鼎手，正觉荷锄便。"调，音tiáo。

题桥柱 喻称追求功名，有所抱负。省称作"题桥""题柱"。典出晋·常璩《华阳国志·蜀志》，汉代司马相如初离四川，赴长安，曾在成都升迁桥题句，言："不乘赤车驷马，不过汝下也！"意思是一定要致身通显，否则不再过此桥。宋·苏轼《复改科赋》："虽负凌云之志，未酬题柱之心。"

食苹鹿 喻称秉志高洁、不慕爵禄的人。语出《诗·小雅·鹿鸣》："呦呦鹿鸣，食野之苹。我有嘉宾，鼓瑟吹笙。"南朝·宋·鲍照《与伍侍郎别诗》："民生如野鹿，知爱不知命……伤我慕类心。感尔食苹性。"苹，亦作"萍""蓱"，水草。

马生角 喻称不可能实现的事，也喻称历经困难，苦熬出头。义同"乌头白""天雨粟"。乌，指乌鸦；雨，音yù，名词变动词。"天雨粟"，即天上掉下粮食。语出《史记·刺客列传》。燕太子丹在秦国当人质，丹请求秦国放他回国，秦王曰："乌头白，马生角，乃许耳。"

骖鸾侣 喻称美满的夫妻。典出刘向《列女传》中秦穆公女儿弄玉和丈夫萧史乘鸾凤飞升成仙的故事。骖，音cān，乘，驾。宋·张孝祥《虞美人》："虞敖夫妇骖鸾侣，相敬如宾主。"

鸳鸯浦 鸳鸯栖息的水滨，喻称美色荟萃之所。浦，音pǔ，水滨。宋·柳永《甘草子·秋暮》："雨过月华生，冷彻鸳鸯浦。"

鱼化龙 鱼变成了龙，喻称科举成功或地位上升，也喻称逆流前进，奋发向上。也作"跳龙门"，是"鲤鱼跳龙门"的省称。传说黄河鲤鱼跳过龙门就会变化成龙。龙门，位于山西河津市西北的黄河峡谷。语出东汉·辛氏《辛氏三秦记》："河津一名龙门……每暮春之际，有黄鲤鱼逆流而上，得过者便化为龙。"也作"鱼跳龙门"。元·高明《琵琶记·南浦嘱别》："孩儿出去在今日中，爹爹妈妈来相送，但愿得鱼化龙，青云直上。"

龟藏六　龟遇到危险便将头尾和四足缩回甲壳中，喻称人的才智不外露或深居简出，以免遭嫉惹祸。语出《杂阿含经》。也作"龟六藏""龟缩头""龟藏"，与"缩头乌龟""缩头龟"含义不同。"缩头龟"是詈词，喻称胆小怕事的人，或妻女不贞但羞于见人者。詈，音lì，骂。唐·陈陶《题僧院紫竹》："从来道生一，况伴龟藏六。"

附骥尾　蚊蝇附在良马的尾巴上可以远行千里，喻称依附先辈或名人而成名。也作"附骥蝇""蝇附骥尾"，省称作"附骥""骥尾"。《史记·伯夷列传》："颜渊虽笃学，附骥尾而行益显。"司马贞《索隐》："苍蝇附骥尾而致千里，以譬颜回因孔子而彰也。"

（三）四字喻称

朱颜绿发　喻称青少年。绿发，指乌黑而有光泽的头发。也作"朱颜绿鬓""绿鬓红颜"。宋·沈遘《送句谌通判颍川》："朱颜绿发出尘土，长缨高盖生清风。"

河清社鸣　喻称太平祥瑞。也作"河清三日"。社，神祠，土地神。社鸣，古代乡里立社种树，认为社木发出声响能预兆变异。《文选·李康〈运命论〉》："夫黄河清而圣人生，里社鸣而圣人出。"

拥书百城　喻称藏书丰富或嗜书之深。《魏书·逸士传·李谧》中说，北魏李谧审订的书有四千卷之多，他的名言是："丈夫拥书万卷，何假南面百城。"意思是只要有万卷书，又何必做管辖百城的官。假，凭借。南面百城，形容王侯位高地广，尊荣富有。也作"坐拥书城"。

披发左衽 披头散发，衣襟向左边开。本指东方、北方少数民族的装束，后喻称落后、不开化的民族。《论语·宪问》："微管仲，吾其被发左衽矣。"微，无，没有；被，通"披"；衽，同"袵"，上衣前交领部分。意思是如果没有管仲，我们都会披散着头发，衣襟向左边开着，沦为夷狄了。

操刀制锦 喻称出仕从政。操刀，喻称做官任事；制锦，制造丝锦，喻称为人民办好事。宋·王安石《贺知县启》："操刀之能制锦，素显殊勋；弹琴之不下堂，行闻异政。""操刀伤锦"是其反义。《左传·襄公三十一年》："（子产曰）：'今吾子爱人则以政，犹未能操刀使割也，其伤实多。'"后以"操刀伤锦"比喻不谙政事而出仕官职，必致败事。

断圭碎璧 喻称片断珍贵的文字。也作"断珪缺璧"。圭，音guī，同"珪"，一种长条形上端作三角状的玉器；璧，一种圆形有孔的玉器。宋·王应麟《困学纪闻·仪礼》："虽寂寥片言，断圭碎璧，犹可宝也。"

三寸金莲 喻称女人的小脚。初作"三寸银钩""三寸弓"。清·李渔《闲情偶寄·鞋袜》："名最小之足者，则曰三寸金莲。"

断香零玉 喻称女人的尸骸。骸，音hái，尸骨。清·洪昇《长生殿·尸解》："这是我断香零玉沉埋处，好结果一场厮耨，空落得薄命留。"厮耨，亲昵，相爱；耨，音nòu，方言，元明人剧中常用词，谓狎昵。

胸无点墨 胸中没有一点墨水，喻称文化水平低、没有知识的人。清·百一居士《壶天录》："乡曲塾师，佪有胸无点墨，识字甚寡，茫然于训诂句读而居坐皋比者。"佪，同"尽"，训诂，解释古书中的词句；句读，音jùdòu，即句号和逗号，也作"句逗"；皋比，音gāopí，虎皮，古人坐虎皮讲学，也泛称讲席。

为箕为裘 喻称子弟继承父业。《礼记·学记》："良冶之子，必学为裘；良弓之子，必学为箕。"意思是善于冶金的人，必须先学习补裘为袍的技术；善于造弓的人，必须先学习编柳为箕的技术。裘,音qiú,皮衣;箕,音jī,簸箕。箕裘,喻称祖先的事业。《晋书·陈寿传赞》:"咸能综缉遗文,垂诸不朽,岂必克传门业,方擅箕裘者哉?"咸,都;克,能。如说"克绍箕裘",绍,继承。

望断白云 喻称想念父母,省称作"望云"。典出《新唐书·狄仁杰传》:"亲在河阳,仁杰在太行山,反顾,见白云孤飞,谓左右曰:'吾亲舍其下。'瞻怅久之,云移乃得去。"

脱白挂绿 脱去白衣,换上绿袍,喻称初登仕途。白衣,平民服装;绿衣,官员服装。明·高明《琵琶记·高堂称寿》:"你可上京取应,倘得脱白挂绿,济世安民,这才是忠孝两全。"

腰金衣紫 腰挂金印,衣系紫带,喻称高官。《史记·范雎蔡泽列传》:"怀黄金之印,结紫绶于要。"紫,紫色绶带;要,"腰"的本字。也作"腰金拖紫"。元·无名氏《小孙屠》第二出:"自叹绿袍难挂体,腰金衣紫是何人?"

腰鼓兄弟 喻称兄弟之间的成就相形见绌。古代的腰鼓是两头大而腰细小。《南齐书·沈冲传》:"冲与兄淡、渊,名誉有优劣,世号为腰鼓兄弟。"

腹载五车 喻称读书甚多,学识丰富。语出《庄子·天下》:"惠施多方,其书五车。"宋·杨万里《送李童子西归》:"江西李家童子郎,腹载五车于王皇。"

文鸳彩凤 喻称美女。鸳,音yuān,传说中与鸾凤同类的鸟。也作"鸳雏"。明·凌蒙初《初刻拍案惊奇》卷三十二:"卿家如此国色,如此慧巧,宜配佳偶,方为厮称。今文鸳彩凤,误堕鸡栖中,岂不可惜。"

金刚怒目 喻称面目威猛可怖。《太平广记》卷一七四引宋·庞元英《谈薮·薛道衡》:"金刚怒目,所以降伏四魔;菩萨低眉,所以慈悲六道。"

菩萨低眉 喻称面目慈祥善良。例同上。四魔:佛教指恼魔、蕴魔、死魔、天子魔四种夺人生命和智慧的魔类。六道:佛教指天人道、阿修罗道、人道、畜生道、饿鬼道、地狱道六种受果报之道。

煮粥焚须　喻称手足之爱。语出《新唐书·李绩传》："（李绩）姊病，尝自为粥而燎其须。"

斗挹箕扬　喻称毫无实用之物。斗、箕，皆星宿名，一像斗，一像箕，故称。意思是像斗而不能舀，像箕而不能簸。挹，音yì，舀。语出《诗·小雅·大东》："维南有箕，不可以簸扬；维北有斗，不可以挹酒浆。"斗，酒器。

息黥补劓　谓修整面容残缺，恢复本来面目，喻称改过自新。黥，音qíng，即墨刑，脸上刺字，再涂上墨；劓，即劓刑，割掉鼻子。皆为古代酷刑。语出《庄子·大宗师》："庸讵知夫造物者之不息我黥而补我劓，使我乘成以随先生邪。"庸讵，音yōngjù，何以，怎么。

惨绿年华　喻称风华正茂的青年时期。本指穿淡绿衣衫的青少年，后代称风度翩翩的青少年。惨，同"黪"，音cǎn，浅绿色。唐·张固《幽闲鼓吹》载，唐代潘孟阳拜户部侍郎，一日会同列，其母垂帘视之，问末座惨绿少年何人，答曰补缺杜黄裳。

吉光片羽　喻称少量的精品。吉光，传说中的神马；片羽：神马的一小片毛。出作"片光零羽"，省称作"片羽"。语出晋·葛洪《抱朴子·对俗》："腾黄之马，吉光之兽，皆寿三千岁。"明·焦竑《李氏焚书序》："断管残沈；等于吉光片羽。"沈，汁，墨汁。

文宗学府　喻称学问渊博的人，也是"文章宗伯"和"学问渊府"的并称和省称。宗伯，本是古代大官名，后代称大师级学问家。渊府，财物或文书聚集之地。《晋书·陆机陆云传论》："百代文宗，一人而已。"北魏·杨衒之《洛阳伽蓝记·景明寺》："子才（邢邵）……文宗学府。腾班（固）马（司马迁）而孤上。"腾，上升。

焚琴煮鹤　把琴当柴烧了，把鹤煮着吃了，喻称糟蹋美好的事物。宋·胡仔《苕溪渔隐丛话前集》引《西清诗话》："……其一曰杀风景，谓清泉濯足，花下晒裈，背山起楼，烧琴煮鹤。"裈，音kūn，有裤裆的裤子。

白衣苍狗　喻称世事变化无常。语出杜甫《可叹》："天上浮云如白衣，斯须改变如苍狗。"斯须，一会儿。也作"白云苍狗"。

百尺无枝　喻称罕见的高大而有用之材。语出汉·枚乘《七发》："龙门之桐，高百尺而无枝。"

蚌病成珠　喻称因不得志而写出好文章。语出《淮南子·说林训》："明月之珠，蚌之病而成我之利。"即珍珠由蚌痛苦孕育而成，这是一种形象的说法。

虾蟆抱桂　喻称月蚀。传说蟾蜍为月中虾蟆，食月；月中又有桂树，故称。《淮南子·说林训》："月照天下，蚀于詹诸。"詹诸，即蟾蜍。

蚕食鲸吞　像蚕一样逐渐侵占，像鲸鱼一样大口吞食，喻称侵占吞并。也作"鲸吞蚕食"。《韩非子·存韩》："诸侯可蚕食而尽，赵氏可得与敌矣。"姚雪垠《李自成》第一卷第十二章："鼓舞三军，与虏决一死战，予以重创，使逆虏知我尚有人在，不敢再存蚕食鲸吞之心。"

衣香人影　喻称女性的仪态优雅，服饰艳丽，也作"衣香鬓影"。北周·庾信《春赋》："屋里衣香不如花。"唐·李贺《咏怀》："弹琴看文君，春风吹鬓影。"

袍笏登场　穿官袍，执手板，登台演戏。喻称上台做官。含讽刺意，也是贬称。清·赵翼《数月内频送南雷述庵淑斋诸人赴京补官戏作》之一："袍笏登场也等闲，若他动色到柴关。"

美人香草　喻称国之贤臣或忠君爱国，也喻称寄情深远的诗篇，还代称《离骚》。汉·王逸称《离骚》为香草美人之辞。也作"香草美人"。王逸《离骚序》："《离骚》之文，依《诗》取兴，引类譬谕，故善鸟、香草、以配忠贞……灵修、美人，以媲于君。"媲，音pì，比。

蜀犬吠日　蜀地多雾，狗看见太阳就狂吠。喻称少见多怪；含轻鄙意，是蔑称。唐·柳宗元《答韦中立论师道书》："屈子赋曰：'邑犬群吠，吠所怪也。'仆往闻庸、蜀之南，恒雨少日，日出则犬吠……二年冬，幸大雪逾岭，被南越中数州。数州之犬，皆苍黄吠噬，狂走者累日，至无雪乃已……"庸，古国名，在今湖北竹山县一带。

粤犬吠雪　广州少雪，狗看见下雪就狂吠。喻称少见多怪。含轻鄙意，也是蔑称。

桀犬吠尧　暴君夏桀的狗对着圣君唐尧狂吠。喻称不辨善恶贤愚，也喻称人臣或奴才各为其主。汉·邹阳《狱中上书自明》："桀之狗可使吠尧，而跖之客可使刺由。"跖，音zhí，盗跖；由，许由，古之贤人。

跖犬噬尧　盗跖的狗咬圣君唐尧，喻称嫉妒贤才，也喻称各为其主。犹"桀犬吠尧"。噬，音shì，咬。《战国策·齐策六》："貂勃曰：'跖之狗吠尧，非贵跖而贱尧也，狗固吠非其主也。'"

芝兰玉树　喻称优秀子弟，也是美称。《晋书·谢安传》："譬如芝兰玉树，欲使其生于庭阶耳。"

草蛇灰线　喻称事物留下隐约可寻的线索和迹象。原意是蛇从草丛穿过，衣线在炭灰中拖一下，虽然不易留下痕迹，但总有迹象可寻。清·魏秀仁《花月痕》第五回回末评论："写秋痕，采秋，则更用暗中之明，明中之暗……草蛇灰线，马迹蛛丝，隐于不言，细入无间。"亦作"草蛇灰线""灰线蛇踪"。

蛛丝马迹　喻称事物留下的隐约可寻的线索和迹象。义同"草蛇灰线"。清·沈德潜《说诗晬语》卷上："自有灰线蛇踪，蛛丝马迹，使人眩其奇变，仍服其警严。"晬语，纯粹之语；晬，音zuì；眩，音xuàn，晕，迷惑。

荒子孱孙　喻称不成才的子孙。孱，音chán，低劣，懦弱，浅陋。宋·欧阳修《本论》："虽有荒子孱孙，犹七八百岁而后已。"

庄周梦蝶　喻称虚幻的事物，省称作"庄周梦"。语出《庄子·齐物论》："昔者庄周梦为胡蝶，栩栩然胡蝶也。"胡，同"蝴"。明·无名氏《精忠记·赴难》："功多的也是空，名高的也是空，都做了一枕庄周梦。"

萁豆相煎　喻称亲骨肉自相残害。语出曹植《七步诗》。参见"三字喻称"中"豆萁才"条。

万马齐喑 喻称人们都沉默不语，不敢发表意见。语出清·龚自珍《己亥杂诗》："九州生气恃风雷，万马齐喑究可哀。"喑，音yīn，哑。

薪尽火传 喻称师生传授，学问一代代流传。《庄子·养生主》："指穷于为薪，火传也，不知其尽也。"

萧规曹随 汉初萧何为丞相，制定法律制度，后来曹参为相，完全按照萧何的成规办事。喻称按照前人的成规办事。《史记·曹相国世家》："参代何为汉相国，举事无所变更，一遵萧何约束。"汉·扬雄《解嘲》："夫萧规曹随，留侯画策。"留侯，指谋臣张良。

莼羹鲈脍 喻称思乡辞官。典出《晋书·张翰传》。《世说新语·识鉴》亦有记载。说晋人张翰见秋风起，思念家乡吴中的菰菜、莼羹、鲈鱼脍等美食，于是辞掉官职，回到故乡。也作"莼鲈之思""秋风鲈脍""鲈肥莼美""秋风思归""张翰思归""莼鲈秋风"等。省称作"张翰脍""江东脍""忆鲈鱼""莼鲈""鲈蓴""鲈脍""鲈莼""莼脍""忆鲈""思鲈"等。莼，音chún，一种味美的水中蔬菜；脍，音kuài，切细的肉；鲈，音lú，沿海一带常见的一种食用鱼，味美。《晋书·张翰传》："翰因见秋风起，乃思吴中菰菜、莼羹、鲈鱼脍，曰：'人生贵得适志，何能羁宦数千里，以要名爵乎？'遂命驾便归。"（按：张翰实为避祸保身，托辞退隐。）要，音yāo，通"徼"，求取。唐·杜甫《洗兵马》："东走无复忆鲈鱼，南飞觉有安巢鸟。"宋·辛弃疾《沁园春·带湖新居将成》："意倦须还，身闲贵早，岂为莼羹鲈脍哉！"

红炉点雪 红炉上着一点雪立即融化，喻称一经点拨就悟解真谛。明·高攀龙《高子遗书·会语》："颜子克己，若红炉点雪，不必言难，天下归仁。"清·袁枚《随园诗话》卷四："诗得一字之师，如红炉点雪，乐不可言。"

绠短汲深 用短绳系器汲取深井中的水，喻称浅学不足以领悟深义，也喻称能力小难以胜任艰巨的任务。绠，音gěng，汲水器上的绳子。汲，音jí，取水。也作"短绠汲深"。《庄子·至乐》："褚小者不可以怀大，绠短者不可以汲深。"褚，音zhǔ，衣袋。

绿叶成阴 喻称子女青春已逝，也代称女子出嫁生子。宋·计有功《唐诗纪事·杜牧》："狂风落尽深红色，绿叶成阴子满枝。"

金城汤池 坚固的城墙，沸滚的护城河。喻称设防坚固的城池。汤，热水，开水；池，护城河。《汉书·蒯通传》："（范阳令）先下君，而君不利之，则边地之城……必将婴城固守，皆为金城汤池，不可攻也。"婴城，据城。

铁郭金城 喻称设防坚固的城池。郭，外城。清·冯桂芬《公启曾协揆》："大军一至，朽株枯木亦助声威；大军不至，则铁郭金城将沦灰烬。"

恒河沙数 佛教用语，出自《金刚经·无为福胜分》。像恒河里的沙子那样无法计数。喻人或物之数量多得无法计算。省称作"恒河沙""恒沙数""恒沙"。清·邹容《革命军》："吾但愿我身化为恒河沙数，一一身中出一一舌，一一舌中发一一音。"

续凫断鹤 喻称违反事物的本性，欲益反损；也喻称事物各有长短，不可随意损益。语出《庄子·骈拇》："凫胫虽短，续之则忧；鹤胫虽长，断之则悲。"凫，音fú，野鸭子。也作"断鹤续凫""凫胫鹤膝"。清·蒲松龄《聊斋志异·陆判》："断鹤续凫，矫作者妄；移花接木，创始者奇。"

垒垒若若 喻称官吏众多。垒垒，重积也；若若，长貌。《汉书·石显传》："印何垒垒，绶何若若。"印，官印；绶，印带。

锵金鸣玉 金玉相撞而发声，喻称音节响亮，诗句优美。也作"锵金铿玉"。铿锵，音kēngqiāng，声音响亮和谐。唐·骆宾王《帝京篇》："绣柱璇题粉壁映，锵金鸣玉王侯盛。"

越瘦秦肥 喻称痛痒与己无关。语出唐·韩愈《争臣论》："视政之得失，若越人之视秦人之肥瘠，忽焉不加喜戚于其心。"也作"越瘠秦视""越瘦吴肥"。瘠，音jí，土地不肥沃。

镞砺括羽 喻称人刻苦磨练，力求精进。镞，音zú，箭头；

括，箭的末端，括羽，用羽毛装饰箭尾。汉•刘向《说苑•建本》：
"孔子曰：'括而羽之，镞而砥砺之，其入之不亦深乎？'"

酒虎诗龙　喻称嗜酒善歌、才高能诗的人。清•丘逢甲《东
山酒楼次柳汀韵》："狂饮且共楼头醉，酒虎诗龙各自豪。"

锦心绣口　喻称优美的文思，华丽的词藻。唐•柳宗元《乞
巧文》："骈四俪六，锦心绣口，宫沉羽振，笙簧触手。"意思是
用四六句构成对句，文辞和言词如锦绣一样华美精细；音调有的
低沉，有的昂扬，如同鼓动笙簧发出的音响。

赐墙及肩　喻称才疏学浅。语出《论语•子张》："譬之宫墙，
赐之墙也及肩，窥见室家之好。夫子之墙数仞，不得其门而入，
不见宗庙之美，百官之富。"宫墙，围墙；赐，孔子的学生端木
赐，字子贡；百官，众多的房舍；官，古"馆"字，本义是房舍，
后转义为官职。这是子贡说的话，意思是，拿房屋的围墙作比
喻吧：我家的围墙只有肩膀那么高，谁都可以看到房屋的美好。
我老师的围墙却有几丈高，如果找不到大门走进去，就看不到
他那宗庙的雄伟，房舍的众多。宋•陈师道《次韵苏公西湖徙
鱼》："赐墙及肩人得见，公才槃槃一都会。"槃槃，音pánpá
n，大貌，多指才能出众。

镜分鸾凤　喻称夫妻分离。鸾凤，喻称夫妻。也作"镜破"
"破镜""镜鸾"。明•高明《琵琶记•临妆感叹》："文场选士，
纷纷都是才俊徒。少甚么镜分鸾凤，都要榜登龙虎，偏是他将奴
误。"登龙虎榜，指科举考试会试中选。

见豕负涂　看见猪伏在道中，喻称卑秽污浊。涂，通"途"。
《易•睽》："上九，睽孤，见豕负涂……"王弼注："豕失负涂，
秽莫过焉。"

见鞍思马　看见马鞍就想起了马，喻称触类相思，触物生情。
宋•石介《徂徕石先生文集•三•感兴》："倚鞍思骏骨，抚辔念
骐骊。"骐骊，名马，周穆王八骏之一。

见弹求鸮　看到弹丸就想到鸟肉，喻称过早地估计实效。鸮，
音xiāo，猫头鹰。省称作"鸮炙"，烤鸮为食。语出《庄子•齐

物论》："且女亦大早计，见卵而求时夜，见弹而求鸮炙。"时夜，指鸡；时，同"司"。

规矩绳墨 喻称标准法度，也是规、矩、绳、墨四种工具的并称。《管子·七臣七主》："法律政令者，吏民规矩绳墨。"

视同拱璧 看作两手合抱的璧玉，喻称十分珍贵的东西。清·吴趼人《二十年目睹之怪现状》第二十四回："求着他一副对子，一把扇子，那就视同拱璧，也不管他的字好歹。"

视如草芥 看作小草一样，喻称极端轻视。语出《孟子·离娄下》："君之视臣如土芥，则臣视君如寇仇。"土芥，泥土和草芥。鲁迅《且介亭杂文·病后杂谈之余》："任其生死，视如草芥。"苏洵《六国论》："子孙视之不甚惜，举以予人，如弃草芥。"

野草闲花 野生的花草，喻称婚外恋的女子，也喻称妓女，省称作"野花"。宋·辛弃疾《定风波·再用韵和赵晋臣敷文》："野草闲花不当春，杜鹃却是旧知闻。"

空谷足音 喻称难得的人物或信息。也作"足音空谷""空谷跫音"。跫，音qióng，脚步声。本义是在寂静的山谷里听到了脚步声。《诗经·小雅·白驹》："皎皎白驹，在彼空谷。"《庄子·徐无鬼》："闻人足音跫然而喜也。"跫然，形容脚步声。

跋胡疐尾 喻称进退两难，也是"狼跋其胡，载疐其尾"的省称，语出《诗·豳风·狼跋》。跋，踩；胡，颈下垂肉；载，又；疐，音zhì，通"踬"，绊倒，踩。也省称作"跋胡"。宋·李纲《谢复观文殿大学士表》："惟信古太过，而欲为曲突徙薪之谋，故与物多违而每致跋胡疐尾之患。"

跑马观花 喻称粗略地观看一下，也作"走马看花""走马观花"。语出唐·孟郊《登科后》："春风得意马蹄疾，一日看尽长安花。"

郢匠运斤 喻称娴熟高超的技艺。语出《庄子·徐无鬼》。说楚国都城郢人在鼻子上涂一层白土，让匠人用斧子砍去白土而不伤鼻子。运斤：挥运斧头。省称作"郢匠""郢人""鼻斤"。参见"二字喻称"中"鼻斤"条。

郢书燕说 喻称曲解原意,穿凿附会,以讹传讹。典出《韩非子·外储说左上》:"郢人遗燕相国书者,夜书,火不明,因谓持烛者曰'举烛',而误书'举烛'。举烛,非书意也。燕相受书而悦之,曰:'举烛者,尚明也,尚明也者,举贤而用之。'燕相白王,王大悦,国以治。治则治矣,非书意也。今世学者多似此类。"

郄诜丹桂 喻称科举及第。晋人郄诜举贤良对策为天下第一,自视为"桂林之一枝,昆山之片玉"。郄,音xì;诜,音shēn;丹桂,即桂树。也作"郄诜高第",省称作"郄诜策"。典出《晋书·郄诜传》。

身寄虎吻 把身子置于老虎嘴边,喻称处境十分危险。吻,嘴唇,代称嘴。晋·桓彝《荐谯无彦表》:"凶命屡招,奸威仍逼,身寄虎吻,危同朝露,而能抗节玉立,誓不降辱。"

回霜收电 喻称帝王息怒。语出《文选·陆机〈谢平原内史表〉》:"重蒙陛下恺悌之宥,回霜收电,使不陨越。"吕向注:"霜电喻威,陨越,死也。蒙天子宽,回收其威,使至不死也。"恺悌,音kǎitì,和乐平易;宥,音yòu,饶恕,原谅。

扑朔迷离 喻称事物错综复杂,难以分辨。语出《木兰诗》:"雄兔脚扑朔,雌兔眼迷离,双兔傍地走,安能辨我是雄雌。"扑朔,四脚搔爬;迷离,两眼眯起。

锥处囊中 喻称有才智的人终能显露头角,也代称毛遂。典出《史记·平原君虞卿列传》:"夫贤士之处世也,譬若锥之处囊中,其末立见。"处,音chǔ;末,锥尖;见,同"现"。

隔屋撺椽 隔着屋子抛掷椽子,喻称办不到的事情。撺,音cuān,抛掷。也作"隔壁撺椽"。明·郭勋《雍熙乐府·点绛唇·妓者嗟怨》:"隔壁撺椽没忖量,更那堪不大量。"

隔靴搔痒 喻称说话、作文不中肯,不贴切,没有击中要害,也喻称做事不切实际,徒劳无功。宋·严羽《沧浪诗语·诗法》:"意贵透彻,不可隔靴搔痒。"

隙穴之窥 喻称执着努力,最后达到目的。清·龚自珍《太仓王中堂奏疏书后》："掞区区抱蝼蚁之忠，逞隙穴之窥。"掞，音yàn，指王掞于康熙年间曾十余次上疏奏请册立皇太子一事。

隐琴肆瑟　喻称夫妻不和谐。琴瑟，喻称夫妻感情和谐。隐，藏也；肆，缓也，纵也。汉·贾谊《新书·傅职》："色不比顺，隐琴肆瑟。"

金枷玉锁　喻称儿女既是父母的宝贝，又是负担和包袱。枷，套在脖子上的刑具。元·无名氏《小张屠》第二折："到来日只少个殃人祸，儿女是金枷玉锁。"

金翅擘海　喻称诗文雄健有力，精神透彻。金翅，佛经中说的一种鸟。擘，音bò，用手把东西分开。宋·严羽《沧浪诗话·诗评》："李杜数公，如金翅擘海，香象渡河。"香象渡河，参见后面该条。

金声玉振　以钟发声，以磬收韵，奏乐从始至终。喻称才学和声名昭著远扬，也喻称音韵响亮和谐。金，指钟；玉，指磬，古代一种石制打击乐器。《孟子·万章下》："集大成也者，金声而玉振之也。金声也者，始条理也；玉振之也者，终条理也。"

锦瑟年华　喻称青春时代。语出唐·李商隐《锦瑟》："锦瑟无端五十弦，一弦一柱思华年。"

铩羽暴鳞　飞鸟脱落羽毛，养鱼之水干涸。喻称不得志，处境困难。铩，音shā，伤残；铩羽，羽毛摧落。南朝·宋·鲍照《拜侍郎上疏》："铩羽暴鳞，复见翻跃。"也作"铩羽而归"。

镂月裁云　雕刻月亮，裁剪云彩。喻称施展高超精巧的技艺。唐·李义府《杂曲歌辞·堂堂》："镂月成歌扇，裁云作舞衣。"

辞金蹈海　喻称不慕富贵，慷慨有气节。蹈海，指一步步走向大海，从容面对死亡。《史记·鲁仲连邹阳列传》载：秦军围赵都邯郸，齐人鲁仲连以利害进说赵魏大臣，劝阻尊秦昭王为帝，并表示若秦王为帝，则自己将蹈东海而死。

青蝇点素　喻称小人用谗言诬害好人。东汉·王充《论衡》中有"青蝇所污常在练素"句，也作"青蝇点璧"。

长枕大被　长形的枕头，宽大的被褥，喻称兄弟友爱，也喻称夫妻恩爱。也作"长枕大衾""大衾长枕"。衾，音qīn，被子。汉·蔡邕《协和婚赋》："长枕横施，大被竟床；莞蒻和软，茵褥调良。"莞蒻，音guānruò，柔软的草席。

云龙风虎　喻称君臣依附，也喻称同类事物互相感应。《周易·乾》："云从龙，风从虎。"也作"风虎云龙"。清·钱彩《说岳全传》第三回："英雄自合调羹鼎，云龙风虎自相投。"

雁逝鱼沉　喻称彼此音讯断绝。古有雁足传书和鲤鱼传书之说。鱼雁代称书信。也作"雁断鱼沉""雁杳鱼沉"。杳，音yǎo，无踪影。《旧五代史·唐书·李袭吉传》："山高水阔，难追二国之欢；雁逝鱼沉，久绝八行之赐。"八行，代称书信。旧时信纸每页八行，故称。

雁默先烹　喻称无才者先被抛弃。语出《庄子·山木》："（夫子）命竖子杀雁而烹之。竖子请曰：'其一能鸣，其一不能鸣，请奚杀？'主人曰：'杀不能鸣者。'"竖子，童仆；奚，何，哪一个。

双桂联芳　喻称兄弟二人俱获功名。元·施惠《幽闺记·衣锦还乡》："且喜双桂联芳，已遂凌云之志。"

鸡口牛后　喻称宁愿做小地方的主人，也不愿在大地方受人支配。也作"宁为鸡尸，不为牛从"。尸，鸡中主也；从，牛子也。省称作"鸡口"。汉·刘向《战国策·韩策》："臣闻鄙语曰：'宁为鸡口，无为牛后，今大王西面交臂而臣事秦，何以异于牛后乎？'"交臂，拱手。

离魂倩女　喻称痴情美女。元·郑光祖有《倩女离魂》杂剧，是一出倩女的魂魄离开身体追随秀才王文举赴京的爱情戏。倩，音qiàn，俏丽；离魂，指人的魂魄离开了原身。

附赘悬疣　附生在皮肤上的小瘤子，喻称多余无用的东西。疣，音yóu，瘊子。《庄子·大宗师》："彼以生为附赘悬疣，以死为决疴溃痈。"《庄子·骈拇》："附赘悬疣，出乎形哉！"疴痈，音kēyōng，皮肤炎症。

附声吠影　喻称盲目附和。清·王韬《洋务上》："而附声吠影者流，从而嘘其焰，自惜不能置身在洋务中，而得躬逢其盛也。"

隋珠弹雀 用宝珠打麻雀，喻称处事轻重失当，得不偿失。也作"明珠弹雀"。隋珠，"隋侯之珠"的省称，古代传说中的明珠。《庄子集释》卷九下《杂篇·让王》："今且有人于此，以隋侯之珠，弹千仞之雀，世必笑之。是何也？则其所用者重，而所要者轻也。"

逆坂走丸 逆着山坡滚弹丸，喻称事情难以办成。坂，音bǎn，"阪"之异体字，山坡。走丸，滚弹丸。《后汉书·皇甫嵩传》："若欲辅难佐之朝，雕朽败之木，是犹逆坂走丸，迎风纵棹，岂云易哉！"棹，音zhào，船浆。也作"逆阪走丸"。

连中三元 三元，本指科举考试中乡试、会试、殿试三级考试的第一名解元、会元、状元，后喻称连续考中三次。明·沈受先《三元记·格天》："玉帝敕旨：谪下文曲君与冯商为子，连中三元，官封五世。"文曲君，即文昌帝君，主宰功名、利禄之神；冯商为子，指明代传奇《三元记》中冯商之子冯京连中三元的故事。

连枝共冢 喻称爱情坚贞不渝。晋·干宝《搜神记》中记载，战国宋时韩凭妻何氏被康王强抢，凭死，何氏殉情，求合葬，康王分葬二人，使冢相望。次日，有梓木生于二坟之间，旬日而大盈抱，根交于下，枝错于上，宋人名之曰"相思树"。冢，同"塚"，音zhǒng，坟。

连理同气 喻称同胞兄弟姐妹之间的亲密关系。南朝·梁·周兴嗣《千字文》："孔怀兄弟，同气连枝。"《诗·小雅·常棣》："死丧之威，兄弟孔怀。"威，通"畏"；孔，很；怀，思念，意谓兄弟彼此非常思念。

白驹过隙 喻光阴易逝，人生短促。隙，孔。也作"过隙白驹""驷之过隙"，省称作"过隙驹""过驹"。原意是日影如白色骏马飞快地驶过缝隙。《庄子·知北游》："人生天地之间，若白驹之过隙，忽然而已。"

逾淮之橘 喻称易地而变质的事物。语出《晏子春秋·杂下十》："橘生淮南则为橘，生于淮北则为枳，叶徒相似，其实味不同。"枳，音zhǐ，似橘，味苦。

游蜂浪蝶 喻称冶游好色的浪子。明·顾大典《青衫记·裴兴私叹》："不相饶，游蜂浪蝶簇花梢，生来懒去追欢笑。"

道在屎溺 喻称道之无所不在。《庄子·知北游》中，庄子说道"在蝼蚁""在稊稗""在瓦甓""在屎溺"。稊稗，音tíbài，一种似谷的草；甓，音pì，砖；溺，音niào，尿。

道边苦李 喻称庸才、无用之物。典出《世说新语·雅量》。说晋之王戎，七岁，不取道边李子，人问其故，曰："树在道边而多子，此必苦子。"省称作"道边李"。

迁兰变鲍 喻称潜移默化的影响。语出《孔子家语》："与善人居，如入芝兰之室，久而不闻其香，即与之化矣；与不善人居，如入鲍鱼之肆，久而不闻其臭，亦与之化矣。"鲍鱼，咸鱼；肆，店铺。

遗芬剩馥 喻称前人留下的盛德、美名、业绩或美文。馥，音fù。明·李东阳《跋〈聚芳亭卷〉》："而诗书图史，遗芬剩馥，在其子孙者，其来未艾，谓非少保公之贤而至然哉！"未艾，没有停止。少保，古代官名，"三孤"之一。

遗珠弃璧 喻称弃置不用的美好事物和优秀人才。宋·陆游《〈曾裘父诗集〉序》："然裘父得意可传之作，盖不止此，遗珠弃璧，识者兴叹。"

边城不惊 喻称边境安定无战事。《资治通鉴·唐太宗贞观十五年》："朕唯置李世绩于晋阳而边城不惊，其为长城，岂不壮哉！"

采兰赠芍 喻称男女互赠礼品以表相爱。《诗·郑风·溱洧》："维士与女，伊其相谑，赠之以芍药。"溱洧，音zhēnwěi，古代河南的两条水名。清·富察敦崇《燕京岁时记·封台》："大鼓多采兰赠芍之事。"

豹死留皮 喻称留美名于后世。《新五代史·王彦章传》："（彦章）尝为俚语谓人曰：'豹死留皮，人死留名。'"

貂狗相属 喻称真伪优劣混杂在一起。相属，相连接。属，音zhǔ。唐·崔倬《叙石幢事》："……虽真赝悬越，貂狗相属，且复瞻仰鲁公遗文，昭示于后矣。"

触斗蛮争 喻称为私利或小事而争斗。《庄子·则阳》中说，触与蛮是蜗牛角上的两个小国，为地盘而相争。省称作"触蛮"，也作"蜗争"。

攀龙附凤 喻称依附帝王权贵，也喻称依附有声望的人以立名。也作"托凤攀龙"。汉·扬雄《法言·渊骞》："攀龙鳞，附凤翼。巽以扬之，勃勃乎其不可及也。"巽，音xùn，顺。

詈夷为跖 将伯夷责骂为盗跖，喻称颠倒黑白，诬蔑道德高尚的人。詈，音lì，骂。明·沈德符《野获编·言事》："其他占风望气，詈夷为跖，自弃名教者，固不可胜数矣。"占风望气，察看风向云气，喻称看风使舵，随机应变。

咏桑寓柳 咏的是桑，而实际说的是柳，喻称借题传情。咏，"咏"之异体字。《红楼梦》第九回："每日一入学中，四处各坐，却八目勾留，或设言托意，或咏桑寓柳，遥以心照，却外面自为避人眼目。"

谏尸谤屠 向尸体劝谏，向屠夫指责杀生的过失，喻称劝谏和批评无益于事。唐·柳宗元《天对》："幽祸挐以夸，惮褒以渔。淫嗜筱杀，谏尸谤屠。"

证龟成鳖 将乌龟说成甲鱼，喻称蓄意歪曲，颠倒是非。甲鱼，鳖的别称。语出宋·苏轼《东坡志林·贾氏五不可》："俚语曰：'证龟成鳖'，此未足怪也。"

铁树开花 铁树原产热带，不常开花。喻称事情非常罕见或极难实现。俗语有"千年铁树开了花"。明·王济《君子堂日询手镜》："吴浙间尝有俗谚云，见事难成，则云须铁树开花。"

铸山煮海 谓开采山中铜矿以铸造钱币，烧煮海水以收获食盐。喻称善于开发自然资源。《史记·吴王濞列传》："吴有豫章郡铜山，濞则招致天下亡命者盗铸钱，煮海水为盐。"

铸木镂冰 谓约束树木按人为的形态生长，刻镂冰块使其成为艺术品。喻称经办毫无成效的事情。（按：这是传统的观点，现代科技已突破了这一观念；冰雕已极其平常，而且成了一门艺术。）宋·叶廷珪《海录碎事·人事中》："卖浆贩麦，利辄失时，铸木镂冰，初无成日。"类似的成语有"炊沙镂冰""画水镂冰""镂冰炊砾"等。

钻山塞海　喻称做极为困难的事情。（按：这是传统的观点，现代科技钻山修路、填海造田早已是极平常的工程。）沙汀《淘金记》二："只要你干，我钻山塞海总来一个。"

钻穴踰墙　喻称偷情、私奔、盗窃等行为。语出《孟子·滕文公下》："钻穴隙相窥，踰墙相从。"踰，同"逾"，越过。

钻皮出羽　喻称极意夸饰自己偏爱的人。语出《后汉书·文苑传下·赵壹："所好则钻皮出其毛羽，所恶则洗垢求其瘢痕。"这是赵壹《刺世疾邪赋》中的句子。意思是钻透鸟的皮肤，使其羽毛快长，指对喜欢的人竭力称扬和提拔。洗去污垢求其瘢痕，指对厌恶的人吹毛求疵。

钻冰求火　喻称徒劳无功。类似的词还有"钻冰求酥""钻火得冰"等。酥，音sū，酥油。宋·张君房《云笈七签》卷一〇二："影离响绝，云销雾除，钻冰求火，探巢捕鱼，不足言其无也。"

闭门却扫　关上大门，不打扫庭院，喻称谢绝应酬，不与人往来。也作"闭门谢客""闭关"。汉·应劭《风俗通义·十反》："蜀郡太守刘胜季陵，去官在家，闭门却扫。"

门墙桃李　喻称他人所栽培的后代或所教的学生。门墙，指师长之门。

问道于盲　向盲人问路，喻称求教于一无所知的人。唐·韩愈《答陈生书》："足下求速化之术，不于其人，乃以访愈，是所谓借听于聋，求道于盲。"

顾犬补牢　喻称事情出了差错，宜及时设法补救。语出《战国策·楚策四》："见兔而顾犬，未为晚也；亡羊而补牢，未为迟也。"也是"见兔顾犬"和"亡羊补牢"的省称和并称。牢，关牲畜的栏圈。

显处视月　在明显处看月亮，喻称治学深广渊博。也喻称泛览而不精。《世说新语·文学》："北人看书，如显处视月；南人学问，如牖中窥日。"

牖中窥日　在窗户里看太阳，喻称治学简明扼要，也喻称专注而不广博。

面壁磨砖　喻称办事不能成功。宋·释道原《景德传灯录》中有"磨砖岂能成镜"和"坐禅岂能成佛"语。也是"面壁坐禅"和"磨砖成镜"的并称和省称。

香象渡河　佛教用语，本喻称大乘菩萨修证悟道精深，后喻称诗文精美透彻。语出《优婆塞戒经》卷一："如恒河水，三兽俱渡，兔、马、香象。兔不至底，浮水而过；马或至底，或不至底；象则尽底。"香象，指鬓角可分泌有香气液体的大象，即交配期之大象。

魏鹊无枝　喻称贤才无所依存。语出三国·魏曹操《短歌行》："月明星稀，乌鹊南飞，绕树三匝，何枝可依。"

食玉炊桂　喻称物价昂贵，生活艰难。《战国策·楚策三》："楚国之食贵于玉，薪贵于桂……"

食肉寝皮　喻称极端仇恨的敌人。《左传·襄公二十一年》："譬于禽兽，臣食其肉，而寝处其皮矣。"

食马留肝　马肝有毒，食之死人。后反其义而用之，喻称未能吸取精华。也作"不识马肝""不食马肝""毋食马肝"。《史记·封禅书》："文成食马肝死耳。"司马贞《索隐》："案，《论衡》云：'气热而毒盛，故食走马肝杀人。'"

饭牛屠肉　喻称从事低贱的工作。饭，喂；肉，指牲畜。《颜氏家训·勉学》："钓鱼屠肉，饭牛牧羊，皆有先达，可为师表。"参见"二字喻称"中"饭牛"条。

饭囊衣架　喻称庸碌无能之辈。也作"酒囊饭袋"。元·王子一《误入桃源》第一折："饭囊衣架，塞满长安乱似麻。"

饮河满腹　喻称人应知足，贪多无益。《庄子·逍遥游》中有"偃鼠饮河，不过满腹"句。省称作"鼹腹"。偃，通"鼹"，音yǎn，一种小鼠。

饮鸩止渴 用毒酒解渴，喻称只图解决眼前困难而不顾后患。鸩，音zhèn，传说中一种羽毛有毒的鸟，入酒能杀人。《后汉书·霍谞传》："譬犹疗饥于附子，止渴于鸩毒，未入肠胃，已绝咽喉。"附子，中药名。

积微知著 喻称积少成多。类似的词语还有"集腋成裘""积露为波""积铢累寸""累浅成深""聚沙成塔""聚水成川"等。腋，狐狸腋下的皮毛；裘，皮衣；铢，一两的二十四分之一。《韩非子·说林上》："圣人见微以知著，见端以知末，故见象箸而怖，知天下不足也。"象箸，象牙筷子；箸，音zhù，筷子。《史记·十二诸侯表》："纣为象箸，而箕子唏。"唏，音xī，哀叹，痛。

养虎贻患 喻称纵容敌人留下祸患，也作"养虎为患""养虎伤身""养虎自贻患"。贻，音yí，留下。语出《史记·项羽本纪》："楚兵罢食尽，此天亡楚之时也，不如因其机而遂取之。今释弗击，此所谓养虎自遗患也。"

养虺成蛇 喻称纵容敌人，听任其强大。虺，音huǐ，小蛇、毒蛇。语出《国语·吴语》："为虺弗摧，为蛇将若何？"

养音九皋 喻称贤才隐居修德。语出《诗·小雅·鹤鸣》："鹤鸣于九皋，声闻于天。"皋，音gāo，"皋"之异体字，沼泽；九皋，深泽。

餐腥啄腐 吃腥腐的肉，喻称追求功名利禄。《庄子·秋水》中说鸾凤吃竹实，鸱鸟吃腐鼠。

餔糟啜醨 本指吃酒糟，喝薄酒，追求一醉。喻称屈志从俗，随波逐流。语出《楚辞·渔父》："众人皆醉，何不餔其糟而啜其醨？"餔，音bǔ，吃；啜，音chuò，喝；醨，音lí，薄酒，劣酒，也作"醨"。

穿肠毒药 喻称酒。俗语曰："酒是穿肠毒药，色是刮骨钢刀，财是下山猛虎，气是惹祸根苗。"劝人力戒"酒色财气"四毒。

倒廪倾囷 倒出粮仓中的全部储藏，喻称罄其所有，尽其所知。廪，音lǐn，米仓；囷，音qūn，圆形谷仓。唐·韩愈《答窦秀才书》："虽使古之君子，积道藏德，遁其光而不曜，胶其口而不传者，遇足下之请恳恳，犹将倒廪倾囷，罗列而进也。"曜，明亮。

风不鸣条 和风轻拂，树枝不发声响。古代认为这是贤者在位、天下大治的景象，喻称社会安定，天下太平。汉·桓宽《盐铁论·水旱》："当此之时，雨不破块，风不鸣条。"雨不破块，雨不伤害农田。一般连说"风不鸣条，雨不破块"。

风行水上 喻称自然流畅，不矫揉造作。《易·涣》："象曰：风行水上，涣。"涣，卦名。

风行草偃 喻称庶民感化，顺从君上，也喻称有声望者的言行能影响世态俗情。语出《论语·颜渊》："草上之风，必偃。"偃，音yǎn，倒伏。

风车雨马 指神灵的车马，喻称迅疾、快速。李商隐《燕台诗·冬》："风车雨马不持去，蜡独啼红怨天曙。"

风雨如晦 喻称在恶劣的环境下，不改变气节操守，也喻称社会黑暗混乱。语出《诗·郑风·风雨》："风雨如晦，鸡鸣不已。"晦，音huì，夜。

风斯在下 大风在其下面，谓鹏鸟凭借风力而高飞。喻称超越前贤。斯，助词。《庄子·逍遥游》："风之积也不厚，则其负大翼也无力。故九万里则风斯在下矣，而后乃今培风。"培风，乘风。清·王念孙《读书杂志·庄子》："培之言冯也，冯，乘也，风在鹏下，故言负；鹏在风上，故言冯……冯与培声相近，故义亦相通。"

风里杨花 风中的杨花飘浮不定，喻称事物变化不准。元·刘唐卿《降桑椹》第二折："恰便似风里杨花，水上幻泡。"

风雨如磐 喻称形势严峻，社会动荡。磐，音pán，大石。形容风雨极大。语出宋·孙光宪《北梦琐言》："诗僧贯休《侠客》诗云：'黄昏风雨黑如磐，别我不知何处去？'"

风樯阵马 乘风的帆船，临阵的战马。形容迅速，气势雄伟。

喻称文笔猷劲有力。樯，音qiáng，桅杆；猷，音yóu，强劲。唐·杜牧《李贺歌诗集》序："风樯阵马，不足为其勇也，瓦棺篆鼎，不足为其古也。"瓦棺，古代陶制的葬具。

扬汤止沸　喻称办法不彻底，不能从根本上解决问题。常与"釜底抽薪"对用。《文子》："故扬汤止沸，沸乃益甚，知其本者，去火而已。"即扬汤止沸，不如釜底抽薪。

飘茵堕溷　花朵或飘在草席之上，或落在厕所里，喻称因偶然机会而有了富贵贫贱的不同命运，也喻称女子堕落风尘。茵，草席，垫子；溷，音hùn，厕所。也作"飘藩落溷""飘茵落溷"。《梁书·儒林传·范缜》："人之生譬如一树花，同发一枝，俱开一蒂，随风而堕，自有拂帘幌坠于茵席之上，自有关篱墙落于粪混之侧。"意思是人生就同一树花，虽然同处一根树枝上，突然刮起了大风，花瓣有随风飘到富贵人家的座垫上，也有飘到人家厕所里的，境况完全不一样。

响答影随　应声和答，形影相随，喻称二者紧密相连。宋·张君房《云笈七签》第一一七卷："由是论之，罪福报应，犹响答影随，不差毫末。"

首鼠两端　喻称瞻前顾后，迟疑不决。首鼠，一进一却，犹豫不决。也作"首施两端"，省称作"首施"；两端，拿不定主意。老鼠多疑，才有此行为。《史记·魏其武安侯列传》："武安已罢朝，出止车门，召韩御史大夫载，怒曰：'与长孺共一老秃翁，何为首鼠两端？'"意思是武安侯田蚡退朝，走出止车门，召韩安国一同坐车，生气地说："和你一同对付一个老秃翁（指魏其侯窦婴），为什么这样畏首畏尾呢！"

韦编三绝　本指孔子晚年读《易》十分用功，书绳断了三次。喻称读书勤奋，刻苦学习。韦，熟牛皮，古代用书简写书，用熟牛皮绳子把竹简编串起来，叫"韦编"，代称《易》，也泛称书籍。三绝，断了三次。语出《史记·孔子世家》："孔子晚而喜《易》……读《易》，韦编三绝。"

韩卢逐兔　《战国策·齐策三》中说，名犬韩卢追逐名兔东郭逡，最后双双累死。夋，同"逡"，音qūn，狡兔名。

韩卢逐块　名犬追逐土块，喻称白费精气，徒耗精神。韩卢，战国时韩国的名犬。《景德传灯录·王敬初常侍》："王公曰：'师子咬人，韩卢逐块。'"师子，即狮子。狮，古作"师"。

飞蛾投火　喻称自取灭亡。也作"飞蛾扑火"。晋·支昙谛《赴火蛾赋》："悉达有言曰：'愚人贪身，如蛾投火。'"

飞鸿印雪　喻称事情经过所留下的痕迹。宋·苏轼《和子由渑池怀旧》："人生到处知何似，应似飞鸿踏雪泥，泥上偶然留指爪，鸿飞那复计东西。"也作"飞鸿雪爪""雪泥鸿爪""鸿爪雪泥"，省称作"鸿爪"。

阋墙谇帚　喻称家庭内部争吵不和。阋，音xì，争吵；阋墙，喻称兄弟相争；谇，音suì，责骂；帚，谇帚，喻称妇女吵架。语出《汉书·贾谊传》："母取箕帚，立而谇语。"即指桑骂槐。

马耳东风　意为东风吹马耳，喻称充耳不闻，无动于衷，或互不相干。也作"马耳春风""马耳风""东风吹马耳"。唐·李白《答王十二寒夜独酌有怀》："世人闻此皆掉头，有如东风射马耳。"

山中大王　喻称老虎。也作"山兽之君"。

马前泼水　喻称夫妻不能再团圆。西汉朱买臣家贫，妻子离去。后朱发愤读书中第，任会稽太守。妻求复婚，朱泼水马前，令妻收回，以示夫妻不能再合。见元·无名氏《渔樵记》，也作"覆水难收"。钱钟书《围城》："虽然'马前泼水'，居然'破镜重圆'。"

马鹿易形　喻称颠倒是非，混淆黑白。典出《史记·秦始皇本纪》。说秦相赵高专权，持鹿献二世，说这是马。左右或言马以谄赵。一般作"指鹿为马"。

马腹逃鞭　喻称逃脱惩罚。《左传·宣公十五年》："鞭之长，不及马腹。"清·蒲松龄《大捷二》："岂谓马腹逃鞭，榻侧容一隅之鼾睡？不知燕巢在幕，釜底得几日之游魂。"

冯子无鱼　喻称怀才不遇。典出《战国策·齐策四》。说孟尝君的食客冯谖弹铗发牢骚："长铗归来乎，食无鱼。"冯子，指冯谖。谖，音xuān；铗，音jiǎ，剑把，代剑。一般作"冯谖弹铗"。弹，音tán，击，敲。南朝·陶弘景《答赵英才书》："复懒弹铗求通。"

驷马仰秣　喻称音乐美妙动听，连吃草的马也仰首不吃草，谛听琴声。语出《荀子·劝学》："伯牙鼓琴而六马仰秣。"《淮南子·说山训》："伯牙鼓琴，驷马仰秣。"驷，代称马；秣，音mò，吃草。（按：有的工具书中说驾车的马立足昂首听琴声，疑非。）

驷马难追　喻称说出去的话难以收回。驷马，古代一辆车套四匹马，代称车或马。俗语说"君子一言，驷马难追"，也作"一言既出，驷马难追"，也作"驷马不追""驷马莫追"。《新五代史·晋高皇后李氏传》："兵戈屡动，驷马难追。"

驹留空谷　喻称贤人在野，不被重用。《诗·小雅·白驹》："皎皎白驹，在彼空谷。"孔颖达疏："言有乘皎皎然白驹而去之贤人，今在彼大谷之中。"参见"二字喻称"中"谷驹"条。

骈拇枝指　喻称多余而无用的东西。骈，音pián，足的大拇指与第二指相连；枝，同"歧"，音qí，旁出，指手的大拇指旁多出一指，成六指。省称作"骈拇""骈指"。《庄子·骈拇》："骈拇枝指，出乎性哉，而侈于德。"

骑马寻马　喻称已经有了好处，还要谋求另外的好处。也作"骑马找马"。老舍《骆驼祥子》："他得一边儿找事，还得一边儿拉散座，骑马找马，他不能闲起来。"

骑驴寻驴　喻称东西就在自己这里，还到处寻找。也作"骑驴觅驴""骑牛觅牛"。宋·黄庭坚《寄黄龙清老》："骑驴觅驴但可笑，非马喻马亦成痴。"（按："骑驴寻驴"与"骑马寻马"结构完全相同，但喻义却不同，这是汉语词汇称谓的特殊之处，应仔细甄别。）

驱羊战狼　喻称以弱攻强，必败无疑。宋·张耒《唐论中》："有急而募，不过得长安市人子，而以之抗燕代之劲骑，此驱羊战狼……"

惊肉生髀 吃惊大腿上又长了肉，喻称环境安逸，不能有所作为。《三国志·蜀志·先主传》中刘备对刘表说："吾常身不离鞍，髀肉皆消。今不复骑，髀里肉生。"髀，音bì，大腿。也作"髀肉复生"。

惊弓之鸟 喻称受过惊吓而遇事惶惶的人，也作"惊弦之鸟"。《谷梁传·成公二年》："败军之将，不可以语勇；惊弓之鸟，不可以应弓。"

惊起梁尘 喻称歌声美妙动人。宋·赵元福《鹧鸪天·赠歌妓》："忔憎声里金珠进，惊起梁尘落舞帘。"忔憎，可爱；忔，音qì，喜爱。

驴鸣犬吠 喻称低劣的文章。唐·张鷟《朝野佥载》卷六："唯有韩陵山一片石堪共语，薛道衡、卢思道少解把笔，自余驴鸣狗吠，聒耳而已。"也作"驴鸣狗吠"。

骊黄牝牡 喻称事物的表面现象。《列子·说符》中说，伯乐推荐九方皋给秦穆公访求骏马，三月后返。穆公问："何马也？"对曰："牝而黄（黄色母马）。"一看却是"牡而骊"（黑色公马）。穆公责备伯乐，伯乐叹息说，九方皋是"得其精而忘其粗，在其内而忘其外，见其所见，不见其所不见"，乃"贵乎马者也"。马至，果然是天下良马。也作"牝牡骊黄"，省称作"骊黄""骊牝"。牝牡：音pìnmǔ，雌雄；骊，音lí，深黑色的马。

高山景行 喻称崇高的德行。高山，喻称道德高尚；景行：大路，喻称行为正大光明。也是"高山仰止，景行行止"的省称。止，语气助词。《诗·小雅·车辖》："高山仰止，景行行止。"辖，同"辖"。

高悬月旦 喻称主持考试。《后汉书·许劭传》说，许劭与许靖兄弟主持对当代人物或诗文字画的品评褒贬，常在每月初一公开发表。一经品评，身份倍增，闻名遐迩。月旦，每月初一。也作"月旦评"，省称作"月旦"。

黄花晚节 本指菊花能傲霜开放，喻称人到晚年仍保持高尚的情操。宋·韩琦《九日水阁》："虽惭老圃秋容淡，且看黄花晚节香。"

黄钟瓦缶 喻称艺术性较高雅和低俗的文艺作品,也喻称有才德的人被遗弃而无才德的人却高就。是"黄钟毁弃,瓦釜雷鸣;谗人高涨,贤士无名"的省称。黄钟,庙堂用的打击乐器;缶,音fǒu,瓦质的打击乐器。也作"黄钟长弃""黄钟瓦釜""黄钟毁",釜,音fǔ,锅。

鸠占鹊巢 喻称强占他人的居处或措置不当,也喻称居室之简陋。语出《诗·召南·鹊巢》:"维鹊有巢,维鸠居之。"说鸠鸟(布谷鸟)自己不作巢穴,占据喜鹊做好的巢。维,语首助词。也作"鸠居鹊巢""鸠夺鹊巢""鹊巢鸠居""鹊巢鸠占",省称作"鸠居""鸠占"。(按:实际上布谷鸟并不占领鹊巢,专家说占领鹊巢的应该是八哥。)

凫趋雀跃 喻称欢欣鼓舞。凫,音fú,野鸭子。唐·卢照邻《穷鱼赋》:"渔者观焉,乃具竿索,集朋党,凫趋雀跃,风驰电往。"

鸣于乔木 喻称仕进达于高位,也喻称迁居。语出《诗·小雅·伐木》:"伐木丁丁,鸟鸣嘤嘤。出自幽谷,迁于乔木。"丁丁,音zhēngzhēng,伐木声;嘤嘤,鸟鸣声。

鸣雁直木 古人认为雁随阳而处,木随阳而直,后喻称良才。《梁书·袁昂传》:"臣东国贱人,学行何取,既殊鸣雁直木,故无结绶弹冠,徒藉羽仪,易农就仕。"结绶,佩系印带,谓出仕为官。弹冠,指出仕做官。羽仪,喻称被人尊重,可为表率。

鸡鸣狗盗 喻称有微末技艺的人。语出《史记·孟尝君列传》,说齐国的孟尝君依靠门下擅长盗窃、会学鸡叫的食客的帮助,逃出了秦国。清·赵翼《坐守》:"始觉孟尝门下客,鸡鸣狗盗亦奇才。"

鸣凤朝阳 喻称贤臣遇到明君。语出《诗·大雅·卷阿》:"凤皇鸣矣,于彼高冈。梧桐生矣,于彼朝阳。"皇,同"凰"。宋·孔平仲《续世说·直谏》:"自褚遂良、韩瑗之死,中外以言为讳,几二十年。及善感始谏,天下皆喜,谓之鸣凤朝阳。"

凤毛济美 喻称后继者能与前人的业绩齐美而发扬光大。亦称颂贤良父兄有优秀子弟。济，音jì，成也。省称作"济美"。清·李伯元《官场现形记》第三十四回："你不听见说他们世兄即日也要保道台？真正是凤毛济美，可钦，可敬！"

凤毛麟角 喻称珍贵而稀少的人或物。明·何良俊《四友斋丛说·文》："康对山之文，天下慕向之，如凤毛麟角。"

鸮心鹂舌 喻称居心狠毒却说话动听的人，也是鸮鸟的心和黄鹂的鸣声的并称。鸮，音xiāo，猫头鹰。清·李绿园《歧路灯》第七十二回："这绍闻当不住鸮心鹂舌的话，真乃是看其形状，令人能种种不乐；听其巧言，却又挂板儿声声打入心坎。"

鸮鸟生翼 传说鸮鸟不孝，母哺翼成，啄母眼而去。喻称忘恩负义。晋·张华《禽经》"枭鸮害母"。注："枭在巢，母哺之。羽翼成，啄母睛翔去。"枭，通"鸮"。

鸿俦鹤侣 鸿与鹤皆为群居高飞之鸟，喻称高洁出众之辈。俦，音chóu，伴侣。唐·黎逢《贡举人见于含元殿赋》："今则凝神注目，无非绣户金铺；接踵比肩，尽是鸿俦鹤侣。"

鸿鹄之志 鸿和鹄都飞得高远，喻称远大的志向。语出《史记·陈涉世家》："燕雀安知鸿鹄之志哉！"鸿，大雁；鹄，音hú，天鹅。或曰鸿鹄即天鹅。

鸿鹄将至 喻称用心不专，心思旁骛，另求所得。语出《孟子·告子上》，说两个人向奕秋学习下棋，一人专心致志听讲，一人以为鸿鹄将至，想把它射下来。省称作"鸿鹄心"。清·酌元亭主人《照世杯·掘新坑悭鬼成财主》："切不可半途而废，蹈为山九仞之辙；更不可见异而迁，萌鸿鹄将至之心。"

鱼目混珠 喻称以假乱真。也作"鱼目混珍""鱼目间珠"。间，音jiàn，夹杂。东汉·魏伯阳《周易参同契》上："鱼目岂为珠？蓬蒿不成槚。"槚，音jiǎ，即楸木，良材。

鱼沉雁杳 喻称书信不通，音讯断绝。也作"鱼沉雁渺"。鱼、雁，代称书信。唐·戴叔伦《相思曲》："鱼沉雁杳天涯路，始信人间别离苦。"参见"四字喻称"中"雁逝鱼沉"条。

鱼贯雁行 如鱼群相接，雁阵并行，喻称连续而进。清·马建忠《上李伯相复议何学士如璋奏设水师书》:"水师之鱼贯雁行,即陆军之步伐止齐。"

鱼游釜中 鱼在锅里游,喻称处境危险,有灭亡之虞。也作"鱼游沸釜""鱼游釜底"。《后汉书·张纲传》:"若鱼游釜中,喘息须臾间耳。"

鱼跃鸢飞 喻称世间生物任性而动,自得其乐。鸢,音yuān,老鹰。也作"鸢飞鱼跃",是"鸢飞戾天,鱼跃于渊"的省称。戾,音lì,到达。语出《诗·大雅·旱麓》:"鸢飞戾天,鱼跃于渊。"

鱼烂土崩 鱼肉腐而烂,土不实而崩,喻称内部腐败,迅速崩溃,无可挽回。也是"鱼烂"和"土崩"的并称。也作"鱼烂瓦解""鱼烂河决""鱼烂而亡"。汉·荀悦《汉纪·惠帝纪》:"人主失道,则天下遍被其害;百姓一乱,则鱼烂土崩,莫之匡救。"

鱼龙混杂 鱼和龙混杂在一起,喻称好人和坏人混杂在一起。唐·无名氏《渔夫》:"风搅长空浪搅风,鱼龙混杂一川中。"

鲸吞蚕食 像鲸鱼一口吞食,像蚕吃桑叶一样逐步侵占,喻称用各种手段侵占。清·梁启超《变法通议·论不变法之害》:"中亚洲回部,素号骁悍,善战斗而守旧不变,俄人鲸吞蚕食,殆将尽之矣。"

鳏鱼渴凤 喻称独身男子急于求得配偶。鳏,音guān,本为鱼名,后代称成年而无妻的人。唐·李商隐《李夫人歌》之三:"清澄有余幽素香,鳏鱼渴凤真珠房。"

鲍鱼之肆 卖咸鱼的店铺鱼常腐臭,喻称恶人之所或小人聚集之地,省称作"鲍市""鲍肆"。《大戴礼记·曾子疾病》:"与君子游,芷乎如入兰芷之室,久而不闻,则与之化矣;与小人游,贷乎如入鲍鱼之次,久而不闻,则与之化矣。"芷,音bì,芳香;贷,给予;次,犹市铺。清·康有为《大同书》丁部:"凡物皆久而后化,麝食香久则香,蜜采花久则甜,此芝室鲍肆之异习而渐化耳。"参见"四字喻称"中"迁兰变鲍"条。

鳞集仰流 如鱼群游向上流,喻称人心归向。汉·司马相如《难蜀父老》:"二方之君,鳞集仰流。"

鹿死谁手　喻称争权夺利，也喻称胜负不决，归属不定。鹿，喻称政权、帝位。《晋书·石勒载记下》："脱遇光武，当并驱于中原，未知鹿死谁手。"犹"中原逐鹿"。

鹿走苏台　喻称国家败亡，宫殿荒废。苏台，指姑苏台，在苏州，为春秋时吴王阖闾所筑。也作"麋鹿游"。《汉书·伍被传》："（被曰）：昔子胥谏吴王，吴王不用，乃曰：'臣今见麋鹿游姑苏之台也。'"

解民倒悬　喻称把蒙受苦难的人民解救出来。语出《孟子·公孙丑上》："当今之时，万乘之国行仁政，民之悦之，犹解倒悬也。"解，解救；倒悬，头朝下倒挂着；万乘之国，拥有上万辆车的国家，代称天子。

丽藻春葩　喻称美妙的言谈。藻，水中植物；葩，音pā，花。语出后唐·冯贽《云仙杂记·粲花》："李白与人谈论，皆成句读，如春葩丽藻，粲于齿牙，时号李白粲花之论。"粲花，誉称言论的典雅隽妙。粲，音càn。

麟角虎翅　喻称世间不可多得的人才或事物。《北史·文苑传序》："学者如牛毛，成者如麟角。"唐·李商隐《安平公诗》："府中从事杜与李，麟角虎翅相过摩。"

凤毛麟角　凤的毛，麟的角，喻称稀有难得的人或事物，也作"麟角凤毛"。元·王逢《奉寄兀颜子忠廉使》："君侯素是骨鲠臣，麟角凤毛为世珍。"

黔驴技穷　喻称本领有限。语出唐·柳宗元的寓言《三戒·黔之驴》，说驴的本领只是一鸣、一蹄而已。也作"黔驴技尽""黔驴之技"。黔，音qián，贵州的简称。

点铁成金　本谓仙道能把铁石点化成黄金，喻称修改文章能化腐朽为神奇。宋·黄庭坚《答洪驹父书》："古之能为文章者，真能陶冶万物，虽取古人之陈言入于翰墨，如灵丹一粒，点铁成金也。"宋·释道原《景德传灯录》："还丹一粒，点铁成金；至理一言，点凡成圣……师曰：'还知齐云点金成铁吗？'曰：'点金成铁，未之前闻，至理一言，敢希垂示！'"

点金成铁 喻称把文章改坏或把好事办坏。参见"点铁成金"条。

黾穴鸲巢 喻称贫民的居处，也是蛙洞鸟窝的并称。黾，音méng，蛙的一种；鸲，音qú，八哥。奚侗《辛亥革命岁暮杂诗》："黾穴鸲巢喋血新，河山一片白如银。"

鼠穴寻羊 喻称没有功效的做法。清·袁枚《随园诗话补遗》卷四："有谋公课士，以赋得蜻蜓立钓丝，限'蜻'字，七排四十韵。人以为难。余笑曰：'此之谓鼠穴寻羊，蜂窠唱戏，非以诗学教人之道也。'"窠，音kē，巢穴。

鼠肝虫臂 喻称微末轻贱的人或物。语出《庄子·大宗师》："伟哉造化，又将奚以汝为？将奚以汝适？以汝为鼠肝乎？以汝为虫臂乎？"原意为以人之大，亦可以化为鼠肝虫臂等微贱之物。

鼠迹狐踪 喻称人的行踪鬼祟莫测。明·胡应麟《少室山房笔丛·史书占毕》："羽精忠大节，而世有责之备者；蒙鼠迹狐踪，而世有赞其能者。吾所为废书太息也。"太息，大声叹息。

鼠屎污羹 喻称加进了不好的东西，破坏了原来美好的东西。宋·孙觌《跋吴省元真赞》："吴公前辈盛德，予宿昔所敬慕，制一偈自赞，皆佛菩萨语，启诵三过，欲下一句而家有识真者，恐得鼠屎污羹之诮。"宿昔，从前；诮，音qiào，讥嘲。

鼠肚鸡肠 喻称人器量狭小，不能容人。也说"鼠腹鸡肠"。萧乾《矮檐》："女人拍了拍那个小胸脯，'把这个放宽点，别鼠肚鸡肠的。'"

鼠凭社贵 老鼠凭借土地庙逞威，喻称近臣依仗君主的威势横行无忌。也作"国之社鼠"。社，土地庙。语出《韩非子·外储说右上》："君亦见夫为社者乎？树木而涂之，鼠穿其间，掘穴托其中。燻之则恐焚木，灌之则恐涂陁，此社鼠之所以不得也。今人君之左右……吏不诛则乱法，诛之则君不安。据而有之，此亦国之社鼠也。"讬，"托"之异体字；陁，同"阤"，音zhì，塌下，崩颓。

龟年鹤寿 喻称人长寿。也作"龟龄鹤寿""鹤寿龟年""龟年鹤算""龟龄鹤算",省称作"龟鹤""龟龄""鹤龄""鹤寿"。唐·李商隐《祭张书记文》:"神道甚微,天理难究,桂蠹兰败,龟年鹤寿。"

龟玉毁椟 龟甲和宝玉在匣中被毁坏,喻称辅佐之臣失职而使国运毁败。椟,音dú,木匣。语出《论语·季氏》:"虎兕出于柙,龟玉毁于椟中。"兕,音sì,犀牛;柙,音xiá,关兽的木笼。

龟冷揰床 喻称壮志未酬,蛰居待时。《史记·龟策列传》中说有一个南方老人"用龟支床足,行二十余岁,老人死,移床,龟尚生不死。"也作"支床有龟",省称作"龟床"。揰,音zhī,支撑。行,经历。

齿弊舌存 喻称刚者易折,柔者难毁。弊,音bì,败坏。语出汉·刘向《说苑·敬慎》:"老子曰:'夫舌之存也,岂非以其柔耶?齿之亡也,岂非以其刚耶?'"

齿如齐贝 喻称牙齿像贝壳一样整齐洁白。语出《庄子·盗跖》:"脣如激丹,齿如齐贝。"脣,"唇"之异体字;激,鲜明。

齐鸣开府 喻称滥封官爵。开府,古代高级官员。《北齐书·幼主纪》中有"斗鸡亦号开府"句,即玩斗鸡博戏的人也封为开府,官居一品。

蓝田生玉 陕西蓝田产美玉,旧时喻称贤父生好儿子,名门出贤弟子。语出《三国志·吴书·诸葛恪传》裴松之注:"蓝田生玉,真不虚也。"《南史·谢庄传》:"(谢庄)七岁能属文……宋文帝见而异之……曰:'蓝田生玉,岂虚也哉?'"

（四）五字喻称

金陵十二钗 喻称姬妾之众多,也代称《红楼梦》中12个年轻女子。金陵,南京的别称。

银样镴枪头 表面像银质,其实是焊锡做的枪头,喻称中看不中用的人。镴,音là,锡和铅的合金,通常称焊锡或锡镴,省称作"镬枪头"。

驽马恋栈豆 喻称庸人目光短浅，只顾眼前小利。栈豆，马槽中的豆料。语出《晋书·宣帝纪》："爽与范内疏而智不及，驽马恋栈豆，必不能用也。"爽，指曹爽；范，指桓范。这是批评曹爽的话。

骑鹤下扬州 喻称欲集做官、发财、成仙于一身，也喻称贪婪妄想。南·梁·殷芸《小说》卷六中说："有客相从，各言所志：或愿为扬州刺史，或愿多资财，或愿骑鹤上升。其一人曰：'腰缠十万贯，骑鹤上扬州'，欲兼三者。"也作"跨鹤上维扬""骑鹤更扬州""骑鹤望扬州"，省作"骑鹤扬州""骑鹤"。更，再，又。

（五）六字喻称

貂不足狗尾续 喻称美中不足或以次充好，省称作"狗尾续貂""续貂"。语出《晋书·赵王伦传》。当时任官太滥，冠饰用的貂尾不足，就用狗尾代替，故称。参见"二字喻称"中"续貂"条。

过屠门而大嚼 喻称心中羡慕而不能如愿以偿，只好用不切实际的办法自我安慰。屠门，肉店。语出汉·桓谭《新论》："人闻长安乐，则出门西向而笑；知肉美味，则对屠门而大嚼。"曹植《与吴质书》："过屠门而大嚼，虽不得肉，贵且快意。"

詈猎狮而哭虎 责骂打死猛狮的猎手而为猛虎的死哭泣。喻称颠倒是非，责善怜恶。宋·岳飞《奉诏移伪齐檄》："如或执迷不悟，甘为叛人嗾桀犬以吠尧，詈猎师而哭虎，议当躬行天罚。"嗾，音sǒu，使狗声。詈，音lì，责骂。

风马牛不相及 喻称事物之间毫不相干。风，放逸，走失，谓两地相距很远，马牛即使走失，也不会跑到对方境内。也有人说"风"指牝牡相诱，谓马与牛不会相诱。省称作"风马牛"。语出《左传·僖公四年》："楚子使与师言曰：'君处北海，寡人处南海，唯是风马牛不相及也。不虞君之涉吾地也，何故？'"虞，忧虑。

五十步笑百步 喻称犯同样错误的人，程度轻的嘲笑程度重的人。语出《孟子·梁惠王上》，说有两个逃兵，一个逃跑了一百步，一个逃跑了五十步，逃跑五十步的还嘲笑逃跑一百步的胆小。

（六）七字喻称

近水楼台先得月 喻称由于近便而获得优先的机会，省称作"近水楼台"。语出宋·苏麟《断句》："近水楼台先得月，向阳花木易为春。"萧乾《一本褪色的相册·鱼饵·论坛·阵地》："他在清华大学图书馆工作，近水楼台，可以看到最新的书刊。"

遥指空中雁作羹 喻称虚情假意，也喻称虚幻不实的空想。元·无名氏《陈州粜米》第一折："都只待遥指空中雁作羹，那个肯为朝廷？"

驴生戟角瓮生根 喻称绝对不可能发生的事。戟，音 jǐ，本为兵器名，这里取"尖"的意思。元·关汉卿《金线池》第一折："无钱的可要亲近，则除是驴生戟角瓮生根。"

（七）八字喻称

鸟尽弓藏兔死狗烹 喻称天下已定，功臣遭戮。语出《史记·越王勾践世家》："飞鸟尽，良弓藏；狡兔死，走狗烹。"省称作"鸟尽弓藏""兔死狗烹"。烹，音 pēng，烧煮。《淮南子·说林训》："狡兔得而猎犬烹，高鸟尽而强弩藏。"

阎王好见小鬼难求 喻称下属比长官更难对付。也作"阎王好见，小鬼难当"。《官场现形记》第十九回："'阎王好见，小鬼难当'，旁边若有人帮衬，敲敲边鼓，用一个钱，可得两钱之益。"

韩信点兵多多益善 喻称越多越好。语出《史记·淮阴侯列传》："上（刘邦）问曰：'如我能将几何？'信（韩信）曰：'陛下不过能将十万。'上曰：'于君如何？'曰：'臣多多而益善耳。'"

兵来将挡水来土掩 喻称根据具体情况，采取灵活的应对措施。也作"兵来将敌，水来土堰"。堰，音yàn，拦水坝，这里用作动词。元·无名氏《大战邳彤》："主公，便好这兵来将挡，水来土掩。"

三、代称（借称）

事物本来都有自己约定俗成的称号，有时为了修辞上的需要，常常不用该事物固有的名称，而临时借用与该事物有某种联系的词语作为称谓，这就是代称，也说"借称"，简言之，就是正式名称的替代称谓。

代称词特别多，我们把它分成人名代称、年龄代称、著述作品名代称、文字文具名代称、动物植物名代称、女性代称、地域代称、姓氏代称、酒的代称、时代朝代代称、日月时间代称、山河代称和其他代称等十三类。

（一）人名代称

1. 二字人名代称

渭滨　太公望吕尚（姜子牙）的代称。周文王举太公于渭水之滨，故称。《韩非子·喻老》："文王举太公于渭滨者，贵之也。"

微管　春秋时齐国政治家管仲的代称。《论语·宪问》："微管仲，吾其被发左衽矣。"微，没有；被，音pī，披也。意思是说，如果没有管仲的改革，我们还是很落后的，披头散发，大襟向左边开着（这是落后的少数民族的服饰）。

湘累 屈原的代称。屈原自沉于湘江支流汨罗江。累，不是因为罪而死，含有为国忧患而死的意思。郭沫若《李白与杜甫》："屈原是赴湘水支流而溺死的，古人称之为'湘累'。"

宣尼 孔子的代称。汉平帝时追谥孔子为宣尼公，故称。

孔子的代称（或别称）有很多，仅列举如下几条：

象尼 孔子生于山东曲阜尼山，圩顶，即头顶凹陷像丘，即四周高中间低。圩，音yú。《史记·孔子世家》："叔梁纥与颜氏祷于尼山，得孔子。孔子生而首上圩顶，故因名曰丘，字仲尼，是其象尼丘也。"

素王 孔子的代称。意思是没有土地、人民、权力的王，是真正的王。《史记·殷本纪》司马贞《索隐》："素王者，太素上皇，其道质素，故称素王。"

家丘 鲁人不知孔子是圣人，常说"我东家丘"，意思是我家东边的长得凹顶的孔丘。也作"象邱""东家丘"。邱，"丘"之异体字。

圣师 称孔子是有道之人，有圣德之人。

龙蹲 《太平御览》卷三七七引《春秋演孔图》："孔子长十尺，大九围，坐如蹲龙，立如牵牛，就之如昂，望之如斗。"昂，音mǎo，星名；斗，星名。也作"蹲龙"。

尼山 孔子生于尼山。

东鲁 孔子是春秋时鲁国人。

钓徒 吕尚（姜子牙）的代称，也泛称渔夫。吕尚曾垂钓于兹泉，屠牛于朝歌，后辅佐周武王灭商建周。

盲史 春秋时鲁国太史左丘明的代称。左丘明失明后著《国语》，故称。也作"盲左"。《史记·太史公自序》："左丘失明，厥有《国语》。"厥，jué，乃。

田祖 神农氏的代称。神农氏是传说中的始耕田者。《周礼·春官》："凡国祈年于田祖。"指的就是神农氏。

方回 代称隐士。唐尧时仙人名，曾隐居于五柞山，尧聘为闾士。代称山野隐士。刘向《列仙传》载之。柞，音zuò。

祖龙　秦始皇嬴政的代称。祖，始也；龙，人君。意为第一个人君，即第一个皇帝。语出《史记·秦始皇本纪》。清·梁佩兰《易水行》："荆卿不得刺秦王，无且在殿提药囊。为谋不成实天意，祖龙胆落荆卿死。"

避唐　古代贤者许由、巢父的代称。唐尧让天下给许由、巢父，二人均不受。唐，指唐尧，尧是古唐国人。典出晋·皇甫谧《高士传·许由巢父》

隆准　汉高祖刘邦的代称。也作"隆准公"。隆准，高鼻子。《史记·高祖本纪》："高祖为人，隆准而龙颜。"裴骃《集解》引文颖曰："准，鼻也。"

沛公　汉高祖刘邦的代称。刘邦起兵于江苏沛县，故称。《史记·项羽本纪》："今者项庄拔剑舞，其意常在沛公也。"

龙门　汉代史学家司马迁的代称。司马迁出生于陕西韩城龙门，故称。北周·庾信《哀江南赋》："信生世等于龙门，辞亲同于河洛。"倪璠注："迁生龙门。"

馆娃　春秋时越国美女西施的代称。吴王夫差为西施建馆娃宫。吴人呼美女为"娃"。西施的代称还有"西子""浣纱女""浣女"等。浣，音huàn，洗涤。唐·白居易《杨柳枝》其五："苏州杨柳任君夸，更有钱塘胜馆娃。"

圯下　西汉名臣张良的代称。圯，音yí，桥。《史记·留侯世家》中说，张良年轻时曾给一位老人到桥下拾鞋，老人赠以兵书。也作"圯桥"。

骠姚　汉代名将霍去病的代称。霍去病曾任骠姚校尉。骠，音piào，勇健轻捷貌。《史记》有《卫将军骠骑列传》。唐·杜甫《后出塞》："借问大将谁？恐是霍骠姚。"

骠骑　汉代名将霍去病的代称。霍去病曾任骠骑将军。

刘郎　东汉刘晨的代称，也是情郎的代称。传说刘晨和阮肇上山采药为二仙女所留，半年后归，子孙已过七世。典出南朝·宋·刘义庆小说《幽明录》。

刘郎还代称南朝宋武帝刘裕、汉高祖刘邦、汉武帝刘彻、三国蜀主刘备等人。

马卿 西汉文学家司马相如的代称，司马相如，字长卿。唐·刘知几《史通·载言》："若韦孟讽谏之诗，扬雄出师之颂，马卿之书《封禅》，贾谊之论《过秦》，诸如此文，皆施纪传。"

扛鼎 西楚霸王项羽的代称。《史记·项羽本纪》中说他"力能扛鼎"，扛，音gāng，举也。扛，不读káng。

重瞳 西楚霸王项羽的代称。传说项羽眼中有两个瞳仁。也作"楚重瞳"。《史记·项羽本纪论》："吾闻之周生曰'舜目盖重瞳子'，又闻项羽亦重瞳子。"

重瞳还代称虞舜、仓颉、重耳、李煜、王莽、黄巢等人。传说他们的眼睛都是两个瞳仁，古人认为有重瞳的都是圣人。

潘郎 西晋文学家潘岳的代称。潘岳的代称很多，如潘生、潘令、潘花、潘果、潘车、潘掾等。潘岳曾作过洛阳令；他貌美，出行时女子往他坐的车上投掷鲜花、水果；潘岳曾任太尉贾充的掾吏，故有上面的称呼。掾吏，属官；掾，音yuàn，佐助。事见《晋书·潘岳传》《世说新语笺疏》，南朝·梁·刘孝标注引《语林》等书。

伧夫 西晋文学家左思的代称。也作"伧父"，犹言"鄙夫"，指粗野的人。伧，音cāng，粗陋。左思写出《三都赋》后，有人讥讽说，只能用来盖酒缸，因无人问津，所以尘封多年。后经张载、张华等人推荐，才有了"洛阳纸贵"的声誉，才有了"陆机辍笔"的典故（西晋诗坛领袖陆机认为别人再也超不过左思了，所以他自己也就此辍笔）。才有了"左思其貌不扬而文采飞扬"的警句，才有了"凡人不可貌相，海水不可斗量"之谚语。

靖节 东晋文学家陶渊明的代称。陶渊明的谥号是"靖节征士"，世称"靖节先生"，省称作"靖节"。明·无名氏《傍妆台·归隐》："功名未遂身先丧，总不如靖节归来五柳庄。"

陶令 陶渊明的代称。陶曾任彭泽令，故称。毛泽东《登庐山》："陶令不知何处去，桃花源里可耕田？"

白眉 三国蜀人马良的代称，喻称兄弟中最杰出者。《三国志·蜀志·马良传》中说，马良兄弟五人皆以"常"字为字，皆有才名，谚曰："马氏五常，白眉最良。"马良有白眉毛。

浪翁 唐代诗人元结的代称。元结自称浪翁、浪叟、浪老、山野浪老。唐·元结《浪翁观化·序》："浪翁，山野浪老也。"

短李 晚唐诗人李绅的代称。《新唐书·李绅传》中说他"为人短小精悍，于诗最有名，时号短李"。唐·白居易《代书诗一百韵寄微之》："笑劝迁辛酒，闲吟短李诗。"迁辛，指唐代辛立度，性迂，嗜酒，时人称之"迁辛"。

白也 唐代大诗人李白的代称。杜甫《春日忆李白》："白也诗无敌，飘然思不群。"白，指李白；也，助词。（按：这是一个很特殊的代称，用李白的名加一个助词称谓李白，即用诗句中的头两个字代称李白，这很像《论语》中用每篇开头两个字称谓篇名，有的并无实义。）

贺鬼 中唐诗人李贺的代称。后世称李贺为"诗鬼""鬼才"，故称。李贺常用神话传说来托古寓今，所以才有此称谓。清·荻岸山人《平山冷燕》第一回："人人争岛瘦郊寒，个个矜白仙贺鬼。"白仙，指李白，世称李白为"诗仙"。岛，指贾岛；郊，指孟郊。

盲圣 唐代圣僧鉴真和尚的代称，也称"通海和尚"。他曾六次东渡日本，传播佛教教义，并创立日本南山律宗。赵朴初诗自注："鉴真和上东渡，五次航海失败，第六次成功到日时，双目已失明，后人称他为"盲圣"。上，同"尚"；和上，即"和尚"。

茶圣 唐代著名茶学家陆羽的代称。陆羽著《茶经》，被后世尊为"茶圣"。

腻柳 北宋词人柳永的代称。腻，指柳永的词文情旖旎，音律谐婉。旖旎，音yǐnǐ，婉转柔顺。清·陈廷焯《白雨斋词话》卷一："子野适得其中，有含蓄处，亦有发越处，但含蓄不是温韦，发越亦不似豪苏腻柳。"子野，指词人张先；温韦，指词人温庭筠、韦庄；苏柳，指苏轼、柳永。

豪苏　北宋词人苏轼的代称。苏轼词以豪迈雄伟著称。《白雨斋词话》中有"豪苏腻柳"之说，说明二人词风不同。

眉山　北宋文学家苏轼的代称。苏轼是四川眉山人。清·李重华《贞一斋诗说》："次韵一道，唐代极盛时，殊未及之……宋则眉山最擅其能。"

髯苏　苏轼的代称。苏轼多髯，故称。髯，音rǎn，两颊上的胡子。宋·苏轼《客位假寐》："同僚不解事，愠色见髯苏。"

髭圣　唐太宗李世民的代称。髭，音zī，嘴唇上的胡子。宋·陶毂《清异录·髭圣》："唐文皇虬须壮冠，人号'髭圣'。"唐文皇，指唐太宗李世民。

齐竽　指齐国人南郭处士，代称不无学术的人。是"滥竽充数"的省称。也作"滥竽"。典出《韩非子·内储说上》。

阿吴　清将吴三桂的代称。吴杀人如麻，民间以"阿吴"为恐吓小孩之语。如说"娃娃娃娃悄悄着，阿吴来了头咬破"。

秋侠　近代民主革命志士秋瑾的代称。秋瑾尚武，自号"鉴湖女侠"。鉴湖在浙江绍兴西南，秋瑾是绍兴人。

樗里　多智的人的代称。也是出众的智慧的代称。战国时秦惠王的异母弟樗里疾多智善辩，秦人称之为"智囊"。樗里是"樗里疾"的省称，别称作"樗里子"。樗，音chū。

易牙　善烹调者的代称，也是高级厨师的代称。传说春秋时齐人易牙善烹饪，是名厨，被后世尊为厨师祖师，但他烹其子作羹，献给齐桓公以取宠，这叫杀子以适君，为人所不齿。

求仲　隐士的代称，求仲是汉代的一个隐士。唐·钱起《岁初归旧山》诗："求仲应难见，残阳且掩关。"

容彭　长寿者的代称，也是并称。容，指黄帝的史官容城公；彭，指尧之臣彭祖，二人皆高寿。南朝·梁·刘孝标《辩命论》："此则宰衡之与皂隶，容彭之与殇子。"宰衡，指宰相；皂隶，指差役；殇子，指夭折早死。

子路　勇士的代称。孔子的学生子路十分勇敢。子曰："由也好勇过我。"由，仲由，字子路，又字季路。

阮咸　侄子的代称。晋之阮籍与侄儿阮咸皆为文学家，并有盛名，世称"大小阮"，二人皆为"竹林七贤"中人物。阮咸又精通音律，善弹琵琶，今之乐器"阮"即因阮咸而得名。

管青　善相马者的代称。《吕氏春秋·观表》："古之善相马者，寒风是相口齿，管青是相膹肠，陈悲是相股脚。"《淮南子·齐俗训》："伯乐、寒风、秦牙、管青，所相各异，其知马一也。"意思是他们相马所观察的部位不同，但他们都了解马，这一点是一致的。相，音 xiàng，观察；膹肠，音 fèn wěn，应作"脣肠"，即"脣吻"；吻，嘴。

韩寿　美男子的代称。《世说新语·惑溺》中说，西晋人韩寿美姿容，作《偷香》曲与权臣贾充的女儿调情。历史上把"韩寿偷香""相如窃玉""张敞画眉""沈约瘦腰"列为风流四事。但是，"风流"一词并非都指男女之情事，有的是指浪漫偶傥，有的是指文人气质，如"沈约瘦腰"就是指南朝齐梁时期著名诗人沈约被梁武帝指责后，想告老还乡，谎说自己多病，腰围减带，后来抑郁忧惧而死。

2. 三字人名代称

洗耳翁　唐尧时贤人许由的代称。也作"洗耳"。传说尧让天下给许由，许不受，还去颍水之滨洗耳朵，表示不听污秽之声。颍水，淮河最大支流，在安徽西北部及河南东部。颍，音 yǐng。晋·皇甫谧《高士传·许由》："尧让天下于许由……尧又召为九州长，由不欲闻之，洗耳于颍水滨。"唐·李白《古风》之二十四："世无洗耳翁，谁知尧与跖。"

颍上田　尧时许由、巢父的代称。颍上，地名，在颍水北岸，传说是许由、巢父的隐居之地。也作"颍阳"。巢父和许由是同时代人，因筑巢而居，故称。尧让天下给巢父，不受。宋·文天祥《和曹倅赋别》："未了醉翁事，重寻颍上田。"

青牛师　老子的代称。传说老子骑青牛过函谷关而仙去。也作"青牛翁"，省称作"青牛"。《史记·老子韩非列传》司马贞《索隐》引汉·刘向《列仙传》："老子西游，关令尹喜望见有紫气浮关，而老子果骑青牛而过也。"

谏猎人 西汉文学家司马相如的代称。司马相如曾讽谏天子迷恋游猎，不务政事。也作"谏猎臣"。明·李攀龙《春日闻明卿之京却寄》："摩挲金马宫门外，谁识当时谏猎人。"

洛阳生 西汉政论家贾谊的代称。贾谊是洛阳的才子。也作"洛阳才子""贾太傅""贾长沙"，省称作"贾生"。贾谊曾被贬为长沙王太傅。生，对读书人的尊称。清·陈梦雷《赠秘书觉道弘五十韵》："任同莘野相，志切洛阳生。"

飞将军 西汉名将李广的代称。也作"汉家飞将"。《史记·李将军列传》："广居右北平，匈奴闻之，号曰'汉之飞将军'，避之数岁，不敢入右北平。"

张京兆 汉代张敞的代称。张曾任京兆尹。张敞还有一个代称是"画眉京兆"，他为妻子画的眉很好看，故有此戏称。事见《汉书·张敞传》。

秋风客 汉武帝刘彻的代称。汉武帝作有著名的《秋风辞》："秋风起兮白云飞，草木黄落兮雁南归。"典出无名氏《汉武故事》。唐·李贺《金铜仙人辞汉歌》："茂陵刘郎秋风客，夜闻马嘶晓无迹。"

隆中客 三国蜀相诸葛亮的代称。诸葛亮出山前曾在湖北襄阳隆中隐居，故称。宋·陆游《晨起至参倚斋示子聿》："幸好隆中客，无为起草庐。"

陌上桑 汉乐府诗中名篇《陌上桑》中采桑女罗敷的代称，也泛称美丽贤贞的女子。

捉刀人 三国魏主曹操的代称。《世说新语·容止》中说，曹操让人替他接见匈奴使者，自己捉刀立在床头。接见后派人问匈奴使者"魏王如何？"使者说："魏王雅望非常，然床头捉刀人，此乃英雄也。"雅望，仪表美好。

胯下人 汉高祖刘邦的名将韩信的代称。也代称能够忍辱的人。《史记·淮阴侯列传》中说，韩信年轻时曾被无赖欺负，让他从那人裤裆下钻过去。胯，音kuà，两股之间。也作"胯下之辱""胯下辱""胯下蒲伏""胯下韩侯"，省称作"胯夫"。蒲伏，同"匍匐"，韩侯，韩信封淮阴侯，故称。元·陈基《淮阴杂兴》："老来易感山阳笛，年少休轻胯下人。"山阳笛，代称晋文学家向秀。向秀经山阳旧居，听到邻人吹笛，不禁追念亡友嵇康、吕安，因作《思旧赋》。

浣花叟　唐代大诗人杜甫的代称。杜甫故居在成都浣花溪畔，故称。也作"浣花翁"。清·方文《早春别芜湖诸子》："恰似浣花叟，飘零梓阆间。"阆，音làng。

温八叉　唐代诗人温庭筠的代称。温才思敏捷，每入试，叉手构思，凡八叉手而成八韵，故称。也作"温八吟"。宋·尤袤《全唐诗话·温庭筠》："温庭筠才思艳丽，工于小赋，每入试，押官韵作赋，凡八叉手而八韵成，时号'温八叉'。"

曹七步　三国魏诗人曹植的代称。相传曹丕逼弟弟曹植在七步之内作诗一首，否则以谋反罪处死。曹植在七步之内写出了"煮豆燃豆萁，豆在釜中泣。本是同根生，相煎何太急"的诗，这就是传为美谈的《七步诗》，后喻称才思敏捷。

张三影　北宋词人张先的代称。张先词中有"云破月来花弄影""娇柔懒起，帘幕卷花影""柳径无人，堕絮飞无影"句，时人谓之"张三影"。也作"三影郎中"，省称作"三影"。张曾任郎中。

张三中　张先的代称。明·田汝成《西湖游览志余》中说，张先以乐府驰名，写"心中事""眼中泪""意中人"，世称"张三中"。

张曲江　初唐诗人张九龄的代称。张是广东曲江（今韶关）人，故称。也称"文献公"，文献是他的谥号。

郑鹧鸪　晚唐诗人郑谷的代称。郑以《鹧鸪》（"暖戏烟芜锦翼齐，品流应得近山鸡"）出名，故称。

拗相公　北宋名臣王安石的代称。拗，音niù，固执，指王安石执意要变法。林语堂《苏东坡传》有专章记之。

边氏腹　大肚人的代称。《后汉书·文苑传上·边韶》中说边韶腹中装满五经学问，人嘲之大腹便便，也代称满腹经纶的人。便便，音piánpián，肥满貌。经纶，本义是整理丝缕，后代称才学智慧。原文是："韶口辩，曾昼日假卧，弟子私嘲之曰：'边孝先，腹便便。懒读书，但欲眠。'韶潜闻之，应时对曰：'边为姓，孝为字，腹便便，五经笥。但欲眠，思经事。寐与周公通梦，静与孔子同意。师而可嘲，出何典记？'嘲者大惭。"也作"边韶腹""边韶寝""书满腹""边韶懒""边韶笥""边生经笥""边老便便"。笥，音sì，书箱。

黑老包 宋代名臣包拯的代称。包拯脸黑，故称。传统戏曲中包公勾黑脸谱。也代称秉公执法、铁面无私的人。

3. 四字人名代称

白衣仙人 观音菩萨的代称。观音着白衣、坐白莲，故称。也作"送子观音""送子娘娘"。宋·苏轼《雨中游天竺灵感观音院》："蚕欲老，麦半黄，前山后山雨浪浪，农夫辍耒女废筐，白衣仙人在高堂。"浪浪，音lánglánɡ，流不止貌。

西山樵夫 伯夷、叔齐兄弟的代称。二人义不食周粟，西行至甘肃渭源县，饿死在首阳山。事见《史记·伯夷列传》。二人作《采薇歌》，其中有"登彼西山兮，采其薇矣"。西山，即指首阳山。薇，音wēi，即大巢菜，可作蔬菜。

负郭相君 战国时政治家苏秦的代称。苏秦为六国相后说："且使我雒阳负郭田二顷，吾岂能佩六国相印乎！"雒阳，即洛阳；雒，音luò；负郭田，近郊田地。

歌风亭长 汉高祖刘邦的代称。刘邦起事前曾任泗水亭长，后写有《大风歌》。歌曰："大风起兮云飞扬，威加海内兮归故乡，安得猛士兮守四方。"

顾曲周郎 通晓或爱好音乐戏曲的人的代称。语出《三国志·吴志·周瑜传》，说吴主孙权名将周瑜精通音乐，酒后亦能听出词曲中的错误，闻之必顾（回头看），故时人谣曰："曲有误，周郎顾。"也作"周郎顾"，省称作"顾曲"。

傅粉何郎 美男子的代称。《世说新语·容止》中说，三国魏之大臣何晏"美姿仪，面至白，魏明帝疑其傅粉"。傅，搽，涂。

茂陵刘郎　汉武帝刘彻的代称。汉武帝葬于陕西兴平市的茂陵，故称。唐·李贺《金铜仙人辞汉歌》："茂陵刘郎秋风客，夜闻马嘶晓无迹。"参见"三字人名代称"中"秋风客"条。

吴下阿蒙　三国吴之名将吕蒙的代称。本传中鲁肃评价吕蒙说："学识英博，非复吴下阿蒙。"意思是说吕蒙少不读书，后努力学习，变化很大，不再是吴下原来的那个阿蒙了。吴下，指长江下游江东一带。阿蒙，即吕蒙，吴人喜欢在名字前加一"阿"字。省称作"阿蒙""吴蒙"。

白板天子　东晋元帝司马睿等皇帝的代称。元帝东渡，丢失了玉玺，其后数帝皆无玉玺，北人嘲之为"白板天子"。板，也作"版"。《南齐书·舆服志》："晋中原乱没胡，江左初无之，北方人呼晋家为'白板天子'。"

江州司马　中唐诗人白居易的代称。白居易曾被贬为江州司马，作《琵琶行》，有"坐中泣下谁最多，江州司马青衫湿"二句。

快活三郎　唐玄宗李隆基的代称。《快活三》是曲牌名；三郎，指唐玄宗，他是唐睿宗李旦的第三子；玄宗精通音律，故称。

吃齑宰相　北宋名臣范仲淹的代称。范仲淹少贫，读书于山寺，常断齑划粥而食，极为艰苦。断齑划粥，把腌菜切成几段，把冷粥划成几块，早晚各吃一点。齑，音jī，腌菜，切碎了的酱菜。事见宋·江少虞《宋朝事实类苑》。

千古词帝　南唐后主李煜的代称。他当皇帝时亡了国，他是一个最不想当皇帝、也最不会当皇帝的人，但他却是一个最会写词的人，他的词成就极高，被人尊为"千古词帝"。

巾帼宰相　唐代女政治家上官婉儿（也称"上官昭容"）的代称。她在武则天朝曾掌管宫中制诰多年，实为宰相之职，故有"巾帼宰相"之誉称。巾帼，古代女子的头饰，代称妇女。制诰，即诏令，帝王所下的文告即命令。诰，音gào。上官婉儿有诗作，《全唐诗》收其诗三十二首。

红杏尚书　北宋词人宋祁的代称。宋祁曾任工部尚书，他写有"红杏枝头春意闹"的名句。同代词人张先称他为"红杏枝头春意闹尚书"省称作"红杏尚书",也是雅称。

濠州真人 明太祖朱元璋的代称。朱元璋起事前曾为僧人。濠州,指安徽凤阳,是朱元璋起事的地方,故称。

4. 数字加姓氏(或其他)人名代称

一左 西晋文学家左思的代称。南朝·梁·钟嵘《〈诗品〉序》:"太康中,三张、二陆、两潘、一左,勃尔复兴,踵武前王,风流未沫,亦文章之中兴也。"踵武,循着前人的足迹走,喻称继承前人的事业。未沫,不曾休止。沫,音mò,消散,终止。

二阮 西晋诗人阮籍和侄儿阮咸的代称。

二陆 西晋文学家陆机、陆云兄弟的代称。

二刘 西汉开国之君刘邦和东汉开国之君刘秀的代称,也是西汉经学家刘向、刘歆父子的代称。

二武 西汉武帝和东汉光武帝的代称。

二谢 南朝宋诗人谢灵运和齐诗人谢朓的代称。

二米 北宋书法家米芾、米友仁父子的代称。

南迁二友 苏轼在岭南时最喜欢读陶渊明和柳宗元的文集,谓之"南迁二友",后代称陶柳二人的文集,也代称陶柳二人。

两潘 西晋文学家潘岳和侄儿潘尼的代称。

两苏 北宋文学家苏轼和苏辙兄弟的代称。

两司马 西汉史学家司马迁和辞赋家司马相如的代称。清·左宗棠《题卧龙岗诸葛草庐》:"文章西汉两司马,经济南阳一卧龙。"经济,经世济民,治理国家;经,治理。

三班 东汉史学家、文学家班彪和儿子班固、女儿班昭的代称。

三张 西晋文学家张载、张协、张亢三兄弟的代称。

三曹 三国魏文学家曹操和儿子曹丕、曹植的代称。

三谢 南朝宋诗人谢灵运、谢惠连和南朝齐诗人谢朓的代称。

三苏 北宋文学家苏洵和儿子苏轼、苏辙的代称。三苏并称始见于宋·王辟之《渑水燕谈录》卷四"才识"条:"苏氏文章擅天下，且其文曰'三苏'，盖苏洵为老苏，轼为大苏，辙为小苏也。"

三袁　明代文学家袁宗道、袁宏道、袁中道兄弟三人的代称，他们是公安派的代表人物。"公安派"是明代后期的一个重要文学流派，主张"独抒性灵，不拘格套"，提出"性灵"说。三人为荆州公安人，即湖北公安人。也称"公安三袁""文三袁"。（明末辽东也有"三袁"代称，他们是袁崇焕、袁可立、袁应泰。这是"武三袁"）

三圣　传说中的古代帝王和圣人，有四说：①代称尧、舜、禹。②代称伏羲、周文王、孔子。③代称周文王、周武王、周公。④代称夏禹、周公、孔子。一般指第一种说法。

三皇　传说中的古代帝王，有六说：①代称天皇、地皇、人皇。②代称天皇、地皇、泰皇。泰皇，后来称"人皇"，即太昊伏羲。羲，音xī。《史记·秦始皇本纪》最早出现"三皇"之号，即天皇、地皇、泰皇。③代称伏羲、女娲、神农。娲，音wā。④代称伏羲、神农、祝融。⑤代称伏羲、神农、共工。⑥代称伏羲、神农、燧人。一般称第三种说法。《周礼·春官·外史》："掌三皇五帝之书。"

四配　代称孔子的四大弟子颜回、子思、曾参、孟子。又称"四公""四圣"，四人配祀孔庙，故称。又，老子的四大弟子文子、列子、庄子、庚桑子也称"四配"。

商山四皓　代称秦末隐士东园公唐秉、绮里季吴实、夏黄公崔广、角里先生周术。四人避秦乱，隐居商山，年皆八十有余，须眉皆白，故称。也作"商山四翁""商山四父"，省称作"商山老""商山翁"。角，音lù；父，音fǔ，同"甫"，对老年男子的尊称。

汉赋四大家　代称汉代辞赋大家司马相如、扬雄、班固、张衡。他们的代表作分别为《子虚赋》《甘泉赋》《两都赋》《二京赋》。

战国四君子　代称齐国的孟尝君田文、赵国的平原君赵胜、楚国的春申君黄歇、魏国的信陵君魏无忌。四人皆以养士著称，皆为政治家。也称"战国四公子"。

春秋战国四大刺客 代称刺王僚的专诸、刺庆忌的要离、刺侠累的聂政、刺秦王的荆轲。前三人行刺均成功，唯荆轲失败被杀，但后世却列荆轲为四大刺客之首。荆轲刺秦王的故事十分悲壮，易水送别、秦廷行刺、图穷匕见等场面十分感人，所以成为千古佳话，荆轲也成为"失败了的英雄"的代表。

春秋战国四大战神 代称赵国人李牧、廉颇，秦国人白起、王翦。四人皆为军事家，被后人尊为"战神"。

文章四友 代称初唐诗人杜审言、李峤、崔融、苏味道。见《新唐书·文苑传上·杜审言》。

苏门四学士 代称北宋文学家苏轼所培养赏识、提拔的四个门生黄庭坚、秦观、晁补之、张耒。见《宋史·文苑传六·黄庭坚》。

苏门后四学士 代称苏轼的门生李格非、廖正一、李禧、董荣。他们也是苏轼文学的传人，元祐文坛的中坚。李格非是女词人李清照的父亲。

五帝 传说中的古代帝王，有三说：①代称黄帝、颛顼、帝喾、唐尧、虞舜。颛顼，音zhuānxū；喾，音kù；虞，音yú。②代称伏羲、炎帝、黄帝、少皞、颛顼。③代称少皞、颛顼、高辛、唐尧、虞舜。一般指第一种说法。

竹溪六逸 代称盛唐诗人李白、孔巢父、韩准、裴政、张叔明、陶沔。省称作"竹溪"。六人居泰安府徂徕山竹溪边，每日沉饮，故称。沔，音miǎn；徂徕，音cúlái。金·元好问《息轩秋江捕鱼图》："正始风流一百年，竹谿衣钵有真传。"正始，三国魏齐王曹芳年号，"正始文学"在中国文学史上有一定的影响，代表作家是何晏、王弼等。谿，"溪"之异体字。

苏门六学士 代称苏轼的门生黄庭坚、秦观、晁补之、张耒、陈师道、李廌。廌，音zhì。

竹林七贤 代称魏晋时阮籍、嵇康、山涛、向秀、阮咸、王戎、刘伶七位文人。七人常游饮于修武竹林，故称。修武，在今河南焦作一带。史学家陈寅恪先生《魏晋南北朝史讲演录》认为先有"七贤"，后有"竹林"。

建安七子　代称汉末建安时期孔融、陈琳、王粲、徐干、阮瑀、应场、刘桢等七位文人，他们同负盛名于世，被称为"建安七子"，因七人都住邺中，又称"邺中七子"。邺中，故址在今河南安阳市北。

前七子　代称明代弘治、正德年间李梦阳、何景明、徐祯卿、边贡、康海、王九思、王廷相七位文人。七人皆为进士，反对台阁体，提倡"文必秦汉，诗必盛唐"，是一个主张复古的文学流派。

后七子　代称明代嘉靖、隆庆年间李攀龙、王世贞、谢榛、宗臣、梁有誉、徐中行、吴国伦七位文人。他们受"前七子"影响，继续提倡复古。也作"嘉靖七子"。

八元八凯　代称传说中的高辛氏帝喾有八个才子，称"八元"；高阳氏颛顼有八个才子，称"八凯"。他们皆以政教著称。后泛称贤臣才士，也是"八元"和"八凯"的并称。《左传·文公十八年》："舜臣尧，举八恺，使主后土，以揆百事。"恺，通"凯"；揆，音kuí，掌管，管理。

八厨八俊　有二说：①代称东汉高尚等八人和东汉周举等八人。他们皆为俊杰侠士。省称作"廚俊"。廚，"厨"之异体字，谓以财救人。也是"八廚"和"八俊"的并称。②代称东汉李膺等八人和东汉张俭等八人。他们皆为高风亮节的名士。

八仙　代称民间传说中道教的代表人物汉钟离、张果老、吕洞宾、李铁拐、韩湘子、曹国舅、蓝采和、何仙姑八人。"八仙"一词最早见于杂剧《争玉板八仙过海》。后形成俗语"八仙过海，各显其能""八仙过海，各显神通""八仙过海，各凭本事"。

七步八叉　代称曹植和温庭筠，也喻称才思敏捷。详见前面的"三字人名代称"中的"曹七步"和"温八叉"条。

九圣　代称伏羲、神农、黄帝、尧、舜、禹、周文王、周武王、孔子。九圣中既有传说中的古代圣君，又有历史上的贤君能臣和著名政治家、思想家。

十哲 代称孔子的十个弟子颜渊、闵子骞、冉伯牛、仲弓、宰我、子贡、冉有、季路、子游、子夏。自唐定制，从祀孔庙，列侍孔子近侧。唐·王勃《益州苏子庙碑》："自四教远而微音绝，十哲丧而大义乖。"四教，指诗、书、礼、乐；微，精妙；乖，音guāi，违背。

方外十友 代称初唐不拘世俗礼法的十位诗人好友：陈子昂、杜审言、宋之问、毕构、郭袭微、司马承祯、释怀一、陆余庆、赵贞固、卢藏用。十人中陈子昂诗歌成就最高，宋之问、杜审言（杜甫的祖父）是初唐著名诗人。其他人或存诗少，或无诗作传世。

5. 不确指人名代称

杖藜 老翁的代称。老人拄藜杖，故称。也作"藜杖"。唐·杜甫《暮归》："年过半百不称意，明日看云还杖藜。"宋·苏轼《鹧鸪天》："村舍外，古城旁，杖藜徐步转斜阳。"

椿萱 父母的代称。古代称父亲为"椿庭"，称母亲为"萱堂"。椿，音chūn，树名，传说椿树以八千岁为春，八千岁为秋，代称长寿。萱，音xuān，即忘忧草。旧俗在北堂种萱草，代称母亲的居室，也代称母亲。唐·牟融《送徐浩》："知君此去情偏切，堂上椿萱雪满头。"

棠棣 兄弟的代称。棠棣，木名，即郁李。《诗·小雅·棠棣》是周公宴请兄弟的乐歌，申述兄弟要互相友爱。后人借"棣"为"弟"。也作"唐棣""常棣"。棣，音dì。

狡童 昏乱国君的代称。狡童，小滑头。《诗·郑风》中有《狡童》篇，旧说是一首讽刺昏君之诗。

泛爱 朋友的代称。唐·杜甫《奉赠李八丈判官（曛）》："所亲问淹泊，泛爱惜衰朽。"仇兆鳌注引赵汸曰："泛爱，出《论语》。殷仲文诗'广筵散泛爱'，遂以为朋友之呼矣。"淹泊，停留，漂泊；衰朽，老朽。

淇奥 辅佐国政者的代称。《诗·卫风·淇奥》毛诗序曰：

"《淇奥》，美武公之德也。"武公，指卫国的武和，曾任周平王的卿士，九十多岁还谨慎从政，很受尊崇，人们作《淇奥》颂之。淇，音qí，水名，在河南林州市；奥，音yù，水边弯曲之地。

冰玉 岳父和女婿的代称，也是"冰清玉润"的省称，又是并称。旧有"妇公冰清，女婿玉润"语。《世说新语·言语》刘孝标注引《玠别传》："裴叔道曰：'妻父有冰清之姿，婿有璧润之望。'"

乔梓 父子的代称，也是并称。《尚书大传》中商子谓南山之阳有乔木，是父道；南山之阴有梓木，是子道。一说乔树果实向上，梓树果实下俯，代称父与子。

抱关 守门人的代称，也是小吏或职务低微的人的代称，也作"监门""抱关者"。抱关，把守城门，守关巡夜。《史记·魏公子列传》："嬴（侯嬴）乃夷门抱关者也，而公子亲枉车骑，自迎嬴于众人广座之中……"夷门，东门。

震巽 男女或夫妻的代称。震、巽是二卦名。《易·说卦》："震一索而得男，故谓之长男。巽一索而得女，故谓之长女。"震，代表雷；巽，音xùn，代表风。

悬弧 古代生男孩的代称。旧俗生男孩后在家门的左边挂一张弓。弧，音hú，木弓。语出《礼记·内则》："子生，男子设弧于门左，女子设帨于门右。"

悬帨 古代生女孩的代称。旧俗生女孩后在家门的右边挂一佩巾。帨，音shuì，佩巾。

嵇鹤 洒脱超群之士的代称。原指晋嵇康之子嵇绍，他出类拔萃，如鹤立鸡群。《世说新语·容止》："有人语王戎曰：'嵇延祖（嵇绍）卓卓如野鹤之在鸡群。'"《晋书·忠义传·嵇绍》也有记载。

衿佩 青年学子的代称。《诗·郑风·子衿》中有"青青子衿，悠悠我心""青青子佩，悠悠我思"之句。衿，音jīn，衣襟；佩，佩玉。青衿，青色衣襟，学子之服；佩玉，学子衣服上的饰物。

袍泽 战友的代称。也是战袍和衬衣的并称。《诗·秦风·无衣》中有"岂曰无衣，与子同袍""岂曰无衣，与子同泽"句。泽，通"襗"，音zé，贴身衣裤。

苗裔 子孙后代的代称，也作"苗胤""苗嗣""苗绪"。裔，音yì，后代；胤，音yìn，后代；嗣，音sì，接续，指后代子孙；绪，连绵不断，指后代子孙。屈原《离骚》："帝高阳之苗裔兮，朕皇考曰伯庸。"

兰交 知心朋友的代称，《易·系辞上》："二人同心，其利断金；同心之言，其臭如兰。"臭，音xiù，气味。也是"金兰之交""金兰交"的省称。

翠盖 帝王的代称。帝王乘舆有翠羽为饰的华盖，故称。唐·杜甫《咏怀》诗之一："西京复陷没，翠盖蒙尘飞。"

悬壶 行医卖药者的代称。《后汉书·方术传下·费长房》中说，一卖药老翁在肆头悬一壶，罢市后则跃入壶中。市人看不见，唯长房在楼上能看见。后来药店门口常挂一葫芦，即源于此。葫芦，古代称作"壶"。医生诊所常挂一"悬壶济世"匾，也源于此。

月老 媒人的代称。也是"月下老人""月下老儿""月下老者""月老仙师""月下老"的省称。河南商丘有月老祠。元·曾瑞《留鞋记》第一折："何须寻月老，则你是良媒。"

巡锡 僧人和僧人云游的代称。锡，僧人手持的锡杖，喻称醒悟、除烦恼，为比丘十八物之一。苏曼殊《绛纱记》："未几，天下扰乱，于是巡锡印度、缅甸……诸国。"

诗宗 原指专攻《诗经》为人们所宗仰的名家，后为诗坛泰斗的代称。也作"诗哲""诗伯"，清汪懋麟《渔洋续集序》："国子祭酒济南王先生，产圣人之乡，传申辕之学，为齐鲁诗宗，卓矣！"宋·杨万里《晓望》："不须兼鲍谢，始得擅诗宗。"鲍谢，指南朝诗人鲍照和谢朓，也指鲍照和谢灵运。

狷子 游手好闲者的代称，也是轻佻浮浪者的代称。狷，音juàn，通"獧"，轻佻。

青衫 仙人的代称。也是京剧中正旦的代称，也作"青衣"，还是古代学子的代称。这些人常穿黑色衣服。宋·刘过《水调歌头·寿王汝良》："斩楼兰，擒颉利，志须酬。青衫何事，犹在楚尾与吴头。"楚尾吴头，泛称长江中下游一带，二地首尾相接，故称。

青衿 学子、秀才、青少年的代称。青衿，黑色交领的长衫。犹"青衣""青襟"。参见"衿佩"条。

青绶 古代高级官员的代称。青绶是佩系官印的青色丝带，也代称官印。《汉书·百官公卿表》："御史大夫，秦官，位上卿，银印青绶，掌副丞相。"

青藜 读书人的代称。东晋·王嘉《拾遗记》中说，后汉文学家刘向夜间校书，一黄衣老人执青藜入室，吹杖端，烟燃，授《洪范》。也代称拐杖，还代称苦读，代称灯烛。明·孙仁孺《东郭记·则得妻》："衣冠俊雅，为姻亲青藜抛下。"

青囊 医生的代称，也代称医书。本指医家存放医书的袋子。唐·刘禹锡《闲坐忆乐天以诗问酒熟未》："案头开缥帙，肘后检青囊。唯有达生理，应无治老方。"缥帙，音piǎozhì，淡青色帛做成的书衣，代称书卷。

闾左 平民百姓的代称，也代称戍兵。闾，里巷的大门，代称里巷。谓居住在里巷左侧的平民，秦时，贫贱者居闾左，富有者居闾右。《史记·陈涉世家》："发闾左适戍渔阳九百人。"适，通"谪"。

头陀 僧人的代称，也专称行脚乞食的僧人。头陀为梵语音译，意为抖擞，即去掉尘垢和烦恼。《西游记》第十七回："话说孙行者一筋斗跳将起去，諕得那观音院大小和尚并头陀……一个个朝天礼拜。"諕，音xià，同"吓"。

魁艾 德高望重的长者的代称。魁，首领，长者；艾，白，称呼老年人。清·姚鼐《高淳邢君墓志铭》："孰职抚是颠则持，邑有魁艾敦爱慈。"

首座 首相的代称，也作"首揆"。揆，音kuí，本义是掌管，后代称宰相、民间称"大管家"。《资治通鉴·后唐庄宗同光二年》：

三、代称（借称）

"孔谦复言与郭崇韬曰：'首座相公万机事繁，居地且远，租庸簿书多留滞，宜更图之。'"

寄褐 不信教，不念经，只穿道服者的代称。褐，音hè，粗麻制成的衣服。宋·王栐《燕翼诒谋录》："奉其教而诵经，则曰道士；不奉其教，不诵经，惟假其冠服，则曰寄褐。"旧俗，为使孩子长寿而给他穿僧衣，也称"寄褐"。

髡缁 僧尼的代称。髡，音kūn，去发；缁，音zī，黑色，过去僧人穿黑色衣服。明·郎瑛《七修类稿·国事六·建文君》："（明太祖）且见建文头颅颇偏，匦髡缁之具……"

须眉 男子的代称。古代男子以胡须眉毛稠秀为美。旧时常与"裙钗"对称。《红楼梦》第一回："何我堂堂须眉，诚不若彼裙钗哉。"

裙钗 女子的代称。裙子和头饰都是妇女的衣饰。

骚人 诗人和文人的代称。也是屈原和《楚辞》作者的代称。骚，代称《离骚》。唐·李白《古风》："正声何微茫，哀怨起骚人。"

玉帐 教师讲席前设置的帷帐，是师长的代称。清·刘献廷《贺吴玉枢长公素臣入太学》："异闻趋玉帐，奇字发金庭。"

绛帐 师门、讲席、老师的代称。《后汉书·马融传》中说，东汉著名经学家马融教徒千数，常坐高堂，设绛纱帐，前授生徒，后列女乐。绛帐，红色帷帐。绛，音jiàng，大红色。

宵旰 帝王的代称，也是"宵衣旰食"的省称，喻称帝王勤于政事。宵，音xiāo，夜；旰，音gàn，晚。宵衣旰食的意思是天不亮就穿衣上朝，天很晚才有空吃饭。唐·陆贽《论两河及淮西利害状》："陛下为之宵衣旰食，可谓忧勤矣。"（按："宵衣旰食"是指帝王或官员勤于政事，不是指勤奋学习。）

二贾 行商和坐贾的代称，泛称经商做买卖。贾，音gǔ，做买卖的人，特称坐商。

四民 士民、农民、工民、商民的代称。省称作"士、农、工、商"。《春秋谷梁传·成公元年》："古者有四民，有士民，有商民，有农民，有工民。"

四穷 鳏寡孤独四类人的代称，泛称孤独的人。穷，无依靠。清·刘大櫆《汪府君墓志铭》："一家饶裕，而族有四穷，耻也。"

宴婉 娴静柔美女子的代称。宴婉，安详柔顺貌。三国·魏·曹植《七启》："佩兰蕙兮为谁修，宴婉绝兮我心愁。"

獬豸冠 法官的代称。獬豸冠本指古代御史等官吏戴的插有獬豸毛的帽子，后代称法官。獬豸，音xièzhì，传说中的一种独角兽，据说此兽能辨别是非曲直，取公平执法之意。

孤哀子 丧失父母的人的代称。旧时丧父称"孤子"，丧母称"哀子"，父母俱丧称"孤哀子"。也作"孤露"，意谓孤单暴露。《礼记·札记》："祭称孝子孝孙，丧称哀子哀孙。"晋·嵇康《与山巨源绝交书》："少加孤露，母兄见骄。"

烂柯人 樵夫的代称，也代称长久离家刚回到故乡的人。南朝·梁·任昉《述异记》载，王质伐木见数童子边下棋边唱歌。"童子以一物与质，质含之不觉饥。俄顷，童子谓'何不去？'质起，视斧柯烂尽。既归，无复时人。"后以"烂柯人"喻称岁月流逝，世事巨变。柯，音kē，斧柄。

瞿塘贾 本指进川的商人，后代称追求盈利甘冒风险的商人。瞿塘，即瞿塘峡，长江三峡之首，在四川奉节县（今属重庆市辖）的白帝城，以奇险出名。瞿，音qú；贾，音gǔ，坐商为贾，代称做买卖。

登徒子 好色而不择美丑者的代称。登徒子是宋玉名篇《登徒子好色赋》中假想的人物，说此人之妻奇丑无比，然而却生了五个孩子，后来"登徒子"成了好色之徒的代称。

衣黄人 皇帝的代称。皇帝的朝服用明黄色。清·黄遵宪《乌之珠歌》："路旁遥指衣黄人，侧睐龙媒神亦悚。"睐，音lài，旁视，顾盼；龙媒，指骏马；悚，音sǒng，惊惧貌。

茶博士 卖茶者的代称，也代称茶馆里的伙计。《水浒传》第十八回："宋江便叫茶博士将两杯茶来。"

红顶子 清代一品、二品官员的代称，一品、二品官员用红珊瑚装饰帽顶，故称，也代称高官。胡适《五十年来中国之文学》

四："严复用古文译书，正如前清官僚戴着红顶子演说，很能抬高译书的身价。"

蓝顶子 清代三品、四品官员的代称。三品、四品官员用蓝宝石装饰帽顶，故称。清·文康《儿女英雄传》第三十二回："论愚兄的家计，不是给捐不起个白顶子、蓝顶子，那花钱买来的官到底铜臭气，不能长久。"

系足人 媒人的代称，传说一老人用红绳系住男女之足，确定姻缘。俗称"媒神""红喜神"。明·阮大铖《燕子笺·驼泄》："且将扁鹊巧心手，去作双鸾系足人。"也作"系足"。

避秦客 隐士或逃避战乱的人的代称。典出秦始皇时徐福渡海求仙的故事，见《史记·秦始皇本纪》。

解空人 解悟万物皆空的人的代称，代称和尚。唐·贾岛《哭柏岩和尚》："自嫌双泪下，不是解空人。"

说话人 唐宋以来说书人的代称。鲁迅《中国小说史略》第十二篇："市井间有杂伎艺，其中有'说话'，执此业者曰'说话人'。"

青云客 仕途显达者的代称。也作"青云学士""青云器"，省称作"青云"。唐·李白《忆旧游寄谯郡元参军》："海内贤豪青云客，就中与君心莫逆。"

青云士 学问道德高尚者的代称，也代称隐士。《史记·伯夷列传》："闾巷之人，欲砥行立名者，非附青云之士，恶能施于后世哉？"恶，音wū，何，怎么。

瘾君子 吸烟成瘾者的代称，也作"隐君子"，"隐"谐"瘾"。

饱醋生 恪守信用的男子的代称。典出《庄子·盗跖》："尾生与女子期于桥下，女子不来，水至不去，抱梁柱而死。""饱醋"是"抱柱"的谐音。梁，桥。

骑驴客 苦吟诗人的代称。唐诗人贾岛骑驴苦吟，误闯韩愈京兆尹府。这就是著名的典故"推敲"的故事。语出《新唐书·贾岛传》："当其苦吟，虽逢值公卿贵人，皆不之觉也。一日见京兆尹，骑驴不避，謼诘之，久乃得释。"謼诘，音hūjié，惊吓被质问。南宋·胡仔《苕溪渔隐丛话前集》卷十九引《刘公嘉话》："岛（贾岛）初赴举京师，一日于驴上得句云：'鸟宿池边树，僧敲月下门。'始欲着'推'字，又欲着'敲'字，练之未定，遂于驴上吟哦，时时引手作推敲之势。时韩愈吏部权京兆，岛不觉冲至第三节。左右拥至尹前，岛具对所得诗句云云。韩立马良久，谓岛曰：'作"敲"字佳矣。'"吟哦，吟咏；权，暂代官职；京兆尹，京师的行政长官，相当于今日北京市的市长。

好好先生　老好人的代称。《红楼梦》第七十四回："我也作个好好先生，得乐且乐，得笑且笑，一概是非，都凭他们去罢。"

方领圆冠　儒生的代称。古代儒生着方形的衣领和圆形的帽子。也作"方领矩步"。矩步，迈规矩适度的步子，以显示一种儒雅。南朝·梁·何逊《七召·儒学》："方领圆冠，金口木舌。谈章句之远旨，构纷纶之雅说。"金口木舌，以木为舌的铜铃，即木铎，喻称传道的人；章句，指句读训诂之学；纷纶，谓学问渊博。

烟波钓徒　隐居者的代称。唐代诗人张志和隐居后自称"烟波钓徒"。见《新唐书·隐逸传·张志和》。元·张雨《太常引·题李仁仲画舫》："堤上早传呼，是那箇烟波钓徒。"箇，"个"的异体字。

花花公子　富家子弟的代称。也作"花花太岁"。太岁，原指传说中的一种兽名，喻称凶恶强暴的人，泛称纨绔子弟。鲁迅《准风月谈·二丑艺术》："他和小丑的不同，是不扮横行无忌的花花公子。"

红头阿三　旧上海租界中印度籍巡捕的代称，也是贬称。他们头裹红布，故称。阿三，上海话，意即"瘪三"，瘪，音biē。或曰，时人称猴子为"阿三"。也作"红头巡捕"。蒋光慈《少年漂泊者》十八："我在街上一见着红头阿三的哭丧棒，总感觉上面萃集着印度的悲哀与中国的羞辱。"

绍兴师爷　谋士或幕僚的代称。清代地方官署中的幕僚多为绍兴人担任，故称。旧有"无绍不成衙"的说法。也是一种贬称。

师爷辅佐地方官员管理刑名、钱粮、文书等业务，但无官职，无品级，也被人瞧不起。鲁迅《朝花夕拾·无常》："我的故乡，在汉末虽曾经虞仲翔先生揄扬过，但是那究竟太早了，后来到底免不了产生所谓'绍兴师爷'，不过也并非男女老少全是'绍兴师爷'。"揄扬，赞扬，称引。

绿衣使者　邮递员的代称。旧时邮递员的工作服、交通工具等都是绿色的。省称作"绿衣人"。这是近代产生的词汇。

白衣使者　医师和护士的代称。他们穿白色工作服，故称。也作"白衣天使"，也是美称。这也是近代产生的词汇。

郑玄家婢　知书识理的奴婢的代称。《世说新语·文学》中说，东汉大经学家郑玄家中的奴婢皆读书，有文化。"尝使一婢，不称旨，将挞之，方自陈说，玄怒，使人曳著泥中。须臾，复有一婢来，问曰：'胡为乎泥中？'答曰：'薄言往愬，逢彼之怒。'"挞，音tà，以鞭棍打人；曳，音yè，拖拉；须臾，片刻；薄言，发语词，无义。奴婢的话是套用《诗·邶风·柏舟》中"薄言往愬，逢彼之怒"原句，意思是我要向他诉苦解释，正碰上他在发怒。愬，同"诉"。

顽父嚚母　愚顽暴虐的家长的代称。语出《尚书·尧典》："父顽，母嚚。"嚚，音yín，愚顽。

青藜学士　博学之士的代称。宋·刘克庄《徐复除秘书少监制》："尔昔为青藜学士，今为白头老监，岂非馆阁之嘉话，朝廷之盛举与！"参见"不确指人名"代称"青藜"条。

风调雨顺　寺庙山门两侧泥塑"四大天王"的代称。执剑者为南方增长天王，即"风"；执琵琶者为东方持国天王，即"调"，执伞者（或右手执伞，左手执银鼠）为北方多闻天王，即"雨"；执蛇者（或手中缠一条龙）为西方广目天王，即"顺"。也作"四大金刚""四天王"。明·兰陵笑笑生《金瓶梅词话》第八十九回："前殿塑风调雨顺，后殿供过去未来。"过去未来，指寺庙中主殿供的"三世佛"：过去佛（即燃灯佛）、现在佛（即释迦牟尼佛）、未来佛（即弥勒佛）。

骚人墨客　风雅文人的代称，也作"骚人逸客""骚人词客"，省称作"骚客"，骚，指《离骚》，代称诗作。《宣和画谱·宋迪》："性嗜画，好作山水，或因览物得意，或因写物刻意，而运思高妙，如骚人墨客登高临赋。"

迁客骚人　被贬谪流放的官吏和失意诗人的代称。南朝·梁·江淹《恨赋》："迁客海上，流戍陇阴。"

黄发台背　长寿老人的代称。台背，指老年人背上生斑，像鲐鱼之背。台，通"鲐"，音tái。也作"黄发鲐背"，省称作"鲐背""台背"。黄发，老年人头发由白转黄，旧谓这是长寿的象征。《诗·鲁颂·閟宫》："黄发台背，寿胥与试。"胥，皆；试，通"岱"。诗句的大意是，黄发鲐背的老人，寿命能长如泰岱。

庞眉皓发　老年人的代称。庞，同"庞"，也作"厖"，音máng，杂乱。谓眉杂乱，头发全白。也作"庞眉皓首"。唐·柳宗元《永州万石亭记》："明日，州邑耆老，杂然而至，曰：'吾侪生是州，蓺是野，眉厖齿鲵，未尝知此。'"侪，音chái，辈，类；蓺，同"艺"；齿鲵，喻长寿。

昌亭之客　怀才不遇寄人篱下者的代称，汉代淮阴侯韩信原为江苏淮阴南昌亭长之食客。《汉书·韩信传》："韩信，淮阴人，家贫无行不得推择为吏……从下乡南昌亭长食。"

避世墙东　隐居于市井贩夫中的人的代称，《后汉书·逸民传·逄萌》中说，东汉人王君公遭乱不去，隐于市井之中，时人谓之"避世墙东"。逄，音páng。清·毛奇龄《平太翁初度》之二："著书何必向函关，避世墙东也驻颜。"驻颜，使容颜不衰老。

（二）年龄代称

年龄称谓可以分成四个阶段：幼年、青年、壮年、老年。每个阶段又分确指和泛指两种。确指是指具体的年龄岁数，泛指是指某一年龄段的岁数。

1. 幼年阶段

襁褓 代称不满周岁的孩子。襁，音qiǎng，布幅，用以缠负小孩；褓，音bǎo，小儿的被子，用以裹覆。泛称背负小儿所用之物。《后汉书·桓郁传》："昔成王幼小，越在襁褓。"

晬 代称一周岁。晬，音zuì，满一日，一说满百天为"晬"，即民间说的"百岁岁"。宋·孟元老《东京梦华录·育子》："生子百日，置会，谓之百晬；至来岁生日，谓之周晬。"古代一周岁儿童有"抓周"之习：家长在炕上或盘中放置各种物件，让小儿抓取，以预测其性情和志趣。又称"晬盘""试儿"。

黄 《文献通考·户口考》中说，隋唐时称始生到三岁的孩子为"黄"，因小孩头发为黄色，故称。

免怀之岁 代称三岁。语出《论语·阳货》："生子三年，然后免于父母之怀。"

小 隋唐时四至十五岁称"小"。

孩提 有婴儿、幼儿二说，一般代称二三岁至七八岁的孩子。"孩提"二字谓孩子可以举抱、提举了。《汉书·王莽传上》："孩提之子。"颜师古注："婴儿始孩，人所提挈，故曰孩提也。孩者，小儿笑也。"也作"孩抱"。挈，音qiè，提。

髫龄 代称七八岁的孩子。髫，音tiáo，小孩下垂的长发。陶渊明《桃花源记》中有"黄发垂髫，并怡然自乐"句，即老人和孩子安适愉悦。也作"髫年""垂髫""垂发"。

悼 代称七岁。《礼记·曲礼上》："七年曰悼。"悼，年幼的人。

龀 代称七八岁的孩子。《说文》："男八月生齿，八岁而龀。"《韩诗外传》卷一："男八月生齿，八岁而龆齿；女七月生齿，七岁而龀齿。"龆、龀，音tiáo、chèn，换牙。小孩七八岁时开始换牙。也作"童龀""龆龀""龆年"。

岐嶷 代称六七岁的孩子。《诗·大雅·生民》："诞实匍匐，克岐克嶷。"《毛传》："岐，知意也；嶷，识也。"岐嶷，音qínì，幼小而聪慧。诗句的意思是说后稷才会四处爬，就又懂事又聪明。《生民》是一首祭祀始祖后稷的诗。

圣人师 代称七岁。汉·刘向《新序·杂事五》："秦项橐七岁为圣人师。"《战国策·秦策五》："项橐生七岁而为孔子师。"相传秦国的项橐七岁时曾问难孔子而为之师。项橐，一作"项托"，春秋秦人。橐，音tuó；难，音nàn，驳诘，诘难。

九龄 代称九岁。《三字经》中说："香九龄，能温席。"说东汉人黄香九岁时就懂得在冬天替父亲温热床席，让父安睡。"黄香温席"是著名的"二十四孝"之一。

幼 代称十岁。《礼记·曲礼上》："人生十年曰幼。"

入囊 代称皇子十岁。明代皇子诞生百日后剃光头发，十岁后再留发向后梳束纳入黑布袋中，谓之"入囊"。明·刘若愚《酌中志·内臣职掌纪略》中有记载。

金钗之年 代称女子十二岁。即女子到了十二岁就可以在头发上插金钗了。南朝·梁武帝《河中之水歌》："头上金钗十二行，足下丝履五文章。"文章，花纹。

豆蔻年华 代称女子十三四岁，也是特称。唐·杜牧《赠别》诗："娉娉袅袅十三余，豆蔻梢头二月初。"娉袅，音pīngniǎo，身姿轻盈美好貌。豆蔻，外形像芭蕉的一种草本植物。诗句以淡黄色的豆蔻花喻称少年女子。也作"豆蔻之年"。

圆锁 代称十二岁。北方一些地区民间有给十二岁的孩子圆锁之习。

逾纪 记代称超过了十二岁。一纪是十二年。汉·王粲《登楼赋》："遭纷浊而迁逝兮，漫逾纪以迄今。"

舞勺之年 代称男子十三岁到十五岁。意思是这个年龄段可以跳舞了。勺，音zhuó，古代乐器舞乐名。《礼记·内则》："十有三年，学《乐》，颂《诗》，舞《勺》。"意思是十三岁就应该开始学习《乐经》、颂读《诗经》、跳《勺》舞了。有，音yòu，同"又"。

舞象之年 代称男子十五岁到二十岁。意思是这个年龄段就可以习武了。象，古代的一种武舞名。《礼记·内则》："成童，舞象，学射御。"也作"象武"。

束发 代称十五岁。《大戴礼记·保傅》："束发而就大学，学大艺焉。"大，音tài，大学里要学大艺，履大节，明明德，致亲民，止于至善。大艺，即《大学》里的内容。

束脩 代称十五岁。脩，音xiū，干肉。古代学生念书要交十条干肉作学费。或曰，脩，同"修"，装饰。束脩，就是把头发盘起来，这是古代男子的"束脩礼"。《论语·述而》："子曰：'自行束脩以上，吾未尝无诲焉。"五代·王定保《唐摭言·两监》："龙朔二年九月，敕学生在学，各以长幼为序，初入学，皆束脩之礼。"

志学之年 代称十五岁。《论语·为政》："吾十有五，而志于学。"有，同"又"。

五尺之童 代称幼年。《孟子·滕文公上》："从许子之道，则市价不贰，国中无伪；虽实五尺之童适市，莫之或欺。"古代五尺相当于今天不足1.2米。

六尺之躯 代称十五岁。谓身高六尺，是大后生了。战国秦汉之际，一尺等于今天的23.1厘米，六尺约合今天的1.4米。

滨洛之岁 代称十五岁。语出西汉·刘向《列仙传》和无名氏《逸周书》，说周灵王的太子晋自幼聪明多才，曾游于尹、洛之间，年十五而使臣莫能与言。滨洛，洛水之滨。

半丁 代称已过童年、幼年，但岁数还未达到全丁（十六至十七岁）的人。《晋书·范宁传》："今以十六岁为全丁，则备成人之役矣。以十三岁为半丁，所任非复童幼之事矣。"《宋书·王弘传》："十五至十六，宜为半丁，十七岁为全丁。"

出幼 代称男子十六岁，意谓脱离了少年期。明·冯梦龙《警世通言·蒋淑真刎颈鸳鸯会》："隔邻有一儿子，名叫阿巧，未曾出幼，常来女家嬉戏。"

幼年和少年阶段还有很多不确指的年龄称谓，既是代称，又是泛称。如：

齿未 代称年龄不大。是"驹齿未落"的省称，意即小马的乳齿尚未更换。《北齐书·杨愔传》："此儿驹齿未落，已是我家龙文，更十岁后，当求之千里外。"龙文，千里马名，喻称神童。

稚 音zhì，本指幼禾，代称年龄幼小。也作"稚齿"。汉·许慎《说文解字》："稺，幼禾也。" 稺，即"稚"。《谷梁传·禧公十年》："有二子，长曰奚齐，稚曰卓子。"

春秋富 代称年龄小，常与"春秋高"对称。《史记·齐悼惠王世家》："今高后崩，皇帝春秋富，未能治天下，固恃大臣诸侯……"

孥 音nú，代称小孩子，杜甫《羌村三首》："妻孥怪我在，惊定还拭泪。"

孺 音rú，代称小孩子。如说"孺子可教""妇孺皆知""孺子牛"。《说文》："孺，乳子也。"《礼记·内则》："孺子早寝晏起。"

僮 音tóng，代称未成年的仆童。如说"书童""琴童""僮竖"。竖，竖子，童仆。《史记·司马相如传》："而卓王孙家僮数百人。"

竖子 代称童仆，小子。《史记·项羽本纪》："亚父受玉斗，置之地，拔剑撞而破之，曰：'竖子不足与谋，夺项王天下者，必沛公也。'"这里的"竖子"，犹说"小子"，含鄙贱之意。明·沉采《千金记·入关》："那无知竖子，激得我怒气填胸。"

发小 代称父辈互相认识、从小在一起长大的小朋友。为北京、北方方言。南方方言说"开裆裤朋友"，东北方言说"光腚娃娃"。

少艾 代称少年，也泛称年轻美丽的女子。《孟子·万章上》："知好色，则慕少艾。"赵岐注："少，年少也；艾，美好也。"宋·庄绰《鸡肋编》："有茶肆妇人少艾，鲜衣靓妆，银钗簪花。"

弱龄 代称未壮的少年。也作"弱岁""妙岁""妙年""冲龄"。冲，幼小。南朝·梁·任昉《〈王文宪集〉序》："时司徒袁粲，有高世之度，脱落尘俗，见公弱龄，便望风推服……"推服，推许心服。

黄口　本指雏鸟，代称儿童。如说"黄口小儿"。《孔子家语·六本》："孔子见罗雀者，所得皆黄口小雀。"鲁迅《华盖集续编·古书与白话》："其中自然有古典，为'黄口小儿'所不知。"

羁贯　代称童年。羁，音jī，女孩子的发髻。贯，也作"卝"，音guàn，男孩子的发髻。《谷梁传·昭公十九年》："羁贯成童，不就师傅，父之罪也。"

2. 青年阶段

及笄　代称女子十五岁。笄，音jī，簪子。女子头上插簪子为成年之始，如说"笄而许嫁""年已及笄"也作"初笄""加笄""始笄""笄礼"。这里的几个"笄"字或名词，或动词，容易分辨。《礼记·内则》："女子……十有五年而笄。"

碧玉年华　代称女子十六岁，言其妙龄。也作"碧玉之年"，省称作"碧玉年"。唐·李群玉《醉后赠冯姬》："桂形浅拂梁家黛，瓜字初分碧玉年。"

盈盈双八　代称女子十六岁。盈盈，仪态美好貌。

及冠　代称男子二十岁。冠，音guān，帽子；及冠，戴上成年人的帽子。如说"冠而娶妻"。这里的"冠"变成了动词，音guàn，戴帽子。也作"始冠""冠礼""冠事""冠岁""加冠""入冠"。这几个"冠"字也是或名词，音guān，或动词，音guàn。《礼记·内则》："二十而冠，始学礼。"《礼记·冠义》："冠者，礼之始也。"《礼记·曲礼上》："男子二十，冠而字……女子许嫁，笄而字。"字，指取表字，古人有名还要有字。旧时称女子许嫁为字，或称"待字""字人"。

二八　代称女子十六岁。也作"二八之年"。唐·李白《江夏行》："正见当垆女，红妆二八年。"

破瓜　代称女子十六岁。"瓜"字拆开为两个"八"字，即十六岁。也作"及瓜"。宋·谢幼盘："破瓜年纪小腰身。"明清后在小说中又用来指女子"破身"。清·袁枚《随园诗话》卷十三引《古乐府》："碧玉破瓜时。"

桃李年华 代称女子二十岁。也作"桃李之年"。明·徐渭《又启严公》:"誓将收桑榆之效,以毋贻桃李之羞,一雪此言,庶酬雅志。"毋,音wú,不要,无。

摽梅之年 代称女子出嫁之年。《诗·召南·摽有梅》:"摽有梅,其实七兮;求我庶士,迨其吉兮。"摽,音biào,落;摽有梅,谓梅子成熟后落了下来。喻称女子到了成婚年龄。庶士,众士;迨,音dài,及,趁。意思是梅子已经熟了,你们快来摘取吧。言外之意是我们已经到了婚龄,大家快来求婚吧。

拜衮之年 代称男子二十四岁。衮,音gǔn,古代皇帝和三公之礼服,绘有圈龙图案。《后汉书·邓禹传》中说,东汉军事家邓瑜二十四岁拜大司徒(三公之一),故称。省称作"拜衮年"。

华信年华 代称女子二十四岁。华,亦作"花"。花信是"二十四番花信风"的省称,指应花期而吹来的风。从小寒至谷雨,共四个月一百二十天,每五日为一候,计二十四候。每候一个花信风,故称。也作"花信之年"。宋·范成大《元夕后连阴》:"谁能腰鼓催花信,快打凉州百面雷。"

黛绿年华 代称十三四岁或十六七岁。黛绿,青绿色,喻称年轻。

韶华 代称青年时代,也是泛称,也作"韶光"。唐·戴淑伦《暮春感怀》:"东皇去后韶华尽,老圃寒香别有秋。"

锦瑟年华 代称青春时代,也是泛称。唐·李商隐《锦瑟》:"锦瑟无端五十弦,一弦一柱思华年。"

3. 壮年阶段

而立之年 代称三十岁。《论语·为政》:"三十而立。"意思是人到了三十岁就可以自立了,就学有所成了。

壮 代称三十岁。《礼记·曲礼上》:"三十曰壮,有室。"室,家室,指夫妻、家庭。古语说"女有家,男有室"。也作"壮室""壮岁""壮龄""始室"。

潘龄 代称三十二岁。晋·潘岳《秋兴赋》:"晋十有四年,余春秋三十有二,始见二毛。"二毛,谓头发斑白。

强 代称四十岁。《礼记·曲礼上》："四十曰强，而仕。"仕，做官。也作"强仕"。

不惑之年 代称四十岁。《论语·为政》："四十而不惑。"不惑，谓通达事理，没有疑惑。孔子四十岁前曾向老子问礼，所以遇事能明辨而不惑。

艾 代称五十岁。《礼记·曲礼上》："五十曰艾，服官政。"艾，头发苍白如艾；服，从事。也作"及艾"。

知命之年 代称五十岁。《论语·为政》："五十而知天命。"知天命，谓懂得了天地自然的道理。也作"知天命之年"。

圣人之年 代称五十岁。《论语·述而》："加我数年，五十以学《易》。"

大衍 代称五十岁。《易·系辞上》："大衍之数，五十。五十者，谓十日，十二辰、二十八宿。"日、辰、宿，即"日、月、星"三辰，衍，音yǎn，演。大衍，谓用大数以演卦。也作"大衍之数"。

半百 代称五十岁。唐·杜甫《暮归》："年过半百不称意，明日看云还杖藜。"

杖家 代称五十岁。《礼记·王制》："五十杖于家。"意思是五十岁可以在家里拄拐杖了。

蘧瑗知非 代称五十岁。语出《淮南子·原道训》："故蘧伯玉年五十而有四十九年之非。"蘧瑗，音qú yuàn，字伯玉，春秋时卫国人。"蘧瑗知非"本为迁善改过之典，后代称五十岁。也作"知非之年"。

开六 代称五十一岁。清·况周颐《蕙风词话续编》卷一："近人称寿五十一岁曰开六。"谓五十一岁为六十记载之开始，故称。

杜秋之年 代称已过盛年的风尘女子。杜秋，指杜秋娘，唐代女子。《金缕衣》就是她所创作。诗曰："劝君莫惜金缕衣，劝君惜取少年时。花开堪折直须折，莫待无花空折枝。"

4. 老年阶段

耆 代称六十岁。《礼记·曲礼上》："六十曰耆，指使。"指使，指导使用。也作"年耆"。

耳顺之年 代称六十岁。《论语·为政》："六十而耳顺。"耳顺，谓听人说话立即明白其意思。

花甲之年 代称六十岁。一个甲子周期是六十年。宋·计有功《唐诗纪事》："唐赵牧《对酒》诗'手挼六十花甲子，循环落落如弄珠。'"挼，音nuó，揉搓，摩挲；落落，形容多而连续不断的样子。

破老 代称六十岁。元代称六十岁为"破老"，可以免丁役。《战国策·秦策第一》："美男破老。"鲍彪注："老，老成人。"

杖乡 代称六十岁。《礼记·王制》："六十杖于乡。"意思是到了六十岁就可以在乡里拄拐杖了。

开七 代称六十一岁。《蕙风词话续编》："近人称五十一岁曰开六，六十一岁曰开七。"

破瓜 代称六十四岁。"瓜"字可拆为"八、八"二字，合为六十四岁。

从心所欲之年 代称七十岁。《论语·为政》："七十而从心所欲，不逾矩。"意思是人到了七十岁就一切应对裕如，不会超过法度。

古稀之年 代称七十岁。杜甫《曲江二首》中有"酒债寻常行处有，人生七十古来稀"二句。也作"古稀""稀年""希年"。

杖国之年 代称七十岁。《礼记·王制》："七十杖于国。"意思是到了七十岁就可以在城邑里拄拐杖了。国，城邑。

悬车之年 代称七十岁。意谓七十岁退休了，辞官家居，车驾就废弃不用了。《汉书·叙传下》："身修国治，致仕悬车。"也作"悬车""悬车之数"。

致仕之年 代称七十岁。致仕，意思是把仕（官职）归还给皇帝，即辞官退休。《公羊传·宣公元年》："退而致仕。"何休注："致仕，还禄位于君。"也作"致事"。事，管理国事，即做官。

挂履 代称和尚七十岁。意谓和尚到了七十岁就不再外出云游，把僧鞋挂了起来。也是"挂履之年""挂履之辰"的省称。清·黄宗羲《天岳禅师七十寿序》："庚午暮春，为师挂履之辰。"

老 代称七十岁。《说文解字》："老，考也，七十曰老。"《礼记·曲礼上》："七十曰老，而传。"传，传递，交付，意谓把事业、家政传给子孙。

绛老 代称七十三岁。典出《左传·襄公三十年》，说晋国筑杞城的人正在吃饭，有一位老而无子的绛县老人也来就食。有人怀疑他超过了服役的年龄，就问他多大了。老人说，我只记得生的日子是正月甲子初一那天，到现在已有四百四十五个甲子又三分之一了。众人听不懂，官员去问师旷，师旷推算出是七十三岁。后谓寻求推算古人年龄为"疑年"。

亥 代称七十三岁。"亥"字的篆体是 𡰻，上面二横为"首"，以象二万；三面三个"人"字，"人"字形同"六"字，以象六千六百六十。二万六千六百六十即为此老的日数，合为七十三岁。也作"二首六身"，即"亥"字。

耋寿 代称七十岁至八十岁。耋，音dié，七八十岁曰耋。

喜寿 代称七十七岁。"喜"字的草体作"㐂"，由三个"七"字组成，谐音为七十七。

东西 代称七八十岁。东晋南朝时钱陌不足，以西钱七十、东钱八十为一百。齐武帝以为百岁难期，遂借东、西钱短陌之数为喻，言寿如东钱八十西钱七十于事亦济。陌，音mò，通"伯"，即"百"，一百文钱。《南齐书·豫章文献王嶷传》："上曰：'百年复何可得，止得东西一百，于事亦济。'"

杖朝之年 代称八十岁。《礼记·王制》："八十杖于朝。"意思是八十岁老人上朝时可以拄拐杖了。（按：这是一种政治待遇，犹如重臣可以骑马上朝，可以带剑上朝。）

伞寿 代称八十岁。"伞"字的俗体写成"仐"。

米寿 代称八十八岁。"米"字可以拆成"八、十、八"三个字。

卒寿 代称九十岁。"卒"字的俗体写成"卆"，可以拆成为"九、十"二字。

就室 代称九十岁。《礼记·王制》："九十者，天子欲问焉，则就其室。"意思是说，人活到九十岁时，天子要向他请教事情，需要亲自到他家里去。

白寿 代称九十九岁。"百"字减去上面的一横就是"白"字，意为一百减一，为九十九。取义返璞归真，心性洁白。

耄耋 代称七八十岁或八九十岁。耄，音mào，八九十岁；耋，音dié。七八十岁。泛称老年人。如说"寿登耄耋，富扪王侯"。扪，音liè，等于，等同。曹操《对酒》："人耄耋，皆得以寿终。"

期颐 代称一百岁。《礼记·曲礼上》："百年曰期、颐。"期，音jī。郑玄注曰："期，犹要也；颐，养也。"孙希旦集释："百年者饮食、居处、动作，无所不待于养。"意思是人活到一百岁，一切都要靠人服侍。

纪寿 代称一百岁。纪，即世纪，一百年为一世纪。

百岁省 代称近一百岁。省，约也。

尧龄 代称百岁以上老人。传说尧在位九十八年，寿一百一十八岁。见韩愈《谏迎佛骨表》。

茶寿 代称一百零八岁。"茶"字可拆为"廿、八、十、八"四个字，合为一百零八岁。古代人祝寿时送茶即取此义。"茶寿"还意味着多多享受以禅茶为代表的修身养性的生活，把自己融入到草木自然之中。哲学家冯友兰老人曾与朋友金岳霖相约："何止于米，相期于茶。"意思是我们何止活八十八岁，我们期望活到一百零八岁。

皇寿 代称一百一十岁。"皇"字可拆为"白、一、十、一"四个字，"白"指九十九岁，九十九再加一十一，共一百一十岁。

川寿 代称一百一十一岁。"川"字可看成"111"。

昔寿 代称一百二十岁。"昔"字可拆为"廿"和"百"字（近似），合为一百二十岁。

花甲重开　代称一百二十岁。两个"花甲之年"即为一百二十岁。传说乾隆帝南巡时遇一老寿星，高龄一百四十一岁。他想考考大学士纪晓岚，于是出一上联："花甲重开，外加三七岁月。"纪立即对出了下联："古稀双庆，更多一个春秋。"上下联都指出了是一百四十一岁。

古稀双庆　代称一百四十岁。两个"古稀之年"即为一百四十岁。

以上二例为泛称长寿的极词。

除了以上确指或基本确指的年龄代称外，还有许多不确指的代称或泛称老年人的词，如：

胡考、胡耇、考寿、寿耇、寿老、寿星　皆代称老年人，也是泛称。考，老；耇，音kǒu，年老；胡，寿。《诗·周颂·载芟》："有椒其馨，胡考之宁。"

耆老、耆艾、耆宿　皆代称老年人，也是泛称。耆，音qí，老；艾，音ài，老人；宿，音sù，年老。《汉书·武帝纪》："然则于乡里先耆艾，奉高年，古之道也。"颜师古注："六十曰耆，五十曰艾。"

皓首、白首、黄发、黄耇　皆代称老年人，也是泛称。皓，音hào，白，如说"须发皓然"；黄发，人老头发由白又变黄，是长寿之兆，如说"黄发皤皤"。皤，音pó，白。《后汉书·吕强传》："故太尉段颍，武勇冠世，习于边事，垂发服戎，功成皓首。"

华发、华首、华年　皆代称老年人，也是泛称。华，音huá。华发，本指头发花白，代称老年人。《后汉书·樊准传》："朝多皤皤之良，华首之老。"意思是朝廷中多老人。宋·苏轼《念奴娇·赤壁怀古》："故国神游，多情应笑我，早生华发。"

尊年、尊老、尊者　皆代称老年人，也是泛称。《后汉书·章帝纪》："三老，尊年也。"

叟　音sǒu，代称老年人。如说"智叟""童叟无欺"。《孟子·梁惠王上》："孟子见梁惠王，王曰：'叟不远千里而来，亦将有以利吾国乎？'"叟，可译成"老丈""老先生"。

春秋高 代称老年人。《楚辞·九辩》："春秋逴逴而日高兮，然惆怅而自悲。"逴，音chuò，远也。春秋，代称年龄。《战国策·楚策四》："今楚王之春秋高矣，而君之封地，不可不早定也。"

南山寿 代称长寿老人。《诗·小雅·天保》："如南山之寿，不骞不崩。"骞，音qiān，亏损；崩，倒塌。如说"福如东海常流水，寿比南山不老松"。后为祝寿之辞。

乔松之寿 代称高寿。传说中的仙人王乔和赤松子皆享高寿。《史记·范睢蔡泽列传》："世世称孤，而由许由、延陵季子之让，乔松之寿，孰与以祸终哉！"意思是，（你应该隐退），让世世代代做王侯，既有许由、延陵季子禅让的美名，又享高寿，这跟以灾祸为终局相比怎么样呢？

日昃之离 代称年老，也是喻称。《周易·离卦》："日昃之离，不击缶而歌，则大耋之嗟。"昃，音zè，日西斜，喻年老。缶，音fǒu，瓦质打击乐器。

人瑞 代称年寿极高的老人。瑞，吉利。唐·白居易《祭微之文》："生为国桢，出为人瑞。"国桢，国家的支柱，能负重任的人。

容彭 代称年寿极高的老人。容，黄帝的史官容成公；彭，尧的大臣彭祖，二人皆特长寿。

椿龄 代称年寿极高的老人，也是喻称。传说椿树八千年为春，八千年为秋，后为祝寿之辞。唐·吴筠《步虚词》："緜緜庆不极，谁谓椿龄多。"緜，音mián，"绵"之异体字。緜緜，连续不断貌。

桑榆之年 代称垂暮之年、老年，也是喻称。桑榆，指日落之处。《后汉书·冯异传》："失之东隅，收之桑榆。"东隅，日出之处。

眉寿 代称长寿老人。《诗·豳风·七月》："为此春酒，以介眉寿。"毛传："眉寿，豪眉也。"孔颖达疏："人年老者必有豪毛秀出者。"后为祝寿之辞。豪，通"毫"。也有人说，眉，老也；

寿，满也，全也。眉寿，也作"弥寿""满寿""全寿""终寿"。还有人说，眉寿代称九十岁。弥，满也。

齯齿 代称长寿老人。齯，音ní，老人牙齿落尽后又新生的细齿，古人认为这是长寿之兆。齯，亦作鲵、倪、兒，皆音ní，义同。清·恽敬《与来卿书》："家母生齯齿，落发复生，可喜之至。"

（三）著述作品名代称

曲台 代称著述校书。曲台，秦汉宫殿名，为著书、校书之所。《汉书·邹阳传》："臣闻秦倚曲台之宫。"颜师古注引应劭曰："秦皇帝所治处也，若汉家未央宫。"

狐书 代称古奥稀罕的书籍。《太平御览》载，晋人追狐入穴，得书二千余卷。宋·陆游《林间书意》其二："不读狐书真僻学，未登鬼籙且闲游。"僻，冷僻，不常见；鬼籙，即录鬼簿。

刀笔 古代的书写工具，代称文章，也代称法律案牍、诉讼文字。清·沈涛《交翠轩笔记》："古人刀以书竹简，笔以书缣帛，刀笔自是二物。"宋·陆游《放翁自赞》："进无以显于时，退不能隐于酒，事刀笔不如小吏，把锄犁不如健妇。"

顾北 代称从事写作。几案面向南方，人坐砚台的北面，故称。

管彤 代称史笔。管彤，赤管毛笔，女史用以书写嫔妃之事。清·钱谦益《李孝贞传序》："孝贞之事，古管彤所书，未之有也。"

芸编 代称书籍。芸，一种香草，用以防书虫。也作"芸签""芸帙"。帙，音zhì，书套，代称书。明·高明《琵琶记·副末开场》："秋灯明翠幕，夜案览芸编。"

述作 代称著作、作品。《后汉书·班彪传》："彪既才高而好述作，遂专心史籍之间。"

邑颂 邑里的歌谣，代称民歌。邑，音yì，小城市。也是"巷歌邑颂"的省称。《魏书·崔僧渊传》："巷歌邑颂，朝熙门穆，济济之盛，非可备陈矣。"

邠风 代称民歌，也称农歌。邠风，即《诗经》中的《豳风》，邠，通"豳"，音bīn。《豳风》中的名篇《七月》叙述西周的农事活动。《七月》是《诗经》中风诗最长者，凡八十八句。

郑音 代称低俗之乐或乱世之乐。也是"郑卫之音"的省称，也作"郑声"。过去经学家认为河南中部和东部的诗歌，音乐多涉及男女之情，视之为"淫声"。这是错误的观点。《礼记·乐记》："文侯曰：'敢问溺音何从出也？'子夏对曰：'郑音好滥淫志，宋音燕女溺志，卫音趋数烦志，齐音敖辟乔志。此四者皆淫于色而害于德，是以祭祀弗用也。'"淫志，使人心志放荡；溺志，使人沉湎其中；趋数，节奏短促、急速；烦志，使人意志烦劳；敖辟，居傲而邪辟；乔志，使人意志骄逸；"乔"有恶劣意。参见"国名地名二字并称""郑卫"条。

濮上 代称侈靡淫乱的音乐。濮上，卫国地名，在今山东、河南一带。旧说当地音乐多写男女幽会之事。也是"桑间濮上"的省称。桑间，也是卫地。省称也作"桑濮"。濮，音pú；"濮上"与"郑音"同义。《史记·乐书》："桑间濮上之音，亡国之音也，其政散，其民流，诬上行私而不可止。"散，混乱；流，放荡；上，在上者，指君主。大意是，桑间、濮上的靡靡之音是亡国的音乐，那里政治涣散，百姓放荡，百姓欺骗皇上，舞弊不能制止。

选楼 原指南朝梁昭明太子（萧统）所建的文选楼，后代称《文选》这部书，也泛称选编文章的地方。《文选》也作《昭明文选》。清·袁枚《随园诗话》卷十三："但见三吴书版盛，不知十载选楼忙。"

选学 代称研究《文选》的学问。宋·王应麟《困学纪闻·评文》："（杜少陵）又训其子熟精《文选》理，盖选学自成一家。"

许学 代称研究东汉·许慎《说文解字》的学问。清人张炳翔曾编《许学丛书》。

骚学 代称研究屈原《离骚》和《楚辞》的学问。宋·严羽《沧浪诗话·诗评》："唐人惟柳子厚深得骚学，退之、李观皆所不及；若皮日休《九讽》不足为骚。"

骚经 代称《离骚》。古人尊《离骚》为"经"。刘勰《文心雕龙·辨骚》:"故《骚经》《九章》,朗丽以哀志。"

洛学 代称宋代程颢、程颐兄弟二人的学说,二人皆洛阳人,故称。清·钱大昕《十驾斋养新录·宋儒议论之偏》:"朱文公意尊洛学,故于苏氏门人,有意贬抑,此门户之见,非是非之公也。"

郑学 代称东汉大经学家郑玄的学问。郑玄是古文经学的集大成者,著述多达百万字。在整理古籍中颇有贡献,如注释《毛诗》《三礼》《周易》《论语》《尚书》等,撰述《六艺论》《驳五经异义》等。范文澜、蔡美彪《中国通史》第二编第三章第十节:"郑玄杂糅今古文的古文经学号称郑学,失败了的今文经学派,转而拥护郑学,再加上郑玄寿高,门徒多,著述富(一百余万字),郑学成为当时'天下所宗'的儒学。"

训雅 代称《诗经》和《尚书》,也是二书的并称,泛称诗书。训,《尚书》六体之一,《尚书》分典、谟、训、诰、誓、命六体;雅,《诗经》六艺之一,《诗经》分赋、比、兴、风、雅、颂六艺。《艺文类聚》卷五十二引汉王粲《儒吏论》:"吏服训雅,儒通文法,故能宽猛相济,刚柔自克也。"

言志 代称诗歌。《尚书·舜典》:"诗言志",故称。又,《尚书·尧典》:"诗言志,歌永言,声依永,律和声。"永,通"咏"。

谤书 代称《史记》,也泛称有直言指斥或诽谤批评内容的史书、小说等书籍。《后汉书·蔡邕传》:"昔武帝不杀司马迁,使作谤书,流于后世。"李贤注:"凡史官记事,善恶必书。谓迁所著《史记》,但是汉家不善之书,皆为谤也。"宋·洪迈《容斋随笔·谤书》:"司马迁作《史记》,于《封禅书》中述武帝神仙、鬼灶、方士之事甚备,故王充谓之谤书。"

颂酒 代称西晋刘伶所作的《酒德颂》。《文选·颜延之〈五君咏〉》:"颂酒虽短章,深衷自此见。"

玉杯 汉董仲舒所著书名,代称书籍,泛称重要的书籍。《汉书·董仲舒传》中说,董著《玉杯》《清明》《竹林》等书。北周庾信《小园赋》:"琴号珠柱,书名《玉杯》。"

题壁　代称题写在墙壁上的诗文作品。宋·沈括《梦溪笔谈·艺文一》："欧阳文忠尝言曰：'观人题壁，而可知其文章。'"

余沈　遗留的墨汁，代称著述作品。沈，音shěn，汁，指墨汁。清·郑观应《盛世危言·邮政上》："欲如太古之老死不相往来，则庄、列之寓言，佛、老之余沈，绝圣弃智，掊斗折衡。"掊斗折衡，出自《庄子·胠箧》："掊斗折衡，而民不争。"意思是废除了斗衡，人民就不再争多论少了。掊，pǒu，破，剖；斗，容器；衡，秤，量器。掊，也作"剖"。

鲁经　代称《春秋》，也代称《论语》。《春秋》是鲁国的编年史书，传为孔子编著。《论语》是一部重要的经书，记载孔子及其弟子的言行。

鲁语　代称《论语》。因孔子是春秋时鲁国人，故称。

鲁壁　代称古代文化典籍。西汉时鲁共王刘余扩建王宫拆除孔子旧宅时，在孔子故宅的墙壁中发现先人所藏的虞舜、夏、商、周时代的书及《论语》《孝经》等书。这些书皆为蝌蚪文字，世称"古文经书"。这就是"鲁壁出书"的典故。宋·王禹偁有《鲁壁铭并序》）。

麟史　代称《春秋》。孔子作《春秋》绝笔于鲁哀公十四年西狩获麟，故称。唐·李商隐《贺相国汝南公启》："仲尼麟史，不令游夏措辞。"游夏，指孔子的学生子游、子夏，二人皆善文学。

柱下　代称老子的《道德经》。老子曾为周之柱下史。也代称老子，还代称藏书之所。柱下史，古代掌管奏章、档案、图书之官。《后汉书·王充等传论》："贵清静者，以席上为腐议；束名实者，以柱下为诞辞。"李贤注："柱下，老子也。"

王讚　代称晋·王羲之的《用笔赋》。该赋通篇赞笔，故称。讚，音zàn，"赞"之异体字，赞美，颂扬。

楚凤　代称赝品。楚人把雉（野鸡）当成凤凰献给楚王，受重赏。典出《尹文子·大道上》。唐·李嗣真《书品后》："虽古迹昭然，永不觉悟，而执燕石实以为宝，玩楚凤而称珍，不亦谬哉!"燕石,燕山产的一种似玉的石头,亦称"燕珉",喻称不足珍贵之物。

寒歌 代称《易水歌》。荆轲刺秦王前在易水唱《易水歌》:"风萧萧兮易水寒,壮士一去兮不复还。"

眉史 代称写妓女的书,也代称妓女。北宋人陶谷著《清异录》,说一女子画眉日做一样,有人戏之曰:"西蜀有《十眉图》,汝眉癖若是,可作百眉画,更假以岁年,当率同志为修眉矣。"也是戏称。眉癖,以画眉为嗜好。癖,音pǐ。

短书 代称小说、杂记之类的书籍,汉代凡经、律、传等官用书,用二尺四寸的竹简抄写,官书以外的书(包括子书)均用短于二尺四寸的竹简抄写,故称"短书"。汉·王充《论衡·骨相》:"在经传者,较著可信,若夫短书俗记,竹帛胤文,非儒者所见,众多非一。"胤文,俗文。胤,音yìn。

翰墨 义同"笔墨",原指文辞,代称文章书画。翰,音hàn,羽毛,代称笔。三国·魏·曹丕《典论·论文》:"古之作者,寄身于翰墨,见意于篇籍。"

绝学 代称失传的著作和学问,也代称宏伟独到的学术思想。宋·朱熹《近思录》卷二:"为去圣继绝学,为万世开太平。"宋·张载《横渠易说》:"为天地立心,为生民立命,为往圣继绝学,为万世开太平"的名言被当代哲学家冯友兰誉为"横渠四句"。张载是陕西眉县横渠镇人,故称。

缃缥 代称书卷。缃缥,音xiāngpiǎo,浅黄色,浅青色,古人常用这两种颜色的布帛作书衣。也作"缥缃"。南朝·梁·简文帝《大法颂》:"诗书乃陈,缃缥斯备。"

奚囊 代称诗囊。《新唐书·李贺传》和唐代李商隐《李长吉小传》中都记载诗人李贺每天出门领着一个书童,骑着一头毛驴,背着一个布袋,偶有诗句即记而投之囊中,世称"奚囊"。奚,音xī,奴仆。

载笔 代称史传、制疏、奏表一类的文书。南北朝时韵文称"文",散文称"笔"。《梁书·任昉传》:"昉雅善属文,尤长载笔。"

贝叶　代称佛经。古代印度人把佛经写在贝多罗树的叶子上，故称。也是"贝叶书""贝叶经""贝叶偈""贝叶篇"的省称，也作"贝经""贝编""贝典""贝书""贝多"等。据说，贝叶上写字经历千年，文字仍清晰如初，而且防潮、防腐、防虫。偈，音jì，即偈子。佛经中的唱颂词。元·荣肇《原释》："如凶恶之徒，日诵贝叶之书，心藏蛇蝎之心……"

赡墨　代称内容丰富的诗文。赡，音shàn，充裕。南朝·梁·江淹《知己赋》："对楚汉之赡墨，览魏晋之鸿策。"

正史　指以纪传体为编撰体例的史书，代称官修的史书。如"二十四史"皆是正史，也作"官史"。《明史·艺文志》把编年、纪传体并称为"正史"。清·冯桂芬《〈明纪〉序》："史家分纪传，编年二体，而纪传为正史。"

野史　代称私人或民间著的史书，与"正史"相对。也作"野乘"。春秋时晋国的史书叫《乘》，楚国的史书叫《梼杌》，鲁国的史书叫《春秋》，后代均称史书。梼杌，音táowù，本指传说中的兽名，后代称史籍。元·萨都剌《上赵凉国公》诗："如此声名满天下，人间野史亦堪传。"也称"稗史"。

诗塘　代称中国画的立轴，也作"诗堂"，是中国画装裱体式的一种，在画的上下方加一节空白纸，可供人题字、题诗。

詠雩　代称吟诗作赋。语出《论语·先进》："浴乎沂，风乎舞雩，詠而归。"意思是在沂水河边洗洗澡，在舞雩台吹吹风，然后唱着歌回家。这是一副太平盛世的和平景象，孔子赞同曾晳的这一乐趣天然的理想。雩，音yú，地名，即舞雩台，在曲阜。詠，同"咏"。也作"詠归"。这个代称是对原意的一种转义。

缄书　代称书信。也作"缄翰""缄札""缄题""缄封"。缄，音jiān，书信，也有"封闭"的意思；翰，毛笔，代书信；题，书写。清·曹寅《西轩赋送南村还京，兼怀安侯姊文冲谷四兄》："南村饶乐事，早晚报缄书。"

无声诗　代称画。画有诗意，故称。王维说"画中有诗"。宋·苏轼《和文与可洋川园池三十首·溪光亭》："溪光自古无人画，凭仗新诗与写成。"宋·施元之注："《古诗话》：诗人以画为无声诗，诗为有声画。"

郑侠图 代称流民图。《宋史·郑侠传》载，郑令人画流图上奏，宋神宗见而伤之，罢青苗法等新法。省称作"郑图"。清·杨中讷《高邮道中书事》："空怀忧国长沙泪，难绘流民郑侠图。"

邋遢本 代称以旧本印成的书籍。南宋绍兴年间四川刻"七史"（《宋书》《南齐书》《梁书》《陈书》《魏书》《周书》《齐书》）至元代版子大都模糊不清，故著录家称之为"邋遢本"。邋遢，音lātā，模糊不清。

青箱学 代称传家的史学，也作"青缃学"。《宋书·王准之传》中说，王准之一族皆以史学为家学，世代相传。青箱，收藏书籍、字画的箱笼，代称青箱家（以史学传家的人家）。宋·刘弇《蒋沙庄居》之六："家有青缃学，儿传《急就》章。"

麒麟笔 代称修史。也作"绝笔""获麟""麟角笔"，意同"麟史"。唐·卢照邻《释疾文·粤若》："东郊绝此麒麟笔，西山秘此凤凰柯。"也作"麟父笔"。

河东戒 代称唐代柳宗元的寓言《三戒》。柳宗元为河东人（今山西运城一带），故称。

泽畔吟 代称谪官失意时所写的作品。屈原行吟泽畔，写出许多诗篇。《楚辞·渔父》："屈原既放，游于江潭，行吟泽畔。"唐·李白《流夜郎至西塞驿寄裴隐》："空将泽畔吟，寄尔江南管。"

四子书 代称儒家的四部经典著作《论语》《孟子》《大学》《中庸》，四书是古代教学用书，省称作"四子"。四子，代称孔子、孟子、曾子、子思四人。清·俞樾《春在堂随笔》卷九："余撰《文勤神道碑》，即据其子儒卿等所撰行状，言公年十有一，'四子书''十三经'皆卒读。"卒读，尽读，读完；卒，音zú，尽，完毕。

郑氏虫 代称训诂书籍。东汉经学家郑玄广注经典，质于辞训，故称。虫，谓小技，有轻视，谦逊二义。明·徐渭《奉答青州赠鼍矶研》："醉来好醮张颠发，老去羞笺郑氏虫。"醮，音jiào，祭，祈祷；张颠，指唐代著名草书家张旭，张常有癫狂之态，故称。鼍，音tuó。

鹦鹉笔 代称高超的文笔。后汉祢衡在宴会上作《鹦鹉赋》，下笔千言，笔不停辍，文不加点，辞采甚丽。祢，音mí，姓；点，涂改。

操觚染翰 代称写作。省称作"操觚"，也是"操觚"和"染翰"的并称。觚，音gū，古代写字用的木简；翰，长而硬的鸟羽，代笔。宋·无名氏《灯下闲谈·梦与神交》："松拜而更之，乃操觚染翰；表成，呈于王。"

风云月露 代称绮丽浮靡、吟风弄月的诗文。语出《隋书·李谔传》："连篇累牍，不出月露之形；积案盈箱，唯是风云之状。"

晓风残月 代称词曲。宋词人柳永《雨霖铃》中有名句"杨柳岸晓风残月"。

断墨残楮 代称残缺不全的典籍。楮，音chǔ，木名，皮可制纸，代称纸。也作"断缣零璧""断编残简""断缣寸纸"。缣，音jiān，白绢，书画用之。明·王世贞《题俞紫芝急救章》："子中独能寻考遗则于断墨残楮，遂与仲温并驱。"

断管残瀋 代称残缺不全的字画。管，代笔；瀋，同"沈"，墨汁。明·焦竑《李氏〈焚书〉序》："不逾时而征求鼎沸，断管残沈，等于吉光片羽。"吉光片羽，喻称残存的艺术珍品。

虎略龙韬 代称兵书。略，指传说中的黄石公所撰的兵书《三略》；韬，指传说中姜太公所撰的兵书《六韬》（也称《太公兵法》）虎、龙是修饰之词，意为雄健有力。明·刘基《悲杭城》："清都太微天听高，虎略龙韬缄石室。"

紫阳书法 代称史笔。朱熹别号紫阳，著《通鉴纲目》。也作"紫阳笔法"，意思是用"春秋笔法""辨名分，正纲常"。书法，指史笔。"春秋笔法"为孔子所制，指的是用曲折的笔法、含义深的手法书写历史，所谓"寓褒贬，别善恶"，即一字置褒贬，简练而含蓄地点评人事。也称"微言大义"。《三国演义》第八十五回引："堪叹黄权惜一死，紫阳书法不轻饶。"

织锦回文 代称妻子的书信、诗简、作品。晋人窦滔妻苏蕙（字若兰），用五色丝线织成回文诗图《璇玑图》寄给丈夫，表达她对丈夫的思念和关切之情。全图仅841个字，纵横织成29个方图，任意组合，成诗3752首。更有人辗转勾连，牵强附会成7458首诗，结果成了"难能而并不怎么可贵的东西"。（见陈望道《修辞学发凡》）

滴露研朱 意思是滴水研磨朱砂，代称用朱笔评校书籍。朱，亦作"硃"，即朱砂，红色染料。过去校点书籍多用朱笔。明·叶宪祖《鸾鎞记·品诗》："滴露研朱非草草，从容鉴定庶无尤。"庶无尤，希望没有过失。

铁画银钩 本指书法家运笔点画刚劲柔美，后代称宋徽宗赵佶的书法特点，也代称他的作品。书法史上称"瘦金体"。唐·欧阳询《用笔论》："徘徊俯仰，容与风流，刚则铁画，媚若银钩。"容与，放任。

倚声之学 代称词作、词人和词学，也代称填词。倚声，依照歌曲的声律节奏，即合乐而歌。清·张尔田《〈词莂〉序》："倚声之学，导源晚唐，播而为五季，衍而为宋，流波竞响，南渡极矣。"五季，指后梁、后唐、后晋、后汉、后周五代。

二酉 代称藏书丰富，如说"书藏二酉""书通二酉"。湖南沅陵县有大酉山、小酉山，相传小酉山藏书千卷，秦人曾隐学于此。见《太平御览》卷四十九引《荆州记》。《古今小说·闲云庵阮三偿冤债》："请个先生教他读书，到十六岁，果然学富五车，书通二酉。"

三藏 代称佛教经典的三大部分：经藏、律藏、论藏。藏，音zàng，是梵语音译。唐玄奘称"唐三藏"即取此义，即他是通晓三藏的法师。唐·玄奘《大唐西域记·迦毕试国》："我若不通三藏理，不断三界欲，得六神通，具八解脱，终不以胁而至于席。"

三界，指佛教说的欲界、色界、无色界。六神通，指佛教徒修行具备的六种能力。八解脱，指佛教徒修行到最后阶段得到的八种解脱。不以胁而至于席，意思是永不休止。胁，两胁；席，床席。

三玄 代称《老子》《庄子》和《周易》。魏晋南北朝称这三部书为"玄学之书"。玄学是魏晋时的一种哲学思潮，与老庄思想糅合儒家经义以取代两汉经学。《颜氏家训·勉学》："洎于梁氏，兹风复阐。《庄》《老》《周易》，总谓三玄。"洎，音jì，及，到。

四艺 代称琴棋书画，泛称技艺之多。清·李渔《闲情偶寄·声容·习技》："以闺秀自命者，书画琴棋四艺均不可少。"

四书 代称《论语》《孟子》《大学》《中庸》四部儒家经典。犹"四子书"。

四诗 代称鲁人申培的《鲁诗》、齐人辕固的《齐诗》、燕人韩婴的《韩诗》、鲁人毛亨的《毛诗》四部注释《诗经》的书。也称"四家诗"。"四诗"也代称《诗经》的四体：《风》《大雅》《小雅》《颂》。

六经 代称《诗》《书》《礼》《乐》《易》《春秋》六书经书。也作"六艺"。宋·陆九渊《语录》："或问先生：'何不著书？'对曰：'六经注我，我注六经！'""六经注我"指阅读者用经书里的思想、智慧来诠释自己的思想生命。我，自己的观点。"我注六经"指阅读者尽量理解六经的本义，再根据其他典籍提供的知识注释六经。

十三经 代称十三部儒家经典，汉代开始，把《诗》《书》《易》《礼》《春秋》称为"五经"。唐代把《周礼》《礼记》《仪礼》《公羊传》《谷梁传》《左传》和《诗》《书》《易》称为"九经"。唐文宗时又把《孝经》《论语》《尔雅》列入经部，宋代又把《孟子》列入经部。"九经"又加"四经"，合为"十三经"。（按：《礼》即《周礼》《仪礼》《礼记》；《春秋》即《公羊传》《谷梁传》《左传》，又称"春秋三传"。）清·阮元主持校刻的《十三经注疏》是善本，是文史工作者经常查检的一部书。注疏，即注和疏，注，是指解释古籍，有传、笺、解等名；疏，是指解释古籍的注文，有义疏、正义等名。宋人把古人关于经书的注本、疏本合为一编，称为注疏。如《尔雅义疏》《史记正义》《十三经注疏》。

（四）文字、文具名代称

擘窠 代称大字。擘，音bò，划分；窠，音kē，框格。写字或篆刻时为求字体大小均匀，以横直线分格，称"擘窠"，是擘窠大字的省称。《明史·文苑传四·王稚登》："四岁能属对，六岁善擘窠大字。"属对，指诗文中的对句；属，音zhǔ，连接。

梨枣 代称出版物或文字。旧时刻版印书多用梨木和枣木，故称。也作"枣梨"。清·李汝珍《镜花缘》第一〇〇回："何不以此一百回先付梨枣，再撰续编，使四海知音以先觇其半为快耶？"觇，音dǔ，"睹"之异体字。

楮翰 代称文具，也是纸和笔的代称。清·王晫《今世说·文学》："徐武合喜著书，苦无由得钱易楮翰，常于破几上起草，束麻濡煤作字。"濡，音rú，沾湿。

不律 代称毛笔。吴人称毛笔为"不律"，即"不聿"，是"笔"的合音字。聿，音yù，笔。

毛笔的代称很多，如：

聿 楚人称笔为"聿"。

弗 燕人称笔为"弗"，音fú。

湖笔 浙江湖州（今吴兴）产的毛笔很出名。《清一统志·浙江·湖州府二》："旧志：'元时冯应科，陆文宝善制笔，其乡习而精之，故湖笔名于世。'"

湖颖 代称湖笔笔尖，也代称笔。

象喙 代称毛笔。清·龚自珍《才尽》："才尽不吟诗，非关象喙危。"喙，音huì，嘴。

豪翰 代称毛笔。豪，通"毫"。也代称文采出众的人。清·张锡祚《寒食日龙友于旦招集归愚书屋感旧述怀用昌黎寒食出游韵》："满堂豪瀚笔不停，猛气纷纭鼓已更。"

此外，根据毛笔所用材料的不同，又有狼毫、羊毫、兔毫等多种代称。

几砚 代称书桌，也是几案和砚台的并称。宋·苏轼《雨中过舒教授》："窗扉静无尘，几砚寒生雾。"过，探望；教授，宋代学官名，州县学均置教授。

贬笔 代称曲折而意含贬抑的文字。意犹"春秋笔法"。清·龚自珍《己亥杂诗》之一一六："两种情怀俱可谅，《阳秋》贬笔未宜多。"《阳秋》，即《春秋》，晋时因避晋简文帝郑后阿春讳，改"春"为"阳"。

换羊书 代称苏轼的字。传说苏轼的一帖可以换十余斤羊肉。典出宋·赵令畤《侯鲭录》。

换鹅书 代称王羲之的字。传说一个道士用自己养的鹅换取王羲之写的《道德经》。也有人说王写的不是《道德经》，而是《黄庭经》。《晋书·王羲之传》："山阴有一道士，养好鹅，羲之往观焉，意甚悦，固求市之。道士云：'为写《道德经》，当举群相赠耳。'羲之欣然写毕，笼鹅而归。"市，买。

文房四宝 代称笔墨纸砚，也作"文房四物""文房四士"。南北朝时即有此名。宋·陆游《闲居无客所与度日笔墨纸砚而已戏作长句》："水复山重客到稀，文房四士独相依。"

逾绳越契 代称不通文字。绳，远古之人没有文字，只好结绳记事；契，音qiè，用刀刻，即书契，古人用刀子把文字刻在竹简上。代称文字，逾绳书契的意思是，结绳书契之前没有文字。清·黄宗羲《移史馆熊公雨殷行状》："上以朝臣不足任使，所用文武，踰绳越契。"踰，同"逾"。

（五）动物、植物名代称

纸驴 代称仙家坐骑。传说八仙之一张果老骑一白驴，日行万里，休息时则叠之，其薄如纸，置之箱中，乘时则以水喷之，又还原成驴。

百禽长 代称凤凰。传说中的仙鸟凤凰被视为百禽之长。明·陶宗仪《南村辍耕录·雕传》："昔黄帝少皞氏之世，凤鸟适至，故为鸟师而鸟名，命凤凰为百禽长。"

百兽王 代称老虎，或代称狮子，也作"兽中王"。

白石道人 代称羊。典出晋·葛洪《神仙传》。说皇初平牧羊山中，遇仙得道，四十余年不归。其兄入山寻找，相见悲喜。但只见白石，不见羊群。初平乃叱曰："羊起！"于是白石变羊数万头。

木母 代称"梅"。"梅"字由"木、母"二字组成。元·无名氏《湖海新闻夷坚续志·贵显·称旨除官》："（宋神宗问叶涛）曰：'自山路来松木母如何？'涛曰：'松正傲岁，木母正含春。'松，松也；木母，梅也。"

青士 代称竹。竹子色青，故称。也作"青君"。宋·陆游《晚到东园》："岸帻寻青士，凭轩待素娥。"岸帻，推起头巾，露出前额，形容态度洒脱。岸，推起头巾，露出额头；帻，音zé，头巾。素娥，即嫦娥，代称月亮。

十八公 代称松。"松"字由"十、八、公"三字组成。宋·苏轼《夜烧松明火》："坐看十八公，俯仰灰烬残。"

抱节君 代称竹。竹子劲直有节，故称。宋·苏轼《此君庵》："寄语庵前抱节君，与君到处会相亲。"

鸣凤条 代称梧桐。传说凤凰非梧桐不栖。晋·陆机《吴王郎中时从梁陈作诗》："假翼鸣凤条，濯足升龙渊。"吕向注："凤鸣于梧，龙生于渊。然龙凤皆喻东宫也。"东宫，指太子。

暗香疏影 代称梅花。宋·林逋《山园小梅》："疏影斜横水清浅，暗香浮动月黄昏。"逋，音bū。

岁寒三友 代称松、竹、梅，喻称节操坚贞。宋·葛立方《满庭芳·和催梅》："梅花，君自看，丁香已白，桃脸将红，结岁寒三友，久迟筠松。"

花间四友 代称莺、燕、蜂、蝶。元·乔吉《扬州梦》第一折："端的是莺也消魂，燕也含羞，蜂与蝶花间四友，呆打颏都歇在豆蔻梢头。"颏，音ké，下巴。

四君子 代称梅、兰、竹、菊，喻称高尚的品德。省称作"四君"。明·黄凤池辑有《梅竹兰菊四谱》。

四祥兽 代称龙、虎、凤、龟，泛称吉祥动物。龙、凤为传说中的动物，龙为水中之长，凤为鸟中之王。省称作"四兽"。

（六）女性的代称

女婆 女婆是屈原的姐姐，后代称姐姐。也作"女须"。婆，音xū，古代女子人名用字。郭沫若《女神·湘累》："（屈原）颜色憔悴，形容枯槁，其姐女婆扶持之。"

椒房 代称后妃。椒，用椒和泥涂墙，温暑而有香气。也喻称多子。也作"椒室""椒闱""椒掖"。闱，音wéi，古代宫室两侧的山门，代称后妃居处。掖，音yè，宫中旁舍，嫔妃之居所，代称嫔妃。清·孔尚仁《桃花扇·拜坛》："自古道，君王爱馆娃，系臂纱，先须采选来家，替椒房作伐。"作伐，作媒。

楚邻 代称美女。楚·宋玉在《登徒子好色赋》中写东家女子"增之一分则太长，减之一分则太短，著粉则太白，施朱则太赤"。也作"东墙""东家之女""宋女东墙"。宋女，原指宋国女子，后代称美女。

宫阃 本指帝王的后宫，后代称后妃。阃，音kǔn，宫中巷舍间道。也作"宫壸"，壸，同阃，不是"壶"。清·袁枚《随园诗话》卷二："杨妃洗儿事，新旧《唐书》皆不载，而温公《通鉴》乃采《天宝遗事》以入之。岂不知此种小说，乃委巷谰言……何足为典要，乃据以污唐家宫阃耶？"温公，指司马光；《通鉴》，指《资治通鉴》；杨妃洗儿事，唐朝有三朝洗儿礼，也叫"洗三"。杨贵妃一时心血来潮，在华清池为年近不惑的安禄山做"洗儿礼"。谰言，诬妄之言，谰，音lán。

宫腰 代称女子的细腰，也代称美女。《后汉书·马援列传》中有"楚王好细腰，宫中多饿死"句。

女君 代称国君的正妻，即皇后，这是姬妾对皇后的称呼。

汉·刘熙《释名·释亲属》："妾谓夫之嫡妻曰女君，夫为男君，故名其妻曰女君也。"

齐体 代称妻子。齐体，一体，匹配，结合。也作"齐体人"。汉·班固《白虎通义·嫁娶》："妻者，齐也，与夫齐体，自天子下至庶人，其义一也。"宋·□应昌《颖川学究陈日严墓志》："君之齐体，故章州潘府君讳轸之女也。"

旁妻 代称妾。《宋史·刘昌言传》："委母妻乡里，十余年不迎侍，别娶旁妻。"清·余正燮《癸巳类稿》："小妻曰妾……曰旁妻，曰庶妻。"

床头人 代称妻子。清·蒲松龄《聊斋志异·凤仙》："君一丈夫，不能为床头人吐气耶？"

如夫人 代称妾，意为同夫人。《左传·僖公十七年》："齐侯好内，多内宠，内嬖如夫人者六人。"嬖，音bì，宠爱，宠幸。

眉黛 代称妇女。古代女子用黛（青黑色颜料）画眉。唐·白居易《喜小楼西新柳抽条》："须教碧玉羞眉黛，莫与红桃作麹尘。"麹，"曲"之异体字；曲尘，酒曲所生的细菌，色微黄如尘，因称淡黄色为曲尘。

粉黛 代称妇女，喻称美女。粉，擦脸的白粉；黛，画眉的黑颜料。唐·白居易《长恨歌》："回眸一笑百媚生，六宫粉黛无颜色。"

蝉鬓 代称妇女。蝉鬓，女子的一种发式，两鬓薄如蝉翼，故称。唐·白居易《妇人苦》："蝉鬓加意梳，蛾眉用心扫。"

紫玉 代称多情的女子，也代称少女早逝。晋·干宝《搜神记》十六载，吴王夫差的小女儿叫紫玉，又名小玉，年十八，看中了韩重，为父所阻，气结而死。这就是"玉生烟"的典故，也作"紫玉生烟"。

绰约 代称美女。绰，音chuò；绰约，姿态柔美貌。唐·白居易《长恨歌》："楼阁玲珑五云起，其中绰约多仙子。"

咏絮 代称有诗才的女子。东晋女诗人谢道韫有"未若柳絮因风起"的咏雪名句。

莱妻 代称贤妻。典出汉·刘向《列女传》，说春秋时楚国人老莱子之妻拒绝楚王使臣让老莱子出仕的故事。其妻曰："妾闻之，可食以酒肉者，可随以鞭捶；可授以官禄者，可随以铁钺。今先生食人酒肉，授人官禄，为人所制也，难免于患乎？妾不能为人所制……"铁钺，音fùyuè，铡刀和大斧。

青眸 黑亮的眼珠，代称美女。眸，音móu，眼珠。汉·刘桢《鲁都赋》："蛾眉青眸，颜若霜雪。"

青蛾 像蛾一样的黑眉，代称美女或青年女子。也作"黛眉""蛾眉""黛蛾"。唐·温庭筠《赠知音》："窗间谢女青蛾敛，门外萧郎白马嘶。"

青衣 代称婢女。女仆常穿素色衣服。也代称戏剧中的正旦角色，唐·白居易《懒放二首呈刘梦得吴方之》其一："青衣报平旦，呼我起盥栉。"盥栉，音guànzhì，洗脸梳头。

梁家黛 代称女子的美眉，也代称美女。典出《后汉书·梁统列传梁冀传》，说梁冀妻孙寿色美态妖，善作愁眉。愁眉，细而曲之眉。

女相如 代称有才华能诗文的女子，像汉代文学家司马相如一样富有才华，唐·冯贽《南部烟花记》："炀帝以合欢水果赐吴绛仙，绛仙以红牋进诗谢。帝曰：'绛仙才调，女相如也。'"牋，音jiān，"笺"之异体字，精美的纸张；才调，才气，文采。

秋胡戏 代称妻子，也是"秋胡戏妻"的省称或歇后语。元·石君宝《秋胡戏妻》写秋胡新婚三日被征入伍，妻子罗梅英含辛茹苦侍奉婆婆。财主欲谋娶，被拒。十年后秋胡得官回乡，在桑园与罗梅英相遇，竟调戏梅英。梅英顿感羞辱，欲离异。后迫于婆母之命，又与秋胡和好了。

阳城笑 代称美人迷人的笑，也代称美女。宋玉《登徒子好色赋》："嫣然一笑，惑阳城，迷下蔡。"嫣，音yān，美好的笑容。阳城、下蔡，皆地名，一在山西，一在安徽。

桃花人面 代称意中女子。唐·崔护《题都城南庄》："去年今日此门中，人面桃花相映红。"

秦楼楚馆　亦作"秦楼谢馆""青楼楚馆"，代称妓院和歌舞场所，也代称妓女和舞女。元·李邦祐《转调淘金令》："花衢柳陌，恨他去胡沾惹；秦楼谢馆，惟他去闲游冶。"衢，音qú，大路；惟，"怪"之异体字。

金屋藏娇　先代称娶妻，后代称纳妾。典出《汉武故事》，说长公主问胶东王刘彻（即后来的汉武帝）："阿娇好不？"答："好。若得阿娇作妇，当作金屋贮之也。"也作"金屋贮娇"。贮，音zhù，藏也。陈阿娇是刘彻的表姐。

绮年月貌　代称年轻女子。绮，音qǐ，美丽。也作"绮年玉貌"，又代称美少年。南北朝·北周·宇文逌《庾开府集序》："绮年而播华誉，韶岁而俊名。"韶岁，童年；韶，音tiáo，年少。逌，音yǒu。

琵琶别抱　代称妇女改嫁。也作"琵琶别弄"。清·纪昀《阅微草堂笔记·滦阳消夏录三》："吾无家，汝无归……吾死，汝琵琶别抱，势也，亦理也。"清·李渔《奈何天·计左》："命短的，做了离魂倩女；命苦的，做了琵琶别弄。"

（七）地域的代称

扶桑　代称日本。扶桑是神话传说中的神树，是日出之处。日本在东方日出之处，故称。唐·韦庄《送日本国僧敬龙归》："扶桑已在渺茫中，家在扶桑东更东。此去与师谁共到？一船明月一帆风。"

象主　代称印度。印度多大象，故称。唐·玄奘《〈大唐西域记〉序论》："故象主之国，躁烈笃学，特闲异术……"

温洛　代称洛阳。传说王者如有盛德则洛水先温。刘勰《文心雕龙·正纬》："赞曰：荣河温洛，是孕图纬。"范文澜注引《易乾凿度》："帝盛德之应，洛水先温，六日乃寒。"

金谷　代称园林，也代称洛阳。金谷园在洛阳西北，原是晋朝大富翁石崇所建的一处园林，后代称盛极一时的园林。杜牧的《金谷园》："繁华事散逐香尘，流水无情草自春。日暮东风怨啼鸟，落花犹似坠楼人。"明·梅鼎祚《玉和记·义姤》："名园不殊金谷，丽人何减绿珠。"明·李梦阳《汉京篇》："后车不戒前车覆，又破黄金买金谷。"姤，音gòu；绿珠，石崇之宠妾。

梁园 代称皇家宅第园林。梁园故址在今河南商丘东，一说在开封东南，为西汉梁孝王刘武所建。司马相如、枚乘、邹阳等文人曾居住于此，从事文学创作。枚乘曾写《梁王菟园赋》。这是一块文学圣地，唐代李白曾慕名在梁园居住十年之久，并写有著名的《梁园吟》。当年司马相如说了一句："梁园虽好，不是久恋之家。"后来成为千百年来人们惜别贪恋之地的一句名言。也作"梁园虽好，不是久留之地"。"梁园"，也作"梁苑""兔园""菟园""东苑""竹园""睢园""修竹园"。菟，通"兔"；睢，音suī，睢阳，即今河南商丘。

吴侬 代称吴地，也代称吴人。如说"吴侬软语""吴侬娇语""吴侬细语"，都是指吴人说话轻软、娇细。吴地人自称"我侬"，称他人为"渠侬""他侬""个侬"。吴，古国名、地名，在今江苏（大部）和安徽、浙江（部分）一带。唐·刘禹锡《福先寺雪中酬别乐天》："才子从今一分散，便将诗咏向吴侬。"

吴莼 代称吴地和吴地的美食，也代称故乡，喻称思乡。晋人张翰"因见秋风起，乃兴莼羹鲈脍之思"，于是辞官返回故乡。参见"四字喻称"中"莼羹鲈脍"条。

徐福岛 代称日本，也作"徐市"。秦朝方士徐福曾赴东海寻找神山，到达日本，故称。日本纪伊新宫山上有徐福墓遗迹。清·陈玉齐《秦皇》："入海云迷徐福岛，封山雨湿李斯书。"

赤县神州 代称中国。也作"赤县"，"神州""海县""九州""神州大地"。战国时齐人邹衍创立"九大州"学说，谓中国是"东方赤县神州"。《史记·孟子荀卿列传》："中国名曰赤县神州，赤县神州内自有九州。"

（八）姓氏的代称

昌黎 代称韩姓。唐代大文学家韩愈自称河北昌黎人，也作

"郡望昌黎",世称"韩昌黎""昌黎先生",实际上韩愈是河南河阳(今河南焦作)人。祖籍是河北昌黎。

十八子 代称李姓。"李"字可拆为"十、八、子"三字。

千里草 代称董姓。"董"字可拆为"千、里、草"三字。"艹"即"草"。

刀金卯 代称刘姓。"刘"字的繁体字是"劉",可拆为"卯、金、刀"三字,"刂"即"刀"。

弓长张 代称张姓。"张"字可拆为"弓、长"二字。

音十章 代城章姓。"章"字可拆为"音、十"二字。(按:人们常说"立早章",其实是错误的。因为"章"是个会意字,是诗歌和乐曲的段落。《说文解字》说:"乐竟为一章;从音从十。十,数之终也。"表示乐曲完毕。诗歌也称"篇什""章什""雅十"。《诗经》中的《雅》和《颂》大多数以十篇为一组,称"什",如《鹿鸣之什》《清庙之什》等。所以"章"字的结构应该是"音+十",而不是"立+早"。最近一位中学教师又考证说,"音十章"是东汉·许慎《说文解字》中根据"章"字篆书字形分析的结论,不是章的本义。根据"章"字金文字形,章应该是"章田"结构。)(参见《光明日报》2018年6月22日,童志国《说"章"》)

(九)酒的代称

浮蚁 代称酒。本指酒面上的绿色浮沫,像小蚂蚁。也作"游蚁""绿蚁""醁蚁""渌蚁""香蚁"。绿,同"醁",音lù,美酒。唐·李咸《送人》:"盈耳暮蝉催别骑,数杯浮蚁咽离肠。"

杜康 代称酒。杜康,也作"少康",相传是古之始酿酒者,被后世尊为制酒的祖师爷。曹操《短歌行》中有"何以解忧,唯有杜康"的名句。

鲁酒 代称淡酒、薄酒。山东产的酒淡。一般用作谦称。南北朝时诗人庾信有"忘忧鲁酒薄"的诗句。《庄子·胠箧》:"鲁酒薄而邯郸围。"

妥侑 代称劝酒。《诗·小雅·楚茨》:"以妥以侑。"毛传:

"妥，安坐也；侑，音yòu，劝也。"

春醁 代称酒，也是酒的别称。醁，音lù，美酒，即醁醽。唐·李贺《歌诗编·示弟》："醁醽今夕酒，缃帙去时书。"醽，音líng，美酒。

春醪 代称酒。醪，音láo，浊酒。唐·杜甫《清明二首》："钟鼎山林各天性，浊醪粗饭任吾年。"

春醅 代称酒。也是酒的别称。醅，音pēi，美酒。唐·杜甫《客至》："盘飧市远无兼味，樽酒家贫只旧醅。"飧，即"飧"，音sūn，简单的饭食。兼味，两种以上的菜肴。

红友 代称酒，也是酒的别称。特称江苏宜兴产的一种酒。明·王世贞《三月三日屋后桃花下小酌红酒》："偶然儿子致红友，聊为桃花飞白波。"

欢伯 代称酒，也是酒的别称。汉·焦赣《易林》："酒为欢伯，除忧来乐。"

祸泉 代称酒，也是酒的别称。宋·陶谷《清异录》："（酒浆）一言蔽之，曰祸泉而已。"

钓诗钩 代称酒。谓饮酒后能即兴写出诗歌，像钓鱼的钩一样。宋·苏轼《洞庭春色》："应呼钓诗钩，亦号扫眉愁。"洞庭春色，酒名，色香味三绝。

扫眉愁 代称酒。参见"钓诗钩"条。

鹅黄酒 代称好酒。唐·杜甫《舟前小鹅儿》："鹅儿黄似酒，对酒爱新鹅黄。"

清圣浊贤 代称酒，也是清酒和浊酒的并称。汉末因饥荒禁止酿酒，饮酒者讳言酒，称清酒为圣人，称浊酒为贤人。典出《三国志·魏志·徐邈传》："平日醉客谓酒清者为圣人，浊者为贤人。"杬，音yù，礼器，宋·李新《怀酒》："清圣浊贤莫区分，一入愁肠功等伦。"

天禄大夫 代称酒。《汉书·食货志下》："酒者，天之美禄。"天禄，天赐的福禄。"大夫"是戏称。宋·陶谷《清异录·酒浆》："王世充僭号，谓群臣曰：'朕万机繁壅，所以辅朕和气者，惟酒功耳，宜封天禄大夫，永赖醇德。'"僭号，冒用帝王的称号。僭，音jiàn，超越本分。

青州从事 代称酒。《世说新语·术解》中说，东晋权臣桓温之主簿善别酒，有酒则先让他尝，好酒叫"青州从事"，次酒叫"平原督邮"。青州有齐郡，平原有鬲县。"齐"谐"脐"，鬲，音gé，与"膈"同音。从事，言到脐；督游，言在膈上。意思是好酒劲大，酒力可以达到肚脐；差酒劲小，只能达到胸腹之间。从事、督邮，都是官名，都是州郡长官的属官，这又是戏称。

平原督邮 见"青州从事"条。

酒的称谓还有很多，如：

酥 音sū，古代酒名，天竺国称酒为酥。

醇 音chún，代称酒质淳厚的好酒。

醨 音lí，代称薄酒。《楚辞·渔父》："众人皆醉，何不餔其糟而歠其醨？"

醪 音láo，代称浊酒，指汁渣混合的酒。

醴 音lǐ，代称甜美的酒。《荀子·礼论》："飨尚玄尊，而用酒醴。"意思是用酒和醴两种酒祭祀。玄，指玄酒，古代祭祀时当酒用的水；尊，酒杯。飨尚，祭献死者享用。飨，音xiǎng，通"享"，享受。

酞 音nóng，代称烈性酒。"酞酒"和"淡酒"相对。

醨 音lí，代称薄酒。或曰醨同"醨"。

醹 音rú，代称醇厚的酒。《诗·大雅·行苇》："酒醴维醹。"大意是酒宴上喝美酒。

（十）朝代、时代名代称

炎汉 代称汉朝。刘汉自称以火德王，故称。或曰，炎帝为汉族祖先，故称中国或汉族为"炎汉"。也说"炎刘"。

炎宋 代称宋朝。赵宋自称以火德王，故称。也说"赵宋"。《三字经》："炎宋兴，受周禅。十八转，南北混。"

李唐 代称唐朝。唐朝皇帝为李姓，故称。

朱明 代称明朝。明朝皇帝为朱姓，故称。

蒙元 代称元朝。元朝为蒙古民族所建，故称。

牝朝 代称武周朝。唐代武则天掌权二十一年，后泛称女人掌权。牝，音pìn，雌性，代称武则天。明·杨慎《艺林伐山·牝朝》："唐人目武后之世为牝朝。"清·赵翼《乾陵》："一番时局牝朝新，安坐妆台换紫宸。臣仆不妨居妾位，英雄何必在男身。"

标枝野鹿 代称上古时代。标枝，树梢，喻称上古之世在上之君恬淡无为；野鹿，喻称在下之民放而自得。语出《庄子·天地》："至德之世，不尚贤，不使能，上如标枝，民如野鹿。"

（十一）日月时间的代称

乌兔 代称日月。传说太阳中有三足乌，月亮中有白玉兔，故称。唐·吕岩《七言诗》之五十八："但得烟霞供岁月，任他乌兔走乾坤。"

扶桑 代称太阳。扶桑是神话中的树名，传说为日出之处。屈原《离骚》："饮余马于咸池兮，总余辔乎扶桑。"咸池，古代神话中地名，为日浴之处。总，通"纵"；辔，音pèi，缰绳。

昇扶 代称太阳。太阳从扶桑树上升起。喻称帝德，唐·骆宾王《对策文》之三："徒以钻木轻焰，仰昇扶而曜晖；化草余光，对含桂而炫彩。"昇，同"升"。

谷旦 代称良辰吉日，晴朗的日子。谷，丰收，良好。《诗·陈风·东门之枌》："谷旦于差，东方之原。"枌，音fén，白榆；差，音chāi，挑选。诗句的大意是挑选一个好时光，同到南边平原上。

赵衰日 代称暖日。语出《左传·文公七年》："赵衰，冬日之日也；赵盾，夏日之日也。"冬日可爱，夏日可畏。

赵盾日 代称烈日。赵衰，即赵成了，春秋时晋国的重臣，跟随晋文公重耳流亡十九年，后任上卿，死后儿子赵盾继承爵位。赵盾，即赵宣子，掌晋国国事后，"弑其君夷皋"。这就是历史上有名的"赵盾弑君"典故和"史狐笔"典。（按：实际上，赵盾是有名的政治家，政绩突出。"烈日"仅仅是对一事一人之评价。）

月兔 代称月亮。省称作"兔"，也称"兔魄""顾兔"。魄，古人称月亮初生明为"魄"。《旧唐书·历志二》："月欲有蚀，先月形摇振，状若惊惧，月兔及侧月色黄如有忧状。"晋·傅咸《拟天问》："月中何有？白兔捣药。"

月娥 代称月亮。传说月亮上有嫦娥，故称。嫦娥，也作"姮娥""素女"；姮，音héng。

月桂 代称月亮。传说月亮上有桂树，民间有"吴刚砍桂"的传说。引南朝·梁文帝《漏刻铭》："宫槐晚合，月桂宵晖。"

素蟾 代称月亮。传说月亮上有蟾蜍，故称。也作"寒蟾""蟾魄""蟾精""蟾轮""蟾兔"。唐·黄韬《卷帘》："绿鬟侍女手纤纤，新捧嫦娥出素蟾。"

太清 本指天空，代称月亮。唐·高适《同吕判官从哥舒大夫破洪济城回登积石军多福七级浮图》："七级凌太清，千崖列苍翠。"这里的"太清"指天空。

望舒 代称月亮。望舒，为月亮驾车的神。汉·张衡《归田赋》："于时曜灵俄景，系以望舒，极盘游之至乐，虽日夕而忘劬。"曜灵，指太阳；俄景，太阳偏西；劬，音qú，劳碌；盘游，游乐。

漏刻 代称时间。漏刻，古代的计时器，也称"刻漏"。姜子牙《六韬·分兵》："明告战日，漏刻有时。"

农历一月至十二月均有很多代称，分列如下：

一月的代称：孟春、初春、正月、吉月、嘉月、开岁、芳岁、芳春、华岁、端月、陬岁。陬，音zōu，星名。《尔雅·释天》："正月为陬。"端月，避秦始皇讳，改"正"（谐"政"）为"端"。

二月的代称：仲春、中春、阳春、仲阳、丽月、令月、如月、桃月、杏月、桃李月、酣春、酣月、花期、花朝。农历二月十五日为"花朝节"，唐·李白《宫中行乐词》："昭阳桃李月，罗绮自相亲。"《尔雅·释天》"二月为如"，故称"如月"。

三月的代称：季春、暮春、末春、杏月、蚕月、桐月、桃浪、晓春、杪春、九春、莺时、病月、樱笋年光。杪，音miǎo，树梢，引申为季节的末尾；病，音bǐng，《尔雅·释天》："三月为病。"病，丙也，火的代称，三月阳气盛，物皆炳然也；樱笋年光，也作"樱笋时"，指樱桃和春笋上市的时候。唐·郑谷《自贻》："恨抛水国荷蓑雨，贫过长安樱笋时。"

四月的代称：孟夏、初夏、槐月、阴月、梅月、纯月、清和、正阳、朱明。《尔雅·释天》："夏为朱明。"战国时楚人尸佼《尸子》卷上："春为青阳，夏为朱明，秋为白藏，冬为玄英。"

五月的代称：仲夏、中夏、盛夏、超夏、鸣蜩、天中、蒲月、榴月、皋月。皋，音gāo，《尔雅·释天》："五月为皋。"皋，高也，上也，五月阳升，自上而下，物皆结实。鸣蜩，蝉鸣。宋·范成大《初归石湖》："当时手种斜桥柳，无限鸣蜩翠扫空。"

六月的代称：季夏、暮夏、暑月、溽暑、荷月、焦月、伏月、且月、九夏、精阳。溽，音rù，炎热天气。且，音jū，《尔雅·释天》："六月为且。"且者，次且不进，即畏阳，犹豫不前。次，音zī。精阳，六月阳气达到了极点；荷月，农历六月二十四日为荷花生日；九夏，指春天，春，阳也；阳数九，故云九夏。晋·陶渊明《荣木》诗序："日月推迁，已复九夏。"

七月的代称：孟秋、首秋、初秋、新秋、早秋、肇秋、上秋、兰秋、兰月、凉月、麦月、瓜月、相月、巧月、巧夕。肇，音zhào，始也。相月，七月的代称。《尔雅·释天》："七月为相。"巧月，农历七月初七是"七巧节"，也作"乞巧节"，兰秋，七月的代称。南朝·宋·谢惠连《与孔曲阿别诗》："凄凄乘兰秋，言饯千里舟。"饯，音jiàn，以酒食送行。

八月的代称：仲秋、中秋、正秋、金秋、商秋、桂月、爽月、壮月、仲商、竹春。《尔雅·释天》："八月为壮。"故称状月。仲商，即仲秋。唐·徐坚《初学记》卷三南朝梁元帝《纂要》："八月仲秋，亦曰仲商。"商秋，旧以商为五音中的金音，声凄厉，与肃杀的秋气相应，故称秋为"商秋"。三国·魏·何晏《景福殿赋》："结实商秋，敷华青春。"敷华，开花；敷，音fū，布，施。

九月的代称：季秋、暮秋、三秋、深秋、晚秋、穷秋、杪秋、菊月、咏月、玄月、朽月、青女月。玄月，《尔雅·释天》："九月为玄。"朽，万木萧瑟，落叶纷纷，故称"朽月"。青女月，唐·杜审言《重九日宴江阴》："降霜青女月，送酒白衣人。"青女，霜雪之神。杪秋，末秋。《楚辞·九辩》："靓杪秋之遥夜兮，心缭悷而有哀。"靓，音jìng，通"静"；缭悷，音liáolì，也作"缭戾"，不顺畅，悲伤。

十月的代称：孟冬、初冬、开冬、上冬、良月、阳月、露月，阳止、小阳春、飞阴月。《尔雅·释天》："十月为阳。"故有"阳月"之称。良月，吉祥之月。孟冬，冬天的第一个月。三国·魏·曹植《孟冬篇》："孟冬十月，阴气厉清。"

十一月的代称：仲冬、中冬、雪月、寒月、畅月、辜月、葭月、龙潜月。辜月，十一月阴气生，欲吐故纳新。《尔雅·释天》："十一月为辜。"郝懿行义疏："辜者，故也。"葭月，葭草始吐绿头。葭，音jiā，初生的芦苇，仲冬，冬天的第二个月。宋·叶梦得《怀西山》："仲冬景气肃，碧草犹萋萋。"萋萋，草茂盛貌。

十二月的代称：季冬、暮冬、末冬、残冬、九冬、杪冬、腊月、蜡月、冰月、涂月、星回节、喜平月。涂，音chú，即"除"，《尔雅·释天》："十二月为涂。"星回节，古代南诏以十二月十六日为"星回节"，或称"火把节"。喜平月，无考。九冬，称末冬，也指冬季，古代认为"九"是最大的数字。南朝·梁·沈约《八咏诗·夕行闻夜鹤》："九冬负霜雪，六翮飞不任。"翮，音hé，羽根，代称鸟翼；不任，不能胜任，"六翮飞不任"，即称冬季鸟也飞不动。

（十二）山河的代称

三山 有三说：①代称旅游圣地安徽黄山、江西庐山、浙江雁荡山。②代称旅游圣地安徽黄山、江西庐山、四川峨眉山。③代称古代传说中的海上三神山蓬莱、方丈、瀛洲。

四渎 代称长江、黄河、淮河、济水四条河流。渎，音dú，大川。金·张行简《人伦大统赋》："四渎宜深且阔。"

四大佛教名山 代称安徽九华山、山西五台山、浙江普陀山、四川峨眉山。分别为地藏菩萨、文殊菩萨、观音菩萨、普贤菩萨的道场。道场，佛教徒礼拜、诵经、行道、做法事的场所。唐·玄奘《大唐西域记》卷八："菩萨树垣正中，有金刚座……证圣道所，亦曰道场。"后来道教亦沿用此称。垣，音yuán，矮墙，泛称墙；金刚座，又称"须弥座""须弥坛"，为安置佛、菩萨像的台座。

五岳 代称五座名山，东岳泰山、西岳华山、南岳衡山、中岳嵩山、北岳恒山。分别在山东泰安、陕西华阴、湖南衡阳、河南登封、山西浑源。明·徐霞客《漫游黄山仙境》："五岳归来不看山，黄山归来不看岳。"

（十三）其他代称

1. 二字代称

桑梓 代称故乡。过去人们在居所附近种植桑树和梓树，种桑树可以采桑叶养蚕，种梓树可做建材家具。唐·柳宗元《闻黄鹂》："乡禽何事亦来此，令我生心忆桑梓。"

幽田 代称耳朵。道家称耳神叫空闲，字幽田。《黄庭内景经·至道》："耳神空闲，字幽田。"白履中注："空闲幽静，听物则审，神之所居，故曰田也。"审，详尽明悉。

客火 代称客店。过去旅客可以在客店内起火做饭，故称。元·关汉卿《救风尘》第三折："我在客火里，你弹着一架筝，我不与了你个褐袖缎儿？"

卯羹 代称兔肉汤。十二属相中第四位"卯"代属兔。宋·陶谷《清异录·馔羞》："其家故书中尚有食帐，今择奇异者略记……卯羹。"原注："纯兔。"

丝竹 代称弦乐器和管乐器。《商君书·画策》："是以人主处匡床之上，听丝竹之声，而天下治。"匡床，安适的床。

折柳 代称送别。汉代人习惯在长安霸桥折柳送别亲人或朋友。"柳"谐"留"，故称。也是"灞桥折柳"的省称。灞，通"霸"。

唐·王翰《凉州词》之二："夜听胡笳折杨柳，教人意气忆长安。"这里的"折杨柳"也是曲目名。

挂锡 代称游方僧投宿寺院。本义是指僧人把衣钵、锡杖挂在僧堂钩上。唐·裴休《赠黄檗山僧希运》："挂锡十年栖蜀水，浮杯今日渡漳滨。"浮杯，指满杯饮酒；漳，水名，在今河北、河南境内。

初度 代称生日。语出屈原《离骚》："皇览揆余初度兮。"意思是先父看见了我有这样的生日。揆，音kuí，估量。

门阑 门前的栅栏，代称家庭、门庭、庭院。阑，音lán，栅栏。也作"门栏"。唐·杜甫《李监宅》："门阑多喜色，女婿近乘龙。"乘龙，言得婿如龙，后称佳婿为"乘龙"，如说"乘龙快婿"。

氍毹 代称歌舞场地或舞台。氍毹，音qúyú，地毯。演剧时红氍毹铺地。清·李渔《闲情偶记·声容·鞋袜》："使登歌舞之氍毹，则为走盘之珠。"

腰缠 代称随身携带的钱物，也泛称拥有的财富。也是"腰缠万贯""腰缠十万贯"的省称。清·黄轩祖《游梁琐记·文悌佳话》："腰缠不硬，浮沉外府……"

腥闻 原谓酒腥气上闻于天，后代称声名丑恶。清·薛福成《庸盦笔记·幽怪一·狐仙谈历代丽人》："至若赵飞燕合德之淫妬，武媚娘之悍逆，貌非不丽，而腥闻远播，适增其丑。"盦，音ān，同"庵"。赵飞燕合德，指汉成帝的宠妃赵飞燕、赵合德姐妹，事见《赵飞燕外传》。武媚娘，即武则天，唐太宗时为才人，赐号"武媚"；高宗时为皇后；高宗驾崩后，她临朝称制，后自立为帝，改唐为周，成为中国历史上唯一的正统女皇帝。

冰敬 代称外官在夏季馈赠京官的银钱，意思买点冰块凉快凉快。也作"冰金"。清·彭养鸥《黑籍冤魂》第七回："但应酬要圆到，上司要路，冰敬炭敬，要送得多，这就没事。"要路，显要的地位。

炭敬 代称外官在冬季馈赠京官的银钱，意思是买点炭火暖和暖和。也称"炭金"。外官，代称地方官或差遣外出之官；京官，代称中央系统的官员，即在京（都城）之官。

烽火　代称战火。也作"烽堠""烽燧""烽狼""边燧"。古代在烽火台上，夜间燃火炬以报警，白天燃狼粪生烟以报警。烽，烟火；燧，音suì，火炬；堠，音hòu，探望敌情的土堡；狼，指狼粪烟，狼烟高而直，目标明显。唐·杜甫《春望》："烽火连三月，家书抵万金。"

焦桐　代称琴。东汉蔡邕曾用烧焦的桐木造出名琴。也作"焦尾琴""蔡邕琴""焦梧桐"。唐·张祜《思归引》："焦桐弹罢丝自绝，漠漠暗魂愁夜月。"

悬剑　代称守信。《史记·吴太伯世家》载，徐君爱季札的宝剑，但不敢明说，季札心里清楚，只因他要出使他国，未献。返回时徐君已死。季札恪守信用，解剑系于徐君坟旁树上。从者不解曰："徐君已死，尚谁予乎？"季子曰："不然。始吾心已许之，岂以死倍吾心哉！"时人嘉而歌之曰："延陵季子兮不忘故，脱千金之剑兮挂丘墓。"倍，通"背"，背弃；延陵季子，春秋时吴王寿梦第四子，称"公子札"，也称"季札"，是有名的政治家；延陵，今常州，季札的封地。

毒帜　代称军队。毒，音dào，同"纛"，军中大旗。唐·李频《府试丹浦非乐战》："毒帜诛方及，兵临衅可观。"

破鼎　代称亡国。相传夏禹收天下铜铸九鼎以象征九州，后为国家的象征。清·孔尚仁《桃花扇·哭主》："高皇帝在九京，不管亡家破鼎，那知他圣子神孙，反不如飘蓬断梗。"九京，犹"九泉"，指地下。

瞿聃　代称佛教和道教。瞿，音qú，指瞿坛，释迦牟尼的姓，也译"乔达摩"，佛教之祖；聃，音dān，指老聃，即老子，道教之祖。宋·刘克庄《贺新郎·生日用实之来韵》："晚学瞿聃无所得，不解飞升灭度。"飞升灭度，道教讲飞升成仙，佛教讲圆寂涅槃。

螭龟　代称墓碑。古人墓碑额头刻螭形，基座刻龟形，故称。

螭，音chī，传说中无角的龙。宋·王安石《李公神道碑》："伐石西山，作为螭龟，营之墓上，勒此铭诗。"

衣顶 代称功名。清代以衣服和顶戴表明官阶和品级。清·吴趼人《二十年目睹之怪现状》第七十三回："（学院）勒令即刻将弥轩驱逐出院，又把那肄业生衣顶革了。"

荒鸡 指三更前啼叫的鸡，主不祥，代称恶声。《晋书·祖逖传》："（祖逖）与司空刘琨俱为司州主簿，情好绸缪，共被同寝。中夜闻荒鸡鸣，蹴琨觉曰：'此非恶声也。'因起舞。"绸缪，音chóumóu，情谊深厚；舞，指舞剑；逖，音tì。此即"闻鸡起舞"典。

荐璧 代称投降。荐璧，谓国君衔璧而降。荐，进献。《资治通鉴·齐和帝中兴元年》："况食人之禄而顿忘一旦，非唯物议不可，亦恐明公鄙之，所以踌躇，未遑荐璧。"胡三省注："荐璧，谓衔璧而降也。"物议，众人的议论；遑，音huáng，闲暇，未遑，没来得及；衔，奉，含；衔璧，含着璧。《左传·僖公六年》："许男面缚，衔璧。"杜预注："缚手于后，惟见起面，以璧为赘，手缚故衔之。"赘，音zhì，送人的礼物。

缨冕 代称仕宦做官。缨，帽带；冕，音miǎn，礼帽。清·唐孙华《国学进士题名碑》："自古缨冕无丑士，酸寒一洗朱颜酡。"酡，音tuó，饮酒而脸红。

负橐 背负口袋，代称游宦、游历。橐，音tuó，口袋。南朝·梁·沈约《内典序》："既负橐以从师，亦栖林以综业。"综，总聚。

负墙 代称就学。古代学子与尊者言谈毕，退身至墙，肃立，以示避让尊敬。负，背靠。《礼记·孔子闲居》："子夏蹶然而起，负墙而立，曰：'弟子敢不承乎？'"蹶然，疾起貌；蹶，音jué，突然。

赋闲 代称辞官、罢官后闲居失业无事。晋潘岳辞官家居，作《闲居赋》。赋，吟诵、创作诗歌。朱自清《背影》："这些日子，家中光景很是惨淡，一半为了丧事，一半为了父亲赋闲。"

赋归 代称辞官归里，也作"赋归去""赋归来"，晋陶渊明辞官后作《归去来兮辞》，其中有"归去来兮，田园将芜，胡不归"句。赋，动词，写；来，助词。

视含 代称送终。古人死后，口中要含钱或玉。《东周列国志》第二十八回："生既不得展问安侍膳之诚，死又不得尽视含哭位之礼，何敢乘乱而贪图。"哭位，从早到晚哭泣。

跨凤 代称联姻。汉·刘向《列仙传·萧史》载有春秋时秦穆公女儿弄玉与善吹箫的萧史乘凤凰飞天仙去的故事。

蹄轮 代称车马，也是马蹄和车轮的并称。宋·许庭《临江仙·咏柳》："不见灞陵原上柳，往来过尽蹄轮。"灞陵，本作"霸陵"，地名，汉文帝葬于此。故址在今陕西西安东。

迎吠 狗迎人而吠，代称奸邪、险恶。《楚辞·九辩》："猛犬狺狺而迎吠兮，关梁闭而不通。"狺狺，音yínyín，犬吠声；关，门关；梁，桥梁。

逐宍 代称追逐野兽。宍，"肉"的古字，代禽兽。先秦古歌《弹歌》："断竹，续竹，飞土，逐宍。"意思是砍断竹子，连接竹子，弹出泥丸，追捕野兽。弹，音tán，用弹丸射击。

逃尧 代称隐居不仕。典出晋·皇甫谧《高士传·许由》："尧让天下于许由……不受而逃去，啮缺遇许由曰：'子将奚之？'曰：'将逃尧。'"啮，音niè。奚之，去哪里；奚，何；之，往、去。

退食 减食，代称官吏节俭奉公，也代称归隐退休，还代称不受贿。南朝·梁·任昉《梁武帝断华侈令》："若能人务退食，竞存约己，移风易俗，庶期月有成。"这里的"退食"指节俭奉公。期月，一整年或一整月；期，音jī；庶，音shù，或许，也许；华侈，音huáchǐ，豪华奢侈。

进履 代称屈己尊老，求取教益。典出《史记·留侯世家》，写张良年轻时为一老人到桥下取鞋又给老人穿上而获赐《太公兵法》的故事。也作"进履之书""进履圯桥"。圯，音yí，桥名，故址在今江苏邳县南。元·周德清《一枝花·遗张伯元》："大胸襟，进履圯桥，壮游玩乘槎大海，老风波走马章台。"参见"二字人名代称"中"圯下"条。

过庭　代称父训。典书《论语·季氏》。孔子的儿子孔鲤路过庭院，孔子问他是否学《诗》、学《礼》，孔鲤说未学。孔子说："不学《诗》，无以言""不学礼，无以立。"也作"鲤庭""鲤对""鲤趋"。

珠柱　以明珠为饰的琴柱，代称好琴。柱，乐器上的弦柱，也称"品"，珠，以明珠为饰。北周·庾信《小园赋》："琴号珠柱，书名《王杯》。"

游屐　代称游山玩水。《宋书·谢灵运传》说谢登山旅游时常穿带齿的木屐，上山时去掉前齿，下山时去掉后齿。屐，音 jī，木制的鞋。

迁鼎　代称易代、亡国，犹"破鼎"。唐·韦庄《湘中作》："臣心未退教迁鼎，天道还应欲止戈。"

问鼎　代称谋图王位，泛称觊觎侵占他国。《晋书·王敦传》："（敦）遂欲专制朝廷，有问鼎之心。"

边墙　代称长城。明·谢肇淛《五杂俎·地部二》："近时戚将军筑蓟镇边墙，不僇一人，期月而功成。"僇，音 lù，通"戮"，杀。

还笔　代称才尽。典出《南史·江淹传》。传说郭璞向南朝文学家江淹索要五色笔，尔后江淹再无佳句，时人谓之"江淹才尽"，也作"江郎才尽"。明·王世贞《艺苑卮言》卷八："文通裂锦还笔，入梦以来，便无佳句，人谓才尽。"文通，江淹的字。

释宗　代称佛教。释，指释迦牟尼。《颜氏家训·归心》："尔归周孔而背释宗，何其迷也！"

释褐　代称出仕做官。褐，音 hè，褐色衣服，平民之服。脱去平民衣服，意谓当官穿官服。汉·扬雄《解嘲》："夫上世之士，或解缚而相，或释褐而傅。"相、傅，皆古之权臣。

解骖　代称以钱物助人。也作"解骖"。《史记·管晏列传》："越石父贤，在缧绁中，晏子出，遭之涂，解左骖赎之。"说晏子解下乘车左边的马，把越石父赎出来。缧绁，音 léixiè，牢狱，囚禁；左骖，驾车左边的马；骖，音cān，驾车两侧的马。

阙里 代称孔庙，也代称儒学。阙里，孔子的故里，孔子曾在这里讲学。因里巷有两个石阙，故称。阙，音què，宫门、城门两侧高台上的楼。《孔子家语·七十二弟子解》："颜由，颜回父，字季路，孔子始教学于阙里而受学，少孔子六岁。"

说剑 代称谈论武事。《庄子》中有《说剑》一篇。宋·辛弃疾《水调歌头·汤朝美司谏见和用韵为谢》："说剑论诗余事，醉舞狂歌欲倒，老子颇堪哀。"

设帐 代称设馆授徒。为后汉马融设绛帐授徒典。参见"绛帐"条。

访戴 代称访问朋友。《世说新语·任诞》中说，王子猷雪夜访戴安道，经宿方至，造门不前而返。人问其故，王曰："吾本乘兴而行，兴尽而返，何必见戴。"猷，音yóu；造，到。

请缨 代称自告奋勇，请求杀敌。《汉书·终军传》中说，汉武帝时终军自愿出使南越，军曰："愿受长缨，必羁南越王而致之阙下。"缨，拘系人的长绳；羁，音jī，拘捕；阙下，宫门之下，代称宫廷。

谈薮 代称知识渊博，对答如流，也代称多人聚集之地。薮，音sǒu，人物聚集地。宋庞元英著有《谈薮》一书。南朝·宋·刘义庆《世说新语·赏誉》："裴仆射时人谓言谈之林薮。"即指学识渊博，善谈论。

诺金 代称守信的允诺。《史记·季布栾布列传》中引楚人谚语曰："得黄金百斤，不如得季布一诺。"诺，许诺，答应。也作"一诺千金"。唐·李白《叙旧赠江阳宰陆调》："一诺许他人，千金双错刀。"错刀，古钱名。

谀墓 代称赞誉不实的墓志。唐韩愈为他人作墓志多，且多溢美不实之辞，为人不齿。清·昭梿《啸亭续录·孙文正取四城》："以为谀墓之文，例多溢美。"

謦欬 代称谈吐言论，言笑。謦欬，音qǐngkài，咳嗽。宋·苏轼《黄州还回太守毕仲远启》："路转湖阴，益听风谣之美；神驰铃下，如闻謦咳之音。"

识丁　代称识字。《旧唐书·张弘靖传》："汝辈挽得两石力弓，不如识一丁字。""不识一丁""目不识丁"是代称不识字。

青蚨　代称钱。也作"青奴"。青蚨，传说中的虫名，以其血涂钱，钱能去而复返。旧俗过年时家中要帖"青蚨久卧"方斗。鲁迅《准风月谈·谈蝙蝠》："然而青蚨飞来，则眉眼莞尔。"莞尔，美好的笑容；莞，音wǎn。

霜心　代称贤贞不移的志节，多指妇女不更二夫、臣子不事二君之志。明·徐渭《范母》："一夕改霜心，晓镜换妆额。"

鸡窗　代称书斋。南朝宋刘义庆《幽明录》中说晋人宋处宗购一长鸣鸡，笼著窗间。鸡作人语，与主人谈论，终日不停。唐·罗隐《题袁溪张逸人所居》："鸡窗夜静开书卷，鱼槛春深展钓丝。"鱼槛，池边栏杆。

揽揆　代称生日。屈原《离骚》："皇览揆余初度兮，肇锡余以嘉名。"皇，父亲或太祖；揽，通"览"，观看；肇，音zhào，初始；锡，赐也；嘉名，好名字。参见"其他代称"中"初度"条。

鸿鳞　代称书信。《后汉书·苏武传》中有"雁足传书"典，乐府诗《饮马长城窟行》中有"呼儿烹鲤鱼，中有尺素书"句。后人糅合二典组成"鸿鳞"一词，鸿，即雁；鳞，代鱼。也作"雁鳞""雁鱼"。而"雁逝鱼沉""雁杳鱼沉"则代称音信全无。参见"四字喻称"中"雁逝鱼沉"条。

随蓝　代称从师学习。语出《荀子·劝学》："青，取之于蓝，而青于蓝。"唐·张鷟《龙筋凤髓判》卷二："随蓝改质，实藉招俦；题竹书名，良资教授。"

隐榆　代称"螳螂捕蝉，黄雀在后"之典，喻称只见眼前利益而不顾后患。榆，榆树，隐榆指螳螂隐藏在榆树上。唐·骆宾王《秋晨同淄川毛司马秋九咏·秋蝉》："隐榆非谏楚，噪柳异悲潘。"

顾命　临终遗命，代称皇帝的遗诏。明清时代有"顾命大臣"，即帝王临终前托以治国辅君重任的大臣。顾命，临死之遗书、遗言。《尚书·顾命》："成王将崩，命召公、毕公率诸侯相康王，作《顾命》。"孔传："临终之命曰顾命。"

鬼酉　代称"丑"字。丑的繁体字是"醜"，可拆为"鬼、酉"二字。《金瓶梅词话》第三十二回："郑爱香笑道：'这应二花子，今日鬼酉上车儿——推丑。'"

鬼病　难以告人的怪病，代称相思病。元·高栻《集贤宾·怨别》："坐不稳神魂飘荡，睡不宁鬼病禁持。"禁持，折磨；禁，音 jīn。

鹊门　指扁鹊的门，代称医家之门。鹊，指战国时名医扁鹊。唐·罗隐《河中辞令狐相公启》："而况委病鹊门之下，窥光龙烛之前。"龙烛，指太阳。

鹊药　代称起死回生之药，泛称良药。鹊，扁鹊。元·王恽《华不注歌》："乾坤乃有此雄跨，未许鹊药争头颅。"雄跨，指高踞者。

麈拂　代称清谈。麈拂，即麈尾；麈，zhǔ，似鹿而大，其尾可做拂尘，用以驱虫、掸尘。魏晋时文人清谈时喜欢执之，这是名士的雅器。也作"麈谈"，泛称名士闲居论说。清谈，也称"清言""玄言""玄谈""谈玄"，指魏晋时崇尚老庄、空谈玄理、不切实际的一种学术风气。清·姚华《曲海一勺·骈史下》："逸则为麈拂，旷则为鞵笠，离则为舟车，合则为酒食。"鞵，"鞋"之异体字。

龟虎　代称官位。也是龟印和虎符的并称。二者是官吏必备之物。唐·柳宗元《唐故邕管招讨副使试大理司直兼贵州刺史邓君墓志铭》："参帷幕之任，董龟虎之威。"董，监督。

龟床　代称隐者的卧具。用龟支床足，表示壮志未酬、蛰居待时。典出《史记·龟策列传·褚少孙论》。北周·庾信《小园赋》中有"坐帐无鹤，支床有龟"句，喻称久住长安，若龟支床。

三忧　代称"不知""知而不学""学而不行"三种可忧之事。《韩诗外传》卷一："孔子曰：'君子有三忧：弗知，可无忧与？知而不学，可无忧与？学而不行，可无忧与？'"

三教 代称儒教、释教（即佛教）、道教三个教派或学派。《北史·周纪下》："帝升高座，辨释三教先后，以儒教为先，道教次，佛教为后。"

三友 以三种事物为友，代称琴、酒、诗。唐·白居易《北窗三友》："琴罢辄举酒，酒罢辄吟诗。"辄，音zhé，即，就。唐元结《丐论》中以"云山、松柏、琴酒"为"三友"。

四并 代称良辰、美景、赏心、乐事四种美好的事同时遇到。《文选》卷三十《诗庚·杂拟上》："天下良辰美景，赏心乐事，四者难并。"明·汤显祖《牡丹亭·惊梦》："原来姹紫嫣红开遍，似这般都付与断井颓垣，良辰美景奈何天，赏心乐事谁家院。"

四祭 代称天子诸侯宗庙一年的四次大祭：春礿、夏禘、秋尝、冬烝。礿，音yuè，春祭名；禘，音dì，夏祭名；尝，音cháng，秋祭名；烝，音zhēng，冬祭名。汉·董仲舒《春秋繁露·四祭》："古者岁四祭。四祭者，因四时之所生熟，而祭其先祖父母也。"

四呼 代称等韵学术语开口呼、齐齿呼、合口呼、撮口呼。"四呼"的名称由明清一直沿用至今。撮，音cuō，聚合。"四呼"之名最初见于明末《音韵直图》。

五音 代称宫、商、角、徵、羽五个音阶。也作"五声"。角，音jué；徵，音zhǐ。《孟子·离娄下》："不以六律，不能正五音。"六律，指定音器，即阴阳各六的十二律，古乐的十二调，从低音算起，十二个音阶中，排列奇数的六个调叫"律"，排列偶数的六个调叫"吕"。

六味 代称苦、酸、甘、辛、咸、淡六种味道。南朝·梁简文帝《六根忏文》："餐禅悦之六味，服法喜之三德。"三德，一般指正直、刚克、柔克。刚克，以刚强见胜；柔克，以柔顺见胜。

六欲 代称生、死、耳、目、口、鼻之六种欲望。如说"七情六欲"。清·钱泳《履园丛话·臆论·五福》："捐去三纲五常，绝去七情六欲。"

六书 代称汉字造字方法的六种规则：象形、指事、会意、形声、转注、假借。"六书"之名最早见于《周礼·地官·保氏》，汉·许慎《说文解字·叙》："周礼八岁入小学，保氏教国子，先以六书。"

六艺 代称礼、乐、射、御、书、数六种学问和技术。御，驾车。《史记·孔子世家》："孔子以诗书礼乐教，弟子盖三千焉，身通六艺者七十有二人。"

六经 代称《易》《礼》《乐》《诗》《书》《春秋》六种经书，也作"六艺""六学""六籍"。《庄子·天运》："孔子谓老聃曰：'丘治《诗》《书》《礼》《乐》《易》《春秋》六经，自以为久矣，孰知其故矣。'"

六根 代称佛教教义说的眼、耳、鼻、舌、身、意六种罪恶的根源。眼是见欲，贪美色奇物；耳是听欲，贪美音赞言；鼻是香欲，贪香味；舌是味欲，贪美食口快；身是触欲，贪舒适享受；意是意欲，贪声色、名利、恩爱。宋·王安石《望江南·归依三宝赞》："愿我六根常寂静，心如宝月映琉璃，了法更无疑。"

六部 代称隋唐开始在中央机构中所设的吏、户、礼、兵、刑、工六部。六部之首均称"尚书"，副职称"侍郎"。

六体 有三说：①代称《汉书·艺文志》中提及的王莽时的古文、奇字、篆书、隶书、缪书、虫书六种字体，泛称古文字。缪书，又称"缪篆"，摹刻印章用的篆字；缪，音liǎo，屈曲，缠绕。虫书，也称"鸟虫书"，篆书的变体，以其像虫鸟之形，故称。②代称大篆、小篆、八分、隶书、行书、草书六种字体。八分，指汉隶。唐张怀瓘著有《六体论》。③代称行书、草书、楷书、隶书、篆书、燕书六种字体。燕书是当代新创的一种字体。

七情 代称喜、怒、哀、惧、爱、恶、欲七种感情。恶，音wù，厌恶。《礼记·礼运》："何谓人情？喜、怒、哀、惧、爱、恶、欲，七者弗学而能。"《三字经》："曰喜怒，曰哀惧，爱恶欲，七情具。"

七音 代称宫、商、角、徵、羽、变宫、变徵七个音阶，也作"七声"。明·宋濂《洪武正韵序》："人之生也则有声，声出而七音具焉。"

八珍　代称龙肝、凤髓、豹胎、鲤尾、鸮炙、猩唇、熊掌、酥酪蝉八种珍奇食品，泛称珍馐美味。"八珍"一词最早出现在《周礼·天官》，内容历代说法很不一致，此说是后世通用说法，但有很大的传说性质。另外还有"山八珍""海八珍""禽八珍""草八珍"等说法，还有所谓满汉全席的"四八珍"之说。宋·陆游《东堂睡起》："若论胸中淡无事，八珍何得望藜羹。"藜羹，用藜菜作的羹汤，泛称粗劣的食物。

八音　有多种说法。最早见于《周礼·春官·大师》，后来形成"佛教八音""乐昌八音""乐器八音""镇隆八音"等，一般是代称中国古代的八种乐器：金、石、土、革、丝、木、匏、竹。金，钟铙之类乐器，铙，音náo，打击乐器；石，磬，音qìng，石或玉制成的打击乐器；土，埙、缶之类乐器，埙，音xūn，陶质吹奏乐器；缶，音fǒu，瓦质打击乐器；革，鼓，打击乐器；丝，琴瑟，弹拨乐器；木，指柷敔，音zhùyǔ，木制打击乐器；匏，音páo，笙竽之类，吹奏乐器；竹，箫篪之类，吹奏乐器，篪，音chí，竹制，单管横吹。《史记·五帝本纪》："诗言意，歌长言，声依永，律和声，八音能谐，毋相夺伦，神人以和。"大意是诗表达感情，歌是能唱的诗，乐声要拉长了音调，音律要和谐协调，各种乐器要协调一致，不能混乱相扰，这样，音乐和人之间就能达到欢乐和谐了。《三字经》中"匏土革，木石金，丝与竹，乃八音"，是对"八音"最简洁的概括。

八卦　代称《周易》中乾、坤、震、巽、坎、离、艮、兑八个卦名，分别象征天、地、雷、风、水、火、山、泽八种自然现象。乾，音qián；坤，音kūn；巽，音xùn；艮，音gèn；兑，音duì。

八旗　代称满洲（女真族）狩猎组织、社会生活、军事编制形式中黄、白、红、蓝四旗和后来增设的镶黄、镶白、镶红、镶蓝四旗，共八旗。先有满洲八旗，后增设了蒙古八旗、汉军八旗。前四旗也称正黄旗、正白旗、正红旗、正蓝旗。八旗中的部分称呼一直保存到现代，如正蓝旗、镶黄旗、正镶白旗，三个旗均在内蒙古锡林郭勒盟。

九流 代称先秦至汉初形成的法家、名家、墨家、儒家、道家、阴阳家、纵横家、农家、杂家九个学术流派。法家代表人物是李悝、慎到、申不害、商鞅、韩非；名家代表人物是公孙龙、惠施、邓析子；墨家代表人物是墨子、禽滑厘、田鸠、孟胜；儒家代表人物是孔子、孟子、荀子；道家代表人物是老子、庄子；阴阳家代表人物是邹衍（邹子）、邹奭；纵横家代表人物是苏秦、张仪、鬼谷子（王诩）；农家代表人物是许行；杂家代表人物是吕不韦、淮南王刘安。《北史·周纪下·高祖武帝》："遂使三墨八儒，朱紫交竟，九流七略，异说相腾。"三墨，墨子后墨家分成三派；八儒，孔子后儒家分成八派；《七略》，汉刘歆撰写的我国最早的图书分类法著作。

九族 有二说：①代称高祖、曾祖、祖父、父亲、本人、儿子、孙子、曾孙、玄孙九代人。即《三字经》所说的"高曾祖，父而身，身而子，子而孙，自子孙，至玄曾，乃九族，人之伦"。②代称父族四、母族三、妻族二，共九族。父族四，指姑姑的子女，姊妹之子，女儿之子，己之同族（父母、兄弟、姐妹、儿女）；母族三，指外祖父、外祖母、娘舅；妻族二，指岳父、岳母。旧说"灭九族""株连九族"即指此义，"灭满门""满门抄斩"也是此义。元·无名氏《赚蒯通》第四折："律法有云：'一人造反，九族全诛。'"

十义 代称儒家提倡的伦理道德的十个原则：父慈、子孝、兄良、弟悌、夫义、妇听、长惠、幼顺、君仁、臣忠。悌，音tì，弟弟顺从兄长。语出《礼记·礼运》。《三字经》中通俗地说："父子恩，夫妇从，兄则友，弟则恭，长幼序，友与朋，君则敬，臣则忠，此十义，人所同。"

十族 代称宗亲九族再加门人弟子一族，共十族。明成祖夺取政权后命方孝孺起草即位诏书，方坚不从命，被灭十族。即把方的学生都杀了，此案诛连十族共杀死八百七十三人。清·谷应泰《明史纪事本末·壬午殉难》："文皇大声曰：'汝安能遽死，即死，独不顾九族乎？'孝孺曰：'便十族奈我何？'声愈后，文皇大怒……大收其朋友门生。"

十家　"九流"之外再加"小说家"一家，合称"十家"，即十个学术流派。小说家的代表人物是虞初，东汉洛阳人，著《周说》九四三篇，已失传。对中国古代小说影响很大，后世尊虞初为小说之始祖。汉·张衡《西京赋》云："小说九百，本自虞初。"后人有以虞初为小说命名的，如《虞初志》《续虞初志》《虞初新志》。

十哲　代称孔庙中配享的孔子的十个弟子：颜渊、闵子骞、冉伯牛、仲弓、子有、子路、宰我、子贡、子游、子夏。"十哲"还代称唐朝开元十九年（731）唐玄宗设置的"武庙十哲：白起、韩信、诸葛亮、李靖、李勣、张良、田穰苴、孙武、吴起、乐毅。主神是太公望"。

十干　代称十个天干，即甲、乙、丙、丁、戊、己、庚、辛、壬、癸。

2. 三字代称

十二支　代称十二个地支，即子、丑、寅、卯、辰、巳、午、未、申、酉、戌、亥。亥，音hài。也作"十二辰""十二枝"。

十二肖　代称人的十二种属相：子鼠、丑牛、寅虎、卯兔、辰龙、巳蛇、午马、未羊、申猴、酉鸡、戌狗、亥猪。也称"十二属相""十二属""十二生肖"。

曲线美　人们对曲线产生的美感。代称人体。人体能包括一切美的曲线，故称。人们说"曲线比直线美"，这是喻称"追求的人生比平淡的人生更壮丽"。鲁迅《花边文学·小童挡驾》："近五六年来的外国电影，是先给我们看了一通洋侠客的勇敢，于是而野蛮人的陋劣，又于是而洋小姐的曲线美。"

清凉寺　代称佛寺。全国有许多寺院以"清凉"命名，如西安清凉寺、南京清凉寺、五台山清凉寺等。

扶风帐　代称讲坛、学舍，也代称师长。东汉马融是扶风茂陵人，常坐高堂，设绛帐，讲学授徒。参见"绛帐""设帐"条。

母难日 代称自己的生日。元·白珽《湛渊静语》卷三："近刘极斋宏济，蜀人，遇诞日，必斋沐焚香端坐，曰：'父忧母难之日也。'"

石季伦 代称富豪。晋人石崇，字季伦，以生活奢豪著称。《晋书》《耕桑偶记》《世说新语》等书对其均有记载。他与王恺比富成为历史谈资。如王恺家用糖水洗锅，石崇就用蜡烛当柴烧；王恺在他家门前大路上搭四十里紫丝屏帐，石崇就用彩缎搭五十里屏帐；王恺把他的外甥晋武帝宫中收藏的一株两尺多高的珊瑚树搬来向石崇炫富，石崇拿起一柄铁如意把珊瑚树砸得粉碎，王恺不让，石崇说我赔你就是，于是让下人把几十棵珊瑚树搬来让他挑，大者有三四尺高的。这时王恺才认输了，原来石崇比他富得多。（参见《世说新语·汰侈》）

石敢当 代称勇将。旧时街巷口、院门前常立一石碑，上刻"石敢当"三字，以镇邪除灾，守宅护院。后代称勇将。敢当，所当无敌。也称"泰山石敢当"。此俗始盛于唐代。"石敢当"三字最早见于西汉史游《急就章》："师猛虎，石敢当，所不侵，龙未央。"元·陶宗仪《南村辍耕录》："今人家正门适当巷陌桥道之冲，则立一小石将军或植一小石碑，镌其上曰'石敢当'，以厌禳之。"镌，音juān，刻；厌禳，音yāráng，祭祷压灾。

相如渴 代称糖尿病。西汉司马相如患有消渴症，即今之糖尿病。典出《史记·司马相如列传》："相如口吃而善著书，常有消渴疾。"唐·李商隐《汉宫词》："侍臣最有相如渴，不赐金茎露一杯。"金茎，汉武帝所作承露盘的铜柱。

薜荔衣 用薜荔叶子制成的衣服，原指神仙鬼怪所披的衣饰，后代称隐士的服装。薜荔，即木莲。薜，音bì。唐·孟郊《送豆卢策归别墅》："身披薜荔衣，山陟莓苔梯。"陟，音zhì，登。

逍遥游 代称自由自在、无拘无束的状态，系借用《庄子·逍遥游》篇名。唐·陆龟蒙《补沈恭子诗》："虽非放旷怀，雅奉逍遥游。"

青松宅 代称坟墓。古代墓地多种松柏树。唐·鲍溶《途中旅思》：“朝提黄金爵，暮造青松宅。”

青管梦 代称非凡的文才。《南史·文学传·纪少瑜》载，纪少瑜梦见陆倕以一束青镂管笔授之，文才大进。倕，音chuí。

黄犬音 代称家书。西晋陆机有一黄耳犬，曾为他长途传递书信，事见南北朝祖冲之《述异记》。宋·秦观《别程公辟给事》："裘弊黑貂霜正急，书传黄犬岁将穷。"

马户册 代称"骗"字。"骗"字可拆为"马、户、册"三字。也作"马扁"。清·孟称舜《娇红记·访丽》："我祖号为戈十贝，我父号是马户册。""戈十贝"三字合成"贼"字。

麒麟冢 代称名臣贵人的坟墓。麒麟，传说中的瑞兽，喻称才能杰出的人。北宋·梅尧臣《夕发阳翟》："麒麟冢相望，霹雳碑下立。"南宋·周密《武林旧事·湖山胜概》："路傍多少麒麟冢，过眼无人赠纸钱。"

鸳鸯冢 代称夫妻或恋人死后合葬的坟墓。明·兰楚芳《愿成双·春思》："待鸳鸯塚上长连枝，做一段风流话说。"塚，音zhǒng，"冢"的异体字。

颍上田 代称隐居地。也作"颍阳"。颍，音yǐng，颍上，传说中古代高士许由和巢父的隐居之地。宋·文天祥《和曹倅赋别》："未了醉翁事，重寻颍上田。"参见"三字人名代称"中"颍上田"条。

陈蕃榻 代称礼贤下士，礼待贤者。《后汉书·徐稺传》中说，陈蕃为太守，在郡不接待宾客，唯徐稺来，"特设一榻，去则悬之"。也作"陈蕃悬榻"。"迎徐榻""陈榻""悬榻"。稺，音zhì，"稚"的异体字。参见本书"并称"中的"北海尊，陈蕃榻"条。

3. 四字代称

梁上君子 代称窃贼。《后汉书·陈寔传》中说，陈寔看见小偷入室上梁，于是召集子孙训曰："夫人不可不自勉。不善之人，未必本恶，习以性成，遂至于此，梁上君子者是矣！"小偷大惊，自投于地，叩头认罪。

挂席为门 代称隐士的居处。也代称贫穷。《史记·陈丞相世家》中说，陈平年轻时家贫，挂着破席当门。唐·杨炯《寻杨陷居诗》序："诛茅作室，挂席为门。"诛，剪除。

袭衣兼食 代称生活优裕。也是成套衣服，多盘菜肴的并称。袭，全套衣服，引申为重复；兼，加倍。明·何景明《徐太母潘氏墓志铭》："居家甚勤俭，无袭衣兼食，然施族仁下，不有所害。"

羿氏舛射 代称高手失误，也代称吸取教训，铭记失误。《太平御览》卷八十二引西晋皇甫谧《历代帝王世纪》载，后羿"从吴贺北游，贺使羿射雀左目，误中右目。羿俯首而愧，终身不忘"。羿，音yì，又称"后羿""夷羿"，夏朝东夷族有穷氏首领，传说他善射，曾帮助尧射下九个太阳，这就是"后羿射日""羿射九日"的神话故事。舛，音chuǎn，差错。《文心雕龙·指瑕》："羿氏舛射，东野败驾。虽有俊才，谬则多谢。""东野败驾"出自《庄子·达生》，说春秋时善御者东野稷见重于鲁庄公，自矜其能御马转百圈而不止，结果马力竭而死。后喻称自恃才高，弄巧成拙。

车尘马足 代称车骑，车马奔波，也喻称人间俗事。宋·欧阳修《相州昼锦堂记》："奔走骇汗，羞愧俯伏，以自悔罪于车尘马足之间。"

贯月之辰 代称帝王的寿辰。贯月，古有瑶光之星贯月如虹之说。宋·洪适《王母队祝圣致语》："式逢贯月之辰，咸致后天之祝；集三岛十洲之羽客，献千秋万岁之瑞图。"羽客，指道士。

颜斶抱璞 代称隐逸生活，也是颜斶和抱璞的并称。"颜斶"典出自《战国策·齐策四》，说齐人颜斶隐居不仕，曾说服齐宣王礼贤卜士，但不受富贵。只愿晚食以当肉，安步以当车，无罪以当贵，清静贞正以自虞。斶，音chù；虞，通"娱"。"抱璞"典出自《韩非子·和氏》，说楚人卞和献玉于楚王而被刖足，"乃抱璞哭于楚山之下"的故事，即"和氏璧"的故事。璞，音pú，含玉的石头；刖，音yuè，断足。抱：这个词的结构比较特殊，"颜斶"是人名，"抱璞"是动宾结构，是一种行为，这样的并称少见。二典的内容和性质又很不一致，这样的代称也很少见。

道士坠驴　代称乱世结束，天下趋于太平。典出宋·邵伯温《闻见前录》。说五代时隐士陈抟骑驴去汴州，途中听说赵匡胤登基的消息，大笑坠驴曰："天下从此定矣。"遂入华山为道士。抟，音tuán；胤，音yìn；汴，音biàn。清·丘逢甲《四迭秋怀韵》："道士坠驴天下定，香孩夹马圣人生。"香孩，指宋太祖赵匡胤，赵生于洛阳夹马营，传说赵出生时满屋红光，异香扑鼻，故称"香孩"。

还乡昼锦　意思是白天穿着锦缎回乡，代称富贵后荣归故里，以示荣显。也作"衣锦还乡"。典出《汉书·项籍传》。项羽见秦之宫室已烧残，又回思东归，曰："富贵不归故乡，如衣锦夜行。"

推梨让枣　代称兄弟之间谦让友爱。"推梨"典出《后汉书·孔融传》，说孔融四岁时把大梨让给哥哥，自己挑小梨吃。"让枣"典出自《梁书·王泰传》，说王泰幼时，祖母把枣栗散于床上，让众孙去拿，群孙竞抢，独泰不取，问故，曰："不取，自当得赐。"也作"推枣让梨"。《三字经》："融四岁，能让梨。"

青灯黄卷　代称清苦的读书生活。黄卷，代称书籍。古人以黄蘗叶染纸防虫，故称之为"黄卷"。蘗，音bò。元·叶颙《书舍寒灯》："青灯黄卷伴更长，花落银釭午夜香。"银釭，银白色的灯盏，釭，音gāng，灯；花，指灯花。

青灯古佛　代称佛门清净寂寞的生活。《红楼梦》第一一八回："可怜绣户侯门女，独卧青灯古佛旁。"

霞裙月帔　以云霞为裙裾，以明月为披肩。代称仙女或美女。帔，音pèi，披肩。唐·韦庄《天仙子》："金似衣裳玉似身，眼如秋水鬓如云，霞裙月帔一群群。"

雁素鱼笺　代称书信。传说雁足可以传书信，鱼腹可以藏书信。笺，音jiān，精美的纸张，代称书信。明·昭璨《香囊记·途叙》："雁素鱼笺，离愁满怀谁与传。"参见"四字喻称"中"雁逝鱼沉"条。

雁塔题名　代称进士及第。唐代新科进士及第后，在西安曲

204

江宴会后，题名于大雁塔。也作"雁塔新题"。清·文康《儿女英雄传》第十二回："第一件事是劝你女婿读书上进，早早的雁塔题名。"

陌巷箪瓢 代称家境贫寒，生活清苦。《论语·雍也》中孔子赞扬他的学生颜渊说："一箪食，一瓢饮，在陋巷，人不堪其忧，回也不改其乐。"箪，音dān，盛饭的圆形竹器；回，颜回，字子渊，世称"颜子""颜渊"，"孔子十哲"之一，"孔门七十二贤"之首。也作"颜巷""颜风""颜乐""颜瓢"。

退避三舍 代称退让，不与相争。典出《左传·僖公二十三年》。楚成王礼遇逃难的晋公子重耳，问："公子若反晋国，则何以报不谷？"重耳答曰："晋、楚治兵，遇于中原，其辟君三舍。"后来晋楚发生城濮之战，晋军守诺退避了三舍。不谷，即"不榖""不善"，诸侯的自称；舍，三十里为一舍，三舍是九十里。清·吴敬梓《儒林外史》第十回："贤侄少年，如此大才，我等俱要退避三舍矣。"

升堂入室 代称人的学问造诣精深。《论语·先进》中，孔子评价子路说："由也升堂矣，未入于室也。"堂，厅堂，大厅，在前；室，内室，在后。喻称学业所达到的境界有深浅之别。"升堂"是浅学，"入室"是精钻。由，仲由，字子路，又名季路。孙中山《知难行易》第三章："由文法而进窥古人之文章，则升堂入室，无劳囊锥之请。""囊锥"，口袋里的锥子，喻称显露才华。

陈平分肉 代称办事公平。《史记·陈丞相世家》中说陈平当年为乡里祭祀分肉十分均匀，深受父老称赞。也作"陈平宰社"。唐·杜甫《社日两篇》其二："陈平亦分肉，太史竟论功。"

食不二味 代称饮食节俭。也作"食不重味""食不兼味""食不重肉""食不兼肉"。《左传·哀公元年》："昔阖庐食不二味，居不重席。"《后汉书·安帝纪》："朝廷躬自菲薄，去绝奢饰，食不兼味，衣无二彩。"参见"四字代称"中"袭衣兼食"条。

飞苍走黄 代称打猎。苍，苍鹰；黄，黄狗。宋·苏轼《江城子·密州出猎》："左牵黄，右擎苍，锦帽貂裘，千骑卷平冈。"

也作"飞鹰走狗"。

马放南山 代称天下太平，不再打仗。是"刀枪入库，马放南山"的省称。也作"马入华山"。语出《尚书·武成》："乃偃武修文，归马于华山之阳，放牛于桃林之野，示天下弗服。"

马援据鞍 代称老当益壮，思建功业。《后汉书·马援传》中说，马援六十二岁时请求出征，光武帝未允。马援披甲上马，据鞍顾视，以示可用。据，按也。《三国志·魏志·满宠传》："昔廉颇强食，马援据鞍……"

驻红却白 代称保持青春，延迟衰老。红，红颜，代称年轻；白，白发，代称年老。宋·刘子翚《梦仙谣》："驻红却白非难事，贪生虑死真愚计。"

黄袍加身 代称登上帝位。后周赵匡胤在陈桥发生兵变，诸将替他披上黄袍，拥立为帝，赵匡胤就是宋太祖。也作"黄袍加体"。清·陈忱《水浒后传》第一回："黄袍加身御海宇，五代纷争从此止。"

黄头小人 代称"恭"字，"恭"字的上边是"黄"字的头，下边是"小人"二字（形似）。《宋书·五行志二》："王恭在京口，民间忽云：'黄头小人欲作贼，阿公在城下，指缚得。"

鸣条之事 代称征战。原指伊尹相商汤，伐夏桀，在鸣条之野与之决战。鸣条，古地名，在今山西省运城市安邑镇北。晋·袁宏《后汉纪·桓帝纪上》："目不视鸣条之事，耳不闻檀车之声。"檀车，用檀木造的兵车。

钟鸣鼎食 代称贵族豪奢的生活。谓吃饭时鸣钟奏乐，列鼎而食，十分气派。也作"鸣钟食鼎""鸣钟列鼎"。唐·王勃《滕王阁序》："闾阎扑地，钟鸣鼎食之家。"闾阎，里巷的门，这里指房屋；扑地，遍地。

汉书佐酒 代称快乐读书。北宋诗人苏舜钦在岳父家夜读书时，要喝一斗酒。他的岳父不相信这件事，派家人观察，见他正在读《汉书·张良传》，看到张良与人行刺秦始皇，误中副车，就拍掌叹曰："惜乎，击之不中！"于是饮酒一大杯……岳父闻之，大笑曰："有如此下酒物，一斗不为多也。"意思是苏把《汉书》当成下酒菜，每读到精彩处，就情不自禁地要喝酒。这是"乐读"的著名典故。

4. 五字以上代称

骑牛读汉书　代称刻苦攻读。《新唐书·李密传》中说，瓦岗军首领李密年轻时就刻苦读书，他欲投奔包恺，骑牛去缑山。在牛角上挂一本《汉书》，边走路，边读书。宋·陆游《舟中遣怀》："但思下帷授《老子》，那复骑牛读《汉书》。"

冯唐易老李广难封　代称生不逢时，难以得志；功高不爵，命运乖舛。也代称年高老迈，不能再为国出力。也是"冯唐易老"和"李广难封"两个典故的并称。《史记·张释之列传》说，冯唐历经汉文帝、汉景帝、汉武帝三朝，才举为贤良。此时他已经九十余岁，不能再做官了。也作"冯唐已老""冯唐头白"。李广是汉朝名将，抗击匈奴，战功显赫，却未封侯。也作"李广不侯""李广未封"。唐·王勃《滕王阁序》中有"冯唐易老，李广难封"的名句。

四、别称

别称，指与常用名称同为官方正式名称的其他称谓。人物、动物、植物、季节、年龄、地名等文化科学领域的名词常有别称。有些别称也是代称，二者多有交叉现象，所以一些词难免重复。

别称可分为人名别称、动植物别称、季节别称、山川地名别称和其他别称五种。

（一）人名别称

佛 佛指佛教创始人释迦牟尼，其别称有十个，也称十种名号：如来、应供、正遍知、明行足、善逝、世间解、无上士、调御丈夫、天人师、佛世尊。

朱公 即陶朱公，春秋时楚人范蠡的别称。也是富商的代称。《史记·货殖列传》："（范蠡）乃乘扁舟浮于江湖，变名易姓，适齐为 鸱夷子皮，之陶为朱公。"

西子 春秋时期越国美女西施的别称，也称"夷光""夷施""先施"。宋·苏轼《饮湖上初晴后雨》："欲把西湖比西子，淡妆浓抹总相宜。"夷光，西子本名是施夷光，见《吴越春秋》。西子是尊称。

西姥 古代神话人物西王母的别称，即民间说的"王母娘娘"，也称"西汉夫人""西真"。姥，音mǔ。与"西王母"对称的是"东王公"。道教认为"西王母"是女仙之首，"东王公"是男仙之首。《淮南子·览冥训》："西姥折胜，黄神啸吟。"刘家本集证："古书多以母为姥，故西王母亦称西姥。"黄神，指黄帝。

班姬 东汉女史学家、文学家班昭的别称。其父为班彪，其兄为班固，皆为著名史学家、文学家。班昭，世称"曹大家"。家，音gū，通"姑"，对女子的尊称。唐·张说《唐西台刺史徐府君碑》："班姬父兄，文雄汉室；左思女弟，词蔚晋宫。"左思女弟，指西晋文学家左思的妹妹左芬，芬，也作"棻"，女弟，妹妹。

貂寺 本义是太监戴的貂尾为饰的帽子，后为太监的别称。寺，寺人，即宦官。《宋史·赵景纬传》："弄权之貂寺素为天下之所共恶者，屏之绝之。"屏，音bǐng，屏弃，放逐。

伊生 商代政治家伊尹的别称。伊尹，名挚，尹是官名，相传其生于伊水，故名。西晋·陆机《豪士赋序》："伊生抱明允以婴戮，文子怀忠敬而齿剑。"明允，明察而诚信。婴戮，遭到杀戮；婴，遭受，遇。文子，春秋时陈国人，道家思想家，老子的弟子。齿剑，犹伏剑，指被杀或自杀。

瞽旷 春秋时晋国盲人乐师师旷的别称。瞽，音gǔ，眼瞎。《庄子·胠箧》："擢乱六律，铄绝竽瑟，塞瞽旷之耳，而天下始人含其聪矣。"擢，音zhuó，捅，搅；铄，音shuò，熔化。

鲁叟 孔子的别称。也称"鲁中叟""鲁哲""鲁圣"。孔子是春秋末鲁国人。宋·苏轼《六月二十日夜渡海》："空余鲁叟乘桴意，粗识轩辕奏乐声。"桴，音fú，小的竹木筏子。

史聃 老子的别称。老子，姓李，名耳，字伯阳，谥号聃，春秋时陈国人。曾做过周朝管理图书的史官，故称。聃，音dān。清·章炳麟《訄书·订文·附正名杂义》："若乃素王《十翼》，史聃一经，捶句皆双，俪辞是昉，察其文义，独多对待。"素王，指孔子；《十翼》，即《易传》。相传孔子作《易传》。捶句，锤炼文句；俪辞，对偶的文辞；昉，始也。

史迁 西汉史学家司马迁的别称。司马迁曾任太史官，故称。明·张煌言《李陵论》："世以李陵报苏子卿书，出自史迁之笔。"即认为李陵的《答苏武书》，是司马迁写的。

史谈 司马迁的父亲司马谈的别称。司马谈也曾任太史令，故称。南朝·宋·谢灵运《上书劝伐河北》："虽乏相如之笔，庶免史谈之愤。"

杜二 唐代大诗人杜甫的别称。杜甫排行第二，故称。唐·李白有《鲁郡东石门送杜二甫》。宋·杨伯岩《臆乘》："前辈以第行称，多见之诗……严父、高适俱称少陵为杜二。"

柳七 北宋词人柳永的别称。柳永排行第七，故称。宋·刘克庄《哭孙季蕃》："相君未识陈三面，儿女多知柳七名。"陈三，不详。

柳八 唐代文学家柳宗元的别称。柳宗元排行第八，故称。宋·杨伯岩《臆乘》："皇甫毋称柳柳州为柳八。"

紫阳 南宋理学家朱熹的别称。朱熹的父亲曾在安徽歙县的紫阳山读书，朱熹后来迁到福建崇安，居室名"紫阳书室"，以志不忘。

胡大 伊斯兰教崇拜的主神安拉的别称。胡大，波斯语音译，意为"自在者"。安拉，阿拉伯语音译，意为"真主"。"真主"是通用汉语的穆斯林信徒对安拉的称呼。

李十郎 清代戏曲家李渔的别称。李渔排行第十，故称。清·李桓《国朝耆献类征》卷四二六："李渔，字笠翁，钱塘人……吴梅村所称精于谱曲，时称李十郎。"

李十二 唐代诗人李白的别称。李排行十二，故称。唐·杜甫有《寄李十二白二十韵》，唐·贾至有《洞庭送李十二赴零陵》。

柳士师 春秋时鲁国人柳下惠的别称，也作"柳下季"。鲁大夫展获，字季，又字禽，食邑在柳下，谥号"惠"，曾为士师官，故称。柳下，本义是柳树之下，后代称姓。

帝女雀 神话传说中炎帝的女儿精卫的别称。精卫，原名女娃，在东海游玩，溺死，化为鸟，取名"精卫"。曾衔石填海，以报溺海之仇。这就是有名的神话故事"精卫填海"。也作"鸟誓""冤禽"，俗称"帝女雀"。典出南朝·梁·任昉《述异记》卷上。

姜太公　周朝名臣吕尚的别称。吕尚是中国历史上著名的政治人物，他是周文王的老师，辅佐周武王灭商建周，立下了不朽功勋。他也是传说中的奇特人物，据说寿至一百三十九岁。所以他的别称特别多，也极其复杂。试归纳如下：

吕尚的别称主要有姜尚、吕牙、吕望、太公、子牙、太公望、齐太公、尚父、师尚父、飞熊、太公涓、姜太公等。

吕尚，姜姓，吕氏（先祖封于吕，所以以地名吕为氏），名尚，一名望，字子牙，或单称"牙"，号飞熊。因姓姜名尚，所以称"姜尚"；因字子牙，所以称"姜子牙"，也称"姜牙"；因氏吕，所以称"吕牙""吕望"；因年老，所以称"姜太公""太公"；他七十二岁时还在渭水之滨钓鱼，后被周文王发现，聘为太师。因封于齐，所以称"齐太公"；《史记·齐太公世家》说吕尚穷困年老，钓于渭滨，周文王出猎，遇之，与语大悦，曰："吾太公望子久矣。"他盼望周文王，所以称"太公望"；因他年迈，所以称"尚父"，父，音fǔ，对长者的尊称；因吕尚被周文王封为太师，所以称"师尚父"；因道号是飞熊，所以称"飞熊"，意为"熊生双翼"，传说西伯侯（即周文王姬昌）夜梦一只飞熊来至殿下，周公解梦说必得贤人，后来果遇吕尚。吕尚曾在渭水边垂钓，所以称"太公涓"，涓，音juān，细水。《史记·留侯世家》："太公，姜子牙，周义王师，封齐侯也。"

姜子牙被神化后，还有一些别称，如武祖、神祖、武圣、齐天至尊、神上神、众神之神。称"武祖""武圣"是因为传说姜子牙写有《六韬》，又叫《太公六韬》，这是一部兵书，也叫《太公兵法》《素书》）。

五柳先生　东晋文学家陶渊明的别称，也是志趣高尚的隐士的别称。陶渊明《五柳先生传》中说："宅边有五柳树，因以为号焉。"

五言长城　唐代诗人刘长卿的别称。刘长卿善写五言诗，无人超过他，世称"五言长城"。《新唐书·秦系传》："（系）与刘长卿善，以诗相赠答。权德舆曰：'长卿自以为五言长城，系用偏师攻之，虽老益壮。'"偏师，非主力军。

牛鬼少年　唐代诗人李贺的别称。李贺诗构思奇特，杜牧说他"鲸呿鳌掷，牛鬼蛇神，不足为其虚荒诞幻也"。意思是说像鲸鱼张口，海龟腾跃一样，像牛头的鬼、蛇身的神一样，气势雄伟奇特，意境荒诞虚幻。呿，音qū，张口貌；鳌，音áo，传说中大海里的龟和鳌，典出唐·杜牧《李长吉歌诗叙》。

狂吟老监　唐诗人贺知章的别称。贺知章有"四明狂客""秘书外监"等号，故称。省称作"狂客"。

醉吟先生　唐诗人白居易的别称。《新唐书·白居易传》："居官辄病去，遂无立功名意……自号醉吟先生。"

梅花处士　北宋诗人林逋的别称。林逋喜欢梅花和仙鹤，有"梅妻鹤子"之称。即以梅为妻、以鹤为子，喻称清高隐居。处士，旧称有德才而隐居不仕的人，也泛称未做过官的人。逋，音bū。清·龚自珍《己亥杂诗》二四五："牡丹绝色三春暖，岂是梅花处士妻？"

观音大士　观世音菩萨的别称。观世音，也作"观音"，因避唐太宗李世民名讳去掉了"世"字。宋·陆游《老学庵笔记》卷二："乱定，惟画观音大士而已。"

黄面老禅　释迦牟尼的别称。佛像的脸部大都涂成金黄色，故称。也作"黄面瞿坛"。瞿昙，释氏的姓，也译"乔达摩"。宋·陈与义《觉心画山水赋》："天宁堂中，黄面老禅，四海无人，碧眼视天。"胡穉笺注："翠岩称释迦为黄面老，见《传灯录》。"

骊山老母　神话人物女娲的别称。传说女娲在陕西骊山炼石补天。娲，音wā。或曰骊山老母，实有其人，是殷周时人，是天子，也称"骊山女"，见清·俞樾《曲园杂纂·小浮梅闲话》。

（二）不确指人名别称

梵花 尼姑的别称。梵，音fàn，古印度语，意为清净，寂静。清·华广生《白雪遗音·玉蜻蜓·追诉》："昔年我父爱梵花，留恋尼姑生下。"

梵行先生 和尚的别称。宋·叶廷珪《海录碎事·道释》："梵行先生，佛之称僧。"梵行，谓清净除欲之行。

敕头 状元的别称。敕，音chì，意为皇帝诏令第一名。也作"伦魁"。伦，通"抡"，挑选，选择；魁，首，第一。

敦阜 土的别称。敦，音dūn，厚；阜，音fù，高。《素问·五常政大论》："土曰敦阜。"

泰山 岳父的别称。也称"岳翁"。或曰，泰山有丈人峰，故称岳父为"泰山"。或曰，唐开元十三年，唐玄宗在泰山封禅，三公以下都升一级。张说为封禅使，给他女婿郑镒由九品升至五品，连升四级，有人讥之曰："此泰山之力也。"

晚父 继父的别称，也称"后父"。元·书会才人编《白兔记》："我刘知远……被晚父赶出，不容知远还家。"

泰水 岳母的别称。宋·庄季裕《鸡肋编》卷上："俗人以泰山有丈人观，遂谓妻母为泰水。"

拙荆 妻子的别称，也是谦称。《太平御览》卷七一八引《列女传》说，东汉梁鸿的妻子孟光生活俭朴，以荆枝作钗、粗布为裙。意为笨拙粗陋的妻子。妻子的别称还有"内人""内子""内属""室家""室氏"。

拙夫 丈夫的别称。也是谦称。明·施耐庵《水浒传》第四十五回："这个叔叔便是拙夫新认义的兄弟。"

墨客 文人的别称，也称"墨卿"。汉·扬雄《长杨赋》："言未卒，墨客降席，再拜稽首。"鲁迅《坟·从胡须说到牙齿》："文人墨客大概是感性太锐敏了之故罢，向来就很娇气。"

西席 老师的别称。古人席地而坐，席次尚右，右为宾师之位，居西而面东，西为尊位。也称"西宾""教习""教谕""先生""司业""学官""校官""讲郎""祭酒""博士""师傅""师"

等。这些称谓中有时代的变化，含义也各不相同。如"西席"指家庭教师、私塾先生；"学官"是汉代称谓；"教谕"是宋至清代称谓；"教习"是明清时的称谓；"司业"相当于今天的副校长；"祭酒"相当于今天的大学校长。《红楼梦》第二回："知他正要请一西席，教训女儿。"

储胤 太子的别称，也称"储嗣""储贰""储二""储君""储宰""储"。储，副，辅佐；胤，音yìn，子孙相承；贰，副，继承，接班。

庠士 明清时秀才的别称。也称"庠生"。庠，音xiáng，古代称学校。明·沈德符《野获编补遗·嗤鄙·侮人自侮》："吴中人士，好为滑稽，向有一年少庠士，吻流也。一日，遇所善僧，戏曰：'秃子之秃字若为写？'僧应声曰：'即秀才秀字掉转尾去。'士为屈服。"吻流，利口之辈。

史李 古代法官的别称。《鹖冠子·王鈇》："治不逾官，使史李不误，公市为平，生者不喜，死者不怨。"鹖，音hé，野雉之类，鹖冠，插有鹖羽的武士冠。

阁揆 宰相的别称。也称"揆席""揆衡""揆门相"。揆，音kuí，管理；衡，权衡。王芸生《日本对辛亥革命之操纵与干涉》："自袁世凯出任阁揆，东京外务省以为中国之乱，可由采取君主政体而终止。"

看官 话本或小说中对听众和读者的别称。也作"看倌"。倌，本指服务员，代称观众。明·凌濛初《初刻拍案惊奇》卷一："看官有所不知，假如人家出了懒惰的人，也就是命中该贱。"

官人 妻子对丈夫的别称。《水浒传》中称西门庆为"西门大官人"。民间称"新郎官"。《喻世明言》卷四十："（闻氏）道：'官人早回，休叫奴久待则个'。"

倌人 妓女的别称，系吴语词汇。清·韩邦庆《海上花列传》第一回："慢慢的说到堂子倌人。"

羽人 中国古代神话中的飞仙，也称"羽君""羽中""羽衣""羽士"。《山海经》中说羽人国中的人皆穿羽毛做成的衣服，都能飞升成仙。后成为道教中道士的别称。明·梅鼎祚《玉合记·入道》："来这华山云台观做个羽人，明星夜礼，灵药朝修。"

里正 里长的别称。也称"里胥""里宰""里魁"，古代的乡官，相当于现在的村长。唐代一百户为一里，设里长一人。胥、宰，皆指小吏。清·刘鹗《老残游记》第十五回："连忙跑来看时，却好乡约、里正俱已到齐。"

半子 女婿的别称。民间谓女婿顶半个儿子。《新唐书·回鹘传上》："昔为兄弟，今婿，半子也。"

驵侩 市侩的别称，泛称经纪人。驵，音zǎng，好马，后称马匹交易的中间人；侩，音kuài，交易介绍人。也称"驵会""驵骏""驵阛""驵狯"。阛，音huì，街市。

门墙 师门的别称。即老师的门下。即同为老师的学生。《论语·子张》："夫子之墙数仞，不得其门而入。"意思是说，老师家的围墙有几丈高，如果找不到大门就进不去。喻称老师学问之高深。

姒娣 妯娌的别称。姒娣，音sìdì，两兄弟的妻子的合称。清·李汝珍《镜花缘》第四十回："姒娣相睦，妯娌同心。"

太监 宦官的别称。也称"宦者""宦吏""宦侍""宦人""宦寺""宦竖""寺臣""寺人""阉人""阉儿""阉宦""阉竖""火者""私白"等。宦，音huàn，即阉人。阉，音yān，割去男人的生殖器；寺，"侍"的古字；竖，本指小孩、童仆，后成为蔑称，意为这小子，这家伙。火，指受阉的仆役（如烧火的人）。私白，个人私自阉割，也称"自宫"，又称"无名白"，即没有名气的白丁，这些人一般入不了宫。监，音jiàn，不读jiān。老舍《茶馆》第二幕："十几年前，有个娶媳妇的太监？"

采芹人 科举时代秀才的别称。语出《诗·鲁颂·泮水》："思乐泮水，薄采其芹。"意思是高兴地在泮水采摘芹菜。泮水，代称泮宫，即学校。泮，音pàn。明·凌濛初《初刻拍案惊奇》卷十："他日必为攀桂客，目前尚作采芹人。"

紫微郎 唐代中书舍人的别称，泛称大官。唐代改中书省为紫微省，改中书舍人（也作"中书侍郎"）为紫微舍人，省称作"紫微郎"。也作"紫薇郎"，是"紫微侍郎"的省称。紫微，星名，为诸星之首，是帝星。侍郎，在唐代为中书省、门下省、尚书省所属各部的副长官，相当于现在的副部长。唐·白居易《紫薇花》："独坐黄昏谁是伴，紫薇花对紫微郎。"

（三）动植物别称

司晨　公鸡的别称。也称"烛夜""时夜""窗禽"。晋·陶渊明《述酒》："流泪抱中叹，倾耳听司晨。"《三字经》："犬守夜，鸡司晨。"

杜宇　杜鹃鸟的别称。也称"子规""杜主"。《太平御览》载，传说蜀王杜宇，号望帝，死后"其魂化为鸟，名曰杜鹃"。成语有"望帝啼鹃""杜宇化鹃"。

孝乌　乌鸦的别称，也作"孝鸟"。东汉·许慎《说文解字》："乌，孝鸟也。"相传乌鸦长大后要衔食喂养自己的母亲。这就是"乌鸦反哺"。所以乌鸦又叫"慈乌""慈鸦"。代称子女孝顺父母。典出《艺文类聚》卷九十二。西晋·李密《陈情表》中有"乌鸟私情，愿乞终养"句。表达了李密对祖母的孝心。

寒鸦　乌鸦的别称。原义是天寒归来的乌鸦，也作"昏鸦"。元·马致远《天净沙·秋思》："枯藤老树昏鸦，小桥流水人家。"元·白朴《天净沙·秋》："孤村落日残霞，轻烟老树寒鸦。"

丹鸟　凤凰的别称。也称"朱鸟""仪凤""仪羽""火凤"。仪，仪容，谓凤凰来舞，仪容非凡，所以成语有"凤凰来仪""有凤来仪"。相传凤凰是火的精灵，故称"火凤"，也作"火中凤凰"。郭沫若写有《凤凰涅槃》即取此义。丹、朱，红色，传说凤凰为红色。南朝·陈·徐陵《丹阳上庸路碑》："天降丹鸟，既序《孝经》，河出应龙，乃弘《周易》。"

促织　蟋蟀的别称。也称"秋蛩""蛐蛐儿"。蛩，音qióng。《聊斋志异·促织》："宣德间，宫中尚促织之戏，岁征民间。"

仓庚　黄莺的别称，也称"黄鹂""仓庚鸟"。《诗·豳风·东山》：“仓庚于飞，熠耀其羽”。意思是黄莺飞翔，羽毛闪亮。熠耀，音yìyào，鲜明，光亮。

羲爱 鹅的别称。东晋王羲之酷爱鹅，故称。清·翟灏《通俗编·禽鱼》：“今人书简称鹅曰羲爱。”

胎仙 鹤的别称。传说鹤是仙鸟，胎生，故称。实际上鹤是卵生。明·李时珍《本草纲目·禽一·鹤》：“《释名》引八公《相鹤经》：‘鹤乃羽族之宗，仙人之骥，千六百年乃胎产，则胎仙之称以此。世谓鹤不卵生者误矣。’”

脱裤 布谷鸟的别称，因其鸣叫声像“脱裤”或“布谷”，故称。裤，音kù，“裤”之异体字。宋·辛弃疾《采桑子·书博山道中壁》：“提壶脱裤催归去，万恨千情，万恨千情，各自无聊各自鸣。”邓广铭笺注：“提壶、脱裤，俱鸟名，以其鸣声而得名者也。”

於菟 老虎的别称，也作“於䖘”，於，音wū；菟，同“兔”；䖘，音tú，江南人称虎为“䖘”。鲁迅《答客诮》：“知否兴风狂啸者，回眸时看小於菟。”

乌金 猪的别称。唐·张鷟《朝野佥载》：“唐拱州人畜猪致富，号猪为乌金。”另外，“乌金”也是铁、煤、墨的别称。

神狸 灵猫的别称。是一种小型食肉动物。狸，音lí，即“貉”，也称“狸猫”“山猫”“豹猫”。明·李时珍《本草纲目·兽二·灵猫》：“（神狸）自为牝牡，又有香气，可谓灵而神矣。”

活东 蝌蚪的别称，也称“活师”“虾蟆骨突儿”。明·唐寅《和沈石田〈落花诗〉》：“向来行乐东城畔，青草池塘乱活东。”

辩哥 鹦鹉的别称，也作“辨哥”。

长耳公 驴的别称，省称作“长耳”。金·元好问《续夷坚志·王叟阴德》：“今商贩家，自临洮山外，以长耳负甘草来。”

独笋子 羊的别称，也作“白石道人”。参见代称中“白石道人”条。

独笋牛 犀牛的别称。宋·陶谷《清异录·兽》：“李栖筠家号犀牛为独笋牛。”

玉京子 蛇的别称。古小说中有玉京子蛇。唐·裴铏《传奇·崔炜》:"呼蛇为玉京子,何也?"曰:"昔安期生跨新龙而朝玉京,故号之玉京子。"玉京,道教传说元始天尊居住在玉京山。

当路君 狼的别称。晋·葛洪《抱朴子·登涉》:"山中寅日,有自称虞吏者;虎也,称当路君者,狼也。"虞吏,掌管山泽苑囿之官,这里是戏称。

绿耳公 马的别称。绿耳,亦作"騄駬",音lǜěr,周穆王八骏之一,名马。

傅粉何郎 蝴蝶的别称,也是戏称,省称作"傅粉郎"。本指三国时曹魏大臣何晏,他长相俊美,喜欢傅粉。

斑特处士 牛的别称,也是戏称。特:公牛。出自《太平广记》卷四三四。

斑寅将军 老虎的别称,也是戏称。十二生肖中的寅即虎。出处同上。传说唐朝大中年间,秀才宁茵夜间正在吟诗,忽闻扣门声,来访者一称桃林斑特处士,一称南山斑寅将军。饮酒赋诗,大醉而别。天明出门一看,唯有牛踪虎迹而已。

灶前老虎 猫的别称,也是戏称。

水芝 荷花的别称,也作芙蓉、芙蕖、菡萏、莲花、凌波仙子。蕖,音qú;菡萏,音hàndàn。水芝,也是莲子的别称,又是冬瓜的别称。

媚世 兰花的别称。清·厉荃《事物异名录·花卉·兰》:"《退居录》:'兰,一名媚世。'"

凤梨 菠萝的别称。台湾人称菠萝为凤梨。也有人说是两种水果,菠萝有肉刺,凤梨无肉刺。

红牙 檀木的别称。檀木色红质坚,故称。也称"青龙木"。唐·白居易《中和日谢恩赐尺状》:"况以红牙为尺,白银为寸,美而有度,焕以相宜。"

英雄树 木棉的别称。也作"木绵""红棉""攀枝花""斑枝棉""攀枝"。柳亚子《追忆张秋石女士》:"一恸神州万涕哗,南天忍见木棉花。"自注:"棉花一名英雄树,盖广州之市花也。"

相思子　红豆的别称。唐·王维《江上赠李龟年》:"红豆生南国,春来发几枝,愿君多采撷,此物最相思。"撷,音xié,采摘。红豆何以相思,有人从唐代诗人温庭筠《南歌子词二首》其二"玲珑骰子安红豆,入骨相思知不知"中得出结论,说骨制的骰子中镶嵌上红豆,取相思入骨之意,所以唐·李匡乂《资暇集》中说唐时"举世呼为'相思子',即红豆之异名也"。(参见《光明日报》2018年6月11日刘晓明、孙向荣《红豆何以相思》一文)(按:《江上赠李龟年》又作《相思》,文字略有差异。)

思维树　菩提树的别称,也称"贝多"。相传佛祖释迦牟尼在菩提树下沉思坐化成佛。菩提,梵文音译,意为智慧、觉悟。

愁妇草　相思草的别称,据说人含此草易兴奋,离不开,故称。《太平广记》卷四〇八引南朝·梁·任昉《述异记》:"秦赵间有相思草,状若石竹,而节节相续。一名断肠草,又名愁妇草,亦名媚草,又呼为寡妇莎,盖相思之流也。"

一枝香　荔枝的别称。宋·刘子翚《荔子》:"笔下丹青千品色,钗头风露一枝香。"

一枝春　梅花的别称。南朝·宋·陆凯《赠范晔》:"折花逢驿使,寄与陇头人。江南无所有,聊赠一枝春。"

洛阳花　牡丹的别称。洛阳的牡丹最出名,故称。唐·李商隐《漫成三首》其一:"远把龙山千里雪,将来拟并洛阳花。"

王者香　兰花的别称。汉·蔡邕《琴操·猗兰操》:"(孔子)自卫返鲁,过隐谷之中,见芗兰独茂,喟然叹曰:'夫兰当为王者香,今乃独茂,与众草为伍,譬犹贤者不逢时,与鄙夫为伦也。'"芗,音xiāng;鄙夫,庸俗鄙陋之人;伦,类,同类。

映山红　杜鹃花的别称,也称"山石榴""满山红"。宋·杨万里《明发西馆晨炊蔼冈》:"日日锦江呈锦样,清溪倒照映山红。"

寄春君　梅花的别称。元·龙辅《女红余志·梅》:"南华封梅为寄春君。"

凌波仙子　水仙花的别称,也是荷花的别称。宋·黄庭坚

《王充道送水仙花五十枝欣然会心为之作咏》："凌波仙子生尘袜，水上轻盈步微月。"用女子的步履轻盈比喻水仙花的娇媚。

（四）日、月、节令名别称

羲和　太阳的别称。也称羲阳、羲御、羲驭。羲和是太阳神。羲，音xī。《后汉书·崔骃传》："氛霓郁以横厉兮，羲和忽以潜晖。"李贤注："羲和，日也。"

旸乌　太阳的别称。旸，音yáng，日出；乌，传说太阳里有三足乌。唐·韩愈《讼风伯》："旸乌之仁兮，念此下民，閟其光兮，不斗其神。"閟，音bì，闭，止。

耀灵　太阳的别称。战国·屈原·《楚辞·远游》："恐天时之代序兮，耀灵晔而西征。"

婵娟　月亮的别称。婵娟，姿态美好貌，喻称美女。传说月亮上有嫦娥仙子，所以称月亮为婵娟。

月亮的别称多达数百个，这是因为月亮跟人的关系亲近。月亮是文人经常描述的对象，特别在诗词曲赋中为重点描述的意象，所以月亮的别称中多比喻、多形容、多重合、多交叉、多意境、多想象。为了方便，我们分十四类列举月亮的别称。

①神话传说中有"嫦娥奔月"的故事，所以产生了以下别称：嫦娥、姮娥、月娥、金娥、银娥、素娥、残娥、姱娥、娥月、娥影、娥灵。姮，音héng；姱，音kuā，美好。如《淮南子·览冥训》："羿请不死之药于西王母，姮娥窃以奔月。"

②传说中有"玉兔捣药"的故事，所以产生了以下别称：玉兔、白兔、银兔、冰兔、金兔、玄兔、卧兔、兔影、兔晖、兔辉、兔月、月兔。甚至连捣药的"玉杵"也成了月亮的别称。杵，音chǔ，棒。如南朝·宋·谢庄《月赋》："引玄兔于帝台，集素娥于后庭。"

③传说中有"吴刚伐桂"的故事，所以产生了以下别称：桂、丹桂、月桂、玉桂、桂月、桂轮、桂宫、桂窟、桂丛、桂杖、桂影、桂晖、桂魄。如南朝·陈·张正见《薄帷鉴明月诗》："长河

上月桂，澄彩照高楼。"

④传说中有"蟾蜍成精"的故事，所以产生了以下别称：蟾蜍、玉蟾、明蟾、清蟾、凉蟾、寒蟾、冰蟾、金蟾、银蟾、灵蟾、彩蟾、素蟾、孤蟾、新蟾、蟾宫、蟾蜜、蟾阙、蟾光。阙，音què，代称宫门，宫殿。如唐·刘禹锡《和汴州令狐相公到镇改月偶书所怀（二十二韵）》："管弦喧夜景，灯烛掩寒蟾。"

⑤传说中月亮上有广寒、清虚两座宫殿，所以产生了以下别称：广寒、清虚、广寒宫、广寒殿、清虚宫、清虚殿。如宋·杨万里《木犀初发呈张功父》："尘世何曾识桂林，花仙夜入广寒深。"

⑥传说中为月亮驾车的神叫"望舒"，所以月亮有一个特殊的别称"望舒"。如《后汉书·蔡邕传》："元首宽则望舒朓，侯王肃则月侧匿。"诗句以拟人化的手法写出人们对君主、侯王宽厚和严厉政策的态度。

⑦初月如钩，所以产生了以下别称：银钩、玉钩、琼钩、帘钩、玉帘钩。如宋·李弥逊《游梅坡席上杂酬》："竹篱茅屋倾樽酒，坐看银钩上晚川。樽，酒杯。

⑧弦月如弓，所以产生了以下别称：玉弓、明弓、月弓、弓月。如隋·明余庆《从军行》："剑花寒不落，弓月晓逾明。"

⑨满月如轮，所以产生了以下别称：如盘、如镜、如规、如环、如丸、金轮、银轮、月轮、琼轮、白轮、冰轮、圆轮、孤轮、轮晖、轮辉、金盘、银盘、玉盘、晶盘、白玉盘、金镜、银镜、玉镜、冰镜、水镜、圆镜、宝镜、飞镜、天镜、桂镜、金鉴、银鉴、玉鉴、冰鉴、圆鉴、宝鉴、清规、金丸、素丸、玉环、金环、银环、月环、琼坏、白坏、冰坏、圆环。如宋·苏轼《宿九仙山》："夜半老僧呼客起，云峰缺处涌冰轮。"

⑩月亮夜行于天，有明有暗，有圆有缺，所以产生了以下别称：夜光、孤光、夜明、玄烛、玄晖、玄辉、素晖、方晖、晖素、素月、素影、宵晖、清光、圆光、圆景、圆影、秋影、圆缺、琼阙、皓彩、清晖、半轮。玄，夜。如宋·辛弃疾《永遇乐》："待行过溪桥，夜半更邀素月。"

⑪月亮初升或始缺时不明亮的部分叫"魄",阴历每月初始见到的月亮叫"魄",所以产生了以下别称:月魂、月魄、金魄、玉魄、皓魄、素魄、新魄、圆魄、纤魄、细魄、夜魄、晚魄、宵魄、晓魄、残魄、莹魄、魄月、魄宝、魄渊。如宋·王安石《与微之同赋梅花得香字》:"好借月魂来映烛,恐随春梦去飞扬。"

⑫从阴阳学的角度看,古人认为日为阳气之精,月为阴气之精,所以产生了以下别称:太阴、月阴、月灵、阴光、阴灵、阴宝、阴婆、阴精、阴兔、阴魄。如南朝·宋·谢庄《月赋》:"日以阳德,月以阴灵。"

⑬各种别称互相交错,重新组合,又派生出以下新的月亮的别称:兔蟾、蟾兔、蟾桂、桂蟾、桂兔、兔轮、兔魄、桂轮、桂魄、圆蟾、圆舒、娥轮、镜轮、蟾轮、蟾盘、蟾魄、蟾钩。如唐·曹松《中秋对月》:"无云世界秋三五,共看蟾盘上海涯。"

⑭此外,月亮还有一些别称:玉羊、玉壶、玉碗、碧华、金波、冰壶、银蓓、银苑、金饼、地卫等,不再一一列举。如地卫,月亮是环绕地球运行的卫星,故称。宋·苏舜钦《和解生中秋月》:"银塘通夜白,金饼隔林明。"

泰元　天的别称。泰,大;元,同"圆"。古人认为天是一个大圆球,有"天圆地方"之说。《史记·孝武本纪》:"天增授皇帝泰元神策,周而复始。"

阳春　春天的别称。也称三春、芳春、阳节、昭节、青阳、韵节、淑节、兰时、华节、望杏、百花节、艳阳天。淑节,即佳节。唐·酒肆布衣《醉吟》:"阳春时节天气和,万物芳盛人如何。"

上元节　元宵节的别称,也称"灯节"。《旧唐书·中宗纪》:"(景龙四年)丙寅上元夜,帝与皇后微行观灯。"

乞巧节　七夕的别称,也称"女儿节"。谓女子穿针乞求手巧。南朝·梁·宗懔《荆楚岁时记》:"七月七日为牵牛织女聚会之夜。是夕,人家妇女结彩楼,穿七孔针,或以金银鍮石为针,陈瓜果于庭中以乞巧……"鍮石,指黄铜,鍮,音tōu。

天中节　端午节的别称,也称"蒲节"。《水浒传》第一一〇回："正值五月五日天中节，宋江教宋清大排筵席。"

中元节 农历七月十五日的别称，也称"鬼节""盂兰盆节""盂兰会节""施孤""亡人节""七月半"。盂兰，梵文音译，意为救倒悬、解痛苦。施孤，以供品、纸钱祭奠死者。清·孔尚任《桃花扇·闲话》："昨夜乃中元赦罪之期，想是赴盂兰会的。"

下元节 农历十月十五日的别称，也称"下元日""下元"。是祭祀祖先的节日。宋·洪迈《容斋三笔·上元张灯》："太平兴国五年十月下元，京城始张灯如上元之夕。"

红茶花节 五一国际劳动节的别称。"五一节"游行肇始于法国巴黎。据说当时有两个青年男女手持白茶花随游行队伍前进，突然警察开枪打中二人前胸，鲜血把白茶花染成了红色，故称"红茶花节"。

（五）山川、地名别称

许多地名承载着一个地方的历史沿革、文化精髓、民俗风情、语言文学等多方面的信息。

昆冈 昆仑山的别称。也作"崑冈"。元·周霆震《喜雪》："玄冥振辔祝融遁，怒势欲遣昆冈摧。"玄冥，雨神；祝融，火神。

沧海 东海的别称。汉·曹操《步出夏门行·观沧海》："东临碣石，以观沧海。"

岱宗 泰山的别称。也作岱山、岱岳、泰岳、泰岱。岱，音dài，泰山的别名；岳，高大的山。唐·杜甫《望岳》："岱宗夫如何，齐鲁青未了。"宗，尊崇，宗仰。

匡庐 庐山的别称。也称"匡阜"。相传殷周之际，有匡俗兄弟七人结庐于此，故称。阜，音fù，土山。唐·白居易《庐山草堂记》："匡庐奇秀，甲天下山。"庐，房屋。

歇浦 上海黄浦江的别称。也称"黄歇浦"。相传战国时楚国的春申君黄歇疏凿此江，故称。浦，音pǔ，水滨。黄葆桢《杨哲商烈士悼歌》之二："歇浦滩头遇秋侠，秋侠识为人中龙。"秋侠，指女侠秋瑾。

朝夕池　海的别称。朝,音cháo。汉·枚乘《上书重谏吴王》:"游曲台,临上路,不如朝夕之池。"朝夕,即潮汐,海水涨落的现象。

白下　南京的别称。白下,古地名,在今南京西北,也称"白门"。南京的宣阳门俗称"白门"。当代作家刘斯奋著有长篇小说《白门柳》,获第四届茅盾文学奖。《北齐书·颜之推传》:"经长干以掩抑,展白下以流连。"长干,古建康里巷名,故址在今南京市南。

南京的别称还有:宁、冶城、越城、丹阳、秣陵、建邺、秦淮、金陵、建康、石头城、江宁、天京、应天、六朝古都、十朝都会、开明之城、博爱之都、虎踞龙盘之城、钟山风雨帝王城、升州、蒋州、上元、集庆、京师、南都等二十多个。这些别称分别出自不同历史时期的不同著作中。《红楼梦》第二回:"去岁我到金陵时,因欲游览六朝遗迹,那日进了石头城。"

燕京　北京的别称。北京的别称还有:京、蓟城、涿郡、幽州、北平、京城、大都、京师、燕都、京兆、顺天府、南京(辽太宗时)等。明·冯梦龙《警世通言·杜十娘怒沉百宝箱》:"说起燕都的形势,北倚雄关,南压区夏,真乃金城天府,万年不拔之基。"区夏,指中原地区。

长安　西安的别称。西安的别称还有:咸阳、丰京、镐京、丰镐、大兴、大安府、西京、常安、西安府、京兆府、雍州、古城、唐城、汉城等。《诗·大雅·文王有声》:"考卜维王,宅是镐京。"大意是说武王准备营建镐京,镐,音hào,镐京为西周国都,在今西安市西南、沣河东岸。西安是中国的古都,历史上许多朝代都建都于此。有九朝说、十朝说、十一朝说、十三朝说、十六朝说、十七朝说等六种说法。最常提到的是"九朝说"和"十三朝说"两种说法。"十三朝说"是:西周、秦、西汉、新朝、东汉、西晋、前赵、前秦、后秦、西魏、北周、隋、唐。

锦城　成都的别称。也是"锦官城"的省称。蜀汉曾设"锦官"保护蜀锦生产。蜀锦很有名,故称。唐·杜甫《蜀相》:"丞相祠堂何处寻，锦官城外柏森森。"杜甫《春夜喜雨》："晓看红湿处，花重锦官城。"成都的别称还有：龟城、龟化城、芙蓉城、蓉城、蓉。

洪都 南昌的别称。南昌曾为洪州治所，唐初在此设都督府，故称。唐•王勃《滕王阁序》："豫章故郡，洪都新府。"豫章，汉郡名，也指南昌。南昌的别称还有豫章、章城。

鹤城 苏州的别称。源自《吴越春秋•阖闾内传》。武王阖闾女儿死，王令舞白鹤于吴市的故事。苏州的别称还有姑苏、阖闾、阖庐、水城。此外，被称为鹤城的地方还有浙江青田、河南睢县、湖南怀化、黑龙江齐齐哈尔等。鹤城也是扬州的别称。南朝•梁•殷芸《小说•吴蜀人》："有客相从，各言所志：或愿为扬州刺史，或愿多赀财，或愿骑鹤上升，其一人曰：'腰缠十万贯，骑鹤上扬州。'"宋•王奕《贺新郎•题扬州琼花观》："禁苑岂无新雨露，底事刚移不去，偏恋定鹤城抔土。"抔土，一捧土。抔，音póu，捧，把。

津沽 天津的别称。天津的别称还有：津、沽、津门、沽上、直沽、天津卫等。沽，音gū，水名，天津有塘沽、大沽等七十二沽，许多村庄也用"沽"字命名。明朝永乐二年（1404）筑天津城，因地处畿辅门户，故名津门。清•王韬《跋上海〈字林西报〉后》："即如西人两扰津门，遂以津门为重地……"

榕城 福州的别称。福州多榕树，故称。福州也称榕、三山、东越、左海、闽都、闽城、冶城。清•朱文藻《〈榕城诗话〉跋》："榕城者，闽中多榕树……故闽城以是为号。"

鹭岛 厦门的别称。厦门多白鹭鸟，故称。白鹭是厦门的市鸟。厦门也称鹭城、鹭门、鹭屿，也称"侨乡"。元•刘诜《寄刘济用万户》："暮春归帆拂鹭屿，满城酒香咽箫鼓。"

香江 香港的别称。香港有香江流过，故称。

濠江 澳门的别称。澳，海边弯曲可以停船的地方。澳门的别称还有妈港、濠江、濠海、濠镜、氹仔、路环、香山嶴、梳打埠等。明•沈德符《万历野获编•外国•香山嶴》："丁未年，广东番禺举人卢廷龙，请尽逐香山诸夷，还我濠镜故地。氹，音dàng，也写作"凼"，田地沤肥的小坑。

武林 杭州的别称。因杭州有武林山而得名。杭州的别称还有临安、钱塘、余杭、杭城、杭、腰鼓城等。宋·苏轼《送子由使契丹》："沙漠回看清禁月，湖山应梦武林春。"南宋周密《武林旧事》一书专门写杭州城市风貌。

汴京 开封的别称。开封的别称还有汴梁、汴州、东京、大梁、梁汴。汴，音biàn。清·丘逢甲《牡丹诗》十一："汴京纳土说钱王，陌上看花兴未忘。"

淞沪 上海的别称。也称吴淞、沪渎、沪。淞，音sōng；渎，音dú，水沟，小水渠。历史上有著名的"淞沪会战"（即"八一三战役"）。

并州 太原的别称。并州为古州名，古十二州之一。后专称山西太原。并，音bīng。唐·李白《少年行》之一："经过燕太子，结托并州儿。"并州儿，泛指北方边地的豪侠少年。用并州组成的词有"并州儿""并州器""并州刀""并州剪"等。

许多城市以"×城""×都""×乡"命名，说明该城市的自然山川、地貌气候、历史文化、特产特色等。

（1）以"×城"命名的城市别称。

鹅城 广东惠州、广西百色的别称。

车城 吉林长春的别称，湖北十堰市也称车城。

滨城 辽宁大连的别称，山东滨州也称滨城。

江城 湖北武汉的别称，也称"九省通衢"，简称"汉"。

荔城 福建莆田的别称。

泉城 山东济南的别称。也称"齐州"，简称"济"。济南有七十二泉，著名的有趵突泉、黑虎泉、珍珠泉、玉河泉等。

冰城 黑龙江哈尔滨的别称。

春城 云南昆明的别称。昆明的气候四季如春，故称。也称"花城"。

山城 重庆的别称，简称"渝"。也称"雾城"。重庆多山多雾，故称。

平城 山西大同的别称。

彭城 江苏徐州的别称，简称"徐"。

甬城 浙江宁波的别称。

圣城 山东曲阜的别称。圣人孔子出生在曲阜，故称。阜，音fù。

珠城 广西北海的别称。北海合浦产珍珠，称"南珠"，很出名。常言说"西珠不如东珠，东珠不如南珠"。西珠指意大利产的珍珠，东珠指日本产的珍珠。

鹿城 内蒙古包头的别称。包头是蒙语译音，意思是"有鹿的地方"。也称"草原钢城"。浙江温州也称"鹿城"，温州简称"瓯"，音ōu。

青城 内蒙古呼和浩特的别称。呼和浩特是蒙古译音，意思是"青色的城市"，也称"乳都"。呼和浩特的乳业很发达。呼和浩特的旧称有云中、归绥、归化。

星城 湖南长沙的别称。古称"潭州"，还有"屈贾之城""潇湘洙泗"等别称。屈贾，指屈原和贾谊；潇湘，湖南二水名；洙泗，曲阜二水名，孔子曾在此聚徒讲学，代称人才聚集之地；"潇湘洙泗"的含义是湖南（长沙）像山东（曲阜）一样是出过大人物的地方，是人才聚集之地。

鬼城 重庆丰都的别称，在长江北岸，也称"幽都"，鬼城以各种阴曹地府的建筑和造型而出名，如奈何桥、鬼门关、黄泉路、十八层地狱等。

龙城 广西柳州的别称，龙城也是山东诸城、河南濮阳、甘肃天水、湖南湘乡、江苏常州、辽宁朝阳、山西太原等七个城市的别称。

酒城 四川泸州的别称，泸州产的泸州老窖、郎酒很出名。泸州的别称还有江阳、小山城。

港城 山东烟台的别称。也是河北秦皇岛的别称。

婺城 浙江金华的别称。金华古称婺州、八婺，该地的戏剧叫"婺剧",也叫"金华戏"。婺,音wù,水名,即金华江。

烟城 河南许昌的别称。也是江苏常州的别称。

鲤城 福建泉州的别称,泉州的地形像一条鲤鱼,故称。

邕城 广西南宁的别称。南宁在唐代属邕州,有邕江流过,故称。南宁的别称还有"绿城""五象城"。

油城 因产石油而称"油城"的城市很多,如黑龙江大庆、新疆克拉玛依、山东东营、甘肃玉门、广东茂名等。

月城 西藏西昌的别称。因特殊的地理位置,西昌是赏月的胜地。

火城 火城有三说,都是指气温特高的城市。①新疆吐鲁番的别称。吐鲁番也称火州、西州、交河。②三大火城:重庆、武汉、南京。③四大火城:南昌、重庆、武汉、南京。

禅城 广东佛山的别称。或因一座山中挖出三尊佛像,或因传播佛教较早,故称。

五羊城 广州的别称。传说古代有五个仙人乘五色羊,执六德至此,故称。省称作"羊城",也称"穗城",简称"穗"。也称"花城"。民间有"五羊衔谷,萃于楚庭"之说。萃,音cuì,聚集;楚庭,指广州。

凤凰城 有三说:①广东潮州的别称,也称作"凤城"。②辽宁丹东的别称。丹东有凤凰山,故称。③北宋都城东京汴梁(开封)的别称。

日光城 西藏拉萨的别称。拉萨年平均日照时间达三千多个小时,故称。

盐湖城 青海格尔木的别称。格尔木有著名的察尔汗盐湖,故称。

风筝城 山东潍坊的别称。潍坊放风筝已有1400余年的历史,是国内、国际风筝节的举办地,被誉为"世界风筝之都"。

服装城 福建石狮市的别称。石狮市是亚洲最大的服装城。

影视城 江苏无锡的别称。无锡建有"三国城""水浒城""唐城""欧洲城"等景观,供拍摄影视剧用。

小商品城　浙江义乌的别称。义乌古称"乌伤"。义乌是全球最大的小商品集散中心，被联合国、世界银行等国际权威机构定为世界第一大市场。

（2）以"×都"命名的城市别称。

煤都　辽宁抚顺的别称。

锡都　云南个旧的别称。个旧的锡储量占中国的三分之一。

珠都　安徽蚌埠的别称。史称蚌埠"古乃采珠之地"，也称"珍珠城"。

盐都　四川自贡的别称。自贡是中国的井盐产地。

陶都　江苏宜兴的别称。宜兴的紫砂陶壶十分有名。

瓷都　江西景德镇的别称。景德镇有"世界瓷都"之称，已有一千多年的历史。

乳都　内蒙古呼和浩特的别称。

酒都　中国有"四大酒都"：贵州仁怀，江苏宿迁，山西汾阳，四川宜宾。分别生产名酒茅台酒、洋河大曲、汾酒、五粮液。

（3）以"×乡"命名的城市别称。

花炮之乡　湖南浏阳的别称。浏阳的烟花爆竹久负盛名，1995年被国务院授予"中国烟花之乡"的称号。

杂技之乡　河北吴桥的别称。吴桥的杂技有1500年的历史。吴桥在沧州市。

越剧之乡　浙江嵊州的别称。嵊州是越剧的发源地，已被列入国家非物质文化遗产名录。嵊，音shèng。

鱼米之乡　江苏苏州的别称。苏州的别称还有"东方水城""园林之城""人间天堂"。

武术之乡　广东佛山的别称。李小龙拜师之地就是佛山咏春馆。武术之乡还是河北沧州、河南登封的别称，登封有著名的少林寺。

牡丹之乡　山东菏泽的别称。菏泽是世界上种植牡丹面积最大的城市。菏，音hé。牡丹之乡也是河南洛阳的别称。洛阳种植牡丹始于隋，盛于唐，宋时甲于天下，已有1400多年的历史。

椰子之乡 海南文昌的别称。

篮球之乡 广东东莞的别称。莞，音guǎn。

游泳之乡 浙江海宁、温州，广东东莞的别称。

田径之乡 辽宁大连、山东青岛、福建莆田的别称。

（4）还有一些其他说法也是城市或山川的别称。如：

天府之国 四川及成都的别称，也是陕南关中的别称。天府，天然的仓库，代称土地肥沃物产富饶的地区。《史记·留侯世家》："（张良）曰：'关中左崤函、右陇蜀，沃野千里，此所谓金城千里，天府之国也。'"

中国第一水乡 苏州周庄的别称，也是代称、美称。

天下第一奇山 安徽黄山的别称，也是代称、美称。黄山兼有泰山之雄伟，华山之峻峭，衡山之烟云，庐山之飞瀑，雁荡山之怪石，峨眉山之清秀。

（六）其他别称

聿 毛笔的别称。毛笔的别称还有：不律、弗、弱翰、颖生。聿，音yù，古代楚人称毛笔为"聿"，吴人称毛笔为"不律"，燕人称毛笔为"弗"。颖，笔尖，代称笔，颖生，是拟人的说法，也是戏称。

楮 音chǔ，树名，造纸的原料，代称纸，也是纸的别称。纸的别称还有"楮国公""楮待制"，这是拟人的说法，也是戏称。

庠 古代学校的别称，泛称学校。庠，音xiáng。汉·蔡邕《独断》："三代学校之别名，夏曰校，殷曰庠，周曰序。"殷，即商，盘庚迁殷（今河南安阳）建都273年，史称"殷商"，省称作"殷"。

栖迟 隐居的别称。《诗·陈风·衡门》："衡门之下，可以栖迟。"栖迟，居住，休息；衡门，横木为门，代称简陋的房舍。

四六 骈体文的别称，也称"应用文""四六文""敏博之学""骈四俪六"。四六，骈体文多数是以四字句和六字句相间成文。骈俪，音piánlì，并列，对偶，是"骈四俪六"的省称。

唐·柳宗元《乞巧文》："骈四俪六，锦心绣口，宫沉羽振，笙簧触手。"

沙笔 书法的一种"飞白"的别称，也是俗称。也称"枯笔""干笔""渴笔"。这种书体笔画丝丝露白，像枯笔所写。明·徐树丕《识小录·飞白》："则如今篆书之渴笔，俗所谓沙笔是也。"

书首 序言、序文的别称。宋·叶适《〈阴阳精义〉序》："余特载其师友源流，用为书首。"

泮宫 古代学校的别称。泮，音pàn，半月形的水池。古代学校门前多有半圆形水池。也称"頖宫"。頖同"泮"。泮宫，古代诸侯所设的大学。

辟雍 古代学校的别称。《礼记·王制》："大学在郊，天子曰辟雍，诸侯曰泮宫。"辟雍，也称"璧雍"，古代天子所设的大学。辟，音bì，通"璧"，学校周边有水环之，圆而如璧，门前有便桥。雍，音yōng，水名，学校在雍水之侧，像教化流行。

吕览 《吕氏春秋》的别称。秦国丞相吕不韦主持编写的一部黄老道家名著。该书分十二纪、八览、六论，共二十六卷，一百六十篇。汉·司马迁《报任安书》："不韦迁蜀，世传《吕览》。"

周雅 《诗经》中《大雅》《小雅》的别称。《诗经》皆为周诗，故称。

周鼓 石鼓文的别称。古人认为石鼓文，刻于周代，故称。石鼓文，中国现存最早的石刻文字，共十块鼓形石头，用籀文（大篆）刻写四言诗十首，共718个字，现藏北京故宫博物院。（按：专家考证认为石鼓文应为秦代石刻。）

迁史 《史记》的别称，也作"迁书"。迁，代称司马迁。清·康有为《读〈史记·刺客传〉》："迁史愤心尊聂政，泉明诗咏慕荆轲。"

腐史 《史记》的别称。腐，指腐刑，即宫刑。司马迁受腐刑后发奋著成《史记》，故称。清·郑燮《二生》："'腐史'湘骚问几更，衙斋风雨见高情。"

四、别称

班史 《汉书》的别称。《汉书》为东汉史学家班彪、班固父子所著，故称。南朝·梁·刘勰《文心雕龙·史传》："班史立纪，违经失实。"

同窗 同学的别称，也称同桌、同砚、同门、同笔砚、同床、同研。研，同"砚"。清·李渔《风筝误·议婚》："当初还有韩家侄儿，同窗砥砺。"

晚盖 改过自新的别称。盖，谓后善掩盖前恶。《国语·晋语一》："彼将恶始而美终，以晚盖者也。"韦昭注："美，善也；晚，后也；盖，掩也。言以后善掩前恶。"

曲巷 妓院的别称。清·蒲松龄《聊斋志异·林氏》："曲巷之游，从此绝迹。"

行院 妓院的别称。行，音háng。宋·马庄父《孤鸾》："陌上叫声，好是卖花行院。"

添丁 生男孩的别称。意谓为国家添一丁役。元·辛文房《唐才子传》卷八："先是生子名'添丁'。"

洋钱 银圆的别称。也作大洋、银洋、龙洋、洋钿、鹰洋、花边钱、花边鬼头等。因一开始银圆由外国人铸造，故加了一个"洋"字，如"鹰洋"是墨西哥铸造。钿，音tián，代称钱。

寒瓜 西瓜的别称。因西瓜性寒解热，故称。元·方夔《食西瓜》："恨无纤手削驼峰，醉嚼寒瓜一百筒。"驼，"驼"的俗体字；筒，"筒"的异体字。

净域 佛教寺院的别称。清·钮琇《觚賸·圆圆》："遇乱能全，捐荣不御，皈心净域，晚节克终。"賸，音shèng。

招提 佛教寺院的别称。招提是梵语的音译，应作"拓提"，后误作"招提"，意为四方。四方之僧称"招提僧"，四方之寺称"招提寺"或"招提僧坊"。

披裘 归隐的别称。汉之严光曾"披羊裘钓泽中"，隐乐不仕。裘，音qiú，皮衣。典出《后汉书·逸民传·严光》。宋·欧阳修《蔡州再乞致仕第二表》："俾其解组官庭，还车故里，披裘散发，逍遥垂尽之年；凿井耕田，歌咏太平之乐。"解组，解下印绶，谓辞去官职。组，印绶。绶，系印的丝带。

震旦 中国的别称，也称振旦、真丹、云汉国，这是古代印度对中国的称呼。唐·王勃《益州德阳县善寂寺碑》："蛟台蜃阁，俄交震旦之墟；月面星毫，坐照毗邪之国。"毗邪，古印度地名，代称古印度。毗，音pí。

握君 如意的别称。如意是用玉、骨等材料制成的一种手中玩件，取吉祥义。宋·陶谷《清异录·握君》："僧继颙住五台山，手执香如意，紫檀镂成，芬馨满室……秉此挥谈，名为握君。"

文虎 灯谜的别称。也称"灯虎"。以古籍中文句、诗句或人名、地名为谜底的谜语。形容猜谜如射虎难中，故称。

次韵 步韵的别称。谓依次用所和的诗中的韵脚作诗，要用原韵、原字。和，音hè。宋·程大昌《考古编·古诗分韵》："唐世次韵，起元微之、白乐天。"唐·元稹《酬乐天余思不尽加为六韵之作》："次韵千言曾报答，直词三道共经纶。"直词，据实陈述。

续弦 妻死再娶的别称。也称"鸾胶再续"，省称作"胶续"。古代以琴瑟喻称夫妻，故丧妻称"断弦"，再娶为"续弦"。五代·刘兼《秋夕书怀呈戎州郎中》："鸾胶处处难寻觅，断尽相思寸寸肠。"

火浴 火葬的别称，也作"火厝"。厝，音cuò，安置。清·黄宗羲《清化唯岑嶾禅师塔铭》："且从容约誓，火浴之后，扬灰湖水。"嶾，音yǐn。

眼泉 眼泪的别称。唐·皇甫枚《三水小牍·眼泉》："鲍溶诗谓泪曰眼泉。"

禊序 晋·王羲之《兰亭序》的别称。禊，音xì，祭祀，分春禊和秋禊两种。《兰亭序》记载王羲之与朋友修禊事而聚会吟诗。

篇什 诗章的别称。《诗经》中的《雅》《颂》多数以十首为一组，称"什"，也泛称诗作。宋·苏轼《艾子杂说》："闻足下篇什甚多，敢乞一览。"

画鹢 代称船头，是船的别称，也是泛称。古代的船头上常画鹢鸟，故称。鹢，音yì，古籍中能高飞的像鹭鹚的水鸟。也作"鹢首"。《淮南子·本经训》："龙舟鹢首，浮吹以娱。"高诱注："鹢，大鸟也，画其像着船头，故曰鹢首。"

铁马 风铃的别称。房檐下悬挂铁铃，风吹发声，故称。也称檐马、檐铁、风铁、风铎。檐，也作"簷"；铎，音duó，铃的一种。元·王实甫《西厢记》第二本第四折："莫不是铁马儿簷前骤风。"

蝃蝀 音dìdōng，虹的别称，也代称桥。蝃，也作"蝀"，音dì。《诗·鄘风·蝃蝀》："蝃蝀在东，莫之敢指。"意思是虹出现在东方，没有人敢用手指指它。民间认为用手指点彩虹，指上要长疔疮。虹，音hóng，单用时读jiàng。

天竺 古印度的别称。也作竺国、身毒、竺乾、天笃、天智、西天、西方、婆罗门国、婆罗多国等。这些词是古代中国对古印度语梵文的音译或义译。

蒲牢 钟的别称。蒲牢是传说中海边的猛兽，或曰是龙的九个儿子中的一个，吼声洪亮。古人常在钟上铸其形象，希望钟声洪亮。唐·皮日休《寺钟暝》："重击蒲牢唅山日，冥冥烟树睹栖。"唅，同"含"。

穹庐 蒙古包的别称，也称毡帐。《乐府诗集·敕勒歌》："敕勒川，阴山下，天似穹庐，笼盖四野。"

弦桐 琴的别称。汉·桓谭《新论》："神农始削桐为琴，练丝为弦。"桐木是制琴的材料。

丝国 中国的别称。中国盛产丝绸，古代希腊人和罗马人称中国为"丝国"。

唱名 点名的别称。也称"赞名""胪唱""胪传""传胪"。古代科举考试后，皇帝呼名召见登科进士，称"唱名"。胪，音lú，传也。清·平步青《霞外攟屑·说稗·荆钗记》："今日唱名，蒙恩赐进士及第。"攟，同"捃"，音jùn，拾取。

芸帙 书的别称，也称"芸编""芸签"。芸，音yún，香草名。夹在书中可以防虫。明·梁寅《蒙山赋》："坐紫苔兮绿绮奏，荫苍松兮芸帙舒。"绿绮，古琴名，传说司马相如得绿绮，如获珍宝。

红尘 佛教、道教对人世的别称。本义是车马扬起的尘土，代称人世纷纷攘攘的生活，也代称繁华的都市。汉·班固《西都赋》："红尘四合，烟云相连。"唐·杜牧《过华清宫》："一骑红尘妃子笑，无人知是荔枝来。""红尘"，指尘土。

手书 家信的别称，也代称笔迹。意为亲手写的信，含有重视、真实等内容，区别于一般书信。家信的别称特别多，如：手札、手翰、手启、手柬、手笔、手记、手帖、家书、家问、家禀、家报、乡书、乡信、锦字、锦书、锦文、大书、尺墨、竹报、竹报平安、黄犬音等。竹报平安，意思是平安家信。黄犬音，西晋文人陆机让他养的黄耳犬颈上捎书。清·黄宗羲《复秦灯岩书》，"忽奉手书，回环不能释手。"

质铺 当铺的别称。质，典当；当，音dàng，抵押典当。也称质库、质舍、质肆。鲁迅《〈呐喊〉自序》："我有四年多，曾经常——几乎是每天，出入于质铺和药店里……"

响马 强盗的别称。拦路抢劫的强盗马系响铃或抢劫时先放响箭，故称，也作"响马贼"。《明史·乱贼传二》："刘六、刘七……行劫堵路，号河北响马贼。"

践祚 帝王登基的别称。也称践临、践统、践帝。践，登基；祚，音zuò，帝王继位或祭祝时所登的台阶。《史记·太史公自序》："汉既初兴，继嗣不明，迎王践祚，天下归心。"

逸雅 《释名》的别称。《释名》是东汉人刘熙所著的一部训诂学专著，专门解释事物名称及源流。明人郎奎金把《释名》和《尔雅》《小尔雅》《广雅》《埤雅》五部辞书刻在一起，称作"五雅"。因另四部都以"雅"字命名，故把《释名》改称为《逸雅》，意思是失去了一个"雅"字。雅，正也，指"雅言"，即在语音、词汇、语法诸方面都合乎规范的标准。尔，通"迩"，近也，意思是接近标准语。埤，音pí，增补。

训名 学名的别称。训名是父亲、师长所起的名字。《宋史·选举志三·宗学》："凡无官宗子应举，初生则用乳名给据，既长则用训名。"宗子，指嫡长子。

词苑 翰林和翰林院的别称。也称词林、词囿、词庭、词掖、词署、词馆、词禁、词垣等。翰林，指文翰荟萃之地，也代称官职名；翰林院，为明清时"储才"之地，是当官的备用人才暂居之所。囿，音yòu，事物萃集之地；掖，音yè，本为宫殿的旁舍，代称居地；禁，代称居所；垣，音yuán，代称居所。清·陈康祺《郎潜纪闻》卷五："固已领袖南宫，飞翔词苑矣。"南宫，指尚书省。尚书省，中央官署名。

词盟 文坛的别称，也代称文坛盟友。清·况周颐《蕙风词话续编》卷二："维扬本莺花薮泽，自昔新城司李，狎主词盟，红桥冶春，香艳如昨。"狎主，交替主持。

诗余 词的别称，也称"长短句""乐章"。词是由诗发展而来的，被认为是诗的降一格的文学式样，故称"诗余"，或曰"诗余"是诗人的余事。词是句子长短不齐的诗体，故称"长短句"，或曰"长短句"是词的本名，与句子长短不齐无关。"乐章"是指入乐的词。清·戴褐夫《〈天籁集〉序》："《天籁集》者元初白仁甫所作诗余也。诗余莫盛于元，而仁甫之作，尤称隽妙。"清·李良年《词家辨证》："今诗余名《望江南》外，《菩萨蛮》《忆秦娥》称最古。"白仁甫，指元曲大家白朴，字仁甫。

词余 曲的别称。曲是由词发展而来的，盛于元朝，世称"元曲"。元曲分为北曲和南曲，而北曲又分为散曲和杂剧。通常说的"元曲"，主要是指北曲中的散曲。

春榜 进士及第中榜的别称。也称杏榜、金榜、恩榜、秋榜、桂榜、进士榜、龙飞榜等。科举考试分春试和秋试，春试发榜称春榜、杏榜；秋试发榜称秋榜、桂榜；统称全榜、恩榜、进士榜、龙飞榜。明·吴承恩《贺阎双溪令嗣登科障词》："秋榜高魁，行魁春榜。"

赌茗 赌茶的别称，也称"赌书"。宋代女词人李清照在《〈金石录〉后序》中说，她和丈夫赵明诚打赌，某事在某书某卷某页某行，然后决定喝茶先后。这就是文学史上有名的翻书赌茶的典故。明·卓人月《花舫缘》第三折："有心待繙书赌茗，举案齐眉。"繙，音fān，翻阅；茗，茶的别称。

鞠部 旧时戏班的别称，也是泛称。也作菊部、菊坛。鞠，通"菊"，指梨园行。传说宋高宗时宫中有菊夫人善歌舞、妙音律，号称"菊部头"，后泛称"菊部"为戏班或戏曲界。清·曹寅《两城诸子合饮醉甚》之三："鞠部清词付小伶，自调芦管斗灯荧。"

警联 律诗第三联"颈联"的别称。此联以变化能出新意为胜，故称。宋·魏庆之《诗人玉屑·律诗·金针诗格》："第三联谓之'警联'，欲似疾雷破山，观者骇愕，搜索幽隐，哭泣鬼神。"

青瓜 好瓜的别称，也是泛称。也称"东陵瓜""东侯瓜"。秦朝东陵侯召平于秦亡后在长安东青门种瓜，特别甜美，故称。召同"邵"。

金文 钟鼎文的别称。指古代在青铜器上所铸的文字，通常指殷、周、秦、汉朝青铜器上的文字。如著名的毛公鼎上铸有四百九十七个字。郭沫若《金昔集·论古代社会》："青铜器上面的文字即所谓的钟鼎文，又称为金文，也是研究古代的绝好材料。"

府君 汉代太守的别称，也是对神的敬称，如"泰山府君"即指泰山神。也是子孙对先世的敬称，或对已故者的敬称，碑文中常用之。《玉台新咏·古诗为焦仲卿妻作》（即《孔雀东南飞》）："府君得闻之，心中大欢喜。"这里的"府君"指太守。

黎民 百姓的别称。也作黎元、黎甿、黎物、黎服、黎萌、黎首、黎烝、黎蒸、黎玄、黎氓、黎庶、黎农、黎黔等。黎，通"黧"，黑色，又是众多的意思。元，头；甿，音méng，义同"氓"，即民；物，人，众多；蒸，同"烝"，众多；黔，音qián，黑色。这十几个同义词的基本意思是众多的平民百姓。

鱼素 书信的别称，也作鱼函、鱼封、鱼缄、鱼信、鱼雁、鱼雁传书、鱼雁传帖、鱼肠尺素、尺素、素书、尺素书、尺牍等。

函，信；缄，音 jiān，封，代书信；尺素，小幅绢帛，代称书信；牍，音 dú，古代写信用的木片。古人认为鱼、雁可以传递书信。宋·郭茂倩《乐府诗集·饮马长城窟行》："客从远方来，遗我双鲤鱼，呼儿烹鲤鱼，中有尺素书。"参见"四字喻称"中"雁逝鱼沉"条。

乌鹭 围棋的别称，乌鹭，乌鸦和白鹭，一个全黑，一个全白；围棋棋子也是一全黑，一全白。

定名笔 毛笔的别称。唐代卖给应试举人的毛笔称为"定名笔"，取功名借此而定之意。宋·陶谷《清异录·文用》："唐世举子将入场，嗜利者争卖健毫圆锋笔，其价十倍，号'定名笔'。"

洋泾浜 旧上海租界地使用的不规范的英语的别称，泾，音 jīng；浜，音 bāng。

十六角 塔的别称。宋·欧阳修《永乐十六角题》中说："造十六角镇国大浮图，则知为塔矣。"浮图，梵语的音译，即佛塔。

易玄光 墨的别称，也称"易元光"，易指易水，代称易州，今河北易县，产名墨。墨以黑而有光为佳。元，同"玄"，黑。

小律诗 绝句的别称。唐·白居易《江上吟元八绝句》："大江深处月明时，一夜吟君小律诗。"律诗八句，绝句四句，故称。

袖珍本 巾箱本的别称。巾箱，古代装头巾的小箱，泛称版式较小、便于携带的书本。

赴急书 草书的别称。宋·赵构《翰墨志》："草书之法，昔人用以趣急速而务简易，删难省烦，损复为单……故梁武谓'赴急书'，不失苍公鸟迹之意。"趣，音 cuì，急促，催促。

长短句 词的别称，也是曲的别称，也作"长短歌"。参见前面"诗余"条。宋·胡仔《苕溪渔隐丛话前集·长短句》引宋·蔡絛《西清诗话》："南唐后主，围城中作长短句，未就而城破。"絛，音 tāo，同"绦"。

双弓米 粥的别称。"粥"字由两个"弓"字和一个"米"字组成，故称。

阿堵物 钱的别称。阿堵，六朝人口语，犹"这""这个"。

《世说新语·规箴》中说，王夷甫口不言钱，妻子令婢女以钱绕床，使不得行。王晨起见钱，急呼婢曰："举却阿堵物。"意思是拿走这些东西。

兰亭宴 兰亭会的别称。也称"兰亭豪逸""兰亭修禊""山阴游""曲径流觞"，均代称高朋聚首、饮宴游乐，或群贤欢会、儒雅风流之举。禊，音xì，被祭，即清除不祥的祭祀，春、秋二季在水边举行。春禊在农历三月三日上巳节举行。秋禊在农历七月十四日举行。山阴，地名，在绍兴会稽山下。兰亭宴是指东晋永和九年（353）农历三月三日，王羲之与谢安、孙绰等四十一人在绍兴山阴兰亭修禊而举行的一次欢宴。与会者临流赋诗，成诗三十七首，抄录成集，大家公推王羲之写一篇序文，记录这次雅集。后来王羲之又用行书写下了二十八行三百二十四字的《兰亭集序》，被誉为"天下第一行书""千古一帖"。全文有二十个"之"字，无一相同。《兰亭集序》又名《兰亭序》《临河序》《三月三日兰亭诗序》《禊帖》。原件据说在唐太宗李世民的昭陵内，现传书法系后人摹本。摹本很多，最逼真的是唐朝冯承素摹本。

梵册贝叶 佛经的别称，省称作"梵贝"。佛经原本用梵文写在贝多罗树叶上，故称。清·田雯《病愈早起成诗》："凭几理素琴，焚香诵梵贝。"

清音居士 琴的别称，这是拟人化的说法。琴是文人雅士特别喜欢的乐器，所以别称特别多，且富有诗意。如"九霄环佩""玉涧鸣泉""秋塘寒玉""万壑松风""青霄鹤唳""玉树临风""雪夜钟声""碧天凤吹""石涧流泉""幽谷传声""清流激湍""寒泉漱石""鸣玉""秋籁""琼响""绕梁"等。元·罗先登《文房图赞续》："焦桐字良材，号清音居士。"焦桐，即焦尾琴，东汉蔡邕制，后代称琴。这里的"琴"指古代的七弦琴，俗称"右琴"，即"琴棋书画"之琴。

虫书鸟篆 鸟虫书的别称。喻称无法认读的文字，也代称外国文字。鸟虫书是"素书八体"之一，也是"新莽六体"之一，其字形像鸟、像虫，用于旗帜、符信、印章中，也作"虫书""鸟

239

虫篆"，是篆书的变体。

马踏飞燕　铜奔马的别称，也称"马超龙雀""马袭乌鸦""马踏飞隼""凌云奔马""鹰掠马""鹞掠马"等。1969年出土于甘肃省武威市雷台汉墓，被视为中国古代高超铸造业的象征。1983年10月，"马踏飞燕"被国家旅游局确定为中国的旅游标志，原件现藏甘肃省博物馆。

衣冠优孟　登台演戏的别称。《史记·滑稽列传》中说，楚相孙权敖已死，艺人优孟穿戴上孙的衣冠，模仿其动作神态，楚庄王及左右不能辨真伪，以为孙死而复活了。

梅子黄时雨　词牌《青玉案》的别称，也作"横塘路""西湖路"。宋·贺铸《青玉案·横塘路》："一川烟草，满城风絮，梅子黄时雨。"以词题和词句为别称是常见现象。

许多词牌都有别称，而且别称不只一个，多数是词中的一个词或其他的词代称原词牌名，如：

《十六字令》，别称《苍梧谣》《归字谣》。

《忆秦娥》，别称《秦楼月》。唐·李白《忆秦娥·箫声咽》中有"秦娥梦断秦楼月"之句，故"秦楼月"成为《忆秦娥》的别称。

《忆江南》，别称《望江南》《谢秋娘》《梦江南》。

《如梦令》，别称《忆仙姿》《宴桃源》。

《念奴娇》，别称《大江东去》《大江西上曲》《无俗念》《淮甸春》《酹江月》《百字令》《百字谣》《壶中天》《湘月》等数十个。《念奴娇》是人们常用的长调词，所以别称也多。念奴娇本是唐代天宝年间的名优，喜歌，后以之为词牌名。这个词牌共一百个字，所以又名《百字令》《百字谣》；苏东坡的《念奴娇·赤壁怀古》很出名，所以又以词的首句"大江东去"和尾句后三字"酹江月"为《念奴娇》词牌的别称。宋戴复古《念奴娇》词首句是"大江西上"，故名《大江西上曲》。宋曾觌《壶中天慢》词，调与《念奴娇》同，故又名《壶中天》。宋张辑《念奴娇》词有"柳花淮甸春冷"句，故又名《淮甸春》。宋姜夔寓居湘中，月夜填词，取名《湘月》。其他如《双翠羽》《白雪词》《壶中天慢》《太平欢》《千秋岁》《百岁令》《大江秉》《大江词》《庄长春》《百字歌》《杏花天》《长江东》《寿南枝》等，基本上都是以某人某《念奴娇》词中的几个字为词牌名，形成众多的别称。

《江城子》，别称《江神子》。

《长相思》，别称《双红豆》。

《渔歌子》，别称《渔父》。

《浣溪纱》，别称《浣溪沙》《浣纱溪》《摊破浣溪沙》《山花子》。

《采桑子》，别称《丑奴儿令》《罗敷艳歌》《罗敷媚》。

《阮郎归》，别称《醉桃源》《碧桃春》。

《鹧鸪天》，别称《思佳客》。

《小重山》，别称《小重山令》。

《破阵子》，别称《十拍子》。

《满庭芳》，别称《锁阳台》。

《沁园春》，别称《寿星月》。

《钗头凤》，别称《折红英》《惜分飞》《玉珑璁》《撷芳词》。宋·陆游因无名氏词有"可怜孤似钗头凤"句，改题为《钗头凤》。

《蝶恋花》，别称《鹊踏枝》《凤栖梧》。

《水龙吟》，别称《龙吟曲》《庄椿岁》《小楼连苑》。

《摸鱼儿》，别称《摸鱼子》《买陂塘》《过陂塘》《双蕖怨》。陂bēi，圩岸，池。

《贺新郎》，别称《金缕曲》《乳燕飞》《貂裘换酒》。

《调笑令》，别称《古调笑》《宫中调笑》《调啸词》《转应曲》。

《菩萨蛮》，别称《子夜歌》《重叠金》。

《清平乐》，别称《忆萝月》《醉东风》。

《西江月》，别称《步虚词》《江月令》。

《相见欢》，别称《乌夜啼》《秋夜月》《上西楼》。

五、泛称（通称、统称）

泛称，也叫通称、统称，是普通性的称呼，一般性的称呼，大众性的称呼。如"绿水青山"泛称美好的河山。又如"颜筋柳骨"本指唐代书法家颜真卿和柳公权的书法挺劲有力但风格又有所不同，后泛称书法极佳。再如"邻里乡党"，周朝时一邻五户，一里五邻，一党五百户，一乡一万二千五百户，后泛称一乡的人，也泛称邻居、乡邻。

泛称可以简单地分成人物泛称和其他泛称两种。

（一）人物泛称

潜郎 原指汉文帝时的颜驷，后泛称怀才不遇的人。颜驷历文帝、景帝、武帝三朝，只是一个低级武官郎官，是警卫侍从之类的小官，最后老于郎署。典出《昭明文选》卷十五《赋辛·志中·思玄赋》："尉龙眉而郎潜兮，逮三叶而遘武。"唐·李善引《汉武故事》曰："颜驷，不知何许人，汉文帝时为郎。至武帝，尝辇过郎署，见驷龙眉皓发，上问曰：'叟何时为郎？何其老也？'答曰：'臣文帝时为郎。文帝好文而臣好武，至景帝好美而臣貌丑，陛下即位好少而臣已老，是以三世不遇，故老于郎署。'上感其言，擢拜会稽都尉。"会稽都尉，是个中级武官，辅助州太守主管军事，但是那时他已快退休了。

梼杌　音táo wù，为上古五帝之一颛顼之子，传说中被舜流放到四方的四个凶神之一，后泛称恶人。另外三个凶神是混沌、穷奇、饕餮。饕餮，音tāotiè，旧谓贪财为饕，贪食为餮，后泛称贪于饮食之人，如说"饕餮之徒"。晋·葛洪《抱朴子·审举》："小人道长，则梼杌比肩。"比肩，并肩，引申为地位相等。

妾媵　泛称侍妾。古代诸侯贵族女子出嫁时，以姪娣从嫁，称"媵"。媵，音yìng，随嫁的人；姪娣，音zhídì，侄女和妹妹。东汉·范晔《后汉书·杨赐传》："今妾媵嬖人阉尹之徒，共专国朝，欺罔日月。"嬖人，指姬妾、侍臣等人，嬖，音bì；阉尹，管领太监的官；罔，音wǎng，欺骗。

胡姬　原指酒家当垆侍酒的胡人女子，后泛称酒店中卖酒的女子。汉·辛延年《羽林郎》有"昔有霍家奴，姓冯名子都。依倚将军势，调笑酒家胡"句。也作"酒家胡"。垆，音lú，旧时酒店里安放酒瓮的土台子。姬，音jī，泛称美女或妇人。

鄂君　泛称美貌男子。典出汉·刘向《说苑·善说》。鄂君子皙，春秋时楚王母弟，官令尹。越人悦其美，作《越人歌》以赞之。时有"鄂君绣被"之典，指男欢女爱。唐·李商隐《碧城三首》："鄂君怅望舟中夜，绣被焚香独自眠。"

解元　本指科举考试乡试第一名，后泛称读书人，也是尊称。解，音jiè。

诸父　泛称伯父、叔父。唐·韩愈《祭十二郎文》："念诸父与诸兄，皆康强而早世。"早世，过早地死去，夭死。

丽姬　本指春秋时晋献公的宠妃，后泛称美人。也作"骊姬"。《庄子·齐物论》："毛嫱、丽姬，人之所美也，鱼见之深入，鸟见之高飞。"毛嫱，春秋时越国美女，为越王勾践的爱姬，与西施同时，"沉鱼落雁"典本应指毛嫱和丽姬，后来传为西施和王昭君。（按："落雁"典指王昭君。但《庄子》原文指丽姬，这且不说，《庄子》原文说丽姬是"鸟见之高飞"，表示鸟羞与比美，高飞而避之,这与"鱼见之深入"是一致的。一般人解释"落雁"是雁跌落地下,意思是大雁看到昭君忘了振翅而跌落,虽然也能说得过去,但与原文"鸟见之高飞"不合。何况《庄子》原文在"鸟见之高飞"之后还有一句"麋鹿见之决骤"。决骤,迅速奔跑。原文鱼、鸟、麋鹿的行为都是主动迅速地离开,这种行为是一致的,夸张也是符合情理的。)

丽娟 汉武帝的宠妃,后泛称美人。东汉·郭宪《洞冥记》:"帝所幸宫人,名丽娟,年十四,玉肤柔软,吹气胜兰。"

流内 隋唐时一品至九品官员的通称。

流外 未被编入正式官职者的通称,即九品以外官员的泛称。宋·王安石《上皇帝万言书》:"以臣使事之所及,一路数千里之间,州县之吏,出于流外者,往往而有,可属任以事者,殆无二三。"

练勇 清代地方武装团练、乡勇的统称。《清史稿·兵志七》:"其考选练勇也,招沿海渔户年壮者充之。"

秋娘 泛称唐代歌伎、女伶,也泛称年长色衰的妇女。秋娘,指唐代金陵女子杜秋娘,先受人宠爱,后穷老而终。清·魏秀仁《花月痕》第五二回:"莫怪他,对华筵,珠泪倾,触动了,老去秋娘无限情。"

恭姜 泛称誓不再嫁的寡妇。恭姜是春秋时魏国世子恭伯之妻,世子早死恭妻不再嫁。典出《诗·鄘风·柏舟》。古人称妇之丧夫为"柏舟之痛"、夫死而妇不嫁为"柏舟之节"即出于此诗。恭,也作"共";世子,指太子。晋·潘岳《寡妇赋》:"蹈恭姜兮明誓,咏《柏舟》兮清歌。"今人认为此说有误,《柏舟》不是"贞妇自誓"之辞,而是一首少女追求婚姻自由之诗。

念奴 泛称歌女。念奴原是唐朝天宝年间长安的一个歌女,以歌舞著称。词牌《念奴娇》即取名于此。宋·柳永《木兰花》:"心娘自小能歌舞,举意动容皆济楚,解教天上念奴羞,不怕掌中飞燕妒。"飞燕,指赵飞燕。

燕玉 泛称美女。原意为如玉的燕地美女。燕,音yān。

唐·杜甫《独坐二首》之一："煖老须燕玉，充饥忆楚萍。"清·仇兆鳌注："古诗：'燕赵多佳人，美者颜如玉'……"煖，同"暖"。煖老，给老人以温暖。《礼记·王制》："八十非人不暖。"楚萍，"楚江萍"之省称，指吉祥而罕见难得之物。典出《孔子家语·致思》。

乌获 泛称力士、勇士。乌获为战国时秦国的大力士。《孟子·告子下》："然则举乌获之任，是亦为乌获而已矣。"意思是举得起乌获所能举的重量的，也就是乌获了。

方伯 泛称地方长官。原指殷周时代一方诸侯之长。《礼记·王制》："天子百里之内以共官……千里之外，设方伯。"

梁鸿妻 泛称贤妻。原指东汉梁鸿的妻子孟光，孟光有"举案齐眉"的故事，形容夫妻互相尊重。也作"梁鸿案"。案，盛饭的托盘。

玉川奴 泛称仆役。唐代诗人卢仝自号玉川子，家贫，有奴一，长须，不裹头；婢一，赤脚，老而无齿。典出元·辛文房《唐才子传·卢仝》。

折腰吏 泛称地方低级官员。《晋书》本传中说诗人陶渊明曾为彭泽县令，自叹"吾不能为五斗米而折腰，拳拳事乡里小人邪"。唐·韦应物《赠王侍御》："自叹犹为折腰吏，可怜骢马路傍行。"骢马，本指青白色相杂的马，代称御史。

鹿门人 泛称隐士或文人雅士。鹿门，即鹿门山，在湖北襄阳。后汉庞得公携妻子登山采药不返。清·方文《大龙山重访刘未沫丈兼怀白靖识师》："一杯鸡黍约，四座鹿门人。"

棘下生 泛称学者。棘下，地名，在今山东淄博一带。棘，音jí。战国时齐国的学者常聚在棘下讲学。北魏·郦道元《水经注·淄水》："郑玄答云：'齐田氏时，善学者所会处也，齐人号之棘下生，无常人也。'"

西邻玉 泛称邻家的情郎。本指宋玉，他在《登徒子好色赋》中写邻居一女子登墙三年窥视，自己也不为之所动。唐·骆宾王《代女道士王灵妃赠道士李荣》："何曾举意西邻玉，未肯

五、泛称（通称、统称）

留情南陌金。"

文中虎 泛指擅长诗文的人，语出宋代欧阳修《归田录》卷上。宋·刘克庄《送黄舒文赴钦教》："博士文中虎，垂髫已定交。"垂髫，指儿童。

胯下人 泛称能忍辱负重的人。原指汉代淮阴侯韩信年轻时曾受一无赖的胯下之辱。胯，音kuà，两股之间。参见代称中的"胯下"条。元·陈基《淮阴杂兴》："老来易感山阳笛，年少休轻胯下人。"山阳笛，喻称怀念故友。三国魏之稽康、吕安被司马昭杀害后，他们的好友向秀过稽的旧居山阳，听到邻人笛声，作《思旧赋》。事见《昭明文选》卷十六《向子期〈思旧赋〉序》。山阳，在今河南省修武县。

洛阳才子 原指西汉文学家贾谊，后泛称有文学才华的人。贾谊是河南洛阳人，故称。语出晋·潘岳《西征赋》："终童山东之英妙，贾生洛阳之才子。"唐·韦庄《菩萨蛮》："洛阳城里春光好，洛阳才子他乡老。"终童，指西汉才子终军，年十八被选为博士弟子，死时才二十多岁，时称"终童"。

贩夫走卒 泛称社会地位低下的人。也作"贩夫皂隶""贩夫驺卒"。皂隶，旧指差役，他们穿黑色衣服。皂，音zào，黑色；驺，音zōu，随马的走卒。阿英《吃茶文学论》："若夫乡曲小子，贩夫走卒，即使在疲乏之余，也要跑进小茶馆去喝点茶。"

梨园弟子 泛称戏曲演员或歌舞艺人。也作"梨园子弟"，省称"梨园"。唐玄宗时在梨园召集伶人三百多人，又有宫女数百人，传习歌舞技艺。梨园旧址在今陕西省咸阳市淳化县。唐·孟迟《过骊山》："《霓裳》一曲千门锁，白尽梨园弟子头。"

赵钱孙李 泛称所有姓氏，所有人。"赵钱孙李"是《百家姓》开头第一句，四个姓统称全部姓氏。

裙屐少年 原指六朝贵族子弟，后泛称大家子弟。裙，下裳；屐，音jī，木底鞋，有齿，登山时穿。这是六朝子弟的衣着。《北史·邢峦传》："萧深藻是裙屐少年，未洽政务。"

乌帽红裙 原为贵族常服，后为庶民常服，泛称男女。

清·孔尚仁《桃花扇·闹榭》："丝竹隐隐，载将来一队乌帽红裙。天然风韵，映着柳陌斜曛。"曛，音xūn，黄昏。

盼盼茶茶　泛称美女。盼盼，指唐代妓女关盼盼；茶茶，金元时代对少女的美称、昵称。元·张可元《寨儿令·春情》："媚春光草草花花，惹风声盼盼茶茶。"

芸芸众生　本佛教语，泛称一切生物，后泛称众多的普通人，省称作"芸生"。芸芸，众多貌。清·秋瑾《光复军起义檄稿》："芸芸众生，孰不爱生？爱生之极，进而爱群。"

（二）其他泛称

梓泽　泛称名园，也是晋代石崇的别墅金谷园的别称。旧址在今河南省孟县。唐·王勃《秋日登洪府滕王阁饯别序》："胜地不常，盛筵难再。兰亭已矣，梓泽丘墟。"丘墟，废地，荒地。

弃养　泛称父母、尊者、长者的死亡，又是婉称、讳称。苏曼殊《断鸿零雁记》第五章："妾自生母弃养，以至今日，伶仃愁苦，已无复生人之趣。"

楚雪　泛称高雅的乐曲。古代楚国有《阳春》《白雪》等高雅乐曲。典出宋玉《对楚王问》。

獦獠　音géliáo，原为南方少数民族部落名，后演变成今天的仡佬族。泛称少数民族。仡佬，音géláo，惠能《坛经·行由品》："祖言：'汝是岭南人，又是獦獠，若为堪作佛。'"

献馘　泛称奏凯报捷。馘，音guó，古代打仗割下敌人的左耳献上论功。《诗·鲁颂·泮水》："矫矫虎臣，在泮献馘。"意思是矫勇的武官在泮水献上所割敌人的左耳。

戚里　泛称乡里亲戚邻居。《聊斋志异·新郎》："村人有为子娶妇者，新人入门，戚里毕贺。"

鸿沟　泛称界限、边界。鸿沟，古运河名，在今河南荥阳，连接黄河和淮河。秦末，项羽和刘邦相争，相约以鸿沟为界，西为汉，东为楚。也作"洪沟"。鸿、洪、大也。荥，音xíng。《史记·项羽本纪》："项王乃与汉约，中分天下，割鸿沟以西者为汉，鸿沟而东者为楚。"

杨柳 泛称柳树。最早杨柳就指柳树，如《诗·小雅·采薇》"昔我往矣，杨柳依依。今我来思，雨雪霏霏"中的"杨柳"，就指柳树。再如说"杨柳腰"也是指女子的腰纤细柔弱像柳枝一样。唐·刘禹锡《竹枝词》："杨柳青青江水平，闻郎江上踏歌声。"唐·王昌龄《闺怨》："忽见陌头杨柳色，悔教夫婿觅封侯。"宋·欧阳修《蝶恋花》："庭院深深深几许，杨柳堆烟，帘幕无重数。"这些诗词中的"杨柳"都是指柳树。

书丹 泛称书写碑志。书丹是碑刻术语，先撰文，再书丹，后勒石。书丹是用朱笔在石头上写字，然后再用刀刻，故称。宋·王安石《长安县太君王氏墓志》："兄安石为志如此，弟安上书丹。"

玉书 本指《黄帝内经》，后泛称道书。宋·范仲淹《移丹阳郡先游茅山作》："偶寻灵草逢芝圃，欲叩真关借玉书。"真关，仙人居处。

望子 泛称店铺前悬挂的招帘、幌子，特称酒店的酒旗。《广韵》："青帘，酒家望子。"

脱简 本指简牍散失，后泛称文本有缺页或文字有脱落。简，古代写字用的竹片；牍，音dú，古代写字用的木片。

脍炙 本指切细的肉和烤熟的肉，后泛称美味佳肴，也喻称美好的诗文或事物。清·刘大櫆《〈郑子山诗集〉序》："一勺之水，可以知沧海之大；一脔之味，可以知脍炙之美。"脔，音luán，切成块的肉。

欸乃 本义是摇橹声，后代称棹歌，是划船时唱的歌，后泛称悠扬的歌声。唐·柳宗元《渔翁》："烟销日出不见人，欸乃一声山水绿。"欸乃，音ǎinǎi；棹，音zhào，摇船的桨。

欧刀 本指春秋时越人欧冶子所铸的剑，后泛称刀剑。欧冶子，铸剑的鼻祖，传说他曾为越王勾践铸出龙泉、湛卢、泰阿、鱼肠等名剑。柳亚子《吊刘丙生烈士》："沧海波填精卫石，欧刀梦断楚江潮。"

殳虫 泛称古文字，也是秦书八体中"殳书"和"虫书"的并称，殳书是刻在兵器或觚形物体上的文字，虫书是写在旗帜或符信上的文字。参见"鸟虫书"条。殳，音shū，古代的一种兵器；觚，音gū，古代的一种容器，也用作礼器。

无射 原指周景王时铸的一种大钟，后泛称大钟。射，音yì。《左传·昭公二十一年》："二十一年春，天王将铸无射。"

督亢 本指河北涿州一带的膏腴之地，后泛称肥沃的土地。荆轲刺秦王时曾献督亢地图于秦王。亢，音kàng。《史记·燕召公世家》："太子丹阴养壮士二十人，使荆轲献督亢地图于秦，因袭刺秦王。"

芒鞋 用芒草茎外皮编织成的一种草鞋，泛称草鞋，也代称僧鞋。《西游记》第四十三回："芒鞋踏破山头雾，竹笠冲开岭上云。"

蒐狩 旧时称春猎为蒐，秋猎为狝，冬猎为狩。泛称打猎。蒐，音sōu；狝，音xiǎn；狩，音shòu。《谷梁传·昭公八年》："因蒐狩以习用武事，礼之大者也。"

卖赋 泛称卖文取酬。汉代司马相如为汉武帝失宠皇后陈阿娇写《长门赋》，得金百斤。元·范梈《秋日集咏奉和潘李二使君浦编修诸公十韵》之五："题桥一字终何益，卖赋千金竟或无。"

观鱼 有二说：①春秋时鲁隐公观鱼于棠，《春秋》讥讽之。后泛称观看捕鱼或观赏游鱼，以为戏乐。也作"观鱼"。毛泽东《七律·和柳亚子先生》："莫道昆明池水浅，观鱼胜过富春江。"②典出《庄子·秋水》，说庄子与惠子游于濠梁之上，见儵鱼从容出游，二人辩论鱼是否知道乐趣。这就是有名的"濠梁之辩"。濠，音háo，水名，淮河支流，在今安徽省凤阳县境内。儵，音tiáo。

趵突 泛称泉水。山东济南大明湖中有著名的趵突泉，为济南七十二泉之首。趵突，音bàotū，喷涌、奔突。清·华广生《白雪遗音·马头调·济南八景》："万颗珍珠往上起，趵突腾空实好看。"

蹄尾 泛称禽兽,也是走兽的蹄子和飞禽的尾巴的并称。《宣和遗事》前集:"外江之外,则便有鹤庄、鹿砦、文禽、孔雀诸栅,多聚远方珍怪蹄尾动数千实之。"砦,音zhài,"寨"的异体字;文禽,羽毛有文彩的鸟,如鸳鸯、锦鸡、孔雀。

邦典 本指治理邦国之大典,后泛称国家法典。《周礼·秋官·大司寇》:"凡诸侯之狱讼,以邦典定之。"

丘坟 本指传说中的古代典籍《三坟》《五典》《八索》《九丘》等已经失传的书,后泛称古代经典文献。唐·杨炯《〈王勃集〉序》:"或苟求虫篆,未尽力于丘坟;或独徇波澜,不寻源于礼乐。"

送茶 泛称送礼。旧时婚俗,男方向女方家送聘礼称"送茶"。明·兰陵笑笑生《金瓶梅词话》第三十三回:"金莲问:'乔大户家昨日搬了去,咱今日怎不与他送茶?'"

遗念 泛称死者的遗物。唐·韦庄《悼亡姬》之二:"开箧每寻遗念物,倚楼空缀悼亡诗。"

避席 古人席地而坐,离席起立,以示敬意。后泛称离席。唐·玄奘《大唐西域记·珠利耶国》:"于是避席礼谢,深加敬叹。"

诃导 古代官员外出时,差役呵呼引导。泛称有权势者出行时前呼后拥,十分气派。诃,音hē,"呵"之异体字。宋·周密《武林旧事·迎新》:"……各有皂衣黄号私身数对,诃导于前;罗扇衣笈,浮浪闲客,随逐于后。"

鬼方 本指上古时代种族名,为殷周时代西北强敌,后泛称边远地区的少数民族。清·赵翼《苗人》:"莫笑鬼方陋,淳如怀葛民"。怀葛,传说中的上古帝王无怀氏、葛天氏。

铸颜 原指孔子培养弟子颜渊成才。后泛指培养人才。铸,培养、造就,是一种比喻性说法。典出汉·扬雄《法言·学行》:"或曰:'人可铸与?'曰:'孔子铸颜渊矣。'"

韶夏 舜乐《韶》与禹乐《夏》的并称,泛称优雅的古乐。宋·范仲淹《酬叶道卿学士见寄》:"感兹《韶》《夏》音,佐我台上春。"

韩卢 泛称良犬。《战国策·齐策三》:"韩子卢者,天下之壮犬也。"说战国时韩国有一黑色良犬叫韩子卢。成语有"韩卢逐逡",喻称争强斗胜。逡,音qūn,狡兔名,指东郭逡。宋·辛弃疾《满江红·和范先之雪》:"记少年,骏马走韩卢,掀东郭。"东郭,即狡兔东郭逡。

鸣弦 原指孔子的学生子游以礼乐为教,故邑人皆能弦歌。后泛称官吏治政有道,百姓安居乐业。《后汉书·循吏传赞》:"一夫得情,千室鸣弦。"李贤注:"一夫谓守长也,千室谓黎庶。言上得化下之情,则其下鸣弦而安乐也。"

鲈乡 产鲈鱼之乡,泛称江南水乡。宋·陆游《和范待制秋日书怀》:"欲与众生共安隐,秋来梦不到鲈乡。"

邸报 古代报纸的通称。后泛称朝廷官报。清朝称"京报"。邸,音dǐ,长官在京师设的处所。宋·苏轼《小饮公瑾舟中》:"坐观邸报谈迂叟,闲说滁山忆醉翁。"

春秋 本指孔子修订的鲁国编年史《春秋》,后泛称古代的编年史,也泛称史册、历史。如《吴越春秋》《楚汉春秋》。《史记·乐毅列传》:"臣闻贤明之君,功立而不废,故著于《春秋》。"

永丰柳 泛称园柳。唐代洛阳永丰坊园林中有垂柳一株,柔条极茂盛,唐·白居易《杨柳枝词》:"一树春风千万枝,嫩于金色软于丝。"唐宣宗时将这株柳树移于禁苑中。省称作"永丰"。

劳什子 北方方言,意思是胡说不止、说骗人唬人的话,后泛称无用、令人厌恶的东西。《红楼梦》中贾宝玉就把"通灵宝玉"咒作"劳什子"。也作"营生子""牢什子"。劳,烦扰;什,数多品杂。

达公鞋 本指佛教禅宗创始人达摩的鞋子,后泛称僧鞋。《西游记》第三十六回:"那三藏……足下登一双拖泥带水的达公鞋……"

赤汗马 泛称名马。汉武帝伐大宛得千里马,其马汗出如血,故称。也称"汗血马"。唐·元稹《西凉伎》:"大宛来献赤汗马,赞普亦奉翠茸裘。"赞普,吐蕃君长的称号。大宛,古代中亚国名,即今乌兹别克斯坦境内。

还东山　东晋时谢安辞官隐居于会稽东山,后泛指退隐。宋·檀道鸾《晋阳秋》:"谢安有反东山之志,每形之于言。"

鸡鹿塞　古塞名,遗址在今内蒙古磴口县西北,为汉代时建的城塞。后泛称西北少数民族地区。唐·李商隐《寄太原卢司空三十韵》:"鸡塞谁生事,狼烟不暂停。"

金错刀　古代钱币名,指王莽铸币"一刀平五千",因"一刀"二字用错金工艺,故称。后泛称钱财。汉·张衡《四愁诗》中有"美人赠我金错刀,何以报之英琼瑶"之句。英,"瑛"的借字,美石似玉者。

沈诗任笔　泛称诗文。南朝梁文学家沈约以诗著称,任昉以表、奏、书、启诸体散文擅名,故称"沈诗任笔"。也作"任笔沈诗"。笔,代称散文。南朝·萧纲《与湘东王论文书》:"至如近世,谢朓、沈约之诗,任昉、陆倕之笔,斯实文章之冠冕,述作之楷模。"宋·陆游《亲旧书来多问近况以诗答之》:"沈诗任笔俱忘尽,酒户新来却少增。"

春诵夏弦　泛称学习、咏诵。咏,曼声长吟,即拉长声音吟唱;诵,朗读念诵;弦,弹奏弦乐器,指唱歌。"春诵夏弦"出自《礼记·文王世子》:"春诵夏弦,大师诏之。"郑玄注:"诵,谓歌乐也;弦,谓以丝播诗。"唐·刘禹锡《许州文宣王新庙碑》:"入于门墙,如造阙里,春诵夏弦,载飏淑声。"

好乾好羞　泛称精美的食物。乾,音gān,同"干",指干制食品。羞,同"馐",音xiū,精美食品。金·董解元《西厢记诸宫调》:"好乾好羞,你做得无功受禄……好乾好羞,待留着喂驴。"

心织笔耕　泛称写作,也泛称卖文为生。唐·冯贽《云仙杂记》卷九:"《翰林盛事》云:'王勃所至,请托为文,金帛丰积,人谓心织笔耕。'"

笙箫管笛　原指四种竹制吹奏乐器,后泛称吹奏乐器。

见笑大方　泛称被内行笑话,也谦称自己的作品水平低。大方，见识广博或学有专长的人。也作"见诮大方""遗笑大方""遗哂大方"。诮，音qiào，嘲笑；遗，留；遗笑，见笑，被人笑话；哂，音shěn，讥笑。语出《庄子·秋水》："吾非至于子之门则殆矣，吾长见笑于大方之家。"

见羹见墙 泛称对圣贤的仰慕。相传尧死后，舜仰慕三年，坐则见尧之影于墙，食则见尧之影于羹。典出《后汉书·李固传》。羹，音gēng，汤。清·戴名世《樊川书院碑记》："既改旧观，亦资攻苦，见羹见墙，趋绳步矩。"攻苦，谓过艰苦的生活，也指刻苦攻读。

跂行喙息 本指虫豸爬行呼吸，代称虫豸，泛称动物或人。省称作"跂喙"。跂，音qí，用足行走；喙，音huì，鸟兽的嘴，代称人的嘴。《汉书·公孙弘卜式儿宽传》："舟车所至，人迹所及，跂行喙息，咸得其宜。"

觞酒豆肉 泛称饮食。觞，音shāng，酒器；豆，食器。也是觞中酒和豆中肉的并称。《礼记·坊记》："觞酒豆肉，让而受恶，民犹犯次。"

计然之策 泛称生财致富之道。越王勾践困于会稽，用计然之策，十年而富。也作"计然之术"，省称作"计然策""计然术"。《史记·货殖列传》："范蠡既雪会稽之耻，用计然之策，于家而富至巨万。"计然之策，主要是农业循环学说、农末俱利的平籴论等理论。计然，据说是老子的弟子。

子曰诗云 原意是"孔子说""《诗经》说"。后泛称儒家言论和经典著说。也作"诗云子曰"。鲁迅《一件小事》："几年来的文治武力，在我早如幼小时候所读过的'子曰诗云'一般，背不上半句了……"

谈空说有 佛教有"空宗"和"有宗"，后泛称闲谈、空谈。"空宗"和"有宗"是印度大乘佛教的主要派别，中国分别称"中观派"和"瑜伽行派"。宋·苏轼《寄吴德仁兼简陈季常》："龙丘居士亦可怜，谈空说有夜不眠。"

青毡故物 泛称仕宦之家的传世之物或旧业，也喻称珍贵之物。语出《晋书·王献之传》。盗贼入室窃物，王献之卧而不动。盗贼上榻寻觅，王呼曰："石染青毡是我家旧物，可特置否？"盗贼置物惊走。意思是你可以把我的东西都拿走，唯有这一块青色毛毡是不是可以给我留下？也作"青毡旧物"。

鹓班鹭序 原代称朝班的行列，后泛称行列顺序。鹓，音yuān，与鸾凤同类的鸟。清·孔尚仁《桃花扇·哄丁》："趋跄环佩，鹓班鹭序旋转。"王季思等注："本指朝臣的行列，这里指参加祭祀的人的行列。"趋跄，形容步趋中节，古代朝拜进谒须依一定的节奏和规则步行。跄，音qiāng，行走有节奏。

蜂腰鹤膝 原指南朝梁诗人沈约提出的诗歌声律"八病"中的两种，后泛称诗歌创作中在声律方面所犯的毛病。也是"蜂腰"和"鹤膝"的并称，也是喻称。蜂腰，指五言诗中第二字与第五字同声，即两头粗中间细，如蜂腰。鹤膝，指五言诗中两联中第五字和第十五字同声，即两头细中间粗，如鹤膝。还有别的说法，不再列举。省称作"蜂鹤"。宋·陈造《赠张德恭》："少日试推敲，未脱蜂鹤病。"

齐纨鲁缟 原指古代齐国和鲁国生产的白绢，后泛称名贵的丝织品。明·汤式《一枝花·赠美人号展香绵杨铁笛为著此号》："价重如齐纨鲁缟，名高似蜀锦吴绫。"

六、敬称（尊称）

敬称，是表示尊敬客气的称谓，也作"尊称"。如"令尊"是敬称对方的父亲，"令堂"是敬称对方的母亲；敬称对方夫妻说"贤伉俪"，敬称对方兄弟说"昆仲"；看望别人敬称为"拜访"，与对方分别敬称为"告辞"，等等。下面我们把敬称分成"人物敬称"和"其他敬称"两种。"人物敬称"很多，我们按二字、三字、四字、四字以上这个顺序排列，"其他敬称"也按字数多少排列。

（一）人物敬称

哲储 对太子的敬称。哲，表尊称；储，储君，即太子，皇位继承人。

哲嗣 对他人之子的敬称。清·赵翼《六哀诗·汪文端公》："尚喜哲嗣贤，曳履云霄上。"曳履，拖着鞋子，喻称从容。曳，音yè，拖。

哲昆 对他人之兄的敬称，也作"哲兄""昆玉"。昆，兄。清·唐孙华《哭从外祖孝廉蔗庵孙公》："才笔承先世，科名让哲昆。"

庭右 旧时书信中对人的敬称。谓不敢直指其人，故呼其左右的侍从而禀告之。如说"XX大人庭右"。

庠老 古代对地方学官的敬称。庠，音xiáng，古代学校名。宋·苏轼《与舒教授张山人参寥师同游戏马台书西轩壁》："淡游何以娱庠老，坐听郊原琢磬声。"

宗父 对宋代名将宗泽的敬称。宗泽屡败金兵，名震北方，但宋高宗不纳谏，宗泽忧愤成疾，临终三呼"过河"而卒。宋·陆游《书愤》："剧盗曾从宗父命，遗民犹望岳家军。"

法体 对僧人的敬称。体，指僧人之身。宋·苏轼《答南华明老》之二："专使惠手书，具闻别后法体安稳为慰。"

阁下 对尊者的敬称，后用作对人的泛称。也作"座下""几下""席下"。唐·赵璘《因话录·征》："古者三公开阁，郡守比古之侯伯，亦有阁，所以世之书题有'阁下'之称……今又布衣相呼，尽曰'阁下'。"阁，楼阁。

×座 对长官的敬称。如说"校座"，指校长；"军座"，指军长；"委座"，指委员长。

令尊 对别人父亲的敬称。也作"尊君""尊甫""尊公""尊侯""尊大人""尊大君"。尊，敬称别人的父亲或尊长。清·无名氏《说唐》第八回："贤侄，老夫想你令尊，为国忘身，归天太早。"

令慈 对别人母亲的敬称。也作"尊慈""尊萱""尊堂""尊夫人"。萱，音xuān，萱草，即忘忧草，旧俗在母亲居室的北堂要种萱草，所以萱、堂皆代称母亲。清·陈确《祭祝开美文》："闰月初二，实葬令慈……"

尊人 对自己或他人父母的敬称。清·周亮工《与高康生书》："孑然一书生，念两尊人远在数千里外，妻孥复旅食榕城。"

妆次 过去书信中对妇女的敬称。妆，化妆；次，发饰。元·王实甫《西厢记》第五本第一折："奉启芳卿可人妆次。"可人，可爱的人，称心如意的人。

陛下 对帝王的敬称。意谓不敢直呼天子，故呼在陛下者而告之。陛，音bì，宫殿的台阶。《史记·秦始皇本纪》："今陛下兴义兵，诛残贼，平定天下，海内为郡县，法令由一统，自上古以来未尝有，五帝所不及。"

殿下　对太子、亲王的敬称。唐以后也称皇太后、皇后为殿下。意谓不敢直呼其名，故呼在殿下者而告之。殿，高大的堂屋；殿下，殿阶之下。晋·王羲之《与会稽王笺》："殿下德冠宇内，以公室辅朝，最可直道行之。"

足下　对人的敬称。后专用于对同辈人的敬称。三国·魏·嵇康《与山巨源绝交书》："足下昔称吾于颍川，吾常谓之知言。"知言，知音。

诗公　对诗人的尊称。《清朝野史大观·清朝艺苑一·诗公》："上命取阅，随御制一首赐和，中有'丛香密叶待诗公'之句，举朝传诵，诸钜公群然属和，世遂称西厓为'诗公'。"钜公，指王公大臣；厓，音yá。

诗翁　对老年诗人的尊称。唐·韩愈《雪后寄崔二十六丞公》："诗翁憔悴斸荒棘，清玉刻佩联玦环。"斸，音zhú，砍削。

诗丈　对前辈诗人的尊称，也是对长者诗人的敬称。丈，对长者的尊称。清·袁枚《随园诗话补遗》卷一："……题云'茂慈 词丈就北山之麓构园，名随园。'"

文伯　对著名作家的尊称，也是"文章宗伯""文章伯"的省称。宗，尊崇，景仰；伯，对文章品德足为表率者的尊称。唐·张说《齐黄门侍郎卢思道碑》："吟咏情性，纪述事业，润色王道，发挥圣门，天下之人谓之文伯。"

文郎　对有才华的他人之子的敬称。也泛称有才华的青少年。

词伯　对擅长文词的大家的尊称。也作"词宗""词匠"。唐·宋之问《伤王七秘书监》："书乃墨场绝，文称词伯雄。"

杖履　本指老人用的手杖和鞋子，后用为对老者、尊者的敬称。宋·苏轼《夜坐与迈联句》："乐哉今夕游，复此陪杖履。"

上人　上德之人，对精于佛学的僧人的敬称。宋·苏轼《吉祥寺僧求阁名》："上人宴坐观空阁，观色观空色即空。"

迦老　对佛祖释迦牟尼的尊称。释氏八十而终，后人尊称他为"迦老"。"释迦"是部落名，有"能""勇"之意；"牟尼"是对出家修行者的称谓，意为"圣者"。释迦牟尼是"释迦族的圣者"，是对佛祖乔达摩·悉达多的尊称。明·汪廷讷《狮吼记·住锡》："金鎞扶翳，全凭迦老钳锤；玉杵降魔，亦仗韦驮抖擞。"金鎞，古代治眼睛的工具；鎞，音bī；翳，音yì，眼疾；韦驮，梵语译音，佛教的护法神，手执金刚杵。

法师　对高僧和比丘的尊称。比丘，梵语，指出家后受过具足戒的男僧。戒律有二百五十条，戒品具足，故称。《正法华经·法师品》："称咏法师，发心悦豫，其人获福，不可限量。"悦豫，喜悦，愉快。

本师　佛教徒对释迦牟尼的尊称,意为根本的老师。也称"法王"，是对高僧的泛称。唐·白居易《画西方帧记》："我本师释迦如来言，从是西方遇十万亿佛土，有世界号极乐。"如来，佛的别称，梵语译音，意谓从如实之道而来，开示真理的人。也是释迦牟尼的十种法号之一。

道兄　对僧道的敬称。清·吴敬梓《儒林外史》第七回："荀员外道：'向日道兄在敝乡观音庵时，弟却无缘，不曾会见。'"

毛拉　穆斯林对伊斯兰教学者的尊称。意为先生、主人。也是宗教职业者。

尼父　对孔子的尊称。也作"尼甫""孔圣"。甫，同"父"，音fǔ，对男子的美称。明·冯梦龙《〈山歌〉序》："桑间濮上，《国风》刺之，尼父录焉。"桑间濮上，指淫靡之音。

史君　即"使君"，对州郡长官的敬称。史，通"使"。《陌上桑》："使君从南来，五马立踟蹰。"

屈子　对屈原的敬称。子，古代对男子或师长的尊称。郭沫若《游西陵峡》："屈子衣冠犹有冢，明妃脂粉尚流香。"

贺老　对唐朝诗人贺知章的尊称。贺知章享年八十六岁。唐·张祜《偶题》："唯恨世间无贺老，谪仙长在没人知。"贺知章称李白为"谪仙人"。

包公 对宋代名臣包拯的尊称，也是对办事公道、铁面无私的人的代称。包公也作"包文正""包青天""阎罗包老"。谥号"孝肃"，也称"孝肃公"。清·昭梿《啸亭续录·吴南溪》："（公）面黧黑，寡言笑，当时有'包公'之称。尝弹果毅公讷亲，为世所称。"

茂宰 对县官的敬称。宰，官名，泛称官员，特称县令。茂，优秀，卓越。唐·杜甫《送赵十七明府之县》："连城为宝重，茂宰得才新。"

文宗 明清时对提学、学政、试官等负责学校教育和考试的官员的敬称。提学，宋代在一路（宋代区划的"路"犹如明清时代的"省"）设立的分管教育的官员；学政，主管一省教育和考试的学官，相当于今天的省教育厅厅长。试官，主持考试的官员。清·蒲松龄《聊斋志异·书痴》："每文宗临试，辄首拔之，而苦不得售。"

社翁 对文士名流的尊称。宋·蔡條《西清诗话·方城高士》："范谦叔居方城，有高士自言：昔乃白发社翁，遇师授以神药，颜如渥丹。"渥丹，红润的面色。渥，音wò，红色。

神禹 对夏禹的尊称。《庄子·齐物论》："无有为有，虽有神禹且不能知，吾独且奈何哉。"

保衡 对商代名相伊尹的尊称。也作"阿衡"，谓天下所取安、所取平。或曰，"阿""保"为伊尹所任的官名。衡，伊尹的字。《君奭》传曰："'伊尹为保衡'，言天下所取安、所取平也。"

相君 对宰相的敬称。相，音xiàng。《史记·张仪列传》："仪贫无行，必此盗相君之璧。"说楚相昭阳丢了玉璧，门人怀疑是张仪偷的。

程子 对宋代理学家程颢、程颐兄弟的敬称。也称"二程子""二程"。宋·朱熹《答吕伯恭书》之四："熹旧读程子之书有年矣，而不得其要。"

翁甫 对老者的尊称。明·何景明《寿母赋》："矧翁甫之齐年兮，亦欣欣而乐康。"矧，音shěn，况且。齐年，年龄相同。

冯子　对冯姓男子的尊称，其他姓亦然。也专称战国时孟尝君门客冯谖，也专称汉光武帝功臣冯衍。

萧郎　对萧姓男子的敬称，也是美称。其他姓亦然。萧郎，本来是对梁武帝萧衍的敬称，后来也代称女子的恋人。唐·于鹄《题美人》："胸前空带宜男草，嫁得萧郎爱远游。"宜男草，即萱草，古人认为为孕妇佩之则生男。这里是借用。

皇考　对已故曾祖父或已故父亲的尊称，也是对父、祖的通称。《楚辞·离骚》："帝高阳之苗裔兮，朕皇考曰伯庸。"

皇颉　对黄帝史官苍颉的尊称。相传苍颉是汉字的创始人。颉，音jié。宋·郑樵《〈通志〉总序》："皇颉制字，使字与义合。"

斋长　对塾师的敬称。宋代各类学校皆分斋教学，每斋设斋长一人，负责教学和管理。斋，学舍。明·汤显祖《牡丹亭·腐叹》："陈斋长报喜，杜太爷要请个先生教小姐……"

高邻　对邻居的敬称。也作"芳邻"，是对邻居的美称。唐·王勃《滕王阁序》："非谢家之宝树，接孟氏之芳邻。"谢家之宝树，指晋朝谢安的侄子谢玄；孟氏之芳邻，指孟子母亲为寻找好邻居三次搬家的故事。这两句是说，自己并不是像谢玄那样出色的人才，却能在今日的宴会上结识各位名士。

军爷　旧时对军人的敬称。

贵眷　对对方妻子的敬称。眷，亲属，妻子。

震男　对对方长子的敬称。震，卦名，代称雷。《易》："乾天父，坤地母，震雷长男，巽风长女……"意思是"乾"代表天、父；"坤"代表地、母；"震"代表雷，代称长男；"巽"代表风，代称长女。

贤仲　即贤弟，对他人兄弟的敬称。清·蒲松龄《聊斋志异·阿英》："女曰：'狼疾之人，不能操箕帚矣，当别为贤仲图之。'"狼疾，指致命的疾病。

贤姊　对他人姐姐的敬称。姊，音zǐ，姐姐。

贤东　对他人主人的敬称。东，东家，主人。古代主位在东，宾位在西，故称。明·李开先《忆游南内记》："何不请之贤东，先游而后觞乎。"

贤考 对他人亡父的敬称。考，旧称已死的父亲。古代也称在世之父为"考"。如说"考妣"。

贤妣 对他人亡母的敬称。妣，音bǐ，旧称已死的母亲。古代也称在世之母为"妣"。

贤息 对他人子嗣的敬称。息，子女；嗣，音sì，儿子，子孙。宋·王安石《枢密使张昪嫡母追封德国太夫人刘氏可追封许国太夫人制》："以有贤息，掌予机密。"

贤阁 对他人妻子的敬称。也作"贤正"。阁，女子的卧室，代称女子。唐·牛僧孺《玄怪录·齐饶州》："贤阁只在门前，便可同去。"

陔兰 对他人子孙的敬称，意为能孝顺长辈。语出《文选·束皙〈补亡诗〉》："循彼南陔，言采其兰。"李善注："采兰以自芬香也。循陔以采香草者，将以供养其父母。"陔，音gāi，田埂。循陔，代称奉养父母。

孔宣父 对孔子的尊称。唐贞观十一年（637）封孔子为"宣父"。

须菩提 对年高德劭的僧人的敬称。梵文音译，意为"善吉"。劭，音shào，美，贤良。

师尚父 对齐太公姜尚的尊称。《诗·大雅·大明》："维师尚父，时维鹰扬。"毛传："师，大师也；尚父，可尚可父。"郑玄笺："尚父，吕望也，尊称焉。"诗句说太师尚父姜太公，好像雄鹰在飞扬。

万岁爷 对皇帝的尊称。清·孔尚仁《桃花扇·劫宝》："万岁爷驾到了，传你将军速出迎接。"

老佛爷 清代对太上皇或皇太后的敬称。也是对慈禧太后的专称。清·吴趼人《二十年目睹之怪现状》第九十二回："他别装糊涂，仗着老佛爷腰把子硬，叫他看。"

二三子 诸侯对臣子的敬称，犹言"诸君"。也代称学生们。

《论语·八佾》："二三子何患于丧乎？天下之无道久矣，天将以夫子为木铎。"意思是你们这些人为什么没有官位哩？天下黑暗的日子也太长久了，上天会把他老人家做人民的导师哩？木铎，铜质木舌的铃子，有大事则摇铃传告大家。铎，音duó，大铃。

小范老子 宋代西夏人对范仲淹的尊称。老子，指父亲，戎人呼知州为"老子"。范仲淹小范雍八岁，故称"小范"。

大范老子 对龙图阁待制范雍的尊称。范雍长范仲淹八岁，故称"大范"。

大成至圣先师 清代给孔子的封号，也是对孔子的尊称，也是专称。至，最。（明代给孔子的封号是"大成至圣先师文宣王"。）

（二）其他敬称

经 对经典著作或宗教典籍的敬称。如《诗经》《道德经》《坛经》《古兰经》等。

法笔 对他人所作书画的敬称。清·吴趼人《二十年目睹之怪现状》第三十七回："（我们）同到你尊寓，看你画寿星，当面领教你的法笔。"

手泽 对先人或前辈的遗墨、遗物的敬称。意思是手汗所沾润。宋·李清照《〈金石录〉后序》："今手泽如新，而墓木已拱。"

黄钟 对他人诗文的敬称。黄钟，打击乐器，庙堂常用。"黄钟"是我国古代音韵十二律中六种阳律的第一律。意思是称赞别人的作品如"黄钟大吕"一样庄严、高雅、和谐。"大吕"是音韵十二律中六种阴律的第一律。宋·陆游《与高安刘丞游大愚观壁间两苏先生诗》："尚想来游时，黄钟赓大吕。"赓，音gēng，继续，连续。

青览 敬称对方阅览，书信客套语。如写信开头常说"青览如约"，也作"清览"。清，明也。清·秋瑾《致琴文书》一："琴文伯母大人妆次：前在沪江草呈寸函，计可达青览矣。"妆次，旧时信函中对妇女的敬称。次，发式。

教墨 对他人书信的敬称。宋·苏轼《答杨济甫书》之一：

"某近领腊下教墨，感服眷厚。"

朵云　对他人书信的敬称。语出《新唐书·韦陟传》："陟唯署名，自谓所书'陟'字若五朵云。时人慕之，号郇公五云体。"郇公，所袭爵位。陟，音zhì；郇，音xún。

清颜　对他人面容的敬称，多指男性，也作"玉颜"。也是对尊长容颜的敬称。即形容容颜不老。南朝·齐·谢朓《答王世子》："有酒招亲朋，思与清颜会。"

惠顾　对他人光临的敬称。也作"惠临"。惠，赐也，有所求于人的敬辞。元·关汉卿《金线池》楔子："不意今日惠顾，殊慰鄙怀。"

宝偈　佛教对偈颂的敬称。偈，音jì，梵文译音，意为"颂"，即佛经中的唱词。每偈四句，有三言、四言、多言多种，一般是四言四句十六字。如《水浒传》第四回："长老拿着空头度牒，而说偈曰：'灵光一点，价值千金，佛法广大，赐名智深。'"又如五言四句名偈："菩提本无树，明镜亦非台。本来无一物，何处惹尘埃。"（参见《坛经》，这是禅宗六祖慧能作的一首《菩提偈》。）

还璧　把东西归还原主或辞谢馈赠之物的敬称。一般作"完璧归赵"。典出《史记·廉颇蔺相如列传》。明·李贽《答李惟清书》："幸察余之真诚，使得还璧。"

赐颐　称人到来或买主来购物的敬称。颐，音yí，下巴，代称容颜。意思是给人一个笑脸。

贵诞　对他人诞辰的敬称。明·孙仁孺《东郭记·由君子观之》："大兄贵诞，请受小弟一拜。"

隆岳　对春秋时齐国的敬称，也是美称。《管子·小匡》："成周反胙于隆岳，荆州诸侯莫不来服。"尹知章注："周室有事，归胙于齐。齐，太岳之后，故言隆岳。"胙，音zuò，赐福。

隆姬　隆盛的周朝。对周朝的敬称，也是美称。宋·曾巩《哭尹师鲁》："汉初董生不大用，厥政自此惭隆姬。"周，姬姓，故称。董生，指西汉思想家董仲舒。厥，音jué，犹"其"。

贤度　对对方气量、胸襟的敬称。宋·晁补之《答滑守李孝纯启》："久讬姻盟，未亲贤度，一麾假守，释负檐之云。"讬，通"托"；麾，音huī，招之使来；假守，非正式任命的地方官；负檐，对自己所担负的工作的谦称。

识荆　初次认识的敬称。语出李白《与韩荆州书》："白闻天下谈士相聚而言曰：'生不用封万户侯，但愿一识韩荆州。'"韩荆州，指荆州刺史韩朝宗。韩喜提拔后进，很受时人崇敬仰慕，所以李白才用上面的诗句赞之。李白的这封信是写给韩朝宗的自荐信，十分出名。

雷霆　对帝王或尊者暴怒的敬称，也是"雷霆之怒"的省称。元·无名氏《举案齐眉》第四折："告大人暂息雷霆之怒，略罢虎狼之威。"

鸾降　对公主生日的敬称。鸾，凤属。明·王衡《郁轮袍》第三折："贵主，今日是贵主鸾降之辰，孩儿把一杯酒咱。"咱，音za，元代口语，语助词，无义。

麈教　对他人指点教诲的敬称。也作"麈尾之诲"。麈，音zhǔ，即麋鹿，俗称"四不像"。其尾可制作拂尘。古代高士名流喜欢执麈而谈。柳亚子《赠仲华》："麈教长承私愿足，耻随流俗作迎将。"

班妾辞辇　对嫔妃美德的敬称。典出《汉书·外戚传下·孝成班倢伃》，说汉成帝宠妃班倢伃不与成帝一起坐帝辇。因贤君之侧只能载名臣，不能载嬖女。也作"班姬辞辇"。辇，音niǎn，特称君王所坐的车。倢伃，也作"婕妤"，音jiéyú，宫中女官名，也特指西汉女文学家班倢伃。嬖，音bì，宠幸。

敬恭桑梓　对故乡、故乡人的敬称。古人常在宅旁种植桑树、梓树，所以"桑梓"代称故乡。语出《诗·小雅·小弁》："维桑与梓，必恭敬止。"止，语气助词，用于句末。

摩诃至那　古印度对中国的敬称。摩诃，梵语译音，意为"大"；至那，英语译音，一般写成"支那"，也作"脂那"。也作"摩诃震旦"。诃，音hē。参见"其他别称"中"震旦"条。

敬称词特别多，有的形成了字族，即一个字领头，可以组成无数的字族新词。如：

"拜"字族 拜托、拜望、拜见、拜读、拜手（一种跪拜礼）等。如冰心《晚晴集·悼郭老》："我在二十年代，就拜读过郭老的新诗。"

"奉"字族 奉还、奉告、奉行、奉使、奉命、奉尘等。如梁启超《复刘古愚山长书》："拙撰《西学书目表》，浅陋已极，既承相爱，亦以奉尘，尚乞教之。"奉尘，谓文笔浅陋，有污尊眼，是送人作品的谦辞。尘，污染。

"高"字族 高就、高寿、高足、高门、高攀、高论等。如明·朱元弼《犹及编》："仇云凤者，某父之高足也。"高足，高才弟子。

"贵"字族 贵姓、贵庚、贵降、贵恙、贵步、贵处（动问他人籍贯的敬语）、贵号（对人商店的敬称）、贵眷（对对方之妻的敬语）、贵干（询问他人有什么事情的敬语）、贵诞（称人诞辰的敬语）、贵体（对他人身体的敬称）等。如宋·洪迈《容斋五笔·何恙不已》："而世俗相承，至问人病为贵恙，谓轻者为微恙。"恙，音yàng，疾病。

"惠"字族 惠赠、惠存、惠临、惠书、惠赐、惠顾、惠函（称人来信的敬称）等。如鲁迅《书信集·致郑振铎》："顷得惠书，谨悉一切。"

"令"字族 令尊、令堂、令郎、令爱、令亲、令嗣、令君（对县令的敬称）、令闻、令问等。如曹禺《北京人》第一幕："我这小孙儿年幼无知，说是在令媛头上泼了一桶水。"

"宝"字族 宝号、宝座、宝墨、宝眷、宝宇、宝札、宝佩、宝唾（对人谈吐、文辞的敬称）等。如宋·黄庭坚《被褐怀珠玉》："宝唾归青简，晴虹贯夜窗。"

"呈"字族 呈请、呈报、呈送、呈正、呈教等。如清·袁枚《随园诗话》卷三："苦吟半生，无一知己；今所望者惟先生，故以诗呈教。"

　　"**垂**"**字族**　垂询、垂爱、垂示、垂怜等。如《后汉书·列女传·袁隗妻》："慈亲垂爱，不敢逆命。"

　　"**光**"**字族**　光临、光驾、光顾、光复等。如三国·魏·曹植《七启》："不远遐路，幸见光临。"

七、美称（誉称、颂称）

美称，是一种美好、赞赏、肯定、歌颂性的称谓。一般美称都不是主观强加的，而是他人赋予的。如称李白为"诗仙"，称杜甫为"诗圣"，称欧阳修为"文圣"，称孔子为"至圣"，称孟子为"亚圣"，称关羽为"武圣"。

美称可分为人物美称、事物美称和其他美称三种。

（一）人物美称

甫 通"父"，音fǔ，古代男子的美称。"甫"的本义是田里长得健壮的新苗，即"圃"字的本字。一般用于男子的表字，如说"台甫"。《仪礼·士冠礼》："伯某甫、仲叔季，唯其所当。"郑玄注："甫是丈夫的美称。"孔子为尼甫……甫字或作父。父、甫，音同。

士 古代男子的美称，也是对人的美称。如志士、烈士、博士、勇士、绅士、隐士、壮士、方士、谋士、义士、力士、高士、雅士、辩士、修士、居士、进士、人士、女士等。唐·韩愈《送董邵南游河北序》："燕赵古称多感慨悲歌之士。"

姬 音jī，古代女子的美称，也代称美女。如歌姬、胡姬、舞姬、吴姬（吴地的美女）、嬖姬（受宠爱的姬妾）、一代名姬等。《诗·陈风·东门之池》："彼美淑姬，可与晤歌。"郑玄笺："言淑姬贤女，君子宜与对歌相切化也。"孔颖达疏："美女而谓之姬者，以黄帝姓姬，炎帝姓姜，二姓之后，子孙昌盛，其家之女，美者尤多，遂以姬姜为妇人之美称。"

嫔 音pín，古代妇女的美称，也是统称。如嫔妇（妇女之有德行者）、嫔德等。也是对亡妻的美称。《礼记·曲礼下》："生曰父、曰母、曰妻，死曰考、曰妣、曰嫔。"嫔，也是女官名，唐代有九嫔，官二品。《周礼·天官·大宰》："七月嫔妇。"郑玄注："嫔，妇人之美称也。"贾公彦疏："此是国中妇人有德行，故称嫔。"

淑女 温和善良贤淑女子的美称。《诗·周南·关雎》："窈窕淑女，君子好逑。"好，音hǎo；逑，音qiú，配偶。《诗经》开篇第一首诗就是对淑女的赞美。意为美丽的女子是君子的好配偶。

宝婺 妇女的美称。婺，音wù，星名，即婺女星，也称"女宿"，传说是一个美丽女子营救灾民后升天，变成了一颗明亮的星宿。唐·薛稷《奉和送金城公主适西蕃应制》："月下琼娥去，星分宝婺行。"琼娥，美女。

姬姜 妇女的美称。也是贵族妇女的泛称。周朝时姬为周王室之姓，姜为齐国之姓，姬姜两姓常通婚。《左传·成公九年》："虽有姬姜，无弃蕉萃。"杜预注："姬姜，大国之女；蕉萃，陋贱之人。"《文选·任昉〈王文宪集序〉》："室无姬姜，门多长者。"姬姜，指美女。参见前"姬"条。

檀郎 妇女对夫婿或所爱慕的男子的美称。晋之文学家潘岳，貌美，小名檀奴。唐·温庭筠《苏小小歌》："吴宫女儿腰似束，家在钱唐小江曲，一自檀郎逐便风，门前春水年年绿。"

梁孟 对别人夫妻的美称。典出《后汉书》卷八十三：东汉梁鸿家贫好学，不仕，与妻孟光隐居霸陵山中，以耕织为业。后避祸去吴。居人庑下，为人舂米，归家，孟光为之备食，举案齐眉，守贫高义，相敬如宾。因以"梁孟"为对人夫妇的美称。唐·李商隐《重祭外舅司徒文》："纻衣缟带，雅觌或比于侨吴；荆钗布裙，高义每符于梁孟。"纻衣缟带，指麻制的衣带；侨吴，指春秋时郑国子产（名侨）和吴国季札，二人互赠缟带纻衣，喻称朋友之交。见《左传·襄公二十九年》。

鹤鸣 对未出仕而有名望的人的美称。《诗·小雅·鹤鸣》："鹤鸣于九皋，声闻于野。"皋，音gāo，沼泽；九皋，曲折深远的沼泽。

栽花 对县令的美称。晋之潘岳任河阳县令时，在全县栽满桃李，传为美谈。清·陈维崧《秋霁·送江辰六之任益阳》："江山未老，又逢仙令栽花到。"

文孙 本指周文王的子孙，后为对他人之孙的美称。清·赵翼《题肃本淳化帖》："文孙雅意惠来学，妙选宾友相切磋。"

神孙 后嗣的美称，多指君主。《旧五代史·礼志下》："圣祖神孙，左昭右穆。"昭穆，宗庙、坟地、神主的左右排列顺序和位次。左为"昭"，右为"穆"。古人尚左而下右。古人在室内的座次是以东向为上，其次是南向、北向、西向。故以始祖居中，东向；二、四、六世等位于始祖的左方、朝南，因南向朝阳明亮，故称"昭"。三、五、七世等位于始祖的右方，朝北，因北向背光而冥昧，故称"穆"。

月上 女儿的美称。佛教传说毗摩罗诘之女诞生时身上有妙光如月照，故称。也作"月上菩萨"。语出《月上女经》。毗摩罗诘，早期佛教著名居士，在家菩萨，也译作"维摩诘""维摩罗诘"。唐·白居易《病中看经赠诸道侣》："何烦更请僧为侣，月上新归伴病翁。"原注："时适谈氏女子自太原初归。维摩诘有女名月上也。"

郑履 对为官清正、敢于谏争的人的美称。语出《汉书·郑崇传》："郑为尚书仆射，数求见谏争，上初纳用之。每见曳革履，上笑曰：'我识郑尚书履声。'"仆射，音púyè，尚书省的副职；曳，音yè，拖。

飞龙 对人的美称，也是喻称。《文选·苏武〈诗〉之二》："何况双飞龙，羽翼临当乖。"张铣注："龙，美喻也。"

双龙 对同时著名的两个人的美称，多指兄弟。如晋之陆机、陆云兄弟，三国魏之曹丕、曹植兄弟，宋之苏轼、苏辙兄弟都是"双龙"。三对兄弟都是有名的文学家或诗人。

双凤 对同时著名的两个人的美称，多指姐妹，也有称男性的。如汉之赵飞燕、赵合德姐妹，战国时楚国芈姝、芈月姐妹就是"双凤"。明·杨慎《双凤二龙》："蔡邕崔实号双凤，崔晏许受号二龙。"蔡、崔是男性，崔实是东汉政论家、农学家。

何郎 对貌美男子的美称。《世说新语·容止》《三国志·魏志·曹爽传》中说，三国魏之驸马何晏美仪容、善修饰，粉不离手，行步顾影，人谓"傅粉何郎"，省称作"何郎"。唐·宋璟《梅花赋》："俨如傅粉，是谓何郎。"

茶茶 古代对少女的美称。茶茶，是一个十三岁的美少女。明·朱有燉《元宫词》之二十六："进得女真千户妹，十三娇小唤茶茶。"

颓玉 本指酒醉后的状态，如玉山倾颓，后用作对醉态者的美称。《世说新语·容止》："（嵇康）其醉也，傀俄若玉山之将崩。"傀俄，倾颓貌。傀，音 guī。

草圣 对汉代草书大家张芝和唐代草书大家张旭的美称。张芝有《八月帖》，张旭有《饮中八仙歌》《古诗四帖》《肚痛帖》，都是草书中的精品。唐·杜甫《饮中八仙歌》："张旭三杯草圣传，脱帽露顶王公前。"

贤侄 对侄辈年轻人的美称。《三侠五义》第三十回："见展爷一表人才，不觉满心欢喜，开口便以贤侄相称。"

贤良 对他人儿子的美称，也是对有才德之人的美称。古代选拔人才的科目之一就是"贤良文学"或"贤良方正"。《后汉书·伏隆传》："任用贼臣，杀戮贤良。"

遗秀 对死者后代的美称。本义是残存的花草。宋·范仲淹《陈质殿丞挽歌词》："贤哉生令嗣，遗秀在兰芝。"

凤郎 对别人儿子的美称。宋·黄庭坚《戏赠曹子方家凤儿》："凤郎但喜风土乐，不解生愁山叠叠。"

凤婿 对别人女婿的美称。用萧史和弄玉骑凤上天的典故。明·汤显祖《牡丹亭·急难》："平白地凤婿过门，好似半青天鹊影成桥。"

文母 文德之母，对后妃的誉称。文母，原指周文王之妃太姒，十分贤德。《诗·周颂·雝》："既右烈考，亦右文母。"毛传："文母，太姒也。"右，通"佑"，保佑；烈考，显赫的亡父；雝，音yōng。

老凤 对别人父亲的誉称。唐·李商隐《韩冬郎即席为诗相送，一座尽惊。他日余方追吟"连宵待坐徘徊久"之句，有老成之风，因成二绝寄酬，兼呈畏之员外》："桐花万里丹山路，雏凤清于老凤声。"形容小辈优于老一辈，常常用来形容文字清雅。

头翁 对衙役的誉称，也是谀称。也作"头役"。清·吴敬梓《儒林外史》第十三回："既承头翁好心，千万将呈子捺下。"

耆旧 对年高而有声望的人的誉称。耆，音qí，六十岁以上的老人。唐·杜甫《忆昔》之二："伤心不忍问耆旧，复恐初从乱离说。"

终童 对年少而有为者的誉称。《汉书·终军传》说：终军年少好学，十八岁选为博士弟子，汉武帝擢他为谏议大夫，后被南越王杀害，年仅二十余岁，时称"终童"。唐·李嘉祐《送张惟俭秀才入举》："清秀过终童，携书访老翁。"参见"人物泛称"中"洛阳才子"条。

终贾 对年轻有为者的誉称。汉代的终军、贾谊皆年少出名。也是终军和贾谊的并称。《晋书·潘岳传》："岳少以才颖见称，乡邑号为'奇童'，谓终贾之俦也。"俦，音chóu，辈，同类。

总龟 古代对知识渊博的人的誉称，也泛称内容博大精深的典籍。清·龚自珍《妙法莲花经四十二问》："义学之渊海，三藏之总龟。"义学，关于佛教教义的学问；三藏，佛教经典《律藏》《经藏》《论藏》的总称。渊海，深渊和大海，喻称精深荟萃之处，义同"总龟"。唐·颜真卿《丽正殿学士殷君墓碣铭》："贺（贺知章）呼君为五总龟，以龟千年五聚，问无不知也。"旧谓龟每两百年生出二尾称"一总"，至千年生出五总称"一聚"。

甘棠 对循吏的美称。《史记·燕召公世家》中说，人民思念召公之政，作《甘棠》诗咏之。循吏，良吏；循，良善。汉·王褒《四子讲德论》："非有圣智之君，恶有甘棠之臣。"恶，音wū，何，怎么。甘棠，即棠梨，一名杜梨。

凤尾 凤凰的尾巴很美，因以誉称科举考试排尾者，也誉称古琴之尾部。唐·黄滔《寄翁文尧拾遗》："龙头凤尾前年梦，今日须怜应若神。"自注："滔卯年冬在宛陵梦文尧作状头及第。"状头，即状元。

宁馨儿 对好孩子、好子弟的美称。宁馨儿，晋、宋时俗语，意为"这样的好孩子"。宁，音nìng，犹如；馨，音xīn，语助词；儿，孩子。《晋书·王衍传》："何物老妪，生宁馨儿！"这是"竹林七贤"之一山涛说的一句话，意思是：什么样的老太婆生下这个好孩子啊！

饮泉诗 对廉吏的誉称。《晋书·良吏传·吴隐之》中说，广州石门有一贪泉，饮者则怀无厌之贪。广州刺史吴隐之为树清廉之风，故意饮之，并赋诗曰："古人云此水，一歃怀千金。试使夷齐饮，终当不易心。"日后一直为政清廉。厌，同"餍"，音yàn，饱，满足；歃，音shà，含，吸，饮。

逆风家 誉称德才超卓的人，谓其名声逆风而远播。典出《世说新语·文学》。

过庭子 对能继承父业或秉承父训者的美称。参见"趋庭""过庭""鲤庭""庭训"诸条。语出《论语·季氏》，是孔子教训儿子孔鲤的故事。也作"过庭训"。

铁丈夫 对坚毅勇武的男人的美称。《太平天国歌谣·一将登采石》："一将登采石，攻破城当涂。不是城豆腐，人是铁丈夫。"

铁娘子 对坚毅果敢的女强人的美称。如称英国前首相玛格丽特·撒切尔夫人为"铁娘子"。

铁姑娘 对坚毅能干的姑娘的美称。其义与中国古代的穆桂英、花木兰相似，意为女中豪杰，是对传统女性温柔、贤淑概念的一种否定。

美髯公　对三国蜀将、武圣关羽的美称。髯，音rǎn，两腮上的胡子，泛称胡子美的人。《水浒传》中朱仝的绰号是"美髯公"。

杨令公　对北宋名将杨业的誉称。杨业操大刀，故又誉称"金刀杨业"，也作"杨老令公"。

柳絮才媛　对才女的美称。"柳絮"，晋朝才女谢道韫有："未若杨柳因风起"的咏雪名句。媛，音yuán，美女。清·陈康祺《郎潜纪闻》卷五："然微云夫婿，柳絮才媛，艳句流传，亦可谓倡随佳话矣。"倡随，即夫唱妇随。倡，即"唱"。

桂子兰孙　对别人子孙的美称。明·汤显祖《紫箫记·就婚》："作夫妻天长地远，还愿取桂子兰孙满玉田。"

云昆金友　对人兄弟的美称。也作"金友玉昆""玉友金昆"，省称作"昆玉"。《南史·王铨传》："铨虽学业不及弟锡，而孝行齐焉。时人以为铨、锡二王可谓玉昆金友。"铨，音quán。

青钱学士　对才学之士的誉称。《新唐书·张荐传》中称张鷟的文辞，如青铜钱，万选万中，时称张为"青钱学士"，也作"青钱万选"。鷟，音zhuó。

城北徐公　对美男子的美称。典出《战国策·齐策·邹忌讽齐王纳谏》。徐公是战国时齐国的美男子。文中说邹忌形貌昳丽，他分别问妻子、小妾、客人"吾与徐公孰美？"三人皆曰："君美甚。"明日徐公来，邹忌熟视之，自以为不如徐公美。于是他得出结论，说妻子"私我"，小妾"畏我"，客人"有求于我"，所以他们三人都说我美。用这个比喻讽喻齐王不要受蒙蔽。昳，音yì，美丽；孰，音shú，谁，哪一个。

背碑覆局　对记忆力极强的人的美称。谓看过碑文就能背诵，搅乱棋局又能复原。也是"背碑"和"覆局"的并称。典出《旧唐书·文苑传上·张蕴古》："张蕴古……性聪敏，博涉书传，善缀文，能背碑覆局……"覆，"复"字之繁体字。

江左夷吾 对有辅国救民之才的誉称。语出《晋书·温峤传》："及见王导共谈，欢然曰：'江左自有管夷吾，吾复何虑！'"夷吾，指管仲。管仲，名夷吾，字仲，春秋时法家代表人物，辅佐齐桓公成就霸业；江左，即江东，习惯上指长江南岸地区。

无冕之王 对记者的美称。冕，音miǎn，帝王的礼帽。意思是记者虽然没有加封官衔，但也是一个高官，其影响很大。语出19世纪的英国，当时人们称《泰晤士报》主笔为"无冕之王"。

织发夫人 誉称善于编织的妇女。语出晋·王嘉《拾遗记·吴》，说三国吴主赵夫人能把头发编织成罗幔，飘飘如烟气轻动，使房内清爽凉快，时人谓之"丝绝"。

（二）事物美称

翠黛 女子眉毛的美称。古代女子用一种叫"螺黛"的青黑色矿物原料画眉，故称。螺，眉像螺形。也作"螺黛"。宋·秦观《南乡子》："往事已酸辛，谁记当年翠黛颦。"

桂阃 女子居室的美称。阃，音kǔn，内室。唐·王勃《七夕赋》："凭紫都而受历，按玄丘而命纪；凤毛钟桂阃之祥，麟角灿椒庭之祉。"

仙裾 衣袖的美称。裾，音jū，衣袖。南朝·齐·王融《谢敕赐御裘等启》："云衣降授，仙先裾曲委。"

清砧 捶衣石的美称。砧，音zhēn，捶衣石。就是洗衣服用捶打法，一去污，二平整。唐·杜甫《暝》："半扉开烛影，欲掩见清砧。"

漆妃 墨的美称，这是拟人化的说法。也作"玄香太守"。鲁迅《集外集拾遗补编·祭书神文》："君友漆妃兮管城侯，向笔海而啸傲兮，倚文冢以淹留。"管城侯，指毛笔。

冰蚕 蚕茧的美称。冰蚕是传说中一种神秘的生物，代称蚕，蚕茧。宋·苏轼《徐大正闲轩》："冰蚕不知寒，火鼠不知暑。"这是比喻性说法。或曰"冰"取其"白"之意。唐·陈标《长安秋思》："吴女秋机织曙霜，冰蚕吐丝月盈筐。"

冰魂 梅花、莲花的美称，取清白纯洁之意，也是月亮的喻称。宋·苏轼《十一月二十六日松风亭下梅花盛开》之二："罗浮山下梅花村，玉雪为骨冰为魂。"

冰碧 竹子的美称。谓竹子经冬不凋，依然碧绿。唐·元稹《寺院新竹》："冰碧林外寒，峰峦眼前耸。"

丹萤 萤火虫的美称。也作"丹良"。南朝·梁·梁元帝《纳凉》："白鸟翻帷暗，丹萤入帐明。"

宝花 对佛寺中的花的美称。隋·江总《花赞》："池中宝花，叶覆金沙。"

宝刹 对佛寺、佛塔的美称。也是敬称、别称。刹，音chà，梵语"刹多罗"的省称，指寺庙、佛塔。唐·白居易《菩提寺上方晚望香山寺寄舒员外》："晚登西宝刹，晴望东精舍。"精舍，僧人居所。

宝佩 对佩玉的美称。佩玉是古人身上佩戴的装饰性物件，旧说有补气、辟邪的作用。南朝·梁·王僧孺《詹事徐府君集序》："宝佩鸣风，丰貂映日。"

宝瑟 琴瑟的美称。唐·骆宾王《帝京篇》："翠幌竹帘不独映，清歌宝瑟自相依。"

宝唾 对人谈吐和文辞的美称。唾，口液，喻称谈吐。如说："欬唾成珠"。欬，"咳"之异体字。明·张綖《香奁》："锦麟青羽书难觅，宝唾珠啼迹未干。"

宝篆 熏香的美称。焚香时烟上升如篆字状，故称。宋·秦观《画堂春》："宝篆烟消龙凤，画屏云锁潇湘。"

宝阙 宫阙的美称。阙，音què，宫门，城门两侧高台上的楼阁，代称宫殿。唐·李山甫《蜀中寓怀》："春装宝阙重重树，日照仙州万万楼。"

宝踪 皇帝手迹的美称。也称"宝翰"。踪，痕迹。宋·梅尧臣《张圣民学士出御书并法帖共阅之》："一见宝踪天下妙，稽首赞仰舌吻乾。"乾，"干"之繁体字。

宝衢 通道大街的美称。也代称光明大道。南朝·宋·谢灵运《罗浮山赋》："故曰朱明之阳宫，耀真之阴室，洞穴之宝衢，海灵之云术。"

珍宇　天空的美称。唐·苏颋《奉和晦日幸昆明池应制》："霁色清珍宇，年芳入锦陂。"

玉柱　石柱的美称，也代称琴瑟。明·李梦阳《秋怀》："雕阑玉柱留天女，锦石秋花隐御舟。"

玉缸　酒瓮的美称。明·皇甫涍《西湖歌寄方思道》："玉缸春酒映江碧，几醉江边柳花白。"

玉枹　鼓槌的美称。枹，音fú，同"桴"，鼓槌。《楚辞·九歌·国殇》："霾两轮兮絷四马，援玉枹兮击鸣鼓。"霾，通"埋"；絷，音zhí，绊住马足。

玉袂　衣袖的美称。袂，音mèi，衣袖。如说"联袂"（携手同行，一同到来），"袂接肩摩"（形容人多），"袂云汗雨"（极言行人之多）。南朝·梁·江淹《丹砂可学赋》："奏神鼓于玉袂，舞灵衣于金裾。"

玉箸　筷子的美称。箸，音zhù，筷子。玉箸意思是如玉制的筷子。也喻称眼泪。唐·杜甫《野人送朱樱》："金盘玉箸无消息，此日尝新任转蓬。"

玉节　竹笋和藕的美称，也是手杖的美称。明·杨慎《和方思道毛坞之什》："冉冉孤生竹，迟此方苞月。玉节本璘珣，孚尹亦旁达。"璘珣，音línxún，鲜明貌。孚尹旁达，比喻品德高尚、纯洁。孚尹，玉的色彩。

玉翰　书本或书札的美称。翰，音hàn，本指羽毛，代称笔，也代称文字、书信。南朝·梁·萧统《十二月启·中吕四月》："今因去雁，聊寄刍荛。如遇回鳞，希垂玉翰。"刍荛，指割草打柴的人。垂，赐予。大意是：现在有雁飞去，寄上我草野之人的信札；如果有鲤鱼回来，希望你赐给我书信。古人认为鱼雁都可以传递书信。

玉梁　石桥的美称。梁，桥。晋·王嘉《拾遗记·岱舆山》："北有玉梁千丈，驾玄流之上。"

玉斝 酒杯的美称。斝，音jiǎ，古代酒器名。唐·韩愈《忆昨行和张十一》："青天白日花草丽，玉斝屡举倾金罍。"罍，音léi，盛酒器。

琼苑 苑囿的美称。苑囿，音yuànyòu，泛称园林。宋·晏几道《木兰花》："晚红初减谢池花，新翠已遮琼苑路。"

琼柱 琴弦支柱的美称。南朝·梁·梁元帝《和弹筝人》："琼柱动金丝，秦声发赵曲。"宋·晏殊《拂霓裳》："银簧调脆管，琼柱拨清弦。"

琼书 对出家人诗文的美称，代称佛经、道书。唐·柳宗元《韩漳州书报彻上人亡因寄二绝》之二："频把琼书出袖中，独吟遗句立秋风。"遗句。指亡者的诗文。

琼章 对人诗文的美称。也作"琳琼"。宋·张孝祥《鹧鸪天·上元设醮》："咏彻琼章夜向阑。天移星斗下人间。"

琼葩 对色泽如玉的花的美称。宋·丘处机《无俗念·灵虚宫梨花词》："白锦无纹香烂漫，玉树琼葩堆雪。"唐·刘禹锡《游桃源一百韵》："青囊既深味，琼葩亦屡摘。"

琼筵 对宴会的美称。即盛宴、美宴。筵，音yán，古人席地而坐，设席位往往不止一层，靠面的一层称"筵"，筵上的一层称"席"。如说"张筵列鼎"。唐·李白《春夜宴从弟桃花园序》："开琼筵以坐花，飞羽觞而醉月。"从弟，叔伯兄弟；羽觞，有耳的酒杯。

瑶天 对天空的美称。瑶，美玉。明·胡文焕《群音类选·八声甘州·寄情》："凭栏久，看看月上瑶天外，好难存济，好难存济。"存济，度日。

瑶月 对月亮的美称。金·王庭筠《清平乐·应制》："琼枝瑶月，帘卷黄金阙。"

瑶句 对人诗文的美称。又作"瑶华"。唐·谭用之《寄许下前管记王侍御》："蚁泛羽觞蛮酒腻，凤衔瑶句蜀笺新。"意思是酒不好而诗好。

瑶帙 书套的美称，代称精美的书籍。帙，音zhì，书套。

明·郑真《题长淮送别图赠吴兴阮文肃》:"归取家藏瑶帙看,吾翁亦有赠行诗。"

瑶函 对他人书信的美称。函,书信。唐·黄滔《薛舍人启》:"金口开时,讲贯则处其异等;瑶函发处,推扬则寘彼极言。"寘,"置"的异体字。

瑶笺 对书札的美称。笺,音jiān,精美的纸张,也泛称纸张,引申为书信。札,音zhā,古代写字用的木片,犹"牍",代称书信。清·孙枝蔚《列仙诗》之四:"东华童子捧瑶笺,青鸟衔书送地仙。"青鸟,传信的使者;地仙,人间的仙人。

瑶编 书籍的美称,指珍贵的书册。元·陈樵《东阳县学晖映楼赋》:"积缥囊与缃帙,蕴琼轴与瑶编。"缥囊,淡青色丝绸制成的书囊,代称书卷;缃帙,浅黄色书套,代称书卷。

瑶篆 篆书的美称。南朝·梁·江淹《萧太尉子侄为领军江州兖州豫州淮南黄门谢启》:"鸿品清饰,已蔼金图;秀鼎号铭,共茂瑶篆。"蔼,音ǎi,盛多。

瑶樽 酒杯的美称。樽,音zūn,同"尊",酒杯。宋·张先《燕归梁》:"去岁中秋玩桂轮,河汉净无云,今年江上共瑶樽。都不是,去年人。"

瑶琼 对他人诗文、赠礼的美称。也是喻称。也作"琼瑶",本义是美玉。《诗·卫风·木瓜》:"投我以木桃,报之以琼瑶。"

瑞炉 香炉的美称。明·陆包山《画眉序犯·闺情》:"看银灯半明,瑞炉烟尽,冷清清拥抱闲衾枕。"

瑞脑 香料的美称。如说:"瑞脑烧金炉","瑞脑销金兽",都是在香炉里点香。宋·李清照《醉花阴》:"薄雾浓云愁永昼,瑞脑销金兽。"

"宝""玉""琼""瑶""瑞"等表示吉祥、美好的字,都有很强的组词能力。由他们组成的词形成了系列字族,为数众多。如:"玉"字后加名词组成的词多达数十个,如玉鉴(镜子)、玉麟(鱼鳞)、玉观(宝阙)、玉銮(车铃),等等。

璧日 太阳的美称。璧,本指圆形有孔的玉,后泛称美玉,代称美好。南朝·梁·梁简文帝《大法颂》："璧日扬精，景云丽色。"景云，祥云，瑞云。

璧田 良田的美称。《春秋·桓公元年》："三月，公会郑伯于垂，郑伯以璧假许田。"

璧池 古代对学校的美称。古代学宫前多有半月形水池，水清如璧，称泮池。清·严可均《全上古三代秦汉三国六朝文·全梁文》卷十三《萧纲·大法颂》："广修璧水，洞启胶庠。"洞启，敞开；胶庠，周代学校名。胶为大学，庠为小学。参见"其他别称"中"辟雍"条。

琅笈 书箱的美称，也是书籍的美称。琅，音láng，似珠玉的美石；笈，音jí，书箱，代称书籍。北周·庾信《陕州弘农郡五张寺经藏碑》："琅笈云书，金绳玉检。"玉检，玉制的书函盖。

琥珀 酒的美称。唐·李白《客中作》："兰陵美酒郁金香，玉碗盛来琥珀光。"琥珀光：指酒的颜色是淡黄色，像琥珀的光泽一样。

琱舆 玉饰之车，车驾的美称。琱，音diāo，治玉，刻镂；舆，车。汉·张衡《思玄赋》："轙雕舆而树葩兮，扰应龙以服路。"轙，音yǐ，车；应龙，即飞龙，古代传说中一种有翼的龙。

徽册 书册的美称。徽，美善。《宋史·乐志十一》："肃奉徽册，尊名孔章。"孔章，十分显著。章，亦作"彰"。

芳颜 对他人容颜的美称，也作"芳容"。晋·陶潜《诸人共游周家墓柏下》："清歌散新声，绿酒开芳颜。"宋·柳永《小镇西》："意中有个人，芳颜二八，天然俏。"二八，代称十六岁。

神坰 野外的美称。坰，音jiōng，郊野。《文选·沈约〈钟山诗应西阳王教〉》："翠凤翔淮海，衿带绕神坰。"吕向注："称神者，美言之。野外曰坰。"

碧瓯 即碧玉杯，杯的美称。瓯，音ōu，瓦器。唐·萧祐《游石堂观》："甘瓜剖绿出寒泉，碧瓯浮花酌春茗。"

碧月 月亮的美称，也代称月光。碧，青白色或青绿色的玉。碧月，喻其清澈。明·吴承恩《移竹寺中得诗》之六："碧月入帘深，红尘闭门远。"

圣鸟 凤凰的美称。汉·王充《论衡·讲瑞》："夫凤皇，鸟之圣者也；麒麟，兽之圣者也；五帝、三王、皋陶、孔子，人之圣也。"凤皇，同"凤凰"。

兰掖 掖庭的美称。掖，音yè，宫中旁舍，嫔妃居处。《旧唐书·礼仪志三》："妾缪处椒闱，叨居兰掖……罔极之思，载结于因心。"叨，音tāo，谦词，有愧于，犹"忝"；罔极，无穷，久远；因心，亲善仁爱之心。

灵润 雨露的美称，也喻称恩德。晋·郭璞《江赋》："播灵润于千里，越岱宗之触石。"触石，险峰。

雅什 对他人诗文的美称，意为高雅的诗文。《诗经》中的《雅》《颂》多以十首为一组。称"什"，什，犹言"辑"。隋·江总《南越木槿赋》："雅什未名，骚人失藻。"藻，文采。参见"其他别称"中"篇什"条。

邺侯 对他人藏书丰富的美称。唐代李泌封邺侯，家富有，藏书多。也作"邺侯架""邺架之藏"，省称作"邺架"。宋·周密《齐东野语·书籍之厄》："若士大夫之家所藏，在前世如张华，载书三十车；杜兼聚书万卷，韦述蓄书二万卷，邺侯插架三万卷……皆号藏书之富。"杜兼，宋人；韦述，唐人。

金觥 酒杯的美称。觥，音gōng，古代酒器。南唐·冯延巳《抛球乐》："款举金觥劝，谁是当筵最有情。"款，殷勤。

金獒 猎犬的美称。獒，音áo，大犬，猛犬。清·洪昇《长生殿·合围》："疾忙里一壁厢把翅摩霄的玉爪腾空散，一壁厢把足驾雾的金獒逐路拦。"一壁厢，宋元俗语，一边，一方面。

金薤 倒薤书的美称。也喻称文字优美。薤，音xiè，一种草本植物。古代有一种篆书叫"薤书"，取其笔画像薤叶一样细长。"倒薤书"也是一种篆书书体。南齐萧子良撰古文之书五十二体，有倒薤书、蛇书、虫书、飞白、悬针等，皆状其体势而为名。唐·韩愈《调张籍》："平生千万篇，金薤垂琳琅。"

银髯 白胡须的美称。前蜀·贯休《书匡山老僧庵》："笟筥红实好鸟语，银髯瘦僧貌如祖。"篔筜，音yúndāng，大竹。

锦麟 鱼的美称。宋·范仲淹《岳阳楼记》："沙鸥翔集，锦鳞游泳。"

香轮 车的美称。意思是用香木制作的车。唐·郑谷《曲江春草》："香轮莫辗青青破，留与愁人一醉眠。"

香岑 对佛寺所在山丘的美称。岑，音cén，小而高的山。唐·张说《襄州景空寺题融上人兰若》："高名出汉阴，禅阁跨香岑。"

凤里 对人乡里的美称。唐·罗隐《箧中得故王郎中书》："凤里前年别望郎，丁宁唯恐滞吴乡。"望郎，郎中的古称，官名；丁宁，同"叮咛"。

凤林 树林的美称，代称凤凰所居之处，即仙境。北周·庾信《道士步虚词》之七："凤林采珠宝，龙山种玉荣。"玉荣，指梧桐，或指草木之花。

凤城 京都的美称。唐·杜甫《夜》："步檐倚仗看牛斗，银汉遥应接凤城。"

凤眸 对女子眼睛的美称。眼长，眼尾略弯上翘，俗称"丹凤眼""桃花眼"。《再生缘》第六十二回："螺黛蹙，凤眸凝，想罢机谋叫圣君。"

凤笺 纸张的美称。宋·周邦彦《华胥引·秋思》："点检从前恩爱，但凤笺盈箧。"

凤篆 对古文字的美称。也称"云篆""凤文"。也代称道家所用的文字和道家的经书。唐·李商隐《赠华阳宋真人兼寄清都刘先生》："玉检赐书迷凤篆，金华归驾冷龙鳞。"唐·李世民《帝王篇》之二："玉匣启龙图，金绳披凤篆。"

龙章 对帝王文章的誉称或谀称，也是对不凡的文采、风采的喻称。南朝·宋·刘义庆《世说新语·赏誉》："顾彦先，八音之琴瑟，五色之龙章。"

鸾弦 对琴弦的美称。意思是琴声如鸾鸣。唐·周繇《梦舞钟馗赋》："不待乎调凤管，揆鸾弦，曳蓝衫而飒纚，挥竹简以蹁跹。"撰，音kuí，测度，调理；飒纚，音sàlí，长袖舞动貌。蹁跹，音piānxiān，旋转舞动貌。

鸾步 古代对贵者脚步的美称。唐·孟郊《投赠张端公》："鸾步独无侣，鹤音仍寡俦。"俦，音chóu，伴侣。

鸾台 对宫殿高台的美称。也代称仙女居处。《文选·曹植〈应诏〉诗》："朝发鸾台，夕宿兰渚。"李善注："鸾台、兰渚，以美言之。"唐·刘禹锡《和杨师皋给事小姬英英》："鸾台夜直衣衾冷，云雨无因入禁城。"

鸾姿 对帝后姿容的美称。南朝·梁·沈约《九日侍宴乐游苑》："雕箱凤彩，羽盖鸾姿。"

龙丝 对弦乐器的美称。如说"凤管龙丝"，指精美的管弦乐。唐·宋之问《早秋上阳宫侍宴序》："霞浆玉醴，与湛露而俱倾；凤管龙丝，杂商飙而共奏。"醴，音lǐ，甜酒；湛露，重露；湛，音zhàn，浓重；商飙，秋风；飙，音biāo，"飙"之异体字，疾风，暴风。

龙杖 对竹杖的美称，"龙头拐杖"的省称。唐·骆宾王《出石门》："暂策为龙杖，何处得神仙。"

梅花驿 驿站的美称。驿站，古代传递文书、官员往来及运输物资的中途休息地。典出《太平御览》，说南北朝时诗人陆凯有一首诗《赠范晔》："折梅逢驿使，寄与陇头人。江南无所有，聊寄一枝春。"意思是说陆凯折了一枝梅花，托驿使捎给了在陇头的朋友。聊，姑且。

梅花使 驿使的美称。驿使，传递公文、书信的人，也作"信使"。出处见上。元·王实甫《西厢记》第五本第二折："不闻黄犬音，难传红叶诗，驿长不遇梅花使。"

容城侯 镜子的美称，这是一种拟人的说法。唐人司空图写有《容城侯传》，以镜拟人，托名"容城侯"。容，面容。清·袁枚《随园随笔·物而人名》："镜之为容城侯，蟹之为爽国公……则又是后人增加矣。"蟹，"蟹"之异体字。

浯溪笔 对书写歌功颂德文章的笔的美称。唐代安史之乱后，诗人元结卜居于浯溪，作《大唐中兴赋》，由颜真卿书写，刻在浯溪石崖上，以歌颂唐肃宗。浯溪，水名，在湖南省祁阳县。浯，音wú。清·黄遵宪《感怀》："且濡浯溪笔，看取穹碑镌。"

陈家巷 对达官、高人往来居所的美称。语出《史记·陈丞相世家》。说汉之丞相陈平少贫，"家乃负郭穷巷，以弊席为门，然门外多有长者车辙"。负郭，靠近城郭；郭，外城。

郑公乡 对别人乡里的美称。典出《后汉书·郑玄传》。谓东汉经学大师郑玄受人尊重，其乡曰"郑公乡"。郑玄，北海高密人，今山东省高密市。郑以古文经学为主，著书百万言，世称"郑学"。

碧玉蹄 对良马的美称。原形容马蹄之美，后代称马蹄之快，泛称良马。唐·李白《紫骝马》之一："紫骝行且嘶，双翻碧玉蹄。"行且，将要。

冰弦玉柱 筝瑟一类乐器的美称。也专称古筝。如说"冰弦玉柱，弹怨东风"。清·洪昇《长生殿·舞盘》："冰弦玉柱声嘹亮，鸾笙象管音飘荡。"

班香宋艳 辞赋的美称。班，指班固；宋，指宋玉。二人皆善赋，以富丽见称。清·孔尚任《桃花扇·听稗》："早岁清词，吐出班香宋艳；中年浩气，流成苏海韩潮。"苏，指苏轼；韩，指韩愈。二人文章气势磅礴，如海如潮。

玉佩琼琚 对人诗文的美称，也是喻称。琼琚，音qióngjū，精美的玉佩，《诗·郑风·有女同车》："有女同车，颜如舜华。将翱将翔，佩玉琼琚。"

景星凤凰 对美好事物或杰出人才的誉称，也是"景星"和"凤凰"的并称。传说太平盛世能看到景星和凤凰。景星，大星，瑞星。语出《文子·精诚》："故精诚内形气动于天，景星见，黄龙下，凤凰至。醴泉出，嘉谷生。河不满溢，海不波涌。"

红嘴绿鹦哥 菠菜的美称，也是喻称。菠菜根为红色，叶为绿色，故称。鲁迅《华盖集续编·谈皇帝》："但是倘说是菠菜，他又要生气的，因为这是便宜货，所以大家对他就不称为菠菜，另外起一个名字，叫作'红嘴绿鹦哥'。"

（三）其他美称

泰筮　对筮卜的美称。筮，音shì，用蓍草占卜叫"筮"。蓍，音shī，一种药草，古人用其茎占卜。泰，大也。《礼记·曲礼上》："假尔泰龟有常，假尔泰筮有常。"假，借也。

泰龟　对龟卜的美称。龟卜，烧灼龟甲，观看裂痕以卜吉凶。出处见上条。

仙诞　对别人生日的美称。宋·陈深《齐天乐·八月十八日寿妇翁，号菊圃》："帝子吹笙，洛妃起舞，应喜蓬宫仙诞。"帝子，指尧之女、舜之妃娥皇、女英；洛妃，指洛水女神宓妃。宓，音fú。

吞凤　擅长著作的美称，也是喻称，也作"吐凤""吞鸟"。典出《晋书·文苑传·罗含》。说晋人罗含一天梦见一只彩鸟飞进嘴里，从此他就能写出好文章，后喻称文采高妙。唐·李商隐《为濮阳陈许举人自代状》："人惊吞凤之才，士切登龙之誉。"也用以赞美人才。唐·李瀚《蒙求》："罗含吞鸟，江淹梦笔。"

昭代　本义是政治清明的时代，后用以美称本朝或当今时代。昭，光明，清明。唐·崔涂《问卜》："不拟逢昭代，悠悠过此生。"

圣代　对当代的美称。南朝·梁·萧统《〈文选〉序》："故与夫篇什，杂而集之，远自周室，迄于圣代，都为三十卷，名曰《文选》云耳。"迄，音qì，至，到；都，总，总共。

余光　本义是充足的光辉，后美称他人给予自己的恩德。也作"余晖"。清·顾炎武《答李子德书》："更希余光下被，俾莫年迂叟得自遂于天空海阔之间，尤为知己之爱也。"莫，"暮"的本字。

双笔　誉称人出仕官职，或文采出众。《旧唐书·李峤传》："（峤）为儿童时，梦有神人遗之双笔，自是渐有学业。"遗，音wèi，赠送。

鸣琴 誉称地方官吏简政轻刑，以礼乐教化人民，无为而治。典出《吕氏春秋·察贤》："宓子贱治单父，弹鸣琴，身不下堂而单父治。"也是"鸣琴而治"的省称。鸣琴，弹琴；单父，音shànfǔ，春秋鲁国邑名，故址在今山东省单县南。宓子贱，孔子弟子，曾为单父宰，甚得民心，孔子赞之。宰，官名，此处指县令。

郑三绝 唐人郑虔诗、书、画皆美，世人誉称为"三绝"，泛称多才多艺。是"郑虔三绝"的省称。清·唐孙华《挽王随庵先生》之一："才名其拟郑三绝，翰札争夸顾八分。"顾八分，即顾诚奢，唐代书法家。

唐三绝 誉称唐代李白的诗歌、裴旻的剑、张旭的草书为"唐代三绝"，这是唐文宗诏书御封的。旻，音mín。唐代有"三绝五圣"之说，"五圣"指草圣张旭、画圣吴道子、茶圣陆羽、诗圣杜甫、剑圣裴旻。"三绝"和"五圣"中人有重复的。

汉三绝 三国蜀、魏的"智绝"诸葛亮、"义绝"关羽、"奸绝"曹操的誉称。或曰，徐州的汉兵马俑、汉墓、汉画像石并称"汉代三绝"。（按：也有"汉五绝"之说，再加汉赋、汉玉。）

魏三绝 誉称三国魏王郎的文、梁鸿的书、钟繇的字。繇，音yáo。

吴三绝 誉称三国吴主赵夫人织锦的"机绝"、刺绣的"针绝"、丝幔的"丝绝"。

晋三绝 誉称晋代顾恺之的"才绝""画绝""痴绝"。（按：人物的"三绝"之称或是三人三绝，或是一人三绝；或指才艺，或指才艺兼性格；多为褒称，少有贬称。情况不一，说法有异。）

桂三绝 誉称桂林的"山青""水秀""洞奇"三绝，也作"桂林三绝"。桂，广西壮族自治区的别称。

徽三绝 誉称黄山的"奇松""怪石""云海"三绝。也作"黄山三绝"。

匡三绝 誉称庐山的"云海""瀑布""绝壁"三绝。匡，庐山故称匡山、匡庐。

津三绝　誉称天津的杨柳青木板年画、泥人张、风筝魏"三绝"。津，天津的简称。也作"天津三绝"。或曰，狗不理包子、十八街麻花、耳朵眼炸糕也是"天津三绝"。

类似的"三绝""四绝"等誉称，在各地都有，说法不一、不再一一列举。

迎郭伋　誉称官员为政有德，深受百姓爱戴。《后汉书·郭伋传》中说，郭伋在并州有德政，及后入界所到邑县，老幼相携，逢迎于道。伋，音jí。清·毛奇龄《送使之大梁》："越境有人迎郭伋，同时入蜀想文翁。"文翁，汉景帝时任蜀郡守，有德政，文风大振，教化大兴，是有名的循史。"竹马迎郭伋""竹马迎逢""竹马之迎""骑竹欢迎"等词语都是迎送郭伋的。连儿童都争先恐后地骑上竹马迎送郭伋。

木凤衔书　皇帝传诏的美称。典出晋·陆翙《邺中记》，说石崇与皇后把五色纸诏书置于木制凤凰口中，传之远方，是为"凤诏"。翙，音huì.

束雪量珠　旧时对盐政的美称。宋·陶谷《清异录·官志》："撷金炼玉，束雪量珠。"

魂傍要离　誉称死者操守之高洁。《后汉书·梁鸿传》中说，梁鸿是东汉高士，及卒，求葬于吴国要离墓旁。要离，春秋吴国人，先为屠夫，后为刺客，因刺杀庆忌而出名。要，音yāo，姓。

宵衣旰食　誉称帝王勤于政事，也是"宵衣"和"旰食"的并称，省称作"宵旰"，也作"旰衣宵食"。宵，夜晚；旰，音gàn，晚。宵衣旰食的意思是天不亮就穿衣起身，天很晚才吃饭。南朝·陈·徐陵《陈文帝哀册文》："勤民听政，旰衣宵食。"

麦秀两歧　一株麦子长出两个麦穗，为丰年之兆，颂称吏治成绩显著。也作"麦穗两歧"。秀，穗；歧，叉开。唐·欧阳询《艺文类聚》卷十九引《东观汉记》："百姓歌曰："桑无附枝，麦秀两歧，张君为政，乐不可欺。"张君，指渔阳太守张湛，他劝民耕种，以致殷富。

纸落云烟　誉称落笔轻捷，挥洒自如。晋·潘岳《杨荆州诔》："翰动若飞，纸落如云。"翰，笔。

郑牛触墙成八字　誉称东汉经学家郑玄学问渊博，连家畜也受他影响。谚曰："郑玄家牛，触墙成八字。"也是一种戏称。

八、省称（略称、简称、缩称）

省称，省略、简单的称谓。也作略称、缩称、简称、省写。如北京简称为"京"，河北简称为"冀"，河南简称为"豫"，重庆简称为"渝"；"曲突"为"曲突徙薪"的省称，"缁磷"为"涅而不缁，磨而不磷"的省称。

省称中以成语典故的省称为最多。我们把省称分为成语典故的省称、诗句文句的省称、人名书名的省称、国名地名的省称和其他省称五种。

（一）成语典故的省称

成竹　"成竹在胸"的省称，是"胸有成竹"的又一种说法。喻称处理事情之前已经有了完整的谋划打算。也作"成竹于胸"。北宋书画家文同主张画竹时必先有成竹在胸，后学者很多，世称"湖州竹派"。宋·苏轼《文与可画筼筜谷偃竹记》："故画竹，必先得成竹于胸中，执笔熟视，乃见其所欲画者，急起从之，振笔直遂，以追其所见，如兔起鹘落，少纵则逝矣。"筼筜，音yúndāng，竹子的一种；鹘，音hú，即隼鸟，一种猛禽。

株守　"守株待兔"的省称。典出《韩非子·五蠹》，喻称拘泥守旧，不知变通。株，露出地面的树根。清·顾炎武《答俞右吉书》："在汉之时，三家之学各自为师，而范宁注《谷梁》独不株守一家之说。"也作"守株"。

桑蓬 "桑弧蓬矢"的省称。古代男孩出生后，以桑木做弓，蓬草做箭，象征射天地四方，后为鼓励人应该立大志之词。也作"桑弧蒿矢"。弧，音hú，弓；蒿，音hāo，一种草。宋·苏轼《赐皇弟大宁郡王俣生日礼物口宣》："桑蓬示喜，复临载育之辰；金币展亲，往致友于之爱。"

截镫 "截镫留鞭"的省称，也是"拉马截镫"的省称。表示对高官的挽留惜别。典出唐·冯贽《云仙杂记》："姚崇牧荆州，受代日，阖境民泣，抚马首截镫留鞭，以表瞻恋。"受代，旧谓官吏任满由新官代替为"受代"。阖，音hé，全部，整个。姚崇，唐代著名政治家，历任三朝，两度拜相。

董笔 "董狐笔"的省称，代称直笔记事、无所顾忌的史笔。语出《左传·宣公二年》，谓春秋时晋国史臣董狐在史册上秉笔直书晋卿赵盾杀其君之事。宋·文天祥《指南后录·正气歌》："在齐太史简，在晋董狐笔。""太史简"的典故出自《左传·襄公二十五年》，齐国的崔杼弑其君庄公，太史书曰："崔杼弑其君。"也是史官敢于秉笔直书的典实。

锦袍 "锦袍仙"的省称，代称李白。语出《新唐书·文艺传中·李白》，谓李白"浮游四方，尝乘月……著宫锦袍坐舟中，旁若无人"。著，音zhuó，同"着"，穿。

木谷 "如登高树，如临深谷"的省称。形容恐惧不安。语出《诗·小雅·宛》："温温恭人，如集于木；惴惴小心，如临于谷。"温温，和柔貌；恭人，宽厚谦恭的人；如集于木，恐坠也；如临于谷，恐陨也。陨，音yǔn，落也。

指鹿 "指鹿为马"的省称，谓颠倒黑白，混淆是非。也作"指马"，语出《史记·秦始皇本纪》，是赵高专权的故事。《醒世恒言·钱秀才错占凤凰俦》："东床已招佳选，何知改羊易牛；西邻纵有责言，终难指鹿为马。"

滥充　"滥竽充数"的省称。喻称没有真才实学，聊以充数。有时也作谦称。语出《韩非子·内储说上》。清·陈康祺《郎潜纪闻》卷八："滥竽作吏，旷职怀惭。"

曲突　"曲突徙薪"的省称，喻称防患于未然。《汉书·霍光传》："曲突徙薪亡恩泽，燋头烂额为上客耶。"曲突，使烟囱变曲；徙薪，把柴草搬走，这是建议防火的措施。亡，通"无"；燋，通"焦"，燋头烂额，指主人不听客人的建议，房子着火后来救火的受伤者受到礼遇。三国·魏·应璩《百一诗》："曲突不见宾，焦头为上客。"

缁磷　"涅而不缁，磨而不磷"的省称，也是并称。语出《论语·阳货》："不曰坚乎。磨而不磷；不曰白乎。涅而不缁。"意思是磨而不薄，染而不黑，喻称操守坚贞。涅，音niè，矿物名，可做黑色染料；缁，音zī，黑色，染黑；磷，音lín，磨薄，削弱。

豕鱼　"豕亥鱼鲁"的省称，代称书写传抄或刊印中的错误文字。"豕"与"亥"的篆文相似，"鱼"和"鲁"的篆文形近。晋·葛洪《抱朴子·遐览》："书三写，鱼成鲁，虚成虎。"也作"鲁鱼豕亥""鲁鱼帝虎""鱼鲁陶阴"（"阴"字的繁体字作"陰"，与"陶"字形近），"鱼鲁""亥亥""鱼豕"字形相近。

殿呵　"前呵后殿"的省称。古代官员出行，前后都有随从吆喝，叫人让道。在前的叫"呵"，在后的叫"殿"。呵，音hē，喝道，喝令行人让路；殿，走在最后。也作"呵殿"。元·方回《寒早》："轻捷矜乘跨，张皇侈殿呵。"参见"其他泛称"中"诃导"条。

网开　"网开一面"的省称，喻称法令宽大，恩泽遍施。语出《史记·殷本纪》："汤出，见野张网四面，祝曰：'自天下四方，皆入吾网。'汤曰：'嘻，"尽之矣！"'去其三面。"汤，即成汤，商朝开国之君。祝，男巫。"网开一面"也作"网开三面"。唐·刘禹锡《贺赦表》："泽及八荒，网开三面。"

黄公　"黄石公"的省称，也称"圯上老人"。秦末圯上老人黄石公曾传授给张良《太公兵法》一书，也作"黄石"。圯，音yí，桥。典出《史记·留侯世家》。宋·范仲淹《上张右丞书》："黄公，天人也，有以跪履而投帝师之道者，岂以孺子而舍诸？"

鲁男 "鲁男子"的省称，代称拒绝接近女色的人。语出《诗·小雅·巷伯》，毛传谓鲁国一男子独处于室，邻之妇人亦独处于室，夜遇风，雨而室坏，妇人求鲁男子纳之避雨而遭拒。清·李渔《慎鸾交·情访》："闭门不学鲁男子，留坐权为柳下生。"柳下生，指春秋时鲁国大夫柳下惠，即展获，传说有柳下惠"坐怀不乱"的典故。

起舞 "闻鸡起舞"的省称，表示志士及时奋发，刻苦磨炼。典出《晋书·祖逖传》："逖中夜闻荒鸡鸣，蹴琨觉曰：'此非恶声也。'因起舞。"荒鸡，指半夜啼叫的鸡，古人认为不祥。琨，音kūn，指西晋政治家、文学家刘琨。舞，指舞剑。逖，音tì，指西晋军事家祖逖。参见"其他代称"中"荒鸡"条。

蒹葭思 "蒹葭之思"的省称。旧时书信中用作对人怀念的套语。语出《诗·蒹葭》："蒹葭苍苍，白露为霜，所谓伊人，在水一方。"蒹葭，音jiānjiā，芦苇；伊人，此人，那人，指所思念的那个人，也作"蒹葭伊人"。明·曾异《与卓珂月书》："某自十数年前，则知海内有珂月卓子，欣赏奇文，每掩卷作蒹葭伊人之思，辄欲奏记自通。"珂月卓子，指明代文学家、戏剧家卓人月，字珂月。

怨旷 "怨女旷夫"的省称，指女无夫，男无妻。语出《孟子·梁惠王下》："当是时也，内无怨女，外无旷夫"。旷，空缺。明·梁辰鱼《浣纱记·别施》："臣闻内无怨女，外无旷夫，乃圣王之政。"

科诨 "插科打诨"的省称，指戏曲里供观众发笑的动作和语言。科，动作，表情；诨，音hún，诙谐的话。《红楼梦》第二十二回："且知贾母喜热闹，更喜谑笑科诨。"

挂漏 "挂一漏万"的省称。谓遗漏很多。唐·韩愈《南山》："团辞试提挈，挂一念万漏。"团辞，集辞成文；挈，音

qiè，携。

跪乳 "羊羔跪乳"的省称。喻称孝道。羊羔是跪着吃母羊的乳汁的。典出《公羊传·庄公二十四年》，何休注："凡贽，天子用鬯，诸侯用玉，卿用羔……羔取其执之不鸣，杀之不号，乳必跪而受之，类死义知礼者也。"贽，音zhì，初次见人时所送的礼物；鬯，音chàng，古代宗庙祭祀所用的香酒。《增广贤文》："羊有跪乳之恩，鸦有反哺之义。"

踵顶 "摩顶放踵"的省称，意为从头到脚都擦伤了，形容不畏劳苦，不顾身体，十分艰辛。语出《孟子·尽心上》："墨子兼爱，摩顶放踵利天下，为之。"放，音fǎng，到，至；踵，音zhǒng，脚后跟，代称脚。

运斤 "运斤成风"的省称。谓挥斧成风声，喻称技艺高超。语出《庄子·徐无鬼》。谓匠人用斧子砍掉郢人鼻子上的白粉土，土尽而鼻不伤。宋·文天祥《跋萧敬夫诗稿》："累丸承蜩，戏之神者也；运斤成风，伎之神者也。""累丸承蜩"出自《庄子·达生》，喻称技术精进。斤，斧子；伎，音jì，指百戏杂技艺人。

解悬 "解民倒悬"的省称，喻称解救蒙受苦难的人民，也作"解倒悬"。唐·元稹《和乐天赠樊著作》："解悬不泽手，拯溺无折旋。"泽手，以手相搓揉，形容犹豫不决。折旋，转身。

训聚 "十年生聚，十年教训"的省称。谓繁殖人口，积聚物资，教育人民，训练军队。典出《左传·哀公元年》，谓越王勾践带领越国军民同心同德、积聚力量发愤图强、洗刷耻辱的决心。唐·朱敬则《隋炀帝论》："于时隋德在人，群生乐业，二十年之训聚，百万众之精强，乘天下之有盈，骄四海之无事。"

附毛 "皮之不存，毛将安附"的省称，喻称赖以生存之物。语出《左传·僖公十四年》："虢射曰：'皮之不存，毛将安傅。'""傅"，同"附"；虢，音guó。也作"皮之不存，毛将焉附"。明·陈子龙《兵垣奏议·臣郡役法久弊疏》："百弊横生，十室九尽，已悲竭泽，安取附毛。"

髀肉 "髀肉复生"的省称。意思是因久不骑马，大腿上的肉又长起来了，为自叹壮志未酬虚度光阴之词。语出《三国志·蜀志·先主传》，是刘备对刘表说的一番话。髀，音bì，大腿。清·赵翼《七十自述》："尚有眼光牛背上，不消髀肉马蹄间。"参见"四字喻称"中"惊肉生髀"条。

饮马 "饮马长江"的省称。谓渡江南下进行征战，也作"饮江"。饮，音yìn，给水喝；《南史·檀道济传》："自是频岁南伐，有饮马长江之志。"频岁，连年。

陇蜀 "得陇望蜀"的省称，喻称人心不足，所求无厌。陇，指陇右，今甘肃东部；蜀，指巴蜀，今四川中西部。《后汉书·岑彭传》："人苦不知足，既平陇，复望蜀。"明·无心子《金雀记·临任》："真薄倖，原何陇蜀相兼并。"薄倖，薄情，负心，也作"薄幸"。

黄绢 "黄绢幼妇"的省称。"绝妙"二字的隐语。黄绢，黄色的绢丝，色丝，即"绝"字；幼妇，少女，即"妙"字。唐·白居易《赋赋》："掩黄绢之丽藻，吐白凤之奇姿；振金声于寰海，增纸价于京师。"

鼎折 "鼎折覆铼"的省称，喻称力薄任重，以致灾祸，也作"鼎覆"。语出《周易·鼎》"鼎折足，覆公铼"。意思是盛饭食器的足断了，里面的东西也翻了。古代炊器鼎有三足，折，音shé；铼，音sù，食品。

党伐 "党同伐异"的省称。谓与自己观点相同的就袒护，与自己观点不同的就加以攻击。《后汉书·党锢传序》："自武帝以后，崇尚儒学……至有石渠分争之论，党同伐异之说。"

衔结 "衔环结草"的省称，喻称报恩。"衔环"典出自南朝·梁·吴均《续齐谐记》，谓东汉杨宝救了一只黄雀，某夜一黄衣童子以四枚白环相报。"结草"典出《左传·宣公十五年》，谓晋国魏武子生病时告诉儿子魏颗说，我死后你把没有儿子的嬖妾嫁出去；病危时又嘱咐儿子说，让她殉葬。武子死后，魏颗按父亲的第一次嘱咐把这个女子改嫁了。后来秦晋交战，在辅氏之战中，晋将魏颗与秦将杜回厮杀，突然一位老人用编结的草绳套住了杜回，让魏颗擒获。这位老人，就是那个改嫁女子的父亲。也作"结草衔环"。元·李行道《灰阑记》第一折："多谢大娘子，小人结草衔环，此恩必当重报。"参见"四字词语并称"中"衔环结草"条。

冰玉 "冰清玉润"的省称。形容人的性格如冰之清、如玉之润；也代称岳父和女婿。原指晋代乐广、卫玠翁婿操行洁白。《世说新语·言语》："妻父有冰清之姿，婿有璧润之望。"参见"不确指人名代称"中"冰玉"条。

温清 "冬温夏清"之省称。谓冬天温被使暖，夏天扇席使凉，为侍奉父母，以敬孝道。清，音qīng，凉。《礼记·曲礼上》："凡为人子之礼，冬温而夏清，昏定而晨省。"昏定而晨省，谓晚上侍候就寝，早晨省视问安。

玩愒 "玩岁愒日"的省称。谓贪图安逸，旷废时日。愒，音kài，荒废。语出《左传·昭公元年》："玩岁而愒日，其与几何？"

誓发 "誓天断发"的省称。谓断发向天发誓。明·天然痴叟《石点头·贪婪汉六院卖风流》："江湖上客商，赌誓发愿便说，若有欺心，必定遭遇吾剥皮。"

黄钟毁 "黄钟毁弃"的省称，喻称是非颠倒，真伪混淆，也喻称不重用贤才。黄钟，古代打击乐器，多为庙堂所用，也作"黄钟长弃"，常和"瓦釜雷鸣"对称。《楚辞·卜居》："世溷浊而不清，蝉翼为重，千钧为轻，黄钟毁弃，瓦釜雷鸣，谗人高张，贤士无名。"

杯弓市虎 "杯弓蛇影"和"三人成虎"的省称，也是并称。"杯弓蛇影"典出自《风俗通·怪神》和《晋书·乐广传》，喻称因怀疑而引起的恐惧。"三人成虎"典出自《战国策·魏策二》和《淮南子·说山训》，喻称传说多次容易误假成真。原意是三个人谎说城市里有老虎，听的人就信以为真，把谣言当成了事实。

桂枝片玉 "桂林一枝"和"昆山片玉"的省称，也是并称。谓登科及第。语出《晋书·郤诜传》：诜回答武帝问曰："臣举贤良策，为天下第一，犹桂林之一枝，昆山之片玉。"科举时代称及第为"折桂"，本此。郤，音xì；诜，音shēn。

成开闭破 "成开皆大吉，闭破莫商量"的省称，也是并称。旧时皇历上的俗语。"成开"，表示吉利；"闭破"，表示凶险。

履薄临深 "如履薄冰，如临深渊"的省称，喻称戒慎恐惧之甚。语出《诗·小雅·小旻》："战战兢兢，如临深渊，如履薄冰。"也作"临深履薄""临渊履冰"。旻，音mín。明·方孝孺《友筠轩赋》："君子居之兮实获我心，正俟命兮履薄临深。"俟命，听天由命；俟，音sì，等待。

沧海桑田 "大海变成农田，农田变成大海"的省称，喻称世事变化巨大。语出晋·葛洪《神仙传·王远》："麻姑自说云，接待以来，已见东海三为桑田。"又省称作"沧桑"。唐·储光羲《献八舅东归》："独往不可群，沧海成桑田。"

翻云覆雨 "翻手为云，覆手为雨"的省称，喻称反复无常或惯于玩弄权术。唐·杜甫《贫交行》："翻手作云覆手雨，纷纷轻薄何须数。"也作"翻手是雨，合手是云"。

画地刻木 "画地为牢，刻木为吏"的省称，也是并称。意思是在地上画一个圈当作牢狱，削刻一块木头当作狱吏。喻称在指定范围内活动，也极言狱吏的残暴可畏。语出司马迁《报任安书》："故士有画地为牢，势不可入，削木为吏，议不可对，定计于鲜也。"意思是士子看见画地为牢而决不进入，面对削木而成的狱吏也决不接受他的审训，这都是由于早有定见，态度坚决鲜明。

驱鱼驱雀 "为渊驱鱼，为丛驱雀"的省称，喻称驱赶人民群众投向敌方。语出《孟子·离娄上》："为渊驱鱼者，獭也；为丛驱爵者，鹯也；为汤武驱民者，桀与纣也。"为，音wèi，替；獭，音tǎ，一种小兽，皮毛珍贵；鹯，音zhān，鸟名，似鹞；汤武，指商汤和周武王两个贤君；桀纣，指夏桀和商纣两个暴君。

风高月黑 "风高放火，月黑杀人"的省称。旧时形容盗匪趁机作案的行径。元·元怀《拊掌录》："欧阳公（欧阳修）与人行令，各作诗两句，须犯徒以上罪者……一云：'持刀哄寡妇，下海劫人船。'一云'月黑杀人夜，风高放火天。'"

高岸深谷 "高岸为谷，深谷为陵"的省称，喻称事物的巨大变化。语出《诗·小雅·十月之交》："高岸为谷，深谷为陵。"清·刘献廷《广阳杂记》卷四："沧海桑田，高岸深谷，信然矣。"

鹬蚌相争 "鹬蚌相争，渔人得利"的省称，又省称作"鹬蚌"。喻称双方争执不下，而使第三者得利。语出《战国策·燕策二》。也作"鹬蚌相持，渔人得利""鹬蚌相斗，渔人得利"。唐·温大雅《大唐创业起居注》卷二："得入关，据蒲津而屯永丰，阻崤函而临伊洛，东看群贼鹬蚌之势，吾然后为秦人之渔父矣。"

（二）诗句、文句的省称

捻须 唐代诗人卢延让《苦吟》"吟安一个字，捻断数茎须"的省称。谓推敲诗句而捋须吟哦。捻，音niǎn。宋·苏轼《和柳子玉喜雪次韵仍呈述古》："灯青火冷不成眠，一夜捻须吟喜雪。"

河洛 "河图洛书"的省称，也是并称。语出《易·系辞上》："河出图，洛出书。"传说伏羲时，龙马从黄河出现，背负"河图"；神龟从洛水出现，背负"洛书"，二者都是天授神物，是帝王、圣人受命之祥瑞。汉代孔安国认为"河图"即八卦，"洛书"即《尚书·洪范》。

泣歧 "泣歧路"的省称。语出《淮南子·说林训》："杨子见逵路而哭之，为其可以南，可以北。"逵路，四通八达的大路，谓身临逵路，容易迷失方向，是以伤感。《太平御览》中"逵路"作"歧路"，即岔路。三国·魏·阮籍《咏怀》之二十三："杨朱泣歧路，墨子悲染丝。"

渴尘 "渴必生尘"的省称。语出唐代诗人卢仝《访含曦上人》："三入寺，曦未来，辘轳无人井百尺，渴心归去生尘埃。"喻称访友不遇，思念殷切，为思念旧友之典。上人，和尚。明·李东阳《赐藕》："渴尘此夜消应尽，未羡金茎与玉壶。"金茎，代称承露盘。

读破 "读书破万卷，下笔如有神"的省称。泛称读书多而且通，得心应手。诗句出自唐代杜甫《奉赠韦左丞丈二十二韵》。宋·李光《集诗述感》："读破《孙》《吴》不一试，至今头白走江湖。"

雕谈 "雕龙谈天"的省称，也是并称，泛称擅长高谈宏辩和修饰文辞，语出《史记·孟子荀卿列传》，齐人颂曰："谈天衍，雕龙奭。"衍，指邹衍；奭，音shì，指邹奭。二人皆为战国时期阴阳家的代表人物。雕龙，雕镂龙纹，喻称善于修饰文辞或刻意雕琢文字。南朝·梁·江淹《别赋》："赋有凌云之称，辩有雕龙之声。"谈天，邹衍其语宏大迂怪，故称谈天。明·王问《驻云飞·吊古》："地割鸿沟，千古英雄项与刘，说士谈天口，战士屠龙手。"

霞鹜 "落霞与孤鹜齐飞，秋水共长天一色"的省称。语出唐代王勃《滕王阁序》。鹜，音wù，野鸭子。

隅反 "举一隅不以三隅反，则不复也"的省称，代称类推，即举一端而知其余。原文的意思是，教给他房屋的一个角落，却不能由此推知另外三个角落，就不再教他了。语出《论语·述而》。隅，音yú，屋角。清·张之洞《读古人文集》："此类甚多，可以隅反。"

铸鼎 "铸鼎象物"的省称，誉称君王的功德。语出《左传·宣公三年》，大禹收天下铜器铸九鼎象征天下。前蜀·杜光庭《忠州谒禹庙醮词》："铸鼎之功既集，锡班之报攸彰。"醮词，道士祈祷时祭告天帝的词章；醮，音jiào，祭神。

体二 "体二希圣"的省称，泛称效法圣贤。语出《文选·李康〈运命论〉》："孟轲，孙卿体二希圣，从容正道。"谓孟子和荀子效法颜渊、冉有，故云"体二"；志望孔子之道，故云"希圣"，孙卿，即荀子，西汉时因避汉宣帝刘询讳，故称孙卿。体，效法。唐·杨炯《〈王勃集〉序》："仰贯一以知归，希体二而致远。"贯一，贯穿某一个基本观念。另说："贯一体二。"

　　凿楹　　"凿楹纳书"的省称，谓藏守书籍以传久远，语出《晏子春秋·杂下三十》："晏子病，将死，凿楹纳书焉。"楹，音yíng，堂前柱子。宋·王应麟《困学纪闻·评诗》："过庭遗训在，凿楹故书存"。

　　茵溷　　"飘茵堕溷"的省称，喻称境遇不同。也代称女子堕落风尘，典出《梁书·儒林传·范缜》和《南史·范缜传》。竟陵王萧子良与范缜有一段对话。缜曰："人之生譬如一树花，同发一枝，俱开一蒂，随风而堕，自有拂帘幌坠于茵席之上，自有关篱墙落于粪溷之侧。"茵，席垫；溷，音hùn，厕所。参见"四字喻称"中"飘茵堕溷"条。

　　冯铗　　"冯谖弹铗"的省称，代称怀才不遇或有才华的人希望得到礼遇之典。语出《战国策·齐策四》。谓孟尝君的门客冯谖因不受重视而弹铗高歌曰"长铗归来乎，食无鱼……"铗，音jiá，剑柄，代称剑。参见"四字喻称"中"冯子无鱼"条。

　　冬烘　　"冬烘先生"的省称，讥称私塾先生。语出五代王定保《唐摭言·误放》："主司头脑太冬烘，错认颜标作鲁公。"唐代郑薰主持考试，误认为颜标是颜真卿的后代，就把他录取为状元，闹出了笑话。冬烘，懵懂浅陋，糊涂迂腐。鲁公，代称颜真卿；摭，音zhí；摭言，搜集轶事。

　　宋墙　　"宋玉东墙"的省称，代称美貌多情的女子。语出宋玉《登徒子好色赋》。宋玉说东家之女登墙窥视他三年，他都不予理睬。明·王骥德《男王后》第二折："谢圣主恩波浩荡，却将个宋玉东墙，错猜做神女高唐。"

　　齐东语　　"齐东野语"的省称，喻称道听途说，不足为凭。语出《孟子·万章上》。孟子弟子齐人咸丘蒙问孟子，舜为天下，尧率诸侯北面称臣是否真实。孟子答："此非君子之言，齐东野人之语也。"宋·方信孺《南海百咏·王登洲》："齐东野语真堪笑，请诵昌黎十丈碑。"

　　锦囊句　　"锦囊佳句"的省称，喻称优美的文句。语出唐·李商隐《李长吉小传》："恒从小奚奴，骑距驴，背一古破锦囊，遇有所得，即书投囊中。"李长吉，指李贺。小奚奴，小男仆。距驴，指驴。

瓜田李下 "瓜田不纳履，李下不整冠"的省称，又省称作"瓜李"，语出《乐府诗集·君子行》："君子防未然，不处嫌疑间。瓜田不纳履，李下不整冠。"喻称容易引起嫌疑的行为。《北齐书·袁聿修传》："瓜田李下，古人所慎"。

浆酒霍肉 "视酒如浆，视肉如霍"的省称，也是并称。意思是把酒肉当成水浆豆叶一样，形容饮食豪奢。语出《汉书·鲍宣传》："使奴从宾客，浆酒霍肉。"颜师古注：刘德曰"视酒如浆，视肉如霍。"霍，豆叶，贫人吃之，也作"酒浆藿肉"。藿同"霍"。

乌白马角 "乌头白，马生角"的省称，喻称不可能实现的事情。语出《史记·刺客列传赞》，司马贞《索引》："（燕）丹求归，秦王曰：'乌头白，马生角，乃许耳。'"乌，指乌鸦。参见"三字喻称"中"马生角"条。

簸扬糠粃 "簸之扬之，糠粃在前"的省称，也是戏称。谓位卑而居前列。后也用为出任地方官的谦称，谓无才而居前。语出《世说新语·排调》。王文度年小而官大，范荣期年大而官小，将行，更相推在前。最后王走在范之后。王对范说："簸之扬之，糠粃在前。"范对王说："洮之汰之，沙砾在后。"洮，通"淘"，也省作"簸粃"；粃，音bǐ，也作"秕"，米粒不饱满。

蜩螗沸羹 "如蜩如螗，如沸如羹"的省称。形容声音杂吵喧闹，好像蝉噪、水滚、羹沸一样。语出《诗·大雅·荡》。蜩螗，音tiáotáng，蝉。清·戴名世《弘光朝伪东宫伪后及党祸纪略》："泰昌，天启间，红丸之役，移宫之役，中朝相争，如蜩螗沸羹，与梃击号为三案。"

猬起鸡连 "猬毛齐竖，鸡声连续"的省称，也是并称，喻称彼此串连，蠢蠢欲动。语出《汉书·贾谊传》："反者如'猬毛而起'"。猬，刺猬。

亲痛仇快 "使亲人痛心，使仇人快意"的省称。语出汉·朱浮《幽州牧与彭宠书》："凡举事无为亲厚者所痛，而为见仇者所快。"

也作"亲者痛，仇者快"。续范亭《秦桧归来》："秦桧把岳飞……杀害了，岳家军遣散瓦解了，金人于是额手称庆，长驱直下矣。此种亲痛仇快之事，至今犹有人效而行之，真是无耻极了。"

修齐治平 "修身、齐家、治国、平天下"的省称。语出《礼记·大学》："古之欲明明德于天下者，先治其国；欲治其国者，先齐其家；欲齐其家者，先修其身。"后泛称中国伦理哲学和政治主张。廖仲恺《孙文主义丛刊序》："先生倡行易知难之说及三民主义、五权宪法、建国大纲，于修齐治平之道，已提其纲而挈其凡。"

鞭长莫及 "虽鞭之长，不及马腹"的省称。语出《左传·宣公十五年》："古人有言曰：'虽鞭之长，不及马腹'。"谓鞭子虽长，不应该打到马肚子上，喻称力所不能及，也作"鞭长不及"。宋·李之仪《雷塘行》："鞭长不能及马腹，有限生涯时苦促。"

顾而言他 "王顾左右而言他"的省称。谓避开正题而另谈别事，形容支吾其辞，回避要害。语出《孟子·梁惠王下》："（孟子）曰：'四境之内不治，则如之何？'王顾左右而言他。"也作"顾左右言他"。清·壮者《扫迷帚》第二十一回："那三人见话不投机，便顾而言他"。

鸟尽弓藏 "飞鸟尽，良弓藏"的省称，喻称事情成功之后，把出过力的人一脚踢开，过河拆桥。语出《史记·越王勾践世家》："飞鸟尽，良弓藏，狡兔死，走狗烹。"也作"兔死狗烹"。姚雪垠《李自成》第一卷第九章："一旦义军战败，将军对朝廷已无用处，鸟尽弓藏，兔死狗烹的时候就要到来。"

吐哺握发 "一沐三握发，一饭三吐哺"的省称。形容礼贤下士，求才心切。语出《史记·鲁周公世家》。周公自谓"吾一沐三握发，一饭三吐哺，起以待士，犹恐失天下之贤人"。意思是，我洗头时多次把头发握在手中，吃饭时多次把口中食物吐出来，以便起来接待士人，唯恐失去天下的贤者。哺，音bǔ，口中咀嚼着的食物，郭沫若《蔡文姬》第五幕："巍巍宰辅呵吐哺握发，金璧赎我呵重睹芳华。"也作"吐哺捉发"。

（三）人名、书名的省称

释　佛祖释迦牟尼的省称。代称佛教和佛教徒。如说"释教"、"释子"（和尚）、"释典"、"释藏"等。

本草　《神农本草经》的省称，也作《本草经》《本经》，中医四大经典著作之一。（另三部是《黄帝内经》《难经》《伤寒杂病论》）传说源于神农氏，东汉时成书。古代中药类的书籍多称"本草"。"本草"一词始出《汉书·平帝纪》。

椒颂　《椒花颂》的省称。晋代刘臻妻陈氏正月初一作新年颂词《椒花颂》，后代称新年祝词。

赵录　宋代赵明诚所著《金石录》的省称。《金石录》是中国最早的一部金石目录和金石研究的专著。《〈金石录〉后序》由赵明诚妻子李清照撰，是一篇著名的散文，为人称颂。

菁莪　《诗·小雅》中《菁菁者莪》篇名的省称。喻称培育人才。菁莪，音 jīng é，两种可食之菜。原诗序曰："菁菁者莪，乐育材也，君子能长育人材，则天下喜乐之矣。"也作"菁菁"。

黄庭　《黄庭经》的省称。《黄庭经》为道教养生修仙之作，又名《老子黄庭经》，相传为老子著。唐·李白《送贺宾客归越》："山阴道士如相见，应写《黄庭》换白鹅。"东晋王羲之曾为一道士写《黄庭经》来换取他的鹅。

郭碑　《郭泰碑铭》的省称，代称内容真实、感情真挚的碑文，也颂称人生前的品行。郭泰，东汉名士，太学生领袖。东汉蔡邕为其撰碑铭，自认为"无愧色"，后世称之。典出《后汉书·郭泰传》。唐·罗隐《围城偶作》："自从郭泰碑铭后，只见黄金不见人。"

史篇　《史籀篇》的省称。《史籀篇》相传为周代的一本教学童识字的字书。籀，音 zhòu，史籀是周宣王的太史，《说文解字·叙》说，是他作的《史籀篇》。也作《太史籀书》，已佚。《汉书·平帝纪》："征天下通知逸经、古记、天文、历算、钟律、小学、《史篇》……"

桑羊　西汉经学家桑弘羊的省称。桑弘羊是西汉政治家、理财专家。宋·范仲淹《宋故同州观察使李公神道碑铭》:"故夷吾作轻重之权以霸齐,桑羊行均输之法以助汉。"

子皮　春秋时楚国商人范蠡的号"鸱夷子皮"的省称。鸱夷子皮是古代用牛皮做的一种酒器,取"酒蠹皮子"之意。鸱,音chī。《史记·越王勾践世家》:"范蠡浮海出齐,变姓名,自谓鸱夷子皮。"

竹溪　"竹溪六逸"的省称。唐朝开元年间李白与孔巢父等六人居泰安府徂徕山下的竹溪,每日纵酒酣歌,时号"竹溪六逸"。见《新唐书·文艺传中·李白》。

观音　"观世音菩萨"的省称,也是讳称。避唐太宗李世民讳,去掉了"世"字。唐·张说《观音菩萨像颂》:"我闻上古有圣人……普观一切音声,其名曰观音菩萨。"

达赖　"达赖喇嘛"的省称。藏传佛教格鲁派(黄教)中地位最高的两大活佛之一。"达赖"是蒙古语,意为"大海";"喇嘛"是藏语,意为"上师""上人"。清·龚自珍《正译》六:"圣祖控驭……达赖、班禅额尔德尼……先后来朝。"

班禅　"班禅额尔德尼"的省称。藏传佛教格鲁派(黄教)中地位最高的两大活佛之一。"班禅"是梵语,意为"学者";"额尔德尼"是满语,意为"珍宝"。

北山文　南北朝齐人孔稚珪所写的骈体文《北山移文》的省称,也作《北山移》,是一片揭露假隐士周颙丑恶面目和虚伪本质的文章,形象鲜明,新颖工巧,无语不奇,有字必隽,备受称道。移文,也称"移",旧时文体之一,泛称平行文书。北山,指钟山。宋·辛弃疾《行香子·山居客至》:"小窗高卧,风展残书,看《北山移》《盘谷序》《辋川图》。"《盘谷序》亦作《送李愿归盘谷序》,唐代韩愈作品;《辋川图》,唐代王维所作单幅壁画,原作已无存,历代临摹本存世。

(四)其他省称

偈　梵语"偈陀"的省称,是僧人所唱的颂词。偈,音jì,

也作偈子、偈文、偈句、偈言、偈颂、偈诵。参见"其他敬称"中"宝偈"条。

阮　"阮咸"的省称。阮咸是古琵琶的一种，形似月琴。相传西晋文人阮咸善弹此乐器。唐代开元年间从阮咸墓中出土铜制琵琶，与《竹林七贤图》中阮咸所持之乐器相似，故命名为"阮咸"，事出《新唐书·元行冲传》。

梵贝　"梵册贝叶"的省称。代称佛经。"梵册"也作"梵夹"，谓以板夹的贝叶经。贝叶，树名，属棕科，其叶可以书写文字，能保存数百年之久。清·田雯《病愈早起成诗》："凭几理素琴，焚香诵梵贝。"

妙楷　"妙楷台"的省称。隋炀帝建的收藏古代墨迹之建筑。《隋书·经籍志一》："又聚魏已来古迹名画，于殿后起二台，东曰'妙楷台'，藏古迹；西曰'宝迹台'，藏古画。"

姚魏　牡丹名贵品种"姚黄魏紫"的省称。宋·范成大《书樊子南游西山二记》："十丈牡丹如锦盖，人间姚魏却争春。"参见"植物四字并称"中"姚黄魏紫"条。

牲畜　"三牲六畜"的省称。"三牲"，指牛、羊、猪；"六畜"，指马、牛、羊、鸡、犬、豕。畜，音chù；豕，音shǐ，猪。《韩非子·难二》："六畜遂，五谷殖，则入多。"

折句　"折腰句"的省称。为七言诗句的上三下四格。格律诗通常是上四下三格，称"折腰句"。如"静爱竹时来野寺，独寻春偶过溪桥"。就是上三下四格，要读成"静爱竹——时来野寺，独寻春——偶过溪桥"的节奏。

丝路　"丝绸之路"的省称。指古代出中国通向亚欧非的商贸道路，因丝绸是主要商品，故称"丝绸之路"。如舞剧《丝路花雨》、海上丝绸之路。

花雕　绍兴黄酒"花雕酒"的省称。绍兴旧俗，用彩色酒坛贮藏美酒作出聘女儿的陪嫁礼物，故称。清·梁章钜《浪迹续谈·绍兴酒》："今绍兴酒通行海内……最佳者名女儿红，即以此酒陪嫁，则至近亦有十许年，其罈率以綵缋，名曰花雕。"罈：

音tán，同"坛"；綵缋，音cǎihuì，绘画。

贤良 "贤良文学""贤良方正"的省称。二者是汉代选拔官吏的科目名称，也省称作"文学""方正"。《汉书·董仲舒传》："武帝即位，举贤良文学之士前后百数。"《史记·孝文本纪》汉文帝诏云："二三执政……举贤良才正能直言极谏者，以匡朕之不逮。"贤良，才能、德行好；方正，正直；二三，再三、多次；不逮，不足之处，过错。逮：音dài，比得上。

跏趺 "结跏趺坐"的省称。也泛称静坐、端坐。指佛教中修禅者的一种坐姿：两足交叉置于左右股上。也作"全跏坐""趺坐"。跏趺，音jiāfú。语出《无量寿经》卷上："哀受施草，敷佛树下，跏趺而坐。"

闺怨 "闺怨诗"的省称。指写少妇青春寂寞、哀怨忧愁之情的诗。唐·武则天《织锦回文记》："而锦字回文，盛见传写，是近代闺怨之宗。"唐·王昌龄《闺怨》："闺中少妇不知愁，春日凝妆上翠楼。忽见陌头杨柳色，悔教夫婿觅封侯。"凝妆，盛妆；陌头，路边。

顶针 "顶针续麻"的省称。宋元时兴起的一种带有游戏性质的文体，也称"成语接龙"。即一人说一条成语或诗文，下一人以其尾字为首字，再说一条，依此循环，说不出者为输。也作"顶真续麻""顶鍼续麻"。鍼："针"的异体字。唐·李白《白云歌送刘十六归山》："楚山秦山皆白云，白云处处长随君。长随君，君入楚山里，云亦随君渡湘水，湘水上……"

题红 "题红叶诗""题红叶""题红诗"的省称。为唐代众多题红叶诗的统称，也省称作"题叶"。或为吟咏闺怨，或为良缘巧合。《全唐诗》中有一首韩氏的绝句："流水何太急，深宫昼日闲。殷勤谢红叶，好去到人间。"注云："卢偓应举时，偶临御沟，得一红叶，上有绝句，置于巾箱。及出宫人，偓得韩氏，睹红叶，吁嗟久之，曰：'当时偶题，不谓郎君得之。'"卢偓，唐代诗人。

风赋 "风雅颂赋比兴"《诗经》六义的省称。唐·白居易

《策林四·教学者之失策》："俾讲《诗》者以六义风赋为宗，不专于鸟兽草木之名也。"也代称诗歌。《隋书·音乐志上》："教之以风赋，弘之以孝友。"

惊堂 "惊堂木"的省称。也是俗称，也作"醒木""界方""抚尺""气拍"。旧时官员审案时官员用以敲击桌案、威吓犯人的长方形硬木块，有角有棱，取"规矩"之意。春秋战国时已开始使用。《国语·越语》中有记载惊堂木规格的文字。说书人、和尚也常使用。

鸟虫 "鸟虫书"的省称。鸟虫书是篆书的变体，也作"鸟虫迹""鸟篆"，用于幡信上，也用于瓦当、印文中。幡信，用以传递命令的旗帜，是一种长方形下垂的旗帜。幡，音fān；瓦当，也称"瓦头"，中国古典建筑中筒瓦的前端部分称"瓦当"，上刻文字图案，始肇于周代，流行于汉代，沿用到现代；当，底也，即瓦之底部。东汉·许慎《说文解字》："六曰鸟虫书，所以书幡信也。"参见"其他别称"中"虫书鸟篆"条。

麟书 "麒麟书"的省称。书体之一种，相传为孔子弟子所创，后用为对别人文字的尊称。唐·韦续《墨薮·五十六种书》："麒麟书者，鲁西狩获麟，仲尼反袂拭面，称'吾道穷'弟子申为素王纪瑞所制书。"

点鬼 "点鬼簿"的省称。讥称在诗文中滥用古人姓名或堆砌典故。唐·张鷟《朝野佥载》卷六："时杨（杨炯）之为文，好似古人姓名连用，如'张平子之略谈，陆士衡之所记'，'潘安仁宜其陋矣，仲长统何足知之'。号为点鬼簿。"张、陆、潘、仲分别指张衡、陆机、潘岳、仲长统四位汉晋时期的文学家。清·王夫之等《诗友诗传录》："若无性情而侈言学问，则昔人有讥点鬼簿、獭祭鱼者矣。"

獭祭 "獭祭鱼"的省称。讥称滥用典故、堆砌辞藻，像水獭祭鱼一样。獭，音tǎ，一种水边小动物，皮毛极其珍贵。据说水獭贪食，常捕鱼陈列水边，如陈物而祭，故称。

虫草 "冬虫夏草"的省称。是一种能治病的菌，有滋补养生之作用。看上去既像虫，又像草，其实既不是虫，也不是草。也作"夏草冬虫"。《儒林外史》第二十三回："奉过酒，头一碗上的是冬虫夏草，万雪斋请诸位吃着，说道：'像这样东西，也是外方来的。'"

京直 "惊蛰"的省称。"惊"字省去偏旁作"京"，"蛰"字与"直"字音近，这是为了从笔之便。宋·陈叔方《颖川语小》卷下："从笔之便，甚可笑也，'惊蛰'化为'京直'矣。"

问罪师 "问罪之师"的省称。本谓讨伐有罪者的军队，后喻称前来责问的人，也作"兴师问罪"。《旧唐书·侯君集传》："天子以高昌骄慢无礼，使吾恭行天罚，今袭人于墟墓之间，非问罪之师也。" 恭行天罚，奉天之命进行惩罚，指天子用兵。

顶门针 "顶门上一针"的省称。谓针灸时对自己脑门上所扎的一针。喻称击中要害而使人警惕的言论或举动；也作"顶门一针""顶门一针"。明·卢象升《与少司成吴葵庵书》："顶门一针，拜此君之益多矣。"

秀才人情 "秀才人情纸半张"的省称。秀才多以诗文书画赠人，所费无非纸张而已。故代称馈赠菲薄。清·石玉昆《三侠五义》第四十三回："各人递各人的寿礼，也有一画的，也有一对的，也有一字的，也有一扇的，无非俱是秀才人情而已。"

九、谦称

　　谦称是表示谦虚的自称。中国自古重视礼节，所以在日常交际、书信往来中常常使用谦称。如"鄙"，谦称自己学识浅薄；"敝"，谦称自己的东西不好；"卑"，谦称自己的身份低微。又如古代帝王谦称自己是"孤"（小国之人君）、"寡"（少德之人）、"不谷"（不善之人）；古代官吏谦称自己是下官、末官、卑职、小吏等。再如"笨鸟先飞"是谦称自己能力差，恐怕落后，所以要比别人先行一步；"抛砖引玉"是谦称自己用浅陋的不成熟的意见，引出别人高明的成熟的意见。

　　谦称主要有人物谦称和其他谦称。

（一）人物谦称

　　仆　"我"的谦称。也作臣、愚、蒙、窃、不才、不佞、不肖、在下、鄙人等。佞，音níng，才，有才；不佞，即不才，无才；不肖：不贤。鲁迅《书信集·致黎烈文》："仆倘有言谈，仍当写寄，决不以偶一不登而放笔也。"

　　末学　自谦或自称之词，或谓肤浅无本之学，或谓后学者、晚学者、无学问的人。也作晚生、晚学、无学、不慧等。汉·张衡《东京赋》："末学肤受，贵耳而贱目者也。"薛综注："末学，谓不经根本。"如说"末学肤受、诠才末学"。诠，音quán，通"踬"，低下。

小可　有一定身份的人的自谦之词。小可，宋元民间口语。《水浒传》第五十八回："小可宋江怎敢背负朝廷。"

拙夫　妻子对自己丈夫的谦称。《水浒传》第四十五回："这个叔叔，便是拙夫新认义的兄弟。"

拙荆　丈夫对自己妻子的谦称。也作山荆、荆家、贱内、内人、荆等。荆，贫寒妇女以荆条为钗。《太平御览》卷七一八引《列女传》：东汉梁鸿妻孟光生活简朴，以荆枝作钗，以粗布为裙。

山妻　旧时隐士对自己妻子的谦称。后用为谦称自己的妻子。晋·皇甫谧《高士传·陈冲子》："楚相敦求，山妻了算，遂嫁云踪，锄丁自窜。"《西游记》第六十一回："牛魔王道：'扇子在我山妻处收着哩。'"

老荆　老年丈夫对自己妻子的谦称。明·冯梦龙《醒世恒言·乔太守乱点鸳鸯谱》："刘公道：'六嫂你陪小娘子坐着，待我叫老荆出来。'"

贱内　丈夫对自己妻子的谦称。明·孙柚《琴心记·誓志题桥》："贱内有恙，敢烦一卜。"贱：是指自己，不是指妻子；内：内人，称自己的妻子。贱内的意思是"我这个卑微的人的妻子"。

弱室　丈夫对自己妻子的谦称。唐·玄奘《大唐西域记》卷八："翁乃指少女曰：'此君之弱室也。'"

妾身　旧时女子对自己的谦称。曹植《杂诗》之三："妾身守空闺，良人行从军。"也有人说"妾身"是身居高位的女子对自己的谦称。

贱息　对自己子女的谦称。息，子女。《战国策·赵策四》："老臣贱息舒祺，最少，不肖。"

臣妾　古代仕宦之女的自谦之词，也是王后、王妃在皇帝面前的自称。语出《尚书·费誓》："逾垣墙，窃马牛，诱臣妾。汝则有常刑。"本是西周、春秋时对奴隶的称谓，男奴叫"臣"，女奴叫"妾"。《说文解字》："妾，有罪女子。"后转义，使用最多的是对女子的谦称。

哀家　国君的皇太后的自谦之词。其含义是自称可怜的人，有无夫之哀。"哀家"一词常出现在文学作品和影视作品中。

奴家　女子自谦之词。《敦煌变文集·破魔变文》："奴家爱着绮罗裳，不勋沉麝自然香。"变文，唐人对佛经故事的通称。旧小说中常用"奴家"一词。勋，同"熏"。

贫妾　妻子或女子的自谦之词。汉·刘向《列女传·齐女徐吾》："夫一室之中，益一人烛不为暗，损一人烛不为明，何爱东壁之余光，不使贫妾得蒙见哀之恩。"

豚犬　对自己儿子的谦称，也作"豚儿""犬子""小犬""不肖子"等。豚，音tún，小猪。《国语·楚语上》："国君有牛享，大夫有羊馈，士有豚犬之奠。"豚犬本指猪和狗，后代称自己的儿子。《三国志·吴志·吴主传》裴松之注引晋·胡冲《吴历》："公见舟船器仗军伍整肃，喟然叹曰：'生子当如孙仲谋，刘景升儿子若豚犬耳。'"孙仲谋，指孙权；刘景升，指刘表；公，指曹操。

陋身　谦称自身。《文选·潘岳〈闲居赋〉》："奉周任之格言，敢陈力而就列，几陋身之不保，而奚拟乎明哲。"刘良注："陋身，是自谓也。"

贱子　谦称自己。也作"贱夫""贱迹"。《汉书·游侠传·楼护》："时请召宾客，邑居樽下，称'贱子上寿'。"

鄙生　学生的自谦之词。鄙：鄙俗；本意是乡野儒生。《后汉书·儒林传伦》："豪俊之夫，屈于鄙生之议者……"后转义成谦词。

草民　无官职的人的自谦之词。意思是草野之民、平民。在官员面前自称草民，表示卑贱之意。《论语·颜渊》："君子之德风，小人之德草。草上之风，必偃。"意思是说，小人就像草，君子之德的"风"吹来，就会倒下去。杨伯峻先生的译文是："领导人的作风好比风，老百姓的作风好比草，风向哪儿吹，草向哪边倒。""草民"就是"小人之草"的延伸。

贫衲　僧尼的自谦之词。衲：补缀，僧衣常用碎布补缀而成。清·和琳《卫藏通志》引清世宗《御制语录·后事》："……但云：'王爷解路过于大慧果，贫衲实无计奈何矣。'"

贫僧　和尚的自谦之词。唐·张鷟《朝野佥载》卷二："陛下将杀贫僧，恐山中血污伽蓝，故此谷口受戮。"

贫尼　尼姑的自谦之词。清·陈端生《再生缘》第四十六回："玄空：'请问小姐，哪一殿先进香，待贫尼吩咐徒弟装香点烛。'"

贫道　道士的自谦之词。初始，僧人也自称"贫道"，意思是道德和智慧不足的人，也是谦称。后来，"贫道"专称道士，不再指僧人了。宋·叶梦得《避暑录话》卷下："晋宋间，佛学初行，其徒犹未有僧称，通曰'道人'……盖自唐已然，而'贫道'之言废矣。"

贫姑　道姑的自谦之词。明·凌蒙初《初刻拍案惊奇》卷六："贫姑慈悲为本，设法夫人救他一命，胜造七级浮屠。"

老朽　老年人的自谦之词。也作"老夫""老汉""老奴""老拙"。意为衰老陈腐。唐·郑愚《潭洲大圆禅师碑铭》："以耽沉之利欲，役老朽之筋骸。"

幽愚　谦称自己愚昧不明。《南齐书·虞玩之传》："诏逮幽愚，谨陈妄说。"

一些字可以组成谦称字族。如老、小、家、舍、敢、愚、拙、敝、鄙、贱等。

"老"字族　如老粗、老脸、老身等。老身：老年妇女的自谦之词。元·关汉卿《窦娥冤》楔子："老身蔡婆婆是也，楚州人氏。"

"小"字族　如小弟、小妹、小生、小可、小店等。小生，旧时士子对自己的谦称；小可，谦称自己。《水浒传》第四十一回："小可不才，自幼学吏。"

"家"字族　如家父、家尊、家严、家慈、家母、家兄等。《水浒传》第二十八回："武松道：'小管营今番须同说知，有甚事使令我去？'施恩道：'且请少坐，待家尊出来相见了时，却得相烦告诉。'"家尊，对别人谦称自己的父亲。

"舍"字族　如舍弟、舍妹、舍侄等。《红楼梦》第六十六回："薛蟠听了大喜，说：'早该如此，这都是舍表妹之过。'"舍妹，对别人谦称自己的妹妹。

"敢"字族　如敢问、敢请、敢烦、敢用等。敢：谦词，犹冒昧。《仪礼·士虞礼》："敢用絜牲刚鬣。"郑玄注："敢，冒昧之辞。"贾公彦疏："凡言敢者，皆是以卑触尊不自明之意。"絜牲刚鬣，古代祭祀用品。絜，音jié，通"洁"；牲，指祭祀用的家畜；刚鬣，专称祭祀用的猪；鬣，音liè，长鬃。

"愚"字族　如愚兄、愚见、愚臣、愚志、愚哀、愚情、愚策、愚意等。清·吴敬梓《儒林外史》第十七回："匡超人道：'二者不可得兼，依小弟愚见，还是做赵先生的好。'"愚见，谦称自己的意见。

"拙"字族　如拙著、拙见、拙稿、拙字、拙作、拙夫、拙妻、拙荆、拙室等。元·无名氏《碧桃花》第一折："芜词拙笔，徒污仙眼耳。"拙笔，谦称自己的作品。

"敝"字族　如敝人、敝姓、敝见、敝邑、敝国、敝赋等。敝，谦称自己微不足道；敝赋，对自己军队的谦称，古代按田亩出车徒，故称兵卒、车辆为赋。《史记·吴王濞列传》："敝国虽狭，地方数千里。"敝国，谦称自己的国家。

"鄙"字族　如鄙人、鄙意、鄙见等。鄙，同"敝"。宋·朱熹《答程可久》："乾坤六爻图位，鄙意亦有未晓处，更乞诲示。"鄙意，谦称自己的意见。

"贱"字族　如贱地、贱字、贱嗜、贱内、贱子、贱庚、贱诞、贱降、贱辰、贱姓、贱荆、贱室、贱息等。贱降，犹"贱诞"，谦称自己的生日。《三国演义》第四回："今日老夫贱降，晚间敢屈众位到舍小酌。"

寒舍　谦称自己的家。欧阳予倩《桃花扇》第一幕第一场："倘若各位不嫌弃，请到寒舍奉茶，等我来唱给各位听一听，当面请教如何？"

寡小君 对别国的人谦称本国国君的夫人，也是自称。小君，古代称诸侯之妻。《论语·季氏》："邦君之妻，君称之曰夫人，夫人自称曰小童，邦人称之曰君夫人，称诸异邦曰寡小君。"《礼记·曲礼下》："夫人自称于天子，曰老妇；自称于诸侯，曰寡小君。"这段文字的意思是：国君夫人在天子面前自称为老妇，在诸侯面前自称为寡小君。

箕帚妾 拿簸箕、扫帚的奴婢，妻子的自谦之词。他人也可以借用。《战国策·楚策一》："请以秦女为大王箕箒之妾。"《史记·高祖本纪》："臣有息女，愿为箕帚妾。"箒，音zhǒu，同"帚"。

孤寡不谷 古代君王的自谦之词。意思是：我是孤家（孤立的人）、寡人（少德的人）、不谷（不善的人）。这是自谦词之连用，也可分别使用。"不谷"的本义是不结果实，对人来说就是绝后，引申为不善。《庄子·盗跖》："凡人有此一德者，足以南面称孤矣。"《老子》："故贵以贱为本，高以下为基。是以侯王自谓孤、寡、不谷。"颜之推《颜氏家训·风操》："昔者王侯自称孤寡不谷。"

窥窬分毫 商贾的谦称，意思是只谋求小利。窥窬，音kuīyú，偷看，犹"觊觎"，非分的希望。唐·徐坚《初学记》卷二十四引晋·成粲《平乐市赋》："谈智于尺寸之间，窥窬于分毫之际。"

（二）其他谦称

献芹 谦称自己的赠品菲薄或建议浅陋。也作"芹献""献曝""曝背食芹"。芹，水芹，代称微末之物；曝背，背向太阳以取暖；曝，音pù，晒。《列子·杨朱》："昔人有美戎菽、甘枲茎、芹萍子者，对乡豪称之。乡豪取而尝之，蜇于口，惨于腹，众哂而怨之，其人大惭。"戎菽，葫豆；枲茎，苍耳；芹萍子，即水芹。大意是有一个人向乡绅吹嘘水芹等食物好吃，结果吃后像毒虫蜇了嘴，肚子也疼痛起来。众人嘲笑并埋怨他，这个人很惭愧。

汉·贾谊《新书·春秋》："夫百姓煦牛而耕，曝背而耘。"煦，音xù，温暖；后转义。唐·刘长卿《初到碧涧招明契上人》："渐老知身累，初寒曝背眠。"诗句用的是本义。

敝邑 对自己的国家或家乡的谦称。《左传·僖公三十二年》："寡君闻吾子将步师出于敝邑。"敝，破旧；邑，都城，代称国家或家乡。

侥忝 谦称自己侥倖愧居其列。忝，音tiǎn，辱，自愧于。五代·王定保《唐摭言·梦》："于是四举有司，遂侥忝矣。"有司，指官吏。

僭忝 谦称自己越分愧居上位。也作"僭居"。僭，音jiàn，超越本分。唐·齐映《为萧复让宰相表》之二："涓埃莫效，僭忝实多。"涓埃，比喻微末。

望履 求见的谦称。《庄子·盗跖》："孔子复通曰：'丘得幸于季，愿望履幕下。'"

菲什 对自己诗文的谦称，犹"拙作"。菲，浅薄；什，代称诗文。唐·皇甫枚《非烟传》："恍惚寸心，书岂能尽。兼持菲什，仰继华篇。"

藏拙 掩藏笨拙，不以示人，自谦之词。《菜根谭》："藏巧于拙，用晦而明，寓清于浊，以屈为伸。"

野才 谦称自己是草野之才。唐·张蠙《投翰林萧侍郎》："九仞墙边绝路歧，野才非合自求知。"

鄙谏 谦称自己向对方的谏言。清·管同《与某君书》："足下前书所谓一言不智，旋纳鄙谏，未至如今所云。"

鼓谏 谦称自己不一定正确的规谏。《淮南子·主术训》："尧置敢谏之鼓，舜立诽谤之木。"这就是"谏鼓榜木"，即尧在庭中设鼓，让百姓击鼓进谏；舜在路边立木牌，让百姓书写谏言。意思是广开言路，听取各方意见。《后汉书·杨震传》："臣闻尧舜之世，谏鼓谤木，立之于朝。"

謏才 谦称自己是小才、菲才。也作"謏材"。謏，音xiǎo，小。唐·柳宗元《为樊左丞让官表》："臣实謏才，谬登清贯。"

313

清贯，皇帝的侍从官。

谬会 谦称自己的意见、言论与人相同。与"英雄所见略同"正反对称。晋·陶渊明《感士不遇赋》："诚谬会以取拙，且欣然而归止。"会，合也。

谬爱 谦称被人错爱。明·凌濛初《二刻拍案惊奇》卷三十一："诸兄皆是谬爱小弟肝鬲之言。"肝鬲之言，肺腑之言。鬲，音gé，应作"膈"，即"横隔膜"，分割胸腔和腹腔的肌膜。

养拙 谓才能低下而闲居度日，常用作退隐不仕者的自谦之词。晋·潘岳《闲居赋》："仰众妙而绝思，终优游以养拙。"

忝列门墙 谦称自己愧当学生。门墙，指师长之门。忝：音tiǎn，辱，有愧于。《论语·子张》："夫子之墙数仞，不得其门而入，不见宗庙之美，百官之富。"意思是孔子的门墙很高，如果找不到大门走进去，就看不到那宗庙的雄伟，房舍的众多。官，房舍；这是比喻性的说法。参见"不确指别称"中"门墙"条。

灾梨祸枣 谦称自己刻印无用的书，灾及作版的梨木和枣木；也作"祸枣灾梨""灾木""灾梓"。梓，音zǐ，梓木。清·纪昀《阅微草堂笔记》卷六："至于交通声气，号召生徒。祸枣灾梨，递相神圣……"参见"文字、文具名代称"中"梨枣"条。

草腹菜肠 谦称自己毫无才学。元·刘唐卿《降桑椹》第一折："老夫疏于学问，草腹菜肠……"

无能为役 本指不足以供人役使，后谦称自己的才干低于别人。《左传·成公二年》："有先君之明与先大夫之肃，故捷。克于先大夫，无能为役。"

蒲柳之姿 女子谦称自己的容貌。《世说新语·言语》："蒲柳之姿，望秋而落；松柏之质，经霜弥茂。"也喻称韶华易逝，容颜易老。蒲柳，即水杨，一种入秋即凋零的树木。

诠才末学 谦称自己才能低下、学识肤浅。诠，同"痊"，音quán，低下。清·纳兰性德《上座主徐健庵先生书》："某以诠才末学，年未弱冠，出应科举之试。"

谨谢不敏 谦称自己不聪明，无能力。也作"敬谢不敏"。

不敏，不聪明。夏衍《谈自己》："对于话剧'预演'或者'招待参观，请予指教'之类，却还是常常谨谢不敏，理由还不很明白吗？"

马齿徒增　谦称自己徒增年华而没有成就。语出《谷梁传·僖公二年》："荀息牵马操璧而前曰：'璧则犹是也，而马齿加长矣。'"荀息，晋之大夫；马齿，代称自己的年龄。也作"马齿徒长"，马的年龄越大，牙齿越多。

十、俗称

俗称是通俗的称谓，非正式的称谓，一般大众给予的称谓。如故宫午门，俗称"五凤楼"；番茄，俗称"西红柿"；麋鹿，俗称"四不像"，因为麋鹿的头像鹿，蹄像牛，颈像骆驼，尾像驴，因此叫"四不像"，是最通俗的大众的称呼，它不是麋鹿的学名。

俗称可以分为人物俗称、生物俗称、器物俗称和其他俗称四类。

（一）人物俗称

舍人　宋代以来达官贵人子弟的俗称。也指门客。明·冯梦龙《喻世明言·沈小霞相会出师表》："小人姓贾，名石，是宣府卫一个舍人。"这里的"舍人"，指门客。清·洪昇《长生殿·禊游》："老旦扮卖花娘子，小生扮舍人。"这里的"舍人"，指达官子弟。

嬷嬷　音mā mā，同"妈妈"，母亲的俗称；也是北方人对老妇人的俗称，音mó mó，指年老的女仆，也有指乳母的。元·武汉臣《生金阁》第二折："我家有个嬷嬷，是我父亲手里的人，他可也看生见长我的。"这里的嬷嬷，指女仆。

和尚 "比丘"的俗称，指男僧。比丘，梵语的音译，意为乞士，意思是上从诸佛乞法、下就众人乞食。也作"和上"。宋·庄季裕《鸡肋编》卷上："京诗僧讳'和尚'，称曰'大师'；尼讳'师姑'，呼为'女和尚'。"

尼姑 "比丘尼"的俗称，指女僧。比丘尼，梵语的音译，指受了具足戒的女子。具足戒比十戒戒品具足，多达三百四十八条，故称。元·高明《琵琶记·祝发买葬》："我当初早披剃入空门也，做个尼姑去。"披剃，削发出家。

媒神 媒人的俗称，也作"红喜神""媒婆"。

青皮 流氓无赖的俗称，系方言。鲁迅《书信集·致王冶秋》："这里的有一种文学家，其实就是天津之所谓'青皮'。"

菜户 对食的俗称。"对食"的原意是搭伙共食，后来指宫女的同性恋，又称太监和宫女结为假夫妻。"菜户"一词出现在明代。《明史·懿安后传》："宫人无子者，各择内监为侣，谓之'菜户'。"

阿奶 乳母的俗称。也指祖母或母亲，也作"奶妈"。清·赵翼《陔余丛考·妳婆》："俗称乳母曰阿妳，亦曰妳婆。"妳，也作"嬭"。

双胞胎 孪生子的俗称，也作"双生子"。茹志鹃《高高的白杨树》："这两个人长得一般高，模样也差不多，又都是晚会中的活跃分子，所以大家都叫他们双胞胎。"

铁公鸡 十分吝啬的人的俗称。清·袁枚《子不语·铁公鸡》："济南富翁某，性悭吝，绰号'铁公鸡'，言一毛不拔也。"

马大哈 办事马虎不认真的人的俗称。源自何迟创作、马三立表演的相声《买猴》。说一个叫马大哈的干部以马虎不认真出名，写公告时把"到天津东北角买猴牌肥皂五十箱"写成"到东北买猴子五十只"，结果闹出了令人捧腹不止的一大堆笑话。从此，"马大哈"一词迅速传遍了全国，也成了一个汉语词汇。

赵公元帅 财神爷"赵公明"的俗称。赵公明，又名赵朗，字公明，也称"赵玄坛"。是专门保佑人们发财安福的神灵。明代中叶，民间开始祭祀赵公明。吴地人以农历三月十五日为赵公明生日。晋·干宝《搜神记》卷五："吾等十余人，为赵公明府参佐……"

闪电娘娘　电母的俗称。电母是雷公的妻子，主管闪电，为道教尊奉的女神之一。别称"金光圣母"。李劼人《死水微澜》第五部分："春兰大姐有时在背后说到姨太太梳头样子，常爱说'姨太太一定是闪电娘娘投生的！'"原注："电母俗称闪电娘娘。她的形象是一个漂亮人，每手持一柄镜子，若是在画面上，便有两道毫光从镜中射出。因此，世俗上凡谓一个女人用两面镜子前后照映自己的，为闪电娘娘。"

雷神爷　雷公的俗称。主管打雷。《山海经·海内东经》中说，雷公是"龙身而人头，鼓其腹则雷"。《楚辞·远游》："左雨师使径侍兮，右雷公以为卫。"意思是叫雨师在左边路旁侍候，让雷公在右边放哨站岗。

四大金刚　四大天王的俗称。四大天王是佛教中四位护法天神，分别居于须弥山的四垂，各护一方，故亦称"护世四天王"，也简称"四天王"。即东方持国天王、南方增长天王、西方广目天王、北方多闻天王。寺庙山门两侧多塑其像，身形高大，面目狰狞。参见"不确指人名代称"中"风调雨顺"条。

勾魂使者　无常的俗称，即勾魂鬼。无常，阎王的两个勾魂使者，一个叫"白无常"，一个叫"黑无常"。鲁迅《朝花夕拾·无常》："至于勾摄生魂的使者的这无常先生，却似乎于古无征。"

（二）生物俗称

王八　甲鱼的俗称，即"鳖"。后用为詈词，是骂人的话。也作"忘八"，意谓忘记了"礼义廉耻孝弟忠信"八字的人。弟，通"悌"，音tì，敬爱兄长。

长虫　蛇的俗称。北方方言称蛇为"长虫"。清·文康《儿女英雄传》第三十八回："那不是长虫，人家都说那是个花老虎。"

香樟　樟树的俗称。因樟树有香味，故称。民间把樟树视为景观树、风水树、幸福树，寓意避邪、长寿、吉祥如意。晋·干宝《搜神记》卷十八："吴先主时……使人伐大樟树，不数斧，忽有血出。"

鱼鹰 鸬鹚的俗称，也称"水老鸭""墨鸭"。鸬鹚，音lúcí，大型的食鱼游禽。常被人驯化为捕鱼之鸟。清·吴敬梓《儒林外史》第三十六回："又走到一个僻静的所在，一船鱼鹰在河里捉鱼。"

板瓜子 鲫鱼的俗称。也作"鲫瓜子"。周立波《暴雨骤雨》第一部十五："过了一会又送上一盘子馅饼，还有蘑菇、鹅蛋、鲫瓜子和麂子肉。"

娃娃鱼 鲵鱼的俗称。鲵，音ní，是世界上最大的也是最珍贵的两栖动物。它的叫声像婴儿的哭声，所以人们叫它"娃娃鱼"，也称"山椒鱼"。清·徐珂《清稗类钞·动物·鲵》："鲵，一名山椒鱼……居溪流中，以鱼为食。"

黄鼠狼 黄鼬的俗称。鼬，音yòu。俗话说"黄鼠狼给鸡拜年——没安好心"，实际上黄鼠狼是灭鼠的能手，是国家重点保护野生动物。

猪龙婆 扬子鳄的俗称。扬子鳄是中国特有的一种鳄鱼，也叫鼍，音tuó。《聊斋志异》中有一篇叫《猪龙婆》。

癞蛤蟆 蟾蜍的俗称，也喻称丑陋的人。癞蛤蟆体表有许多疙瘩，故称"癞"。蛤蟆，音háma，也作"癞虾蟆"；虾，音há。茅盾《子夜》十六："周仲伟满面高兴，癞虾蟆似的跳来跳去。"虾，音há，"虾"的简体字。

（三）器物的俗称

黄历 农历的俗称。因封面用黄纸，故称。也有人说黄历是轩辕黄帝刻制的，故称。也作"皇历"，因黄历由皇帝鉴定颁发，故称。民间还称"老黄历"，是一种带有每日吉凶宜忌的万年历。

黑管 单簧管的俗称，也称"克拉管"。是木管乐器的一种，因使用一个簧片和笛头发声，故称。

响洋 银圆的俗称。因互相碰撞能发响声，故称。欧阳山《高干大》第八章："哎哟，我的好高主任，你怎么能晓得我窖了响洋呢？"

洋钱 银圆的俗称。清代对外国流入的银币的称谓，也作"番饼""番钱"。欧洲是最早铸造银币的地区，其中西班牙本洋和墨西哥鹰洋数量多、流通广，一度成为中国市场上重要的流通货币。清·俞樾《春在堂随笔》卷十："时上海有售余楹联者，徐木君以洋钱二枚买得一联偿之。"

洋火 火柴的俗称，也称"自来火"。因中国最初使用的火柴都是外国制造，故称。制造火柴较早的国家有法国、意大利、瑞典、英国等国家。曹禺《雷雨》第二幕："是的，三十多年前呢，那时候我记得我们还没有用洋火呢。"1887年，李鸿章委托财主吴懋鼎建立了"自来火局"，开始生产中国制造的火柴。

魂轿 容车的俗称。容车，指抬死者衣冠、画像的肩舆。《史记·秦本纪》："武王谓甘茂曰：'寡人欲容车通三川，窥周室，死不恨矣'。"

平天冠 冕的俗称。冕，音miǎn，古代帝王、诸侯及卿大夫所戴的礼帽。顶子皆平，故称。后专称皇冠。《后汉书·舆服志下》："冕，皆广七寸，长尺二寸，前圆后方……"

百八丸 念珠的俗称。佛教徒的念珠有14颗、21颗、27颗、42颗、54颗、108颗等多种，最常见的是108颗，故称"百八丸"。也称佛珠、数珠、诵珠。其他宗教也有念珠。宋·陶谷《清异录·百八丸》："和尚市语，以念珠为百八丸。"《大智度论》卷七："十缠、九十八结为百八烦恼。"佛家以为人有108种烦恼，谓"百八烦恼"，故用108颗念珠破百八烦恼。苏州寒山寺除夕夜敲钟一百零八下，也取此义。

站人洋 1895年英国铸造的银圆的俗称。因图案中有一武士站立岸头，左手持米字盾牌，右手持三叉戟，故称。也作"立人洋""杖洋""站人"。清末民初在中国流通。

拨浪鼓 鼗鼓的俗称。鼗，音táo，乐器名，长柄的摇鼓，产生于战国时期。后专称小孩玩的短柄小摇鼓。货郎担人也持此鼓招徕顾客。《红楼梦》第四十七回："只见薛蟠骑着一匹马……头似拨浪鼓一般，不住左右乱瞧。"

人像双柱　西班牙本洋的俗称，也作"双柱"。银圆的正面是人物胸像，背面是盾形国徽，两侧各立一柱，故称。人物是国王卡洛斯三世。此币曾在中国流通。

（四）其他俗称

双喜　"囍"字的俗称。囍，音xǐ，中国传统的吉祥图案。原指同时的两件喜事，后多用于结婚庆典。

硅谷　微电子工业中心的俗称。硅谷是美国一地名，在加利福尼亚州北部，旧金山湾区南部，是世界上著名的高科技产业区，也是美国高科技人才的集中地，有英特尔公司、苹果公司、谷歌公司等驰名的高科技公司。

下巴　颏的俗称。

对子　对联的俗称，也作"春联""楹联"，是写在纸上或刻在竹木、柱子上的对偶语句，是中国传统文化之瑰宝。

五凤楼　故宫的正门午门的俗称。因午门的造型宛若展翅高飞的凤凰，故称。

睁眼瞎　文盲的俗称，喻称没文化、不识字的人。成语"目不识丁"即指睁眼瞎。管桦《小英雄雨来》："叫雨来上夜校吧。要不，将来闹个睁眼瞎。"

鬼剃头　斑秃的俗称，是一种常见的头皮脱发病，也称"鬼舔头"。

哈德门　北京崇文门的俗称，也作"哈达门"。哈德门始建于南宋咸淳三年（1267），历经元、明、清三朝，已有七百多年的历史。因这里是向皇城内运酒的专用通道，故被称为"酒门""酒道"，在京都九门中颇具声誉。

十一、贬称（蔑称、讥称等）

贬称是指含有贬义、鄙视、轻视、讥讽的称谓，甚至是侮辱、污蔑、恶意丑化的称谓。也作蔑称、诬称、鄙称、贱称、讥称、恶称。如中国人对外国入侵者就有很多贬称：鬼子、小鬼子、洋鬼子、东洋鬼子、西洋鬼子、洋毛子、老毛子、黄毛、红毛、鬼佬、×国佬、倭寇、鲛奴等，甚至连为外国人服务或有外国人口气的人也被称"假洋鬼子"。鲁迅小说《阿Q正传》中钱太爷的大儿子就是去过东洋、手拿黄漆棍子、衣着不伦不类、装腔作势的假洋鬼子，阿Q称他是"里通外国的人"。

贬称可分为人物贬称和其他贬称两种，主要是人物贬称。

（一）人物贬称

胡儿　对胡人的贬称。胡人，指中国北方和西方的少数民族。"胡"是北亚民族语族语言中"人"的意思。秦汉时称塞北胡人为"匈奴"，匈奴则自称"胡"。战国时赵武灵王"胡服骑射以教百姓"。胡服，即是胡人的服装。汉·贾谊《过秦论》："胡人不敢南下而牧马，士不敢弯弓而报怨。"《汉书·金日磾传》："陛下妄得一胡儿，反贵重之。"五代·江为《塞下曲》："胡儿移帐寒筋绝，雪路时闻探马归。"日磾，音mì dī，金日磾是西汉时匈奴政治家。汉武帝时拜参将，又拜车骑将军，与霍光、桑弘羊等辅佐少主昭帝刘弗陵。

村牛　对文盲的贬称，也作"蠢牛"。明·冯梦龙《醒世恒言·卖油郎独占花魁》："那主儿或是年老的，或是貌丑的，或是一字不识的村牛。"

村竖　对粗俗年轻人的贬称。竖，小子，贬称。清·纪昀《阅微草堂笔记·滦阳消夏录一》："怪村竖那得作此语……"

捧心　用手捧着心。对拙劣模仿者的贬称。语出《庄子·天运》："东施效矉典。"原文是："西施病心而矉其里，其里之丑人见而美之，归亦捧心而矉其里。其里之富人见之，坚闭门而不出；贫人见之，挈妻子而去之走。彼知矉美，而不知矉之所以美。"说春秋时越国美女西施有心痛病，常捧心而矉。邻居丑女东施也学西施捧心皱眉，结果更丑了。矉，同"颦"，音pín，皱眉。

揭箧　把装书的箱笼扛走。对全部抄袭他人文字的人的贬称。语出《庄子·胠箧》："然而巨盗至，则负匮揭箧担囊而趋。"揭，扛在肩上；胠，音qū，撬开；匮，音guì，"柜"的本字。原句是说人们为了防盗，往往用心把门窗关严实，把箱柜锁安全，满以为很放心了，结果大盗一来把藏钱物的箱笼全部拿走了。南朝·梁·刘勰《文心雕龙·指瑕》："全写则揭箧，傍采则探囊。"

珰子　对太监、太监义子的贬称。珰，音dāng，汉代武职宦官的冠饰，代称宦官。《后汉书·舆服志下》："侍中、中常侍加黄金珰，附蝉为文，貂尾为饰。"

盗丘　道家对孔子的蔑称。语出《庄子·盗跖》："盗莫大于子，天下何故不谓子为盗丘，而乃谓我为盗跖？"这是柳下跖对孔子说的一句话。意思是天下为何不说你是盗丘，而说我是盗跖。这是道家揭露儒家虚伪欺骗本质的话。

洞猺　古代对南方猺族的蔑称。猺，音yáo，本为兽名，后改为"瑶"。瑶族系古代"九黎"之一支，种类很多，今统称"瑶族"，分布在广西、云南、贵州等省区。清·戴名世《岳荐传》："岑溪远且僻多瘴，又近洞猺，从行者皆惮不敢往。"瘴，音zhàng，指瘴气，旧指南方山林间湿热蒸郁致人疾病之气。

犬戎　古代对西方少数民族的蔑称。犬戎活跃于陕、甘一带，属西羌族，唐代称西北游牧民族为"犬戎""戎狄"，因他们以犬或狼为图腾，故称。或曰"犬戎国"即"白狼国"。《左传·闵公二年》："虢公败犬戎于渭汭。"杜预注："犬戎，西戎别在中国者。"杜甫《扬旗》："三州陷犬戎，但见西岭青。"

秃奴　对僧人的诬称，也作"秃丁""秃儿""秃厮"。清·吴敬梓《儒林外史》第二十四回："这秃奴可恶极了。"

髡奴　秃头和尚。对僧人的诬称。髡，音kūn，去发；也作"髡儿"。清·张问陶《游涿州智度云居两废寺》："髡奴似黠奴，势落打包去。"黠，音xiá，狡猾。

髡牝　对尼姑的诬称。牝，音pìn，雌性。明·沈德符《野获编补遗·内监·禁自宫》："余谓都下椓人之闹坊曲，江南髡牝之溷闺房，违男女之性，变交接之具，真宇宙间两大妖孽。"椓人，即阉人；椓，音zhuó，宫刑；溷，音hùn，混乱，冒犯；坊曲，妓女所居之地。

竖子　犹言"小子"，本指童仆，后来是对年轻人的鄙称。《史记·项羽本纪》："（亚夫）拔剑撞而破之，曰：'唉！竖子不足与谋。夺项王天下者，必沛公也'。"竖子，这里是指项伯，过去人们认为是指项羽，误。《晋书·阮籍传》："（阮籍）尝登广武，观楚汉战处，叹曰：'时无英雄，使竖子成名。'"

贾竖　旧时对商人的蔑称。贾，音gǔ，坐商为贾。《史记·魏其武安侯列传》："今人毁君，君亦毁人，譬如贾竖女子争言，何其无大体也。"女子，指妇女；争言，吵架；无大体，不识大体。

秃翁　对年老而无官的人的贬称，也用以自嘲。《史记·魏其武安侯列传》："（武安）怒曰：与长孺共一老秃翁，何为首鼠两端。"长孺，指韩安国；老秃翁，指窦婴；首鼠两端，瞻前顾后，迟疑不决。这句话的意思是武安侯田汾招韩安国和他一同坐车，生气地说："和你共同对付一个老秃翁（指魏其侯窦婴），为什么这样畏首畏尾？"参见"四字喻称"中"首鼠两端"条。

赌鬼　对嗜好赌博的人的蔑称。也作"赌棍""赌徒"。

贱婢　对婢妾、倡优等女子的贬称，常用作对女人的詈词。明·王廷讷《种玉记·缘探》："可惜他厕身贱婢，溷迹女奴。"厕，通"侧"；溷，同"混"。

措大　旧时对贫穷知识分子的讥称，也作"醋大""细酸""穷措大""贫措大"。（按："醋"，应为"措"，正言其能举措大事，后误写成"醋"，也就约定俗成了。）

文妖　封建时代对违反正统思想的文章或作者的诬称。也指以文章蛊惑人心的人。唐·李肇《唐国史补》卷下《叙近代文妖》："近代有造谤而著《书鸡眼》《苗登》二文，有传蚁穴而称李公佐《南柯太守》，有乐妓而工篇什者成都薛涛，有家童而善句者郭氏奴，皆文之妖也。"（按：文中的观点是不正确的。）

鲛奴　旧时对来自海上的外国侵略者的蔑称。鲛，音 jiāo，传说中的人鱼，也作"鲛人"。清·朱琦《朱副将战殁》："愿缚降王笞鲛奴，临阵独骑生马驹。"

顽奴　对仆人的贬称，也作"顽仆"。清·郑燮《山中夜坐再陪起上人作》："顽奴倦烹茶，汤沸火已灭。"

鼠盗　对盗贼的蔑称。也是"鼠盗狗窃"的省称。《北齐书·薛琭传》："杲鼠盗狗窃，非有远志，宜先讨颢。"杲、颢，皆人名。《红楼梦》第一回："偏值近来水旱不收，鼠盗蜂起……"

鸟人　詈人之语，对人的蔑称。鸟，音 diǎo，通"屌"，骂人的粗话。《水浒传》第二十二回："那汉气将起来，把宋江劈胸揪住，大喝道：'你是什么鸟人，敢来消遣我！'"

阉竖　对宦官的蔑称。阉，音 yān，被阉割去势的人。《后汉书·张衡传》："阉竖恐终为其患，遂共谗之。"

鞑虏　旧时对北方少数民族的蔑称。清朝末期特称清朝统治者，也称"鞑子""达子"。孙中山先生在反清斗争中提出的口号是"驱除鞑虏，恢复中华，创立民国，平均地权"。

发逆 清朝统治者对太平天国起义军的蔑称。《清史稿·文宗纪》："胜保奏：发逆伪英王陈玉成窜店埠、梁园，直扑定远。"

逆竖 对叛逆者的蔑称。《宋书·沈文秀传》："何故背国负恩，远同逆竖。"

兵痞 对长期当兵而名声不好的军人的蔑称。痞，音pǐ。柳青《创业史》第二部第十三章："国民党兵痞居然冒充英雄。"

铜臭 讥称唯利是图看重金钱的人。《后汉书·崔烈传》载崔烈花五百万钱买了相当于丞相的司徒官职。一天他问儿子崔钧："吾居三公，于议者何如？"崔钧据实相告曰："论者嫌其铜臭。"

东家丘 对孔子的贬称。语出《孔子家语》，孔子的西邻不知孔子的才学出众，只称他为"东家丘"，也作"东家孔子"。指对人缺乏认识、缺乏了解。唐·李白《送薛九被谗去鲁》："宋人不辨玉，鲁贱东家丘。"或曰"东家丘"并无贬意，只是孔子的一个别称而已。参见"二字人名代称"中"家丘"条。

望火马 对热衷于奔走钻营者的蔑称，也作"日游神"。这是两个假想的钻营者的号。语出北宋吴处厚《青箱杂记》。

烂羊头 对地位低下的人的蔑称，或对滥授官爵的蔑称。语出《后汉书·刘玄传》："长安为之语曰：'灶下养，中郎将；烂羊胃，骑都尉；烂羊头，关内侯。'"灶下养，指厨师，代称无能的武将；烂羊头，喻称贪官污吏。

野狐禅 禅宗对一些妄称开悟而流入邪辟者的讥称。典出《五灯会元》，后以"野狐禅"喻称歪门邪道。清·吴敬梓《儒林外史》第十一回："若是八股文章欠讲究，任你做出什么来，都是野狐禅，邪魔外道。"

文抄公 对抄袭剽窃他人文章的人的蔑称，也作"文剪公"。如夏传寿仿刘禹锡《陋室铭》四："才不在高，抄抄就行；学不在深，改改则灵。斯虽陋术，唯君独精……"

掉书袋 讥称人说话、写文章爱引用古人成句，借以卖弄才学，也作"调书带"。掉，摆动、摇动。《南唐书·彭利用传》："对家人稚子，下逮奴隶，言必据书史，断章破句，以代常谈，俗谓之'掉书袋'。"逮，音dài，及，到。明·张岱《陶庵梦忆》中说，他去一读书人家做客，天黑要告辞，主人说等看见"少焉"再走吧。不解，请主人说明。主人说，有一位官宦先生喜欢掉书袋，苏轼《前赤壁赋》有"少焉月出于东山之上"句，于是就把月亮叫作"少焉"。我刚才的话就是让你等月亮出来再走。

黄头奴 宋人对金人的蔑称。宋·陆游《仆顷在征西大幕登高望关辅乐之每冀王师拓定得卜居焉暇日记此意以示子孙》："辽东黄头奴，稔恶天震怒。"稔恶，丑恶，罪恶深重。稔，音rěn，积久。

杕杜宰相 对唐朝宰相李林甫的贬称。《诗·唐风》中有一首诗叫《杕杜》，李林甫把"杕"字认成了"杖"字，世人讥其才疏学浅，称他"杖杜宰相"。杕，音dì，树木孤立貌；杜，赤棠树。杕杜，孤立的赤棠树，喻称孤立无援。

绍兴师爷 对清代官署中绍兴籍的幕僚的贬称。师爷是官吏的谋士，是帮助官吏处理刑名、钱谷、文牍等事务的佐理人员。后多含贬义。清代幕僚中多浙江绍兴人。鲁迅《朝花夕拾·无常》："我的故乡，在汉末虽曾经虞仲翔先生揄扬过，但是那究竟太早了，后来到底免不了产生所谓'绍兴师爷'……"

牝鸡司晨 指母鸡报晓。旧时对妇女掌权者的蔑称。司，掌管。牝，音pìn，雌性；牝鸡，母鸡。语出《尚书·牧誓》："牝鸡无晨；牝鸡之晨，惟家之索。"索，尽也，喻称妇女专权。雌代雄鸣则家尽，妇夺夫政则国亡。唐高宗皇后武则天掌权年代即称"牝朝"。《新唐书·后妃传上·太宗长孙皇后》："辞曰：牝鸡司晨，家之穷也。"

虬户筱骖 对作文喜用僻词古语、故作高深者的蔑称。语出宋·尤袤《全唐诗话·徐彦伯》，说徐作文变易求难，称龙门为"虬户"，称竹马为"筱骖"。虬，音qiú，传说中的一种龙；筱，音xiǎo，小竹；骖，音cān，车驾两旁的马。筱，也作"筱"。

鼠雀之辈 对鄙陋卑微之徒的蔑称。《三国演义》第二十三回:"量鼠雀之辈,何足污刀!"

风流人物 对花哨轻浮、善于调情的人的贬称。唐·陈叔达《答王绩书》:"至若梁、魏、周、齐之间,耳目耆旧所接,风流人物,名实可知,衣冠道义,讴谣尚在。"《儒林外史》第二十八回:"我们风流人物,只要才子佳人会合,一房两房,何足为奇!""风流人物"也喻称英俊杰出、对时代有影响的人物。宋·苏轼《念奴娇·赤壁怀古》:"大江东去,浪淘尽,千古风流人物。"

黄口小儿 对年轻无知的人的讥称。黄口,本指雏鸟的嘴,代称幼儿。《孔子家语·六本》:"孔子见罗雀者,所得皆黄口小雀。"《淮南子·汜论训》:"古之伐国,不杀黄口。"汜,"泛"的异体字。

(二)其他贬称

胡元 对元朝的贬称。明·张煌言《祭海神文》:"自高皇帝驱逐胡元,奠宁方夏……"奠,定也;方夏,指华夏,中国,与"四夷"相对。但说"蒙元"则是史书上的通称,不是贬称。参见"朝代时代名代称"中"蒙元"条。

红毛 旧时对荷兰人的蔑称,也是对白俄的蔑称,也泛称西洋人。也作"红夷"。清·俞正燮《癸巳类稿·澳门纪略跋》:"朕访闻海外有吕宋、噶啰巴两处地方。噶啰巴乃红毛泊船之所,吕宋乃西洋泊船之所……"吕宋,指菲律宾,吕宋是菲律宾的一个大岛,故称;噶啰巴,指欧罗巴洲,即欧洲。

豚尾 猪尾巴。辛亥革命前后对男人发辫的贬称。柳亚子《二十世纪大舞台发刊词》:"忘上国之衣冠,而奉豚尾为国粹。"郭沫若《黑猫》二:"他们以为只要把头上的豚尾一剪……中国便立地可以成为'醒狮'。"豚,音tún,小猪,泛称猪。

群雌粥粥 群鸟相争啄,或指鸟儿相和而鸣,是对妇女聚在一起大声说话喧闹的贬称。唐·韩愈《琴操·雉朝飞》:"当东而西，当啄而飞，随飞随啄，群雌粥粥。"粥粥，音zhōuzhōu，鸟相呼声。

翠纶桂饵反以失鱼　以翡翠为纶，以桂花为饵，反而没钓上鱼。讥称华而不实者必然事与愿违。纶，音lún，钓丝。南朝•梁•刘勰《文心雕龙•情采》："固知翠纶桂饵，反所以失鱼。"

十二、特称（专称）

　　特称是对人物或事物的特殊、专门性的称呼，所以也称"专称"。特称基本上都是褒义，而且是一种赞颂性的比较别致的称谓。特称主要是人物特称，但人物特称也不是只指单一的人，不同的典籍里有不同的说法。或一个人有一个特称，如"江州司马"就单指唐代诗人白居易；或一个特称词可以指几个人，如"诗囚"既指唐代诗人贾岛，又指孟郊；"谋圣"既指西周谋臣姜子牙，又指战国时期纵横家的代表人物、著名谋略家鬼谷子，也指春秋时期越王勾践的谋臣范蠡，还指西汉初期汉高祖刘邦的谋臣张良；或一个人有几个特称，如孔子的特称有"至圣""文圣""睿圣"；还有一些特称可能欠准确，或有争议，如"棋圣"这一特称有时指清人黄龙士，有时称当代的围棋国手聂卫平；还有，这些特称有的是美称或誉称，如"诗王""诗雄""诗杰"，有的则是戏称或谑称，如"诗鬼""诗囚""诗狂""诗奴"。典故不一，称谓有异，多数高雅而又有情趣。

　　我们把特称分成人物特称和其他特称两种。

（一）人物特称

诗祖 专称屈原。也称"诗魂"。或曰诗祖是尹吉甫，《诗经》的编者；或曰诗祖是荀子，他与屈原并称"辞赋之祖"；或曰唐代诗人陈子昂是诗祖。说法不一。

诗仙 专称唐代诗人李白，也泛称最杰出的浪漫主义诗人。谓其作品想象丰富，雄奇奔放，色彩绚丽，诗才飘逸，如神仙一般的诗人。宋·杨万里《望谢家青山太白墓》："六朝陵墓今安在，只有诗仙月下坟。"

醉圣 专称唐代诗人李白。五代·王仁裕《开元天宝遗事·醉圣》："李白嗜酒，不拘小节，然沉酣中所撰文章，未尝错误，而与不醉之人相对议事，皆不出太白所见，时人号为'醉圣'。"也是誉称。

谪仙 谪居世间的仙人，誉称才学优异的人，也特称李白。谪，音zhé，贬黜。《新唐书·李白传》："白亦至长安，往见贺知章，知章见其文，叹曰：'子，谪仙人也！'"

诗圣 专称唐代诗人杜甫，也泛称最杰出的现实主义诗人。谓其作品反映现实，思想深厚，境界广阔，具有人民性。语出宋·秦观《韩愈论》："犹杜子美之于诗，实积众家之长……孟子曰：'伯夷，圣之清者也；伊尹，圣之任者也；柳下惠，圣之和者也；孔子，圣之时者也。孔子之谓集大成。'呜呼，杜氏、韩氏亦集诗之大成者欤。"清·叶燮《原诗·外篇上》："诗圣推杜甫。"杜甫也称"诗哲"，郭沫若说杜甫是"诗中圣哲"。郭沫若的一幅楹联是："世上疮痍，诗中圣哲；民间疾苦，笔底波澜。"

诗王 专称唐代诗人白居易。典出后唐·冯贽《云仙杂记·文星典吏》。白居易也称"诗魔"。白自言："酒狂又引诗魔发，日午悲吟到日西。"过分的读写竟到了口舌生疮、手指成胝的地步，故世人称之为"诗魔"。胝，音zhī，茧。

诗囚 专称唐代诗人贾岛。谓其仿佛为诗所拘囚。后泛称苦吟诗人，也称"诗奴""诗痴"。也有人把唐诗人孟郊称"诗囚"的。金·元好问《放言》："长沙一湘累，郊岛两诗囚。""诗囚"

"诗奴"之称亦褒亦贬，观点不同。湘累，指屈原。《汉书·扬雄传上》："因江潭而洖记兮，钦吊楚之湘累。"颜师古注引李奇曰："诸不以罪死曰累，荀息、仇牧皆是也。屈原赴湘死，故曰湘累也。"洖，同"往"。

诗奴 专称唐代诗人贾岛。谓其唯喜作诗凄苦，犹如诗之奴隶。宋·苏轼《赠诗僧道通》："为报韩公莫轻许，从今岛可是诗奴。"岛可，指唐代诗人贾岛和诗僧无可。

诗鬼 专称唐代诗人李贺。李贺的诗想象驰骋，奇崛冷怪，多鬼魅意象，多神话传说，故称。

诗佛 专称唐代诗人王维。王维早年信佛，晚年奉佛长斋，衣不文采，居蓝田别墅，与道友裴迪往来，自言"一生几许伤心事，不向空门何处销"。他的诗多有禅意，有"当代诗匠又精禅理"之誉，故世人称他为"诗佛"。也称"诗隐"。

诗骨 专称唐代诗人陈子昂。陈子昂的诗，诗意激昂，风格高峻，有汉魏风骨，故称。也称"诗祖""诗杰"。元·方回《瀛奎律髓》卷一："陈拾遗子昂，唐之诗祖也。"拾遗，唐代官名，陈子昂曾任右拾遗，世称"陈拾遗"。

诗狂 专称唐代诗人贺知章。贺知章的诗秉性放达，自号"四明狂客"。

诗隐 专称唐代诗人孟浩然。孟浩然的诗多写山水田园、隐逸行旅等内容，故称。也称孟浩然为"山水田园诗人"。

诗杰 专称唐代诗人王勃。王勃是"初唐四杰"之首，故称。

诗虎 专称唐代诗人罗邺。罗邺的诗才智杰出，笔力超绝，气概非凡，虎虎生势，故称。

诗瓢 专称唐代诗人唐球。宋·计有功《唐诗纪事·唐球》："球居蜀之味江山，方外之士也。为诗捻藁为圆，纳入大瓢中。后卧病，投于江曰：'斯文苟不沉没，得者方知吾苦心尔。'至新渠，有识者曰：'唐山人瓢也。'"藁，音gǎo，同"稾"，即"稿"，诗文的草稿。大意是说唐球得诗就捻成纸团，投入瓢中，不示人。晚年又把诗瓢投入江中，说倘不沉没这些诗，得之者就知道我的苦心了。时人谓之"一瓢诗人"。

诗豪 专称唐代诗人刘禹锡。唐·白居易《刘白唱和集解》："彭城刘梦得，诗豪者也，其锋森然，少敢当者。"推赞刘禹锡（字梦得）为"诗豪"，意即诗中豪杰。

诗肠 专称唐代诗人孟郊。唐·孟郊《哭刘言史》："精异刘言史，诗肠倾珠河。"故称。也有人说"诗肠"指唐代诗人张籍。

诗囊 专称唐代诗人李贺。唐·李商隐《李长吉小传》和《全唐文·李贺小传》中都记载李贺"恒从小奚奴，骑距驴，背一古破锦囊，遇有所得，即书投囊中"。后以"诗囊"代称贮放诗稿的袋子，也代称李贺。奚奴，奴仆；距驴，像驴子一样的动物，即指驴。宋·陆游《病中偶得名酒小醉作此篇是夕极寒》："诗囊羞涩悲才尽，药裹纵横觉病增。"参见"二字喻称"中"诗袋"条。

诗雄 专称唐代诗人岑参。岑参的诗有慷慨报国的英雄气概和不畏艰难的乐观精神，故称。岑参也是边塞诗人的代表作家之一。

诗僧 专称唐代诗人皎然。关于诗僧，说法众多，或曰贾岛、寒山；或曰"三大诗僧"齐己、皎然、贯休；或泛称会写诗的僧人，并不确指。郑振铎《插图本中国文学史》第三十二章："齐己和贯休齐名，是五代的两个大诗僧。"

诗窖 专称唐、五代间诗人王仁裕。王的作品多、流传广，诗、赋、图并行于世，时人谓之"诗窖"，也作"诗窖子"。明·程登吉《幼学琼林》："王仁裕多诗，时人号为诗窖。"清·吴任臣《十国春秋·王仁裕传》："生平作诗满万首，蜀人呼曰诗窖子。"

诗帝 专称唐代诗人王昌龄。王是著名的边塞诗人，以"诗帝"称之，更是尊崇其领袖地位。也有人说"诗帝"指乾隆皇帝。乾隆活了八十九岁，执政六十三年，写诗四万余首，接近《全唐诗》之总数，为诗人写诗数量之冠。《全唐诗》现收两千五百多位诗人四万二千八百余首诗。

诗神 专称宋代诗人苏轼。谓其诗浑洒自如，清新刚健，神工鬼斧，独树一帜。明代公安派文人袁宏道说："苏，诗之神也。"

诗翁　专称宋代诗人陆游。陆游生于1125年，卒于1210年，享年八十五岁，写诗九千六百多首，是中国为数不多的长寿而又多产的诗人，故称"诗翁"。也泛称一般的长寿诗人。

诗袋　专称宋代诗人梅尧臣。梅凡外出，总是随身携带一个号称"诗袋"的布袋，偶有所作，书之而投入袋中，故称。

词帝　专称南唐后主李煜。皇帝中写词最好的当数李煜。李煜享年四十二岁，称帝十四年，作词三十余首，多精品佳作，世称"千古词帝"。他是南唐最后一个皇帝。

词妖　专称宋代女词人李清照。她是婉约派词坛宗主，其创作的词被称为"易安体"。"妖"的本义是女子的笑貌，后代称艳丽。三国·魏·曹植《美女篇》："美女妖且闲，采桑歧路间。"李清照是天下第一才女，也是美女，她的词有绝世之美，故称"词妖"。

诗穷　专称宋代诗人黄庚。黄庚《诗穷》："风愁月恨属诗翁，终日推敲句未工。何苦辛勤学郊岛，呕心博得一生穷。"世人称之为"诗穷"。

诗怪　专称清代诗人郑燮（板桥）。郑燮是"扬州八怪"之一，其诗、书、画被誉称为"三绝"，其书法自称"六分半书"，世称"板桥体"。他善于据竹写诗，诗意真诚，关心民间疾苦，颇具酸辣之味，幽默中显示出诗人怪异之个性。如《竹石》："咬定青山不放松，立根原在破岩中。千磨万击还坚劲，任尔东西南北风。"

诗侠　专称元朝诗人杨维桢。杨诗具豪侠之气，故称。或曰专称唐代诗人李白。李诗豪放浪漫，一身侠气，故称。但李白有"诗仙"等专称，很出名，所以"诗侠"就很少被提及。

诗癖　专称梁简文帝萧纲。《梁书·简文帝本纪》："雅好题诗，其序云：'余七岁有诗癖，长而不倦。'"

算博士　专称唐代诗人骆宾王。骆常以数字入诗，时人称他"算博士"。

诗天子　专称唐代诗人王维。清·陆凤藻《小知录·文学·诗世界》："王昌龄集，王维诗天子，杜甫诗宰相。"李白也有此誉。

诗宰相　专称唐代诗人杜甫。参见上条。

诗家天子　专称唐代诗人王昌龄，也称"七绝圣手"。有人说"诗家天子"是"诗家夫子"之误。理由是"天子"一词不可随便使用。王昌龄有过教书生涯，所以只能用"夫子"，不能用"天子"，"天子"是字形之误。

五言长城　专称唐代诗人刘长卿。刘长卿善于写五言诗，故称。《新唐书·隐逸传·秦系》："长卿自以为五言长城，系用偏师攻之，虽老益壮。"意思是，刘自以为是五言长城，坚不可摧；其好友秦系常与他互相酬答，不相上下，犹如率师侧攻，刘虽年老，威力不减，还可以抵挡。

七绝圣手　专称唐代诗人王昌龄，参见"诗家天子"条。

书圣　特称晋代书法家王羲之。其代表作是行书《兰亭集序》，被誉为"天下第一行书"。唐太宗对他推崇备至，亲自撰写《晋书》中的《王羲之传论》，说他"尽善尽美"。

画圣　专称唐代画家吴道子。其代表作有《送子天王图》《八十七神仙卷》《十指钟馗图》等。其人物画被誉称为"吴带当风"。

至圣　指道德才智最高的人，特称春秋时的孔子。也称"文圣""睿圣"。睿，音ruì，智慧通达。《史记·孔子世家论》："自天子王侯，中国言六艺者折中于夫子，可谓至圣矣。"世称"至圣先师"。

睿图　特称孔子的画像。《文选·颜延之〈皇太子释奠会作诗〉》："虞庠饰馆，睿图炳晬。"李善注："睿图，孔圣之图画也。"虞庠，周代学校名；炳晬，明亮润泽；晬，音suì，润泽。

亚圣　特称孔子学说的继承人孟子。谓其道德才智仅次于至圣孔子。亚，次于。元文宗至顺元年（1333）封孟子为"邹国亚圣公"，明嘉靖时废封爵，只称"亚圣"。

武圣　特称三国蜀将关羽，与"文圣"孔子齐名，世称"万人敌""熊虎之将"，也称"关圣"。道教奉之为"关圣帝君"，民间称他为"财神爷"。河南洛阳有"关林"（即关羽墓）。

兵圣　特称春秋时齐人军事家孙武。代表作是《孙子兵法》十三篇，五千余字，被誉为"兵学圣典"，置于《武经七书》之首，在世界军事史上有极为重要的地位。《武经七书》指《孙子兵法》《六韬》《吴子兵法》《司马法》《三略》《尉缭子》《李卫公问对》七部军事著作。

史圣　特称西汉史学家司马迁，也称"历史之父"。其代表作是《史记》。《史记》是二十四史之首，被誉为"实录""信史"。鲁迅先生在《汉文学史纲要》中称之为"史家之绝唱，无韵之《离骚》"。与《资治通鉴》并称为"史学双璧"。

医圣　特称东汉医学家张仲景。他是世界医学伟人，其代表作是《伤寒杂病论》，简称《伤寒论》，已失传。清代医学家张志聪说："不明四书者不可以为儒，不明本论（即《伤寒论》）者不可以为医。"《伤寒论》是中医的灵魂所在。河南南阳有"医圣祠"。

药圣　特称明朝药学家李时珍。其代表作是《本草纲目》，凡16部52卷192万字，所收药物1892种，单方11096则，附药物形态图1100余幅。

药王　特称唐代医药学家孙思邈。世称"孙真人"，相传寿至一百四十岁。农历四月二十八日民间要举行药王会。陕西省药县药王山上有药王庙。其代表作是《千金要方》《千金翼方》，各三十卷。

医祖　有二说：一指春秋战国名医和与扁鹊，二指战国名医扁鹊和西汉名医仓工。仓工，即淳于意。

神医　医术品德高超出众的医生，特称东汉医学家华佗。被誉为"外科之祖"。

茶圣　特称唐代茶学家陆羽。唐德宗时封他为"茶圣"，被视为"茶神"。他的代表作《茶经》，是世界第一部茶学专著。

酒圣　特称夏朝酿酒始祖杜康。或曰杜康是传说中的人物。被祀为"酒神""酿酒祖师爷"。《说文解字》："杜康始作秫酒，又名少康"。秫，音shú，粘高粱；杜康，代称酒。三国·魏·曹操《短歌行》："慨当以慷，忧思难忘，何以解忧，唯有杜康。"

传说刘伶醉酒三年，就是因为喝了三杯杜康酒。

元圣　大圣人。元，大也。有二说：一是指伊尹，他辅助成汤灭夏，功德显赫，被誉为"千古名相"。《书·汤诰》："聿求元圣，与之戮力同心。"孔传："大圣陈力，谓伊尹。"聿，音yù，语助词。二是指周公，他辅助周武王伐纣，又摄政七年，制作礼乐，集周礼之大成，被尊为"元圣"和"儒学先驱"。《尚书大传·康诰》："周公居摄三年，制礼作乐……"

文圣　有二说：一指孔子，孔子被誉为"文化圣人"；二指宋代文学家欧阳修。欧是"唐宋八大家"之一，其散文卓有成就，被誉为"文章圣人"。

字圣　有二说：一指黄帝史臣仓颉，原始象形文字的始创者。《吕氏春秋·君守篇》："奚仲作车，仓颉作书，后稷作稼……"《淮南子·本经训》："昔者仓颉作书，而天雨粟，鬼夜哭。"奚仲，造车鼻祖，被誉为"车神"。二指东汉文字学家许慎，他的代表作《说文解字》，这是中国第一部系统分析汉字字形和考证字源的字书，分540个部首，收汉字9353个。

曲圣　专称"元曲四大家"之首关汉卿。他一生创作杂剧六十七部，今存十八部，代表作是《窦娥冤》《望江亭》《救风尘》《单刀会》等，还有不少散曲创作，被誉为"曲圣"。

乐圣　专称唐代音乐家李龟年。李是唐朝开元、天宝年间著名的乐师，擅长唱歌。他创作的《渭川曲》受到唐玄宗的赏识。唐·杜甫《江南逢李龟年》："正是江南好风景，落花时节又逢君。"

辞圣　专称屈原。以《离骚》为代表的《楚辞》是中国最早最有成就的辞赋，屈原是辞赋大家。

谋圣　有四种说法，分别指姜子牙、鬼谷子、范蠡、张良四人。

棋圣　有二说：一指清代围棋国手黄龙士；二指当年围棋手聂卫平，他于1988年荣膺"棋圣"称号。

理发业始祖　特称道教全真派领袖吕洞宾。民间传说他是理发业始祖。他本是"八仙"之一，下凡到人间，扮成理发师，为有头疮的朱元璋理发，又治好了他的恶疮。明太祖要赏银，他不要，只要了一面红旗，挂在理发店门口，招揽生意。

养蚕业始祖 特称远古轩辕黄帝之元妃嫘祖，传说她发明了种桑养蚕。

纺织业始祖 特称宋元间的棉纺织家黄道婆。也称"黄婆""黄母"。她在海南师从黎族人，教人织棉，发明搅车、弹棉弓、纺车……

戏曲业始祖 特称唐玄宗李隆基。李隆基是梨园戏曲的创始人和领导者。《新唐书·礼乐志》："玄宗既知音律，又酷爱法曲，选坐部伎子弟三百，教于梨园。声有误者，帝必觉而正之，号皇帝梨园弟子。"法曲，歌舞大曲的一部分，是隋唐宫廷燕乐的一种形式；坐部伎，是唐代宫廷乐舞两大类别之一（另一类叫"立部伎"）。

造纸业始祖 特称东汉"蔡侯纸"的发明者蔡伦。后世尊称他为"造纸鼻祖""纸神"。蔡伦的造纸术被列入中国古代"四大发明"之一。陕西、汉中洋县有蔡伦墓，为全国重点文物保护单位，湖南耒阳有蔡侯祠，耒阳是蔡伦的故乡。

豆腐业始祖 特称战国时燕国军事家乐毅。民间传说他发明了豆腐。

小说始祖 特称西汉洛阳人虞初，著《虞初周说》，共943篇，是一部通俗的周史演义，被称为中国小说之始祖。原书已佚。

评话始祖 特称明末清初著名评话艺术家柳敬亭。外号"柳麻子"。他说书长达六十年之久，主要说《水浒》《隋唐》《西汉》等。评话，也称"评书""说书""讲书"，是中国传统的口头讲说历史故事的曲艺形式。同时代文人吴伟业曾写《柳敬亭传》，清代黄宗羲也写有《柳敬亭传》。

厨师始祖 特称春秋时著名厨师易牙。他是齐桓公的宠臣，善调味，好做菜。他曾杀子做羹侍奉桓公，为人不齿。他是鲁菜的祖师爷。

艳妻 特称周幽王的宠妃褒姒。也泛称美妻。褒姒是中国古代四大宠妃之一（另外三个是夏之妹喜，商之妲己，晋之骊姬），是传统说法"红颜祸水"的典型。姒，音sì；妹，音mò；妲，音dá。

野鸡 特称汉高祖刘邦的妻子吕雉。通称吕后、汉高后、吕太后。雉，音zhì，野鸡。《史记》有《吕太后本纪》，《汉书》有《高后纪》。

细君 特称诸侯的妻子，也通称妻子。语出《汉书·东方朔传》："归遗细君，又何仁也。"颜师古注："细君，朔妻之名；一说，细，小也。朔辄自比于诸侯，谓其妻曰小君。"

谢女 特称东晋女诗人谢道韫。后泛称才女。《世说新语·言语》："谢太傅寒雪日内集，与儿女讲论文义。俄而雪骤，公欣然曰：'白雪纷纷何所似？'兄子胡儿曰：'撒盐空中差可拟。'兄女曰：'未若柳絮因风起。'公大笑乐。"《晋书》本传所载文字有异。后因谢女（即谢道韫）的这句诗形成的词语很多，如：吟絮、撒盐飞絮、柳絮才高、缘风絮柳、咏留飞絮、咏絮才、咏雪妹、谢女咏雪、谢庭诗咏等。

骚魂 特称战国楚诗人屈原。后泛称死去的诗人。屈原的代表作是《离骚》，故称。元·阮忠彦《追挽陈岑楼》："欲酹骚魂何处是，烟波万顷使人愁。"酹，音lèi，以酒浇地，表示祭奠。

鳏夫 特称丧偶的老人。《孟子·梁惠王下》："老而无妻曰鳏。"晋·潘岳《西征赋》："鳏夫有室，愁民以乐。"

闯王 特称明末农民起义军领袖高迎祥和李自成。李自成又称"李闯王"。李自成打仗18年，当了42天皇帝，后兵败被杀。

金谷老 特称晋之富翁石崇，后泛称富有者。明·徐渭《女状元》第四出："门生这样的歪对句，不过是小孩童图夜散书堂快。老师今日呵，金谷老借乞儿债。"

鉴湖侠 特称近代民主革命烈士秋瑾。也是"鉴湖女侠"的省称。鉴湖，在浙江绍兴境内。

餐毡苏 特称西汉中郎将苏武。《汉书·苏武传》中说，苏武出使匈奴，历尽艰难，曾茹毛（毡）饮雪，杖汉节牧羊，历十九年而归。宋·苏轼《次前韵送刘景文》:"尔来又见三黜柳,共此燠热餐毡苏。"燠,同"暖"。

达巷党人　特称七岁而为孔子师的项橐。语出《论语·子罕》:"达巷党人曰:'大哉孔子,博学而无所成名。'"朱熹集注:"达巷,党名,其人姓名不传。"人,指项橐。橐,音tuó。

江州司马　特称唐代诗人白居易。后泛称失意的官吏或诗人。白居易被贬官后,作《琵琶行》:"座中泣下谁最多,江州司马青衫湿。"

(二)其他特称

敕　特称皇帝的诏书。敕,音chì,也作"勅"。自上命下之词。清·顾炎武《金石文字记·西岳华山庙碑》:"汉时人官长行之掾属,祖父行之子孙,皆曰敕……至南北朝以下,则此字惟朝廷专之。"掾,音yuàn,佐助;掾属,官府中佐助主官的官员。

进旨　唐代专称圣旨为"进旨"。唐·温大雅《大唐创业起居注》卷二:"非奉进旨,所司莫能裁答。"裁答,作书答复。

逸书　特称古文《尚书》,后泛称散佚失传的书。古文《尚书》是鲁恭公于孔府墙壁中发现的以古籀文书写的《尚书》,孔安国整理,马融、服虔、郑玄作注,成就很大。与"今文《尚书》"对称。今文《尚书》是西汉时以隶书书写的今文经。董仲舒为创始人。唐·刘知己《史通·古今正史》:"至于后汉,孔氏之本遂绝,其有见于经典者,诸儒皆谓之《逸书》。"

闺阃　本义是宫院、后宫、内室,特称妇女的居室。阃,音kǔn,内室。汉·班固《白虎通义·嫁娶》:"闺阃之内,衽席之上,朋友之道也。"也代称女子。衽席,床席;衽,音rěn,床席。

膜拜　意思是合掌加额,长跪而拜,特称礼神拜佛。《穆天子传》卷二:"吾乃膜拜而受。"郭璞注:"今之胡人礼佛,举手加头,称南膜拜者,即此类也。"

望祭　遥望而祭。特称祭祀山川。《尚书·舜典》:"望于山川,遍于群神。"孔传:"九州名山、大川、五岳、四渎之属,皆一时望祭之。"渎，音dú，大川。

青冢 特称王昭君墓。昭君墓在内蒙古呼和浩特南九公里处。也泛称坟墓。冢，音zhǒng，隆起的坟墓，也作"塚"。唐·杜甫《咏怀古迹》之三："一去紫台连朔漠，独留青冢向黄昏。"

白笔 特称谏官用的笔，也代称谏官。古代官吏随身带的用于记事的笔，也是官员的一种冠饰，记完事后将笔杆插入发际，称"簪白笔"。《晋书·舆服志》："笏者有事则书之，故常簪笔，今之白笔是其遗象……"《宋书·礼志五》也有同样的记载。

噍类 原指能饮食的动物，后特称活着的人。噍，音jiào，咬，嚼。《汉书·高帝纪上》："（项羽）尝攻襄城，襄城无噍类。"颜师古注曰："无复有活而噍食者也。"

烟霞 特称吸鸦片时喷出的烟雾。也作"吞云吐雾"。清·彭养鸥《黑籍冤魂》第七回："一班幕宾跟班、衙役皂隶，都是一榻烟霞，这个衙门，简直变做了一个烟馆了。"

胴体 原指人或动物的躯干，后特称家畜屠宰后的躯干部分。也称"屠体"。胴，音dòng。

十三、自称

自称是在别人面前对自己的称呼。如帝王自称"朕"，出家人自称"洒家"，老年人自称"老朽"，当官的自称"下官"，女子自称"奴家"，等等。自称主要是人物自称，而且多数是谦称，也有自嘲的，如北宋词人柳永，自号"奉圣旨填词柳三变"。还有极少数自称是一种傲称，如"而公"，意思是"你老子"，这是一种倨傲的自称语。

自称分成人物自称和其他自称两类。

（一）人物自称

迂夫　宋代史学家司马光的自称，也称"迂叟"，后泛称不达世故的老翁。宋·叶梦得《石林燕语》："（司马温公）自少称'迂叟'，著《迂书》四十一篇。"温公，司马光死后追赠"温国公"，故司马光别称"司马温公"。

阿瞒　曹操的自称，也是唐玄宗李隆基的自称。曹操小字阿瞒。古代有贵人起贱名的习惯。瞒，隐瞒。曹嵩得子曹操后十分欣喜，一直不起名字，怕名字起早了被阎王叫了回去。事见《三国志·魏志·武帝纪》。唐玄宗李隆基在宫里自称"阿瞒"。

鲰士 指学术浅陋之士。多用作自谦之词，也作"鲰生"。鲰，音zōu，一种小鱼，引申为小，卑微，浅陋。《史记·留侯世家》："沛公曰：'鲰生教我距关，无纳诸侯，秦地可尽王，故听之。'"也指小生，亦自谦之词。元·王实甫《西厢记》第四本第一折："叹鲰生不才，谢多娇错爱。"

白老 唐代诗人白居易的自称，也作"白翁"。白居易《奉酬淮南牛相公思黯见寄二十四韵》："白老忘机客，牛公济世贤。"牛公，指唐代宰相牛僧孺。

居士 文人雅士的自称。如李白自称"青莲居士"，苏轼自称"东坡居士"，欧阳修自称"六一居士"，李清照自称"易安居士"等。"居士"也代称处士，指有才德而不出仕的人，还代称在家信佛的人。《儒林外史》第二十回："（老和尚）说道：'居士，你但放心，说凶得吉；你若果有些山高水低，这事都在我老僧身上。'"

在下 自称之词。坐席时，尊者在上座，卑者在下座，故称。《警世通言·白娘子永镇雷峰塔》："那妇人问道：'不敢动问官人，高姓尊讳？'许宣答道：'在下姓许名宣，排行第一。'"

而公 犹言"你老子"倨傲者的自称。也作"而翁"。而，通"尔"，你；公，称长辈。《史记·留侯世家》："汉王辍食吐哺，骂曰：'竖儒，几败而公事！'"司马贞《索隐》："而公，高祖自谓也。"竖儒，骂人的话，指无见识的儒生，句中指郦食其。食其，音yìjī。郦食其，儒生，即所谓"高阳酒徒"，后来成为刘邦的谋士。

孤妾 独居之妇的自称。三国·魏·曹植《七哀诗》："君行逾十年，孤妾常独栖。"

子童 后妃、仙女的自称。也作"梓童""小君"。子，小也；"梓"与"子"同音通假。元·无名氏《前汉书评话》："吕后曰：'子童领圣旨，九月二十一日未央宫下，斩讫韩信也。'"讫，音qì，完毕，终了。元·王子一《误入桃源》第二折："（二旦扮仙子）子童二人，乃上界紫霄玉女……"

贫僧 和尚的自称，也是谦称。《西游记》第二十七回："假如我和尚吃了你饭，你丈夫晓得，骂你，却不罪坐贫僧也。"贫，本也；贫僧，即"本和尚"；坐，指办罪的因由。

贫尼 尼姑的自称。明·周履靖《锦笺记·协计》："（老旦上）贫尼极乐庵庵主是也。"

贫衲 僧尼的自称。衲，音nà，补缀，代称僧衣，也代称僧尼。也称"衲子"。元·成廷珪《春日游上方寺》："田翁入郭买春酒，野衲下堂留午斋。"

贫道 道士的自称，也是谦称。南北朝时，朝廷定制僧人自称贫道，唐以后僧人称"贫僧"，道士称"贫道"。宋·叶梦得《避暑录话》卷下："晋宋间，佛学初行，其徒犹未有僧称，通曰道人……贫道亦是当时仪制定以自名之辞。"后专用于道士。元·吴昌龄《张天师》第三折："贫道姓张，双名道玄，祖传道法戒箓精严，三十七代辈辈流传。"箓，音lù，道教的秘密文录，又称道箓、法。

禾王 太平天国天王洪秀全的自称，取"秀全"二字的各一半组成。清·洪秀全《十全大吉诗》："三星共照日出天，禾王作主救人善。"

禾乃 太平天国东王杨秀清的自称，取"秀"字的上下二字组成。《太平天国·颁行诏书》："禾乃师赎病主。"禾乃师，即指杨秀清。

苏子 宋代苏轼的自称。苏轼《前赤壁赋》："苏子与客泛舟，游于赤壁之下。"

欧阳子 宋代欧阳修的自称。欧阳修《秋声赋》："欧阳子方夜读书，闻有声自西南来者，悚然而听之……"

未亡人 寡妇的自称。《左传·成公九年》："穆姜出于房，再拜曰：'大夫勤辱，不忘先君以及嗣君，施及未亡人。'"杜预注："妇人夫死，自称未亡人。"

四名狂客 唐代诗人贺知章的自称。《旧唐书·文苑传中·贺知章》："（贺）晚年尤加纵诞，无复归检，自号'四明狂客'。"

四明，古地名，在今浙江余姚四明山镇。

祕书外监 唐诗人贺知章的自称。祕，"秘"的异体字。秘书监是官名。《旧唐书·文苑传中·贺知章》："（知章）晚年尤加纵诞，自号'四明狂客'，又称'祕书外监'，遨游里巷。"

秦田水月 明代戏曲家徐渭的自称，也是隐称。"田、水、月"三字合为"渭"字，"秦"字隐称"徐"字。因"秦""徐"二字均可拆为"三、人、和"三字。这个称谓非常奇特，三字合一字，一字拆三字，既是合字法，也是拆字法，一隐一显，一明一暗，是地道的隐括。清·褚人获《坚瓠补集·隐括》："山阴徐文长名渭，尝隐括徐渭二字为秦田水月。"隐括，同"䥑栝"，音 yīnguā，概括，剪裁。

十全老人 清高宗乾隆的自称。乾隆曾自我总结一生有"十全武功"，指平准噶尔、定回部、打金川、靖台湾等十件大事。他又亲撰《十全记》。"十全"一词见《周礼·天官冢宰下·医师》："十全为上，十失一次之。"意思是医治十个患者，治好十个为"十全"，十个患者中有一个没治好就差一些。可见，"十全"表示非常完全，是上上等。

烟波钓徒 唐代诗人张志和隐居时的自称。张志和曾官居三品，因谏唐肃宗答应回纥的苛刻条件，"坐事贬南浦尉"，后隐居于湖州西塞山，自号"烟波钓徒"。有《渔歌子》："西塞山前白鹭飞，桃花流水鳜鱼肥。青箬笠，绿蓑衣，斜风细雨不须归。"隐居时他写了《玄真子》一书。鳜，音 guì，名贵淡水鱼的一种。

海上钓鳌客 唐代诗人李白的自称。也喻称人有豪放的胸襟和远大的抱负。鳌，音 áo，人龟，古代神话传说龙伯国的一个巨人一钓就钓起一个大龟。喻称非凡的事业，故有"龙伯钓鳌"的说法。宋·赵令畤《侯鲭录》卷六："李白开元中谒宰相，封一板，上题曰'海上钓鳌客李白'。相问曰：'先生临沧海钓巨鳌，以何物为钓线？'白曰：'以风浪逸其情，乾坤纵其志；以虹霓为丝，明月为钩。'又曰：'何物为饵？'曰：'以天下无义气丈夫为饵。'相对悚然。"

（二）其他自称

阮囊 钱财匮乏者的自称。语出元·阴幼遇·《韵府群玉·阳韵·一钱囊》，说西晋的阮孚持一皂囊游会稽，客问："囊中何物？"阮曰："但有一钱看囊，恐其羞涩。"阮孚，阮咸之子。皂，音zào，黑色；会稽，今浙江绍兴；会，音kuài。

续貂 自称续加的东西不如原来的好。多用于谦称自己的作品不如别人，是"狗尾续貂"的省称，也作"貂续"。明·刘基《夜坐有怀呈石末公》："雄豪窃据皆屠狗，功业舆台总续貂。"屠狗，宰狗的人，泛称出身低微者；舆台，古代十等奴隶中两个低微等级的名称，舆为六等，台为十等，泛称地位低贱者。

十四、戏称（嘲称）

戏称是讥讽戏谑的称呼，或是开玩笑式的诙谐称谓。也作嘲称、谐称、谑称。戏称可以分为人的戏称、物的戏称和其他戏称三种。

（一）人的戏称

波斯 对长髯者的戏称。波斯（即今伊朗）人多须，故称。元·关汉卿《绯衣梦》第三折："为因老夫满面虬须，貌类色目人，满朝人皆呼老夫为波斯钱大尹。"虬鬚，卷曲的胡须。虬，音qiú，古代传说中的一种有角盘曲的龙；色目人，元代对中西亚人的统称。

目呼 戏称文盲或识字少的人。意思是把"四"字认成"目"字或把"目"字认成"四"字。明·汤显祖《牡丹亭·训女》："儿呵，爹三分说话你自心模，难道八字梳头做目呼。"

烟鬼 对吸烟成瘾的人或吸鸦片成瘾的人的戏称。冰心《我们太太的客厅》："不认得他的人，总以为是个烟鬼。"

梵嫂 世人对僧人的女人的戏称。宋·陶谷《清异录·梵嫂》："相国寺星辰院比丘澄晖以艳倡为妻……忽一少年踵门谒晖，愿置酒参会梵嫂，晖难之。"踵门，亲至其门，踵，音zhǒng，至，到；参会，参见，拜会。

书痴 世人对读书专注的人的戏称，一般指书呆子，即对读书死、死读书者的嘲讽。

瓦窑 旧时对只生女孩不生男孩的妇女的戏称。过去称生女为"弄瓦"，生男为"弄璋"。《诗·小雅·斯干》："乃生女子，载寝之地，载衣之裼，载弄之瓦。""乃生男子，载寝之床，载衣之裳，载弄之璋。"意思是如果生个女孩子，给她铺床睡地上，给她包个小被子，给她一个纺锤玩。如果生个男孩子，给他睡一张小床，给他穿上衣裳，给他一个玉璋玩。载，发语词，无义；裼，音tì，包裹婴儿的小被；弄，玩耍；瓦，纺线用的纺锤；璋，一种玉器。

书簏 对唐代知名学者李善的戏称。李善学贯古今，但不能属辞，一生以讲授《文选》为业，时人号之"书簏"，即书箱子。别号"文选学士"，实际上李善有著作，他注的《文选》成为一门显学，影响极大。簏，音lù，本为圆形竹器，代称书箱。《新唐书·李邕传》："父善，有雅行，淹贯古今，不能属辞，故人号'书簏'。"

张颠 对唐代草书大家张旭的戏称。张旭醉酒后常有颠狂之态，甚至用头发蘸墨写字。《旧唐书》本传说他酒后号呼狂走，索笔挥洒，时称"张颠"。唐·张怀瓘《书断·张旭》："饮醉，辄草书，挥毫大呼，以头揾水墨中，天下呼为张颠。"揾，音wèn，按也。

痴腹 自我调侃的戏称。意思是腹中无才，不从流俗。宋·陆游《思故山》："从渠贵人食万钱，放翁痴腹常便便。暮归稚子迎我笑，遥指一抹西村烟。"渠，他；放翁，陆游号放翁。

晒书 仰卧晒太阳的戏称。语出《世说新语·排调》，说有一个叫郝隆的人七月七日出去，仰卧晒日，人问其故，曰："我晒书。"自谓满腹诗书。此即"七夕晒书"之说。也作"晒腹""曝书"。曝，音pù，晒。唐·杜牧《西山草堂》："晒书秋日晚，洗药石泉香。"清朝学者朱彝尊满腹经纶，也有裸露肚皮晒书之举，六月初六这一天，他袒肚露胸晒太阳，自谓之"晒书"。也作"晒肚皮"。

按：旧时有七月七日晒书之俗，故人们演义出人晒腹肚之说。《太平御览》卷三十一引晋·王隐《晋书》："时七月七日，高祖方曝书。"

阿乡 对孤陋寡闻者的戏称，也是对农民的蔑称。《人民文学》1981年第1期："在小李这样的年纪，他已周游了大半个地球，没想到今天在他们眼中，他却成了个老阿乡！"

扪虱 对放达纵容、侃侃而谈的人的戏称。语出《晋书·王猛传》，说前秦王猛少年时见东晋大将桓温时，一边侃侃而谈，一边扪虱，旁若无人。扪虱，捉虱子；扪，音mén，按住。

窃桃儿 对西汉文学家东方朔的戏称。典出《汉武故事》，说东方朔曾三次偷吃王母娘娘所居瑶池的桃子，谓凡人分享仙人的福分。

救数人 对唐代诗人温庭筠的戏称。温才思敏捷，科举考试中曾多次代人作文，故称。宋·孙光宪《北梦琐言》卷四："（温）才思艳丽，工于小赋，每入试，押官韵作赋，凡八叉手而八韵成，多为邻铺假手，号曰'救数人'也。"温庭筠又被称为"温八叉"。

杜十姨 旧时对学究的戏称。也是对杜甫的戏称。杜甫曾任左拾遗，故戏称。十姨谐音"拾遗"。宋·俞琰《席上腐谈》卷上："温州有土地，杜拾姨无夫，五撮须相公无妇，州人迎杜拾姨以配五撮须，合为一庙。杜十姨为谁？乃杜拾遗也，五撮须为谁？乃伍子胥也。"拾，"十"字的人写。撮，音zuǒ，量词，指成丛的毛发胡子。这是民间笑话，故意讥讽村学究知识浅陋，传讹错写，所以俞琰笑言："少陵有灵，必对子胥笑曰：'尔尚有相公之称，我乃为十姨，岂不雌我耶？'"土地，指土地庙；少陵，指杜甫，杜甫自称"少陵野老"。

潞涿君 对三国蜀主刘备的戏称，也是对无须男子的戏称。语出《三国志·蜀志·周群传》。刘备嘲笑张裕为"诸毛绕涿君"，张裕嘲笑刘备为"潞涿君"。刘备是涿县（今河北涿州）人，无须。涿，音zhuó，古音与"豚"接近，豚，音tún，谐"臀"；潞，音lù，谐"露"。张裕是大胡子，故戏称"诸毛绕涿君"，诸，谐"猪"；刘备无须，故戏称"潞涿君"，即露屁股的人。

面祖宗　以米食为主的江南人对以面食为主的北方人的戏称。

尽盘将军　对贪食者的戏称。元·无名氏《杀狗劝夫》第一折："他两个把盏儿吞，直吃的醉醺醺，吃的来东倒西歪，尽盘将军。"

蟋蟀相公　对明末首辅大臣马士英的戏称。典出清·王应奎《柳南续笔·蟋蟀相公》，说马"羽檄仓皇，犹以斗蟋蟀为戏"，世人讥之为"蟋蟀相公"。羽檄，紧急的军事文书；檄，音xí，古代官府用以征召、晓谕或声讨的文书；仓皇，匆忙而紧张。

白蜡明经　唐代对屡试不第者的戏称。蜡性光滑不着物，讥讽这些人光秃空白，作事无成。明经，科举考试的一个科目。唐·张鷟《朝野佥载》："张鷟号青钱学士，以其万选万中。时有明经董万九上不第，号白蜡明经，与鷟为对。"青钱学士，喻称才学之士，谓文辞犹如青铜钱，万选万中。

担榜状元　宋代对科举考试第五甲最后一名的戏称。清代三甲最后一名也有此戏称。意思是名列榜尾，也作"担榜""背榜""擎榜""押榜"。后泛称进士或举人的最后一名。宋·赵昇《朝野类要·担榜》："戏谓第五甲末名为担榜状元。"清·梁章钜《称谓录·殿军》："今无五甲，是三甲末名亦称担榜状元矣。"

试守孝子　对晋人王绥的谑称。典出《世说新语·德行》，指未知父母存亡而预为守孝的人。王绥，"竹林七贤"之一王戎的儿子。

无愁天子　对北齐失国昏君后主高纬的讥称，代称不忧国事、只知陶醉于声色犬马的昏庸皇帝。典出《北齐书·幼主纪》，谓高纬喜弹《无愁》曲，和者数百人，时人谓之"无愁天子"。南明的弘光皇帝也被讥称为"无愁天子"。弘光帝朱由崧是明朝第17位皇帝，南明首位君主，在南京建弘元政权，在位仅八个月，后被清军处死。

张三李四王留　对戏曲中插科打诨人物的戏称。张三、李四、王留是虚构人物。王留是元明杂剧中最善于插科打诨的人物，后泛称诙谐幽默的人。插科打诨，指戏曲、曲艺演员在表演中穿插的引人发笑的动作和语言。诨，音hùn，诙谐逗趣的话；科，表情动作。

（二）物的戏称

秃笔　戏称写作能力不高明。也作"秃管""秃颖"。明·李贽《读史·曹公一》："况沉谢引短推长，僧虔秃笔自免，孝标空续《辨命》哉！"沉，同"沈"，指南朝梁之文学家沈约；谢，指南朝宋之文学家谢灵运；引短推长，指有意不露才，以形己之短，显人之长。僧虔，指南朝齐之书法家王僧虔；孝标，指南朝梁之学者刘孝标，《辨命论》是他的名作。

石兄　宋代书画家米芾对美石的戏称。宋·费衮《梁溪漫志·米元章拜石》中说米芾（字元章）好奇石，见一怪石曰："吾欲见石兄二十年矣。"米芾与蔡襄、苏轼、黄庭坚合称"宋四家"，时人称米芾为"米颠"。"石兄"是拟人化的说法，物的戏称绝大多数使用拟人法。

燕婢　对燕子的戏称。唐·皮日休《送李明府之任海南》："蟹奴晴上临潮槛，燕婢秋随过海船。"这是拟人化的说法。

莺翁　对黄莺的戏称。唐·温庭筠《黄昙子歌》："红潋荡融融，莺翁鸂鶒暖。"鸂鶒，音xīchì，一种水鸟。

尊拳　戏称他人的拳头。典出《晋书·刘伶传》："（刘伶）尝醉与俗人相忤，其人攘袂奋拳而往。伶徐曰：'鸡肋不足以安尊拳'，其人笑而止。"意思是刘伶酒后触犯了一个俗人，那人挽起袖子挥舞拳头扑上来。刘伶慢慢地说："我身体弱小像鸡肋，不值得放您的尊贵的拳头。"那个人笑着停了下来。

相骂榜　五代时卢损等五人同时进士及第，这五个人经常互相诟骂。时人戏称该榜为"相骂榜"。事见《旧五代史·周书·卢损传》。

孔方兄　对钱的戏称。省称作"孔兄"。古代钱币是铜质、圆形、方孔。铸铜币时，为了方便细加工，常把铜币穿在一根棒上，为了使铜币不乱转，所以把铜币当中开成方孔，故称钱是"孔方兄"，这是拟人化的说法。也喻称拜金主义。为什么称"兄"？"钱"的繁体字写作"錢"，由"金、戋、戋"三字组成，"戋"与"哥"音同，故称"兄"。典出晋·鲁褒《钱神论》，见《晋书·隐逸列传·鲁褒传》。《钱神论》这篇赋中说："钱之为体，有乾坤之象。内则其方，外则其圆。其积如山，其流如川。……故能长久，为世神宝。亲之如兄，字曰孔方。失之则贫弱，得之则富昌。无翼而飞，无足而走。"

平立公　对砚屏的戏称。平，谐"屏"，指砚屏。砚屏是砚台旁防尘的屏风。这是拟人化的说法。

庐山公　对驴的戏称。唐·徐坚《初学记》卷二十九引南朝·宋·袁淑《庐山公九锡文》："……以扬州之庐江、江州之庐陵、吴国之桐庐、合浦之珠庐，封尔为庐山公。"尔，指驴；锡，音cì，通"赐"；九锡，指古代天子赐给诸侯大臣的九种器物，有车马、衣服、虎贲等；九锡文，指古代帝王赐九锡予权臣时下的诏书，后代称权臣篡位。虎贲，勇士；贲，音bēn，通"奔"。

官蝦蟇　对虾蟆的戏称。蝦蟇，即虾蟆；虾，音há，同"蛤"。语出《晋书·惠帝纪》，说晋惠帝愚蒙，听见蛤蟆叫，问左右："此鸣者为官乎，为私乎？"意思是这些蛤蟆是官家的，还是私家的？一个侍臣回答说：在官地为官蛤蟆，在私地为私蛤蟆。世人称晋惠帝为"白痴皇帝"。

尾君子　对猴子的戏称。宋·陶谷《清异录·兽》："郭休隐居太山，畜一胡孙，谨恪不逾规矩，呼曰尾君子。"这里的"尾君子"指的是一个叫"尾生"的人。尾生是一个信守承诺的青年，他与一女子约于梁下，女子未来，水至不去，最后抱梁柱而死。典出《庄子·盗跖》。"尾君子"也喻称不越规矩、信守承诺的人。

胡孙，即猴子，称猴子是"尾君子"是拟人化的说法。

管城子 对毛笔的戏称。指有竹管的毛笔。典出唐代韩愈《毛颖传》，说毛笔被封在管城，叫"管城子"，也称"管城君"。也作"毛颖""中书君"。颖，尖端，代称毛笔；中书，适合书写。称"子""君"是拟人化说法。管城，古地名，在今河南郑州。

毛中书 对毛笔的戏称。《毛颖传》中说毛笔是中山人，曾官拜中书令，故称，也是拟人化的说法。

好畤侯 对纸的戏称。好畤，地名，产纸；畤，音zhì，谐音"纸"。宋·苏易简《文房四谱·纸谱四》引文嵩《好畤侯楮知白传》，称纸为楮知白，字守玄，封好畤侯。楮，音chǔ，造纸的原料，代称纸，也是用谐音、拟人手法。

退锋郎 对秃笔的戏称。宋·陶谷《清异录·退锋郎》："赵光逢薄游襄汉，濯足溪上，见一方甋类碑，上题字云'秃友退锋郎，功成鬓发伤'。"《毛颖传》中也有类似描写。薄游，谦词，谓薄禄而游宦于外。甋，"砖"之异体字。

黑面郎 对猪的戏称。也称"乌金""黑爷"。语出唐·冯贽《云仙杂记·蛙台》，一个桂林人来到中朝当御史，朝士讥嘲他爱吃蛙，居地应称"蛙台"，他回敬说，我吃的不是蛙，是"圭虫"，"较圭虫之养，岂不胜于黑面郎哉"。黑面郎，谓猪也。

黑牡丹 对水牛的戏称。宋·苏轼《墨花》："独有狂居士，求为黑牡丹。"王文诰说唐末京师富人刘训春游邀客赏花，系水牛数百头在前，指曰："刘氏黑牡丹也。"

回龙汤 对尿的戏称，也作"还元汤"。明·李时珍《本草纲目》中说，人尿可治病，童男的尿最好，故起了个比较雅致的名词。

长须公 对虾的戏称。清·李元《蠕范·物体》："鰕，长须公也。"鰕，同"虾"。

销忧药 对酒的戏称。曹操《短歌行》："何以解忧，唯有杜康。"唐·白居易《劝酒寄元九》："俗号销忧药，神速无以加。"

曲秀才 对酒的戏称，也作"麹居士""麹道士""麹生"。麹，音qū，酒曲。唐·郑棨《开天传信记》中说，一个自称"曲秀才"的少年化成美酒，其味甚佳，饮者皆醉。秀才、居士、道士、生都是拟人说法。

润色先生 对砚台的戏称。宋·陶谷《清异录·文用·藏锋都尉》："元微之素闻薛涛名，因奉使见焉。微之矜持笔砚，涛请走笔作《四友赞》，其略曰：'磨润笔先生之腹，濡藏锋都尉之头，引书媒而黯黯，入文亩以休休。'"元微之，指唐代诗人元稹；书媒，墨的别称；文亩，纸的别称。四句分别指砚、笔、墨、纸。

泉布先生 对钱币的戏称。泉、布，皆古代之钱币名，如说"货泉""布币"。唐·韦庄《江上题所居》："青州从事来偏熟，泉布先生老渐悭。"悭，音qiān，吝啬。青州从事，美酒的隐称。

粽熬将军 对鳝鱼的戏称。语出唐代段成式《酉阳杂俎·酒食》，也称"油蒸校尉""臞州刺史"。将军、校尉、刺史，皆官名，都是拟人化说法。

醋浸曹公 对醋梅的戏称。语出宋·沈括《梦溪笔谈·讥谑》："吴人多谓梅子为曹公，以其尝望梅止渴也。"曹公，指三国魏主曹操。曹军行军途中，士兵口渴，曹操说前边有一梅林，甘酸可解渴。士卒闻之，口皆出水。

长髯主簿 对山羊的戏称。也代称羊毫笔。也作"长须主簿""长须参军"。主簿、参军，皆官员。唐·徐坚《初学记》卷二十九引崔豹《古今注》："羊，一名长髯主簿。"宋·蔡絛《铁围山丛谈》卷五："鲁公不独喜毛颖，亦多用长须主簿。"这里的"长须主簿"指毛笔。

黄毛菩萨 对黄牛的戏称。宋·陶谷《清异录·黄毛菩萨》："天下人所吃皆从此黄毛菩萨身上发生，临了杀倒，却有天在。"

（三）其他戏称

毳饭 对"三无饭"的戏称。"毳"，音cuì，由三个"毛"字组成，毛，通"无"。语出宋·曾慥《高斋漫录》。谓钱勰请苏轼吃"皛饭",即白饭一盂,萝卜一碟,白汤一盏,是为"三白"。三个"白"字组成一个"皛"字。皛,音xiǎo。随后苏轼请钱勰吃"毳饭"。勰以为苏轼必以带毛之物相报,但至暮并不设食,勰馁甚,轼曰:"萝卜、汤、饭俱毛也。"毛音"模",京师俗语谓"无"为"模"。后代称并无实物的酬谢。

造化儿 戏称司命之神,喻称命运。是"造化小儿"的省称。语出《新唐书·杜审言传》:"审言病甚,宋之问、武平一等省侯何如。答曰:'甚为造化小儿相苦,尚何言?'"

遥遥华胄 谓名人的远裔,讥称人自夸出自名门。《南史·何昌寓传》:"昌寓后为吏部尚书,尝有一客姓闵求官,昌寓谓曰:'君是谁后?'答曰:'子骞后。'昌寓团扇掩口而笑,谓坐客曰:'遥遥华胄。'"子骞,指孔子的弟子闵子骞,其祖先是鲁国第四代国君鲁闵公。华胄,华夏后代,或显贵者的后代。这段话的大意是,何昌寓问姓闵的是谁的后代,闵说是孔子的学生闵子骞的后代。前后相距一千多年,所以何笑着对众人说,真是"遥遥华胄"。

期期艾艾 对口吃的人的戏称。这是两个典故的合称。《史记·张丞相列传》说,周昌口吃,又盛怒,曰:"臣口不能言,然臣期期知其不可;陛下虽欲废太子,臣期期不能奉诏。"《世说新语·言语》:"邓艾口吃,语称艾艾。"三国魏将邓艾口吃,但对应巧妙。他自称名字时常连说"艾……艾",晋文王和他开玩笑说,你老说"艾……艾……"究竟是几个"艾"呀?邓艾回答说:"凤兮,凤兮,故是一凤。"邓艾的话出自《论语·微子》:"楚狂接舆歌而过孔子曰:'凤兮凤兮,何德之衰?往者不可谏,来者犹可追'。"衰,音cuī,衰败。这段话是接舆批评孔子出仕,劝他隐退的。

十五、婉称

婉称是委婉的说法或称呼。有些话不便直言，需要避讳，因而委婉言之。

室客　对入室弟子的婉称。入室，谓领会、精悉师父所授的技艺。佛家把入灌顶室受法灌者称为"入室弟子"。灌顶，指师父以水或醍醐洒头顶，也可翻译为"授权"。醍醐，音tíhú，酥酪上凝结的油。后泛称学生入室拜师学习。宋·张君房辑道教类书《云笈七籤》卷一〇六："其第一真人，自称主仙道君，指君而向西城真人言曰：'彼悠悠'者，将西城之室客，上宰之宾友耶！"籤，"签"之繁体字。

客官　入臣于外国的婉称，也是主家对顾客的尊称，或说书人对听众的尊称。汉·赵晔《吴越春秋》中有一篇《勾践入臣外传》，说的是越王勾践到吴国为臣民的故事。元·王实甫《西厢记》第一本第一折："客官从何来？"这里的客官指张生。

走水　失火的婉称。端木蕻良《曹雪芹》第十二章："门口摆着水桶、挠钩、云梯和水枪之类，以防万一'走水'，好来鸣锣救火。"

焚砚　自惭文不如人而欲焚砚不再写作的婉称，也作"焚研"。研，通"砚"。《晋书·陆机传》："机天才秀逸，辞藻宏丽，张华尝谓之曰：'人之为文，常恨才少，而子更患其多。'弟云尝与书曰：'君苗见兄文，辄欲烧其笔砚。'"君苗，姓崔，晋人，意思是晋之文人张华等皆赞扬陆机文采富丽，自愧不如，欲烧毁笔砚。

跪安 皇帝让人退下的婉称。高阳《慈禧前传》："（清文宗）嗯，你跪安吧！"

挂印 离任、弃官的婉称。古代官员都有印信，把印挂起来，说明不再当官了。唐·白居易《罢府归旧居》："陋巷乘篮入，朱门挂印回。"乘篮，坐竹轿。《三国演义》第二十六回有著名的"关云长挂印封金"的故事。封金，谓不受赏赐。

打八刀 离婚的婉称。"八刀"是"分"的拆字。周立波《暴风骤雨》第二部："咱们识字班有个人叫我来打听打听，她要打八刀能不能行！"如说"八刀匠子"，是指多次离婚。也有人说"打八刀"是指夫妻感情破裂，如同砍了八刀。

乞骸骨 古代大臣请求致仕退休的婉称。意思是请求让我的骸骨归葬故乡，即回老家安度晚年，也作"赐骸骨"。骸骨，谦称自己的尸骨。骸，音hái。致仕，指官员退休，意思是把官位还给皇帝。《汉书·张衡传》："上书乞骸骨，征拜尚书。"意思是张衡上书请求退休，结果皇帝下诏赐他尚书官衔。征拜，征召授官。

采薪之忧 有病的婉称。言因有病不能打柴了。也作"负薪之忧"，省称作"采薪"。薪，柴禾。《礼记·曲礼下》："君使士射，不能，则辞以疾，言曰：'某有负薪之忧。'"《孟子·公孙丑下》："昔者有王命，有采薪之忧，不能造朝。"造，到，去。

婉称词最多的是对死的称谓，这种称谓也叫"讳称"。这里只举四例，其余的均归入"讳称"类。

跨鹤 逝世的婉称，也是"跨鹤仙去"的省称。也作"骑鹤""乘鹤""驾鹤"等。道教认为人得道后能骑鹤飞升成仙。宋·林景熙《简卫山斋》："何当蹑飞珮，跨鹤青云端。"意思是撩起佩带玉饰的衣服，跨上仙鹤飞向云天。蹑，音niè，用同"摄"，揭。

晏驾　帝王之死的婉称。也作"宫车晚出""宫车上仙"。《史记·范睢蔡泽列传》："宫车一日晏驾，是事之不可知者一也。"裴骃《集解》引韦昭曰："凡初崩为'晏驾'者，臣子之心犹谓宫车当驾而晚出。"晏，迟，晚。

玉摧　贤能者之死的婉称，也是"兰摧玉折"的省称。晋·袁宏《三国名臣序赞》："先贤玉摧于前，来哲攘袂于后。"来哲，后世的哲人。攘袂，捋起袖子。

圆寂　佛教徒之死的婉称，也称"涅槃""灭度""入寂"。圆寂，焚文"般涅槃"的意译，佛教徒以为是最高的理想境界。意即：足具一切功德为圆，远离一切烦恼为寂，德无不圆，患无不寂。后世称佛或僧侣逝世为"圆寂"。唐·义净《大宝积经》卷五十六："我求圆寂，而除欲染。"《水浒传》第一一九回："你是出家人，还不省得佛门中圆寂便是死！"

十六、雅称（正称）

雅称是一种高雅、规范、标准的称谓。雅，正也，也作"正称""素称""美称""标准称"。

梅兄　对梅花的雅称。宋·杨万里《烛下和雪折梅》："梅兄冲雪来相见，雪片满须仍满面。"有些词是戏称，如"石兄"（见戏称中"石兄"条）也可视作"雅称"，是对美石高雅的称谓。

楮生　对纸张的雅称。楮，音chǔ，树名，皮可制纸，也作"楮先生"。唐·韩愈《毛颖传》："颖与绛人陈玄、弘农陶泓及会稽楮先生友善，相推致，其出处必偕。"绛人陈玄，指墨。唐时绛州（今山西绛县）产贡墨，墨以陈旧为佳，故拟其姓陈；玄，黑色。弘农陶泓，指砚。唐时虢州弘农（今河南灵宝具）产贡砚瓦砚，瓦砚是陶土烧制的，故拟其姓陶；砚中盛水，故取名泓；泓，音hóng，水深。相推致，互相推荐延请。出处，指退隐，暗指笔、墨、纸、砚的使用与搁置。必偕，必定在一起。参见"其他别称"中"楮"条。

获麟　辍笔或绝笔的雅称。鲁哀公十四年西狩获麟，孔子作《春秋》至此而辍笔。《春秋·哀公十四年》："春，西狩获麟。"杜预注："仲尼伤周道之不兴，感嘉瑞之无应，故因鲁《春秋》

而修中兴之教，绝笔于'获麟'之一句。"

书寓 对高级妓院的雅称。据说创始于咸丰初年。一个妓院挂上"书寓"的牌子，组织一些有说唱技艺的女子陪酒，所谓"卖艺不卖身"。旧上海称这类女子为"词史""先生""倌人"。

女校书 对高级妓女的雅称，也作"校书"。校，音jiào。唐代成都名妓薛涛，有才名，时人呼之为"女校书"。薛涛，京兆长安人，唐代女诗人，唐代四大女诗人之一，其诗今存九十首。与唐代诗人韦皋、元稹关系密切，她写诗用自己制作的红色小笺，人称"薛涛笺"。成都望江楼公园有薛涛墓。唐·王建《寄蜀中薛涛校书》："万里桥边女校书，枇杷花里闭门居。"明·汤显祖《牡丹亭·训女》："不枉了银娘玉姐只做个纺砖儿，谢女班姬女校书。"纺砖，纺锤。

独占鳌头 考中状元的雅称。皇宫石阶前刻有鳌（大鳖、大龟）的头像，状元及第后站在此处迎榜。皇帝在殿前召见状元、榜眼等人。状元跪在前面，正好是飞龙巨鳌浮雕的头部。元·无名氏《陈州粜米》楔子："殿前曾献升平策，独占鳌头第一名。"

书画卯酉 古代官员上下班的雅称。旧时官员卯时（五至七时）签到，酉时（十七至十九时）签退，称"书画卯酉"。《水浒传》第五十一回："依旧每日县中书画卯酉，听侯差使。"也作"点卯画酉"。

秦妇吟秀才 前蜀诗人韦庄的雅称，也是专称。韦庄写有名作《秦妇吟》，时人号之"秦妇吟秀才"，宋·孙光宪《北梦琐言》卷六："蜀相韦庄……著《秦妇吟》……时人号'《秦妇吟》秀才'。"《秦妇吟》是一首长篇叙事诗，借一个逃难的妇女之口描写唐末黄巢起义时的社会乱象，反映了战争给人民带来的灾难，是中国古代叙事诗的佳作，后来把《秦妇吟》和汉乐府《孔雀东南飞》、北朝乐府《木兰辞》并称为"乐府三绝"。也有人认为《秦妇吟》是杜甫《三吏》《三别》和白居易《长恨歌》之后唐代叙事诗的第三座丰碑。

生活中和文字里常用的雅称特别多。如：向人提问说"请教"，

归还东西说"奉还";未及迎接说"失迎",请人勿送说"留步";
需要考虑说"斟酌",欢迎对方说"光临",接受好意说"领情";
问人姓氏说"贵姓",问人年龄说"贵庚";求人指点说"赐教",
请改文章说"斧正";向人祝贺说"恭喜",祝人安康说"保重";
问老人年龄说"高寿",身体不适说"欠安";自己住家说"寒舍",
自己妻子说"拙荆";送人礼物说"笑纳",送人著作说"惠存";
女士年龄说"芳龄",称人女儿说"千金";欢迎购物说"惠顾",
希望照顾说"关照",请人赴约说"赏光",对方来信说"惠书",
请人决定说"钧裁",接受教益说"领教";谢人照顾说"错爱";
问候老师说"教祺",致意编辑说"编安";初次见面说"久仰",
长期未见说"久违";开始写作说"动笔",停止写作说"辍笔";
不再写作说"封笔",临死写作说"绝笔";挥手告辞说"挥别",
设宴送行说"饯别",长久分别说"阔别",永久分别说"诀别";
轻松自如的文字说"逸笔",雄奇有力的文字说"健笔",委婉曲
折的文字说"曲笔",生花如玉的文字说"妙笔";皇帝写的文字
说"御笔",女性写的文字说"芳笔"。花的雅称是"玉英",花
苞的雅称是"琼苞",花叶的雅称是"玉叶",花枝的雅称是"玉
枝"。奇石的雅称是"雅石""供石""玩石",春天的雅称是"阳
春""青阳""艳阳",雪的雅称是"寒英""寒酥""凝雨",冬天
的雅称是"玄英""隆冬""冬节",等等。

这些雅称变化多端,因人因事而异,因时因地而别。一般来
说,人们都能看懂,也都会使用。

十七、昵称（爱称）

昵称是表示亲昵或喜欢的称呼，也作"爱称"。

嫚 音mān，山东方言，对女孩的昵称。嫚，娇柔美好。

贤契 长辈对侄辈、先生对学生的爱称。契，音qì，投合。明·凌濛初《初刻拍案惊奇》卷二十四："本县权做个主婚，贤契万不可推托！"

由"贤"字组成的字族词也是敬称，如说"贤弟""贤侄"。

薄倖 本义是薄情、负心，旧时女子对自己喜欢的男子的昵称，犹"冤家"等词。唐·杜牧《遣怀》："十年一觉扬州梦，赢得青楼薄倖名。"

当家的 本义是主持家政，后演变成妻子对丈夫的爱称。老舍《四世同堂》一："儿子不常住在家里，媳妇又多病，所以事实上是长孙与长孙媳妇当家。"这里的"当家"是本义。清·李鉴堂辑《俗语考原》："北俗妻对人称其夫曰'当家'。"也说"当家人""当家的"。

小鲜肉 丈夫对妻子的爱称。也作小宝贝、小亲亲、小美女、亲爱的、小绵羊、小可爱、小鲜、爱家、肉肉、小妞、妞妞、娘子、总裁等。明·陶宗仪《辍耕录·妇女曰娘》："都下自庶人妻以及大官之国夫人，皆曰娘子。"娘子，指妻子。

我见犹怜 对美妇的昵称，语出《世说新语·贤媛》。美妇指汉末代国主李势的妹妹。东晋权臣桓温平蜀，以之为妾。其妻晋明帝之女南康长公主妒之，见后曰："阿子，我见汝亦怜，何况老奴。"遂善待之。意思是，你呀，我看见也十分爱怜，何况我那个老东西呢！怜，爱。

十八、隐称（暗语）

隐称是人与人交流中的一种特殊形式，是某些团体或秘密组织内部的人使用的一种特殊语言。或者不想把要说的话明说出来，而借用别的词语来表达。这是一种隐晦、逃避式的暗语或黑话。也称"隐语""遁辞""暗语"。古称廋词，类似谜语。廋，音sōu，隐匿。

藁砧　妇女对丈夫的隐称。古代处死刑，罪人席藁伏于砧下，用鈇斩之。藁，音gǎo，草杆；鈇，音fū，铡刀，谐"夫"；砧，音zhēn，砧板。唐·权德舆《玉台体》："昨夜裙带解，今朝蟢子飞，铅华不可弃，莫是藁砧归。"蟢，音xǐ，蜘蛛的一种，也作"喜子"。

横川　"三"字的隐称。清·褚人获《竖瓠九集·市语》："不若吾乡市语有文理也：一为旦底，二为断工，三为横川，四为侧目。""旦"之底是"一"，"工"字去一竖，断开是"二"。

侧目　"四"字的隐称。

田心　"十"字的隐称。"田"字的中心是"十"。

大腕儿　隐称某一行业或某一方面有本事、有名气、有实力、有钱财的人，也作"腕儿"，犹"顶尖""角儿"，这是一个由旧社会黑话语词演变而成的新生词。《现代汉语词典》第7版解释为："指有名气、有实力的人（多指文艺界、体育界的）。"

千里草 "董"字的隐称。"董"可拆为"千、里、草"三个字。《后汉书·五行志·一》："献帝践祚之初，京都童谣曰：'千里草，何青青，十日卜，不得生。'"说的是董卓必死。"十、日、卜"是"卓"字的拆字。

三温暖 桑拿浴的隐称。桑拿浴，又称"芬兰浴"，台湾称之为"三温暖"。这两个词都是从芬兰语音译加意译来的，原意是"一个没有窗户的小木屋"。英语"sauna"和"三温暖"的读音相近，意思是桑拿屋有三层温暖各异的木榻，故称。

除红捉绿 赌博的隐称。赌具骰子是正方形，六面分别是一点到六点，着红、黑色，或红、绿色，故称。骰，音tóu，方言读shǎi，也称"朱窝"。明·天然痴叟《石点头》第十回："自己做鸨儿管家，又开赌场，嫖客到来，乘便就除红捉绿。"

黄绢幼妇，外孙齑臼 "绝妙好辞"的隐称。语出《世说新语·捷悟》。说曹操路过曹娥碑下，杨修随从。碑背上是蔡邕题写的"黄绢幼妇，外孙齑臼"八个字。曹问杨是否知道其含义，杨曰："黄绢，色丝也，于字为'绝'；幼妇，少女也，于字为'妙'；外孙，女子也，于字为'好'；齑臼，受辛也，于字为'辞'。所谓'绝妙好辞'也。"后人用"黄绢幼妇"或"绝妙好辞"作为文才高、诗词佳的赞语。辞，繁体字作"辭"，也写作"受辛"，所以"受辛"代"辞"字。这是用的拆字法。

木边之目，田下之心 "相思"的隐称。"木"加"目"即"相"字，"田"加"心"即"思"字，用的也是拆字法。明·冯梦龙《警世通言·蒋淑真刎颈鸳鸯会》："本妇便害些木边之目，田下之心，要好只除相见。"

服务性行业或其他特殊团体所使用的隐称或暗语、行话十分丰富复杂，一般人不熟悉，许多词汇也不是汉语词汇，如《智取威虎山》中写杨子荣上了威虎山与土匪座山雕等的对话就十分精彩。座山雕问："天王盖地虎"，意思是"你好大的胆，敢来气你祖宗"；杨子荣答："宝塔镇河妖"，意思是"要是那样，叫我从山上摔死，掉河里淹死。"后面的一段对话是："脸红什么？""精神焕发。""怎么又黄了？""防冷涂的蜡！"这些黑话外行听不懂，也不合现代汉语规范，就略去不提了。

十九、旧称（古称）

　　旧称也称"古称"，旧对新而言，古对今而言。新旧、古今的时间差别很大，很难有一个明确的界限。时代不同，称谓有别，社会发展，词语有变，这是一个普遍的规律。所以旧称十分复杂，许多旧称也是别称，这里只举几例作一说明。

　　"中国"的旧称：赤县神州、赤县、华夏、中华、中原、中夏、诸夏、诸华、函夏、九牧、九区、九州、神州、四海、八荒、中土、中域、禹城、支那、震旦、真丹、十二州、丝国等。《史记·孟子荀卿列传》："中国名曰赤县神州。"汉·贾谊《过秦论》："有席卷天下、包举宇内，囊括四海之意，并吞八荒之心。"八荒，本指八个方向，指远离中原之地，后泛称周边各地，犹说"全国""天下"。

　　"你"的古称：尔、而、女、汝、若、乃、子、君、公、足下、阁下等。女，音rǔ，同"汝"。《史记·项羽本纪》："吾翁即若翁，必欲烹而翁，则幸分我一杯羹。"这是刘邦对项羽说的话，大意是："我的父亲也是你的父亲，你如果一定要杀死你的父亲，那么就分给我一杯汤。"而翁，你的父亲。刘邦曾和项羽"相约结为兄弟"，后刘邦的父亲被项羽俘虏，项羽威胁刘邦说，你不投降我就杀死你的父亲。刘邦就说了上面的话。这是一个无赖说的无关痛痒的话，在历史上却很有名。《汉书·项籍传》中"而翁"作"乃翁"。

"北京"的旧称：渔阳、燕京、燕都、中都、大都、顺天、范阳、蓟城、蓟、北平等。唐·白居易《长恨歌》："渔阳鼙鼓动地来，惊破《霓裳羽衣曲》"。宋·梅尧臣《送吕冲之司谏使北》："知去燕京几千里，胡笳乱动月明时。"蓟，音jì。

"台湾"的旧称：瀛洲、东瀛、东鳀、夷州、东夷、东番、东都、东宁、岛夷、大湾、留求、琉求、流球、琉球、鸡笼等。鳀，音tí。《元史·琉求传》："琉求，在南海之东。"《明史》中有《琉球传》《鸡笼传》。

"南京"旧称：秦淮、应天、建业、建康、江宁、白下、金陵、秣陵、钟山、石头城等。唐·杜牧《泊秦淮》："烟笼寒水月笼沙，夜泊秦淮近酒家。"

许多城市都有旧称或古称，这里不再列举，可参考"别称"之六"山川地名的别称。"

戏班　剧团的旧称，也称"戏班子"。鲁迅《准风月谈·二丑艺术》："浙东有一处的戏班中，有一种角色叫作'二花脸'，译得雅一点，那么，'二丑'就是。"

戏房　演员化妆间的旧称。明·冯梦龙《醒世恒言·张廷秀逃生救父》："将廷秀推入戏房中，把纱帽员领穿起，就顶《王十朋祭江》这一折。"

静词　形容词的旧称，也称"静字"。清代冯建忠的《马氏文通》就称形容词为"静词"。

匹鸟　成对的鸟，鸳鸯的古称。旧说鸳鸯雌雄偶居不离，故称《诗·小雅·鸳鸯》："鸳鸯于飞。"毛传："鸳鸯，匹鸟。"后喻称夫妻。或曰，此说不确，真正的匹鸟不是鸳鸯，而是天鹅。

伦理学　逻辑学的旧称，外来词"逻辑"进入中国后，不再使用"伦理学"一词。

万牲园　动物园的旧称。牲，音shēn，众生，众多。

二十、对称

    对称是词语中形成一正一反、一褒一贬、一此一彼、一优一劣的现象，两两相对，对比鲜明，反差较大，往往连用。下边罗列一些对称词，除个别称谓作解释外，一般都不加注释，也不引例句：

    向—背　功—过　是—非　好—歹　朝—夕　颦—笑　清官—贪官　严父—慈母　须眉—裙衩　正史—野史　浓酒—淡酒　欢伯—祸泉（皆代称酒）　此岸—彼岸　小康—大同　嫡出—庶出　嫡子—庶子　苦读—乐读　华夏—四夷（或"中国—蛮夷戎狄"）　青眼—白眼　英雄—美人　西王母—东王公（道教首领）　赵衰日—赵盾日（见前）　钓诗钩—扫眉愁（皆代称酒）　百禽长—百兽王（代称凤凰和老虎）　青州从事—平原督邮（代称好酒和劣酒）　青钱学士—白蜡明经（代称科举获胜者和屡试不第者）　今文《尚书》—古文《尚书》　操刀制锦—操刀伤锦　扬汤止沸—釜底抽薪　黄钟毁弃—瓦釜雷鸣（见前）　衣锦还乡—衣锦夜行（见前）　谬会—英雄所见略同（谬会，谦称自己的意见和言论与人相同）

    家讳—国讳　"家讳"，也称"私讳"，指避父、祖名的讳。《礼记·曲礼上》："君所无私讳。"汉·郑玄注："谓臣于君前，不辟家讳，尊无二。"辟，通"避"。苏轼的祖父名序，苏洵的文章改"序"为"引",苏轼为人作序又改为"叙"。杜甫一生写诗近三千首,但从未写过海棠诗,他曾寓居海棠颇负盛名的四川,也未写一首海棠诗,因为其母名叫"海棠"。

循吏—酷吏 循吏,指奉公守法的官吏,即良吏、好官。《史记》中有《循吏列传》,为楚相孙叔敖、郑相子产等五人的传记。酷吏,指为非作歹、滥用刑法的官吏。《史记》中有《酷吏列传》,为汉之杜陵人张汤等十一人的传记。"张汤审鼠"是列传中精彩的段落。

悬弧—悬帨 代称生男和生女。古代习俗,生了男孩后在门的左侧挂一张弓,取尚武意;生了女孩后在门的右侧挂一块佩巾,取尚织意。弧,音hú,木弓;帨,音shuì,佩巾。分别见"不确指人名代称"中"悬弧""悬帨"条。

好内—好外 好内,代称贪恋妻妾姬侍等女色;好外,代称贪恋嬖臣面首等男色,嬖臣,被宠爱的大臣;嬖,音bì,宠爱;面首,强壮姣美的男子;面,指貌美;首,指发美,引申为男妾、男宠。

熟悉对称对写诗、词、赋、对联等对偶形式的韵文很有好处,所以过去以及现在写诗,特别是写古体诗,尤其是写格律诗的人,都要背诵清代李渔的《笠翁对韵》,以便掌握字、词、句的对称规律和韵脚的使用原则。如:"天对地,雨对风,大陆对长空,山花对海树,赤日对苍穹……""奇对偶,只对双,大海对长江,金盘对玉盏,宝灯对银釭,朱漆槛,碧纱窗,舞调对歌腔……"银釭,银白色的灯盏、烛台。

二十一、讹称（误称、传称）

讹称是以讹传讹造成的一种误称，是一种错误的传称。

细末　"丝抹"的讹称。丝抹，指弦乐器。宋·范正敏《遯斋闲览·细末将来》："州郡公宴，将作曲，伶人呼细末将来，盖御宴进乐，先以弦声发之，后以众乐和之，故号称丝抹将来。今所在起曲先以竹声，不惟讹其名，亦失其实矣。"遯，音dùn，"遁"的异体字。

贤豆　天竺之讹称。天竺，指古印度。唐·道宣《续高僧传·译经·阇那崛多》："北贤豆揵陀罗国人也。"自注："贤豆之音，彼国之讹略耳，身毒、天竺，此方之讹称也，而彼国人总言贤豆而已，乃之以为五方也。"阇，音shé，梵文译音字。

二十二、讳称（婉称）

讳称是忌讳或避讳性的称谓。《礼记·曲礼上》中有"入国而问俗，入门而问讳"之说。讳称主要分为姓名的讳称和死亡的讳称。

（一）姓名的讳称

姓名的讳称即"名讳"。名讳是中国古代的一种特殊的语言现象，对君主或尊长不但不能直呼其名，而且在书写时也不能使用应该回避的字，于是只好换字、改音或减少笔画。《公羊传·闵公元年》："春秋为尊者讳，为亲者讳，为贤者讳。"所以过去有避国讳（帝王）、避家讳（父母长辈）之说。

明君　昭君王嫱的讳称，为避西晋司马昭之讳，改"昭"为"明"，也作"明妃"。唐·杜甫《咏怀古迹》其三："群山万壑赴荆门，生长明妃尚有村。"

端月　农历正月的讳称。为避秦始皇嬴政之讳，改"正"为"端"。《史记·秦楚之际月表》："（二世二年）端月。"司马贞《索隐》："二世二年正月也。秦讳'正'，故云'端月'也。"秦始皇一月出生，取名"政"，称帝后把"政月"改为"正月"，把"正"

字又改为"征"字的音，最后又改为"端月"。至今"正月"的"正"读zhēng而不读zhèng，即源于此。

孔丘 孔子的讳称。孔子名"丘"，因孔子是圣人，后人不能直接书写"丘"字，于是讳写成缺一笔的"丘"字。

严子 庄子的讳称。东汉为避汉明帝刘庄的讳，把"庄周"改为"严周"，称"老庄之术"为"老严之术"，把《庄子》一书改名为《严子》。庄、严虽然同义，但把《庄子》改成《严子》，实在荒唐，所以后世并没有沿用。类似的例子还有东汉著名隐士严光原名庄光，也因避刘庄的讳，改名为严光，但后世并未沿用。

嫦娥 姮娥的讳称。为避汉文帝刘恒之讳，改"姮"为"嫦"。姮，音héng。嫦娥也作"常娥"。《淮南子·览冥训》："羿请不死之药于西王母，姮娥窃以奔月。""姮"与"嫦"并无同义关系，只是取同一偏旁的字替代，但这一替代却成了永久性的，至今人们都说"嫦娥"，而不知道"姮娥"了。

茂才 秀才的讳称。为避汉光武帝刘秀之讳，改"秀"为"茂"。秀、茂同义，指优秀，卓越。《南史·刘之遴传》："年十五，举茂才，明经对策，沈约、任昉见而异之。"鲁迅《阿Q正传》："先前，我也曾问过赵太爷的儿子茂才先生，谁料博雅如此公，竟也茫然。"

孙卿 荀卿（荀子）的讳称，为避汉宣帝刘询之讳，改"荀"为"孙"。孙，音xún。荀、询、孙，三字同音，故借用。

蔡文姬 蔡昭姬的讳称。蔡文姬，东汉文学家蔡邕之女蔡琰，字文姬，著名的文学家，今存《胡笳十八拍》和《悲愤诗》二首。为避晋朝司马昭之讳，改"昭"为"文"。司马昭，晋武帝司马炎之父，死后追尊为文帝，庙号太祖，故也是避帝王讳。

高句丽 高勾丽的讳称。为避宋高宗赵构之讳，改"勾"为"句"。"勾"与"构"同音，读gòu；句，音gōu，与"勾"又同音。

灯 "火"的讳称。宋·陆游《老学庵笔记》中说，田登做州官，自讳其名，举州谓"灯"为"火"，上元节（正月十五）让人贴榜曰："本州依例放火三日。"于是就有了"只许州官放火，不许百姓点灯"之谚语。灯、火不是同义词，所以以"火"代"灯"才闹出了笑话。这是物的讳称，但也和人名有关。

观音 "观世音"的讳称。为避唐太宗李世民之讳，减去了一个"世"字，于是"观世音"变成了"观音"，一直沿用至今。

龙泉 宝剑"龙渊"的讳称。为避唐高祖李渊之讳，改"渊"为"泉"。渊、泉同义。唐·李白《在水军宴赠幕府诸侍御》："宁知草间人，腰下有龙泉。"王琦注："龙泉即龙渊也，唐人避高祖讳，改称龙渊曰龙泉。"

户部 "民部"的讳称。为避唐太宗李世民之讳，改"民"为"户"。《旧唐书·本纪第二》中说，古代三省六部制中"六部"为"吏、民、礼、兵、刑、工"六个机构，唐高宗时为了表示对父亲李世民的孝心和尊崇，改"民部"为"户部"，一直沿用到清朝。

武牢关 地名"虎牢关"的讳称，为避唐高祖李渊祖父李虎之讳，改"虎"为"武"。虎、武不同义，替代牵强，所以"武牢关"一词没有流行使用。

同 "谈"字的讳称。《史记》全书五十二万字，据查没有一个"谈"字，凡需用"谈"字一律改为"同"字。这是司马迁避父亲司马谈之讳。为何用"同"代"谈"，不详。

元 "玄"字的讳称。唐太宗李世民的弟弟叫李玄霸，后来为避清代康熙玄烨之讳，史书改"玄"为"元"。元、玄，都有"大"义，都指天。但唐玄宗的"玄"字却不改，因为"唐玄宗"是庙号，不是名字。庙号是后人对皇帝一生的评价，所以不用避讳。旧有"诗书不讳""临文不讳""庙号不讳""已祧不讳"之说。这可以说是讳称中的不讳。祧，音tiāo，过了七代的远祖。

（二）死亡的讳称

"死"的讳称极其复杂，且数量众多，我们不妨多说一些。

先泛谈一下"死"与"生"的辩证关系，再说一说"死"的本义和"死"的同义词，最后细谈"死"的各种称谓。

"死生"是人类一个永恒的主题。《庄子·大宗师》中说："古之真人，不知说生，不知恶死。"意思是古代真正懂得生命意义的人，没有觉得拥有生命有多么可喜，也不觉得死亡有多么可怕。《淮南子·精神训》中也说："生寄也，死归也。"即视生如寄，视死如归，不把生死当作一回事，显得十分豁达。

《庄子·大宗师》中又说："息我以死"，把死亡看成是最大的休息。《庄子·养生主》说："指穷于为薪，火传也，不知其尽也。"是说油脂（指，通"脂"）在柴禾中燃烧，油脂烧完了，柴禾燃尽了，但是火还可以继续传下去，没有终止的时候。《孟子·梁惠王上》中说"养生丧死"，意为生能生活，死能安葬。晋之陶渊明有"死去何所道，托体同山阿"的诗句，宋之辛弃疾在祭奠朱熹时说"孰谓公死，凛凛犹生"。

古代希伯来人称死是"辞世"，是"与祖宗同睡"，是"走世人必走的路"。所以有生就有死，有死也有生，生与死是永恒的、万古不变的。

当然，有的生之伟大，死之光荣；有的生之灿烂，死之流韵；也有的生之纯洁，死之龌龊；有的生前备受尊崇，死后多遭骂名。正因为如此，关于生和死的词语就极其丰富。《汉语大词典》中"生"字有50多个义项，517个词条；"死"字有20个义项，180个词条。"生"的基本义是出生、生长、生命，"死"的基本义是死亡、消失、完结。不同的人有不同的生死观，生当得时，死得其所，生生不息，死而后已，这是多数人的观念；生离死别，死中求生，生死之交，生死与共，这也是多数人的经历。"死诸葛能走生仲达"，是说诸葛亮死后，姜维秘不发丧，以本人代替诸葛亮，吓退了司马懿。这是讲人死余威还在，因为司马懿中过诸葛亮的"空城计"，他害怕诸葛亮到了草木皆兵的地步。尽管人们观念不同、境界有别，但对生之留恋和对死之畏惧，又是多数人的共性。所以言及死亡，人们总是力避直言，尽量含蓄；总是喜用婉词，多用讳词。于是就形成了难以计数的婉称和讳称。

"死"的本义：死，甲骨文作 🕴，又作 ✠，像人跪形。古文字学家罗振玉先生说："生人拜于朽骨之旁。"借为生死之"死"，尸体之"尸"。"死"的金文作 ✠，小篆作 ✠，由人和朽骨组成，表示已死。"死"字右边从"匕"，不是"七"；左边从"歹"。"死"字也写作"夗"，是甲骨文、金文的楷体。汉字中从"歹"的字多达68个，绝大多数与"死"有关，如：

殁 音mò，死亡。如病殁，也作"病没"。没，同"殁"。

殉 音xùn，献出生命。如殉国、殉节、殉情、殉道、殉职、殉葬。

殛 音jí，杀死。如《书·舜典》："（舜）殛鲧于羽山。"鲧，音gǔn，是传说中我国原始时代的部落首领，是大禹的父亲。他因治水九年未平，被舜杀死。

殪 音yì，死。《楚辞·国殇》："左骖殪兮右刃伤。"

殇 音shāng，未成年而死，非正常死亡，如国殇，河殇，医殇。

殍 音piǎo，饿死。如《孟子·梁惠王上》："庖有肥肉，厩有肥马，民有饥色，野有饿殍。"

殓 把死人装在棺材里，如入殓。

殡 停放灵柩，殓而未葬。如出殡，殡仪馆。

殂 音cú，死亡，三国·蜀诸葛亮《出师表》："先帝创业未半，而中道崩殂。"

殣 音jìn，饿死。《大戴礼记·千乘》："天之饥馑，道无殣者。"

殒 音yǔn，死亡。《三国志·蜀志·先主传》："历年未效，常恐殒殁，孤负国恩。""殒"是死亡，"殒"字打头的表示死亡的词多达18个，如殒殁、殒没、殒命、殒天、殒谢、殒落等。

"死"的同义词："死"的同义词大约有500多个。不同时代、不同地域、不同阶层、不同身份、不同宗教、不同年龄都有不同的称谓。如古代说"违世"，现代说"过世"；佛教说"涅槃"，道教说"羽化"，基督教说"蒙主宠召"，伊斯兰教说"归真"；儒雅人说"辞尘"，老百姓说"见阎王"；皇帝死了叫"崩"，诸侯死了叫"薨"，大夫死了叫"卒"，士死了叫"不禄"，庶民死了叫"死"；老死家中叫"寿终正寝"，短命早死叫"夭亡""朝露"；领导人死了叫"进八宝山"，共产党员死了叫"见马克思"，一般人死了叫"入黄泉"；饥饿而死叫"捐瘠"，突然死亡叫"暴卒"；四川人说死是"翘辫子"，北京人说死是"嗝屁了"。诸如此类，不一而足。

"死亡"的讳称（或婉称）："死"的讳称（或婉称）不易明显分清，或单独称谓，或兼而有之，或包含其他称谓，我们按不同身份、不同年龄、不同性别、不同宗教、不同死亡方式，把"死"的所有称谓通称为讳称（或婉称），下边一一列之。

1. 帝王死亡的讳称

为了化繁为简，避免重复，我们按词义或字族分列成若干组，分别说明，其他讳称同。

宫车晚出、宫车晏驾、宫车远驭、公车上仙　四个词的意思相近，都是说皇帝初死，大臣说皇帝坐的宫车晚一会儿出来。晏，迟，晚。南朝·梁·江淹《恨赋》："一旦魂断，宫车晚出。"《史记·范雎蔡泽列传》："宫车一日晏驾。"裴骃《集解》引韦昭语："凡初崩为'晏驾'者，臣子之心犹谓宫车当驾而晚出。"

崩、驾崩、山陵崩、解驾　《礼记·曲礼下》："天子死曰崩。"驾崩，言君王的车驾崩坏了。山陵崩，言帝王像山陵一样崩塌了。解驾，言停车驻马，讳称帝王已死。南朝·梁·陶弘景《许长史旧馆坛碑》："太元元年，解驾违世。"

崩殂、崩背、崩逝　皆为帝王之死的讳称。背，背弃，死的婉词。

宾天、上宾　意思是做了上天的宾客。皆指帝王之死，也泛称尊者之死。《红楼梦》第六十三回："忽见东府中几个人，慌慌张张跑来说：'老爷宾天了！'"

千秋、百岁、百年、百年之后　先代称帝王之死，后泛称德高者之死，也泛称一般人之死。《战国策·燕策二》："太后千秋之后，王弃国家，而太子即位，公子贱于布衣。"晋·陆机《吊魏武帝文》："今乃伤心百年之际，兴哀无情之地，意者无乃知哀之可有，而未识情之可无乎！"

髯鼎升遐、鼎成龙去、龙去鼎湖、龙驭上宾、髯断、鼎成、鼎湖、龙升、龙鼎、龙驭、遗弓、乘龙、乌弓、遗弓剑、弓剑存 这十五个词都是喻称或代称皇帝在鼎湖乘龙仙逝，都是帝王之死的讳称。语出《史记·封禅书》："黄帝采首山铜，铸鼎于荆山下，鼎既成，有龙垂胡髯下迎黄帝。黄帝上骑，群臣后宫从上者七十余人，龙乃上去。余小臣不得上，乃悉持龙髯，龙髯拔，堕，堕黄帝之弓。百姓仰望黄帝既上天，乃抱其弓与胡髯号。故后世因名其处曰鼎湖。其弓曰乌号。"大意是：黄帝开采首山的铜，在荆山下铸鼎。鼎已铸成，有龙垂着胡须下来迎接黄帝。黄帝和群臣、后宫七十多人骑上龙背升天，其余的小臣上不了龙背，就抓住龙须，结果把龙须也拔下来了，都掉在地上，又掉下了黄帝的一把弓。百姓们仰望着黄帝升了天，就抱着他的弓和龙须号哭。后代把黄帝升天的地方叫作"鼎湖"，把掉落的弓叫作"乌号"。这段文字可以说是原文的译文，也可以说是上面十五个讳称的释义。鼎湖，在今陕西蓝田县。

大行、大讳、尤讳、弃天下、弃背天下、弃群臣、彻缀、弃敝蹝、厌代 皆讳称帝王之死。大行，婉称刚死尚未定谥号的皇帝（或皇后），意思是一去不返。尤讳，更加避讳。彻缀，撤除毁坏幄帐；缀，指缀衣，即幄帐。意思是皇帝病危，不能再临幄帐，将死。厌代，原作"厌世"，为避唐太宗李世民之讳，改"世"为"代"。宋·司马光《资治通鉴·齐武帝永明八年》："魏家故事，尤讳之后三月，必迎神于西，禳恶于北，具行吉礼。"胡三省注："尤讳，犹云大讳也。尤，甚也；死者，人之所甚讳也。"禳，音ráng，祈祷消灾。《孟子·尽心上》："舜视弃天下，犹弃敝蹝也。"意思是舜把抛弃天下之位看成像扔掉破鞋子一样。后用"敝蹝"代称帝王之死。蹝，亦作"屣"，音xǐ，草鞋。《明

2. 诸侯大臣死亡的讳称

薨、薨奄、薨殂、薨背、薨逝、薨落、薨殒、薨谢、薨夭、幽薨 皆婉称诸侯大臣之死。《礼记·曲礼下》："天子死曰崩，诸侯死曰薨。"唐朝称二品以上官员之死为薨。幽薨，指诸侯被囚禁而死。三国·魏曹植《任城王诔》："王虽薨殂，功著丹青。"

骑箕 婉称大臣之死。箕，星名，二十八宿之一。《庄子·大宗师》："乘东维，骑箕尾，而比于列星。"意思是乘驾东维星，骑坐箕宿和尾宿，永远排列在星神的行列里。

捐宾客 婉称居高位者之死。省称作"捐宾"。《史记·商君列传》："秦王一旦捐宾客而不立朝，秦国之所以收君者，岂其微哉？"意思是秦王一旦死去不在其位，秦国要逮捕您的人，难道还会少吗？收，逮捕，报复。

不立朝 不在朝位站立，婉称朝官之死。与"捐宾客"例句中的"不立朝"不同。

卒 婉称大夫之死。《礼记·曲礼下》："天子死曰崩……大夫曰卒。"唐宋以后百姓死了也叫"卒"，成了通称。宋·司马光《资治通鉴》："初，鲁肃闻刘表卒。"

3. 贤者死亡的讳称

泰山其颓、梁木其坏，哲人其萎、梁摧哲萎、梁崩哲萎、哲人萎、哲萎、萎哲、梁摧、梁坏 皆婉称贤德者之死，也是喻称。《礼记·檀弓上》："孔子蚤作，负手曳杖，逍遥于门，歌曰：'泰山其颓乎，梁木其坏乎，哲人其萎乎。'"大意是孔子早起，双手搭在背后，拐杖拖在身后，在门口唱道：泰山将要崩塌了吗？栋梁将要毁坏了吗？哲人将要凋谢了吗？这是孔子的绝唱，七天后孔子去世。蚤，同"早"；负手，反手于背。

兰摧玉折，兰摧、玉折、珠死 皆婉称贤者之死，喻称像玉、兰、珠毁坏一样，令人惋惜。也是用来哀悼人不幸早死之词。《世说新语·言语》："毛伯成既负其才气，常称：'宁为兰摧玉折，不作萧敷艾荣'。"唐·刘知己《史通·直书》："宁为兰摧玉折，不作瓦砾长存。"萧艾，野蒿；敷，音fū，发，盛；荣，茂盛。

凤靡鸾吪、侨终蹇谢 皆婉称贤者之死。旧谓凤死曰"靡"，鸾死曰"吪"。吪，音é。终、谢，指死。师旷《禽经》："凤靡鸾吪，百鸟瘗之。"瘗，音yì，掩埋，埋葬。《文选·沈约〈齐故安陆昭王碑文〉》：岂唯侨终蹇谢，兴谣辍相而已哉！"郑国的子产（名侨）和秦国的蹇叔都是春秋时的贤臣。兴谣，指子产死后郑人唱歌谣怀念他；辍相，指秦相蹇叔死后，秦人都停止舂米而思忆他。相，音xiàng，舂杵声。

4. 文士死亡的讳称

骚魂 代称诗人之死，也特称屈原之死。元·阮忠彦《追挽陈岑楼》："欲酹骚魂何处是，烟波万顷使人愁。"酹，音lèi，洒酒于地，表示祭奠。

不禄 讳称文士之死。《礼记·曲礼下》："天子死曰崩……士曰不禄。"禄，俸禄；不禄，就是不再当官，不拿俸禄，即已死。

投罗 喻称考取进士后暴卒。投罗，投入罗网，代称死亡。三国·魏曹植《野田黄雀行》："不见篱间雀，见鹞自投罗。"

椒焚桂折 喻称志士仁人被残害犹如椒桂被折焚。鲁迅《集外集·诗送O.E.君携兰归国》："椒焚桂折佳人老，独托幽岩展素心。"椒，香木；桂，香木。

赴召玉楼、玉楼受召 婉称文人早死。唐·李商隐《李长吉小传》中说，诗人李贺将死，昼见一绯衣人召他上天为白玉楼写一篇记，不久他就死了，年仅二十七岁。玉楼，玉帝居处。

地下修文、地下郎、修文 婉称文士早死。《太平御览》和《晋书》均载，晋代苏韶死后现形，言颜渊、卜商为地下修文郎，即掌管阴间著作的官吏。

5. 州郡长官死亡的讳称

两雁随车 代称州郡长官之死。《艺文类聚》卷九十一引晋·虞预《会稽典录》："虞国少有孝行，为日南太守，常有两雁宿止厅上。每出行县，辄飞逐车。既卒于官，雁逐丧还。至余姚，住墓前，历三年乃去。"

6. 宗教人士死亡的讳称

（1）佛教称死

涅槃 梵文音译，意为无为自在，不生不灭。宋·王安石《请秀长老疏》："虽开方便之多门，同趣涅槃之一路。"

灭度 梵文意译，谓灭烦恼，度苦海。《金刚经》："我应灭度一切众生。"

有余涅槃 称罗汉之死。

无余涅槃 称佛之死。

类似的词还有泥洹、般涅槃、入灭、示灭、灭度、归圆、入寂、圆寂、示寂、顺寂、顺世、寂灭、到彼岸等，均为梵文的音译或意译，意思都是指佛教徒进入最高境界。后泛称佛或僧侣之死。泥洹，即"涅槃"；洹，音huán。晋·僧肇《涅槃无名论》："涅槃之道，盖是三乘之所归，方等之渊府。"三乘，指佛教徒渡越生死到涅槃彼岸的三种法门；方等，大乘经的总称；渊府，聚积之地。唐·义净《大宝积经》卷五十六："我求圆寂，而除欲染。"

麈尾飘坠、麈尾纳棺 称名僧之死。名僧常常执麈尾讲法。麈尾坠落了，放入棺材里了，说明名僧死了。麈尾，用驼鹿的尾巴做成的拂尘。麈，音zhǔ，驼鹿。或曰拂尘是用麋鹿的尾巴做成的。南朝·梁·释慧皎《高僧传·竺道生传》："法席将毕，忽见麈尾纷然而坠，端坐正容，隐几而卒。"隐几，靠着几案，伏在几案上。

此外，佛教称死的词还有：永生、永享福乐、入土、脱缁、跌坐、坐化、神迁、迁神、水还火归等。脱缁，脱去僧衣；跌坐，双足交迭坐蒲团而死；坐化，端坐而死；水还火归，佛教以地、水、火、风为"四大"，代称人身，谓血、泪、痰等死后归于水；暖气归于火，故喻称死亡。

（2）道教称死

道教称死的词很多，如羽化、大化、升仙、登仙、仙逝、仙去、仙化、仙升、仙游、上仙、跨鹤、化鹤、鹤驾、乘鸾、遐登、遗世、尸解、归道山等。

羽化　道士修炼到极致，跳出生死轮回、生老病死，是谓羽化成仙。《晋书·许迈传》："玄自后莫测所终，好道者皆谓之羽化矣。"许迈，信道，改名"玄"。"羽化""羽化登仙"是最常用的称道教徒之死的称谓。

化鹤　谓道士成仙飞升，化鹤而去。后代称死亡。晋·陶潜《搜神后记》卷一："丁令威本辽东人，学道于灵虚山，后化鹤归辽。"丁令威化鹤成仙的传说很出名。《逍遥墟经》卷一说，丁是西汉时辽东人，学道成仙后飞回故里，站在华表上高唱："有鸟有鸟丁令威，去家千岁今来归，城郭如故人民非，何不学仙冢累累。"唐宋文人常用之，流传至今。

尸解　道教认为道士得道后可以遗弃肉体而仙去，或不留遗体，只假托一物，如衣、杖、剑等，遗弃人世，然后升天仙逝。《后汉书·王和平传》李贤等注："尸解者，言将登仙，假托为尸以解化也。"《抱朴子内篇·论仙》引《汉禁中起居注》称，李少君病死，"久之，（汉武）帝令人发其棺，无尸，唯衣冠在焉。"故后人也喻称为"蝉蜕"。像蝉脱下的皮，喻称解脱。

（3）基督教称死

见上帝、升天、永生　上帝是基督教徒所崇拜的神，"见上帝"是死的婉称。

（4）伊斯兰教称死

归真　伊斯兰教认为人的生死都是真主的前定。《古兰经》："我们来自安拉，我们都将归于安拉。"安拉，是伊斯兰教圣经《古兰经》中最高的独一实在的、应受崇拜的主宰神。是安拉胡的音译，也译作"胡达"，俗称"安拉"，即"真主"。归真，即归于真主安拉。穆斯林认为人死是肉体的消失和精神的升华，是人生的复命归真，不是生命的终结。

7. 早死的讳称

夭、夭亡、夭死、夭折、夭殁、夭没、夭殇、夭殃、夭促、夭命、夭枉、夭昏、夭绝、夭表、夭摧、夭殇、夭遏、夭阏、夭谢、夭悴、夭英、凶夭 这二十二个词都是早死的婉称。夭，音yāo，短命，早死；遏，音è，止；阏，音è，止，阻塞，代称死亡；悴，憔悴，代称死亡；夭英，折断幼苗，代称早死。《管子·禁藏》："毋伐木，毋夭英。"唐·韩愈《祭十二郎文》："孰谓少者殁而长者存，强者夭而病者全乎？"《庄子·逍遥游》："而后乃今培风，背负青天，而莫之夭阏者。"培风，乘风。

早世 夭折的婉称。《祭十二郎文》："念诸父与诸兄，皆康强而早世。"早世，过早地离开人世。

杏殇 喻称婴儿夭折，像杏花凋落。唐·孟郊《杏殇》序曰："杏殇，花乳也，霜翦而落。因悲昔婴，故作是诗。"花乳，含苞待放的花朵。翦，音jiǎn，"剪"之异体字。

夙殒 早死。夙，音sù，早。晋·陆机《叹逝赋》："痛灵根之夙殒，怨具尔之多丧。"灵根，根本；具尔，同"俱迩"，本指很亲近，后代称兄弟。

朝露 年少而死。宋·苏轼《答廖明略书》："所幸平安，复见天日，彼数子者何辜，独先朝露。"

阳童 未成年而死的庶子。《礼记·杂记上》："称'阳童某甫'，不名神也。"郑玄注："阳童，谓庶殇也，宗子则曰阴童。童，未成人之称也。"庶子，嫡子以外的众子。

下殇 八至十一岁而死，殇，音shāng，未成年而死。

中殇 十二至十五岁而死。

长殇 十六至十九岁而死。

无服之殇 未满八岁而死。无服，因未成年，无丧服之礼。《仪礼·丧服》："年十九至十六为长殇，十五至十二为中殇，十一至八岁为下殇，不满八岁以下，皆为无服之殇。"

拔着短筹　抽上数目小的筹签，谓早死。短筹，短命的筹签。元·关汉卿《窦娥冤》第一折："我从三岁母亲身亡后，到七岁与父分离久，嫁得个同住人，他可又拔着短筹。"

死　年少而死。后泛称死亡。《周礼·天官·疾医》："死终则各书其所以。"郑玄注："少者曰死，老者曰终。"

8. 老年人死亡的讳称

拱木、拱墓　婉称年老而死，或已死多年，墓树已有合围那么粗了。《国语·晋语八》："拱木不生危，松柏不生埤。"拱木，大木；危，高险，高耸；埤，音bēi，低洼潮湿之地。《左传·僖公三十二年》："尔何知？中寿，尔墓之木拱矣。"

弃养、违养　婉称父母去世。意思是子女再不能奉养老人了。也泛称尊者、长者去世。唐·苏颋《章怀太子良娣张氏神道碑》："粤景龙二载孟夏之月，遘疾弃养于京延康第之寝。"遘疾，染病，遘，音gòu，遇，遭遇。

见背　婉称父母或长辈去世。晋·李密《陈情表》："生孩六月，慈父见背。"

永感　终生感伤，代称父母双亡。唐·温大雅《大唐创业起居注》卷三："悯予小子，奄绍丕愆，哀号永感，五情糜溃。"五情，犹"五内"，即内心；糜溃，碎烂，崩溃。大意是我对百姓的哀伤痛苦感同身受，将忧愁烦恼带给百姓是大的罪过。这里的"永感"是本义。

陟岵　婉称父亲死。陟，音zhì，登；岵，音hù，多草木的山，代称父亲。《诗·魏风·陟岵》："陟彼岵兮，瞻望父兮。"

陟屺　婉称母亲死。屺，音qǐ，无草木的山，代称母亲。《诗·魏风·陟岵》："陟彼屺兮，瞻望母兮。"

偏露　婉称父亲死。意思是失去了父亲的荫庇、保护，也作"孤露"。唐·孟浩然《送莫甥兼诸昆弟从韩司马入西军》："平生早偏露，万里更飘零。"

不逮养　婉称父母去世。谓子女不得奉养，父母就死了。也泛称尊者、长者去世。逮，音dǎi，及。《续资治通鉴·宋仁宗皇祐二年》："帝以章懿太后不逮养，故宠外家逾等。"外家，指外戚；逾等，超越等级。

凋零、凋丧、凋殒、凋谢　皆婉老年人去世，也泛称一般人死亡。唐·白居易《代梦得吟》："后来变化三分贵，同辈凋零太半无。"晋·陆机《门有车马客行》："亲友多零落，旧齿皆凋丧。"晋·潘岳《怀旧赋》："不幸短命，父子凋殒。"唐·韩愈《寄崔二十六立之》："朋交日凋谢，存者逐利移。"太半，大半，多半；旧齿，耆旧，老臣，旧臣。

百年、百岁、万年、百年后、老了、作古、终、终老、令终、尽天年、薪尽火灭　皆婉称年老而死。南朝·梁·刘勰《文心雕龙·哀吊》："君子令终定谥，事极理哀。"令终，善终，寿终。令，善也。《法华经·序品》："佛此夜灭度，如薪尽火灭，分布诸舍利，而起无量塔。"舍利，又称"舍利子"，梵语音译，意译是"身骨"。释迦牟尼遗体火化后结成的坚硬珠状物。后泛称佛教徒火化后的遗骸。无量塔，指阿育王塔。古印度阿育王大兴佛事，曾为佛舍利造八万四千塔，布于世界各地，以推广佛教。

钟鸣漏尽　晨钟已鸣，夜漏将尽。原代称深夜，后喻称年迈迟暮，又婉称年老将死。《隋书·柳彧传》："其人年垂八十，钟鸣漏尽。"垂，将近；彧，音yù。

寿终正寝、齐终、正终　皆谓老死家中。原谓年老无疾而终，别于横死、客死、夭亡，后含有贬义。正寝，住宅的正屋。明·许仲琳《封神演义》第十一回："你道朕不能善终，你自夸寿终正寝，非侮君而何！"

驾鹤西游、驾鹤西去、驾鹤西归、驾鹤成仙、跨鹤、鹤驾、归西　皆婉称年老而死，后泛称死亡。古人认为鹤是长寿的象征，又是吉祥的灵鸟，更是神仙的伴侣。说鹤时往往加一"仙"字，称"仙鹤"。这些词既是讳称死亡，又有尊敬祝福之意。宋·林景熙《简卫山斋》："何当蹑飞佩，跨鹤青云端。"

9. 女性死亡的讳称

香销玉碎、香销玉殒、香销玉损、珠沉玉碎、珠沉玉殒、珠

沉璧碎、玉殒花飞、月缺花残、蕙损兰摧、璧碎、玉殒 这十一个词皆婉称年轻女子之死，都是比喻性的称谓。明·许仲琳《封神演义》第三十回："香销玉碎佳人绝，粉骨残躯血染衣。"清·文康《儿女英雄传》第十八回："拼这副月貌花容，作一团珠沉玉碎。"明·李昌祺《剪灯余话·凤尾草记》："至则珠沉璧碎，玉殒花飞，将入木矣。"明·梁辰鱼《破齐阵·咏时序悼亡》："把酒对斜晖，问芳卿为甚的便蕙损兰摧。"

紫玉生烟 婉称少女早逝。典出晋代干宝《搜神记》，说吴王夫差的小女儿紫玉，年十八岁，看上了家仆韩重，父不允，气结而死，后化为一缕青烟逝去。也作"玉生烟"。

断弦、丧室、弃室、鼓盆、鼓会 皆婉称妻子之死。"鼓盆""鼓会"典出《庄子·至乐》："庄子妻死，惠子吊之。庄子则方箕踞鼓盆而歌。"盆，瓦缶，即瓦罐子；缶，音fǒu，瓦器。古人以琴瑟调和喻称夫妻和谐，故"断弦"指丧妻。宋·郑刚中《答潼州宇文龙图》："自闻抱琴瑟断弦之悲，日欲修慰"。"丧室"谓失去了家室，指妻死。北齐·颜之推《颜氏家训·后娶》："江左不讳庶孽，丧室之后，多以妾媵终家事。"

先母、先妣、先媪、先亲、先慈 皆婉称母亲去世。妣，音bǐ，母亲；媪，音ǎo，老妇人，代称母亲。明·归有光《项脊轩志》："先妣抚之甚厚"，"先妣尝一至。"《汉书·高帝纪下》："追尊先媪曰昭灵夫人。"清·吴趼人《二十年目睹之怪现状》第七十四回："兄弟襁褓时，先严、慈便相继弃养。"先严，指已死的父亲；先慈，指已死的母亲。

捐床帐 婉称妇女之死。唐·颜真卿《崔孝公宅陋室铭记》："太夫人王氏捐床帐之后，公徙居他室。"徙，音xǐ，迁移。

10. 特殊死亡的讳称

累 无罪而死。也作"湘累"，屈原无罪而赴湘水之汨罗江而死。语出《汉书·扬雄传·反离骚》："因江潭而往记兮，钦吊楚之湘累。"意思是沿着江边投下吊文，敬悼楚投湘水的无罪死臣。

暴骨　死于郊野。暴，音pù，同"曝"，晒。《左传·宣公十二年》："今我使二国暴骨，暴矣。"意思是今我一战使晋楚两国的人民暴露尸骨，太残暴了。"暴矣"的"暴"，音bào，残暴。

暴卒　突然死亡，犹"猝死"。猝，突然。汉·焦赣《易林·蒙之明夷》："奄忽暴卒，痛伤我心。"奄忽，急遽貌。

卒中　中医病名，指中风而死。卒中，音cùzhòng；卒，同"猝"，也作"脑卒中""脑出血"。清·吴谦、郑金生《医宗金鉴·删补名医方论三·三生饮》："治卒中，昏不知人，口眼歪斜，半身不遂，并痰厥、气厥。"厥，音jué，中医病症名，指昏厥或手足逆冷。

赴鼎　跳入汤镬而死。镬，音huò，无足之鼎，即锅。《晋书·戴若思周顗传论》："及京室沦胥，抗言无挠，甘赴鼎而全操，盖事君而尽节者欤！"沦胥，沦陷，沦丧；抗言，高声而言；无挠，不屈；全操，保全节操。

窜死　被贬逐而死。窜，放逐。《新唐书·令狐彰传》："唯彰忠义奋发，而长子建坐事，幼子运无辜，皆窜死。"坐事，因事获罪。

溺死、溺毙、渰殪　皆指被水淹死。渰，通"淹"；殪，音yì，死。汉·焦赣《易林·大畜之观》："三蛆逐蝇，陷堕釜中；灌沸渰殪，与母长诀。"

弃市、市死　在闹市中被处死并弃尸街头。《礼记·王制》："刑人于市，与众弃之。"

缢死、经死、自缢、自经、投缳、扼吭　皆谓上吊而死。缢，音yì，勒死；经，上吊；缳，音huán，绳圈，绞索；扼吭，自缢；吭，音háng，咽喉。《汉书·戾太子刘据传》："太子自度不得脱，即入室距户自经。"距，通"拒"；距户，撑住门户。清·钮琇《觚賸·碧血》："城破，投笔慷慨，扼吭而死。"賸，音shèng。

殉葬　用人陪葬。殉，音xùn。《三国志·魏志·东夷列传》："杀人殉葬，多者百数。"[按：据载，殉葬恶习始于春秋秦武公，武公死，从死者六十六人，是为活人殉葬之始。至秦献公元年

（前384）废除，中国的活人殉葬制度延续了293年。后改为以物殉葬。〕

殉节 为保全节操而自杀。《晋书·忠义传赞》："重义轻生，亡躯殉节。"

殉夫 妻子从夫而死。

殉道 为道义或某种主张而死。《孟子·尽心上》："天下无道，以身殉道。"

虫沙 "虫沙猿鹤"的省称，婉称战死的将士或死于战乱的人。意思是人死化为虫、沙。《艺文类聚》卷九十引晋·葛洪《抱朴子》："周穆王南征，一军尽化，君子为猿为鹤，小人为虫为沙。"虫沙猿鹤指战死的将士。参见本书"动物四字并称"中的"猿鹤沙虫"条。

客死 死于异国他乡。《史记·屈原贾生列传》："兵挫地削，亡其六郡，身客死于秦，为天下笑。"说的是楚怀王疏远屈原，信上官大夫、令尹子兰，最后落了个客死他乡。

客窆 人死埋葬于他乡。窆，音biǎn，落葬。《新唐书·褚遂良传》："安南观察使高骈表遂良客窆爱州，二男一孙祔。"祔，音fù，合葬，指后死者附祭于先祖。

幽死 囚禁而死。《北齐书·琅琊王俨传》："（高俨）有遗腹四男，生数月，皆幽死。"

强死 人尚健壮而死于非命。强，健壮。《左传·文公十年》："初，楚范巫矞似谓成王与子玉、子西曰：'三君皆将强死。'"孔颖达疏："无病而死，谓被杀也。"原文的意思是：起初，楚国范邑的巫人矞似预言楚成王和子玉、子西三人都将横死。

芜绝 婉称君王死于异域。南朝·梁·江淹《恨赋》："望君王兮何期，终芜绝兮异域。"芜绝，荒芜断绝，埋没。

僵踞、僵覆 坐而僵死。僵，仆倒；踞，音jù，坐。宋·无名氏《宣和遗事》后集："帝自土坑中顾视，上皇则僵踞死矣，帝呜咽不胜其恸。"

横死 自杀或被害，指意外死亡。横，音hèng，意外，不测。

《宋书·柳元景传》："世祖崩，义恭、元景等并相谓曰：'今日始免横死！'"

札丧、札疠、札厉、札瘥　皆为因疾病而死。札，音zhá，因遭瘟疫而死；丧，音sàng；疠，音lì，瘟疫；疠，通"厉"；瘥，音cuó，疾病。《周礼·地官·司市》："国凶荒札丧，则市无征而作布。"贾公彦疏："札谓疫病，丧谓死丧。"

令终　为保持美名而死。令，美，善。《诗·大雅·既醉》："昭明有融，高朗令终。"大意是发扬明德，盛大融融，高名美誉，显耀终生。融融，和乐貌，和畅貌。

伏钺　被兵器杀死。钺，音yuè，一种兵器。汉·许慎《说文解字》："钺，大斧也。"

伏死　退隐而死。汉·邹阳《狱中上梁王书》："今欲使天下恢廓之士，诱于威重之权，胁于位势之贵，回面汙行以事谄谀之人，而求亲近于左右，则士有伏死堀穴岩薮之中耳，安有尽忠信而趋阙下者哉！"

伏诛　被杀死。诛，杀戮。《战国策·秦策三》："臣非有所畏而不敢言也，知今日言之于前，而明日伏诛于后，然臣弗敢畏也。"

坐死　因坐罪而被处死。坐罪，犯罪，获罪；坐，犯罪的因由。《金史·陈规传》："广开言路以求至论，虽狂妄失实者亦不坐罪。"

枭首、枭决　斩首处死。枭，音xiāo，悬头示众。唐·杜佑《通典·刑制》："嫪毐作乱，败，其徒二十人皆枭首、车裂殉，灭其宗。"嫪毐，音làoǎi，战国末期秦国人，被秦王嬴政处极刑，车裂而死。

杜邮之赐、杜邮之戮　婉称忠臣无辜被杀。秦将白起在杜邮被秦王赐死。赐，音cì，上对下的给予。《史记·白起王翦列传》："武安君既行，出咸阳西门十里，至杜邮，秦王乃使使者赐之剑，自裁。"杜邮，在陕西咸阳西。

梧丘之魂　婉称无辜的冤魂，省称作"梧丘魂"。《晏子春秋·杂下三》载：齐景公狩猎时，有五丈夫用猎网惊扰了野兽，景公断其头而葬之，命曰五丈夫之丘。后来景公畋猎于梧丘，梦见五丈夫，悯而葬其白骨。狩，音shòu，冬天打猎称"狩"，泛称打猎；畋，音tián，打猎；梧丘，当路的高丘；梧，音wú；丘，也作"邱"。五丈夫，五个男子。

梧丘之首 因冤而死。《〈昭明太子集〉序》："梧丘之首，魂沉而靡托；射声之鬼，曝骨而无归。"射声之鬼，南朝宋之前废帝刘子业临死前听巫师之话亲自射鬼，结果被手下寿寂之杀死。事见《宋书·帝纪·前废帝》。

11. 表示死亡的字族

"先"字族 先父、先考、先人、先严、先子：皆婉称父亲死。清·吴研人《二十年目睹之怪现状》第七十四回："兄弟襁褓时，先严、慈便相继弃养，亏得祖父抚养成人，以有今日。"

先母、先妣、先媪、先慈、先亲：皆统称母亲死。清·杜濬《送五舅归黄州》："先母多兄弟，今看一舅存。"

"归"字族 归西、归阴、归尽、归死、归道山、久归道山、先归、大归、一命归天、一命归西、一命归阴：皆婉称死亡。宋·惠洪《冷斋夜话·东坡和陶诗》："世传端明（苏轼）已归道山，今尚尔游戏人间邪？"道山，传说中的仙山。

"亡"字族 亡化、亡殁、亡没、亡故、亡泯、亡逝：皆婉称死亡。《陈书·沈炯传》："臣门弟姪故自无人，妾丘儿孙又久亡泯，两家侍养，余臣一人。"姪，"侄"之异体字；泯，音mǐn；灭，尽。

"长"字族 长休、长忽、长觉、长眠、长谢、长逝、长终、长寐、长归、长辞、长短、三长两短：皆婉称死亡。南朝·宋·鲍照《松柏篇》："长寐无觉期，谁知逝者穷。"

"阵"字族 阵亡、阵殁、阵没、阵笼：皆婉称在作战中死亡。阵，阵地、作战。《明史·何文辉传》："子环，成都护卫指挥使，征迤北阵殁。"迤，音yí；殁，音mò，死。

"凋"字族 凋殁、凋没、凋谢、凋伤、凋落、凋殒、凋丧、凋灭、凋逝：皆婉称死亡。凋，萎谢。唐·薛用弱《集异记补编·汪凤》:"忠居未五六岁,其亲戚凋陨,又复无几。"

"淹"字族 淹殁、淹没、淹忽、淹逝、淹诀、淹毙:皆婉称死亡。淹,音yǎn,同"奄",迅疾,忽然,忽遽,含死亡之意。也指沉水而死,淹,音yān。清·恽敬《答董牧唐书》:"令兄春江孝廉遗诗,格正气和,可想见其为人,何以中道淹忽,不胜怆然。"胜,音shēng,禁得起,能够承受。

"沦"字族 沦殁、沦没、沦逝、沦亡、沦落、沦灭、沦坠、沦谢、沦荡:皆婉称死亡。沦,音lún,亡失。宋·陆游《寓言》其三:"故交沦落尽,至理与谁论。"《南史·萧明传》:"及闻社稷沦荡,哀泣不舍昼夜。"这里的"沦荡",指国家灭亡。

"捐"字族 捐馆、捐舍、捐世、捐命、捐躯、捐瘠,捐宾客、捐床帐、捐馆舍:皆婉称死亡。捐,离弃;瘠,音jí,饥饿,瘦。《战国策·赵策二》:"(苏素说赵王)曰:今奉阳君捐馆舍,大王乃今然后得与士民相亲,臣故敢献其愚,效愚忠。"宋·鲍彪注:"妇人死曰捐馆舍,盖亦通称。"奉阳君,指战国时赵国大臣李兑,曾独专国政。《汉书·食货志上》:"尧禹有九年之水,汤有七年之旱,而国无捐瘠者,以畜积多而备先具也。"颜师古注:"孟康曰:'肉腐为瘠。捐,骨不埋者。'瘠,瘦病也。言无相弃捐而瘦病者耳。"宋·司马光《上皇帝疏》:"老弱流离,捐瘠道路。"

"就"字族 就义、就命、就戮、就罄、就世、就木:皆婉称死亡。就,终了,卒;罄,音qìng,尽,完;就罄,犹"自尽";木,棺材。《左传·僖公二十三年》:"(重耳)将适齐,谓季隗曰:'待我二十五年,不来而后嫁。'对曰:'我二十五年矣,又如是而嫁,则就木焉。'"季隗,重耳的妻子。季隗的这段话就是"不复成嫁,请待子"的著名典故。在后世传为佳话。意思是我不会改嫁,我会抚养好孩子,等你回来。宋·岳珂《桯史·开禧北伐》:"复负重暑行,不堪其苦,多相泣而就罄。"

"溘"字族 溘逝、溘谢、溘毙、溘死:皆婉称死亡。溘,音kè,忽然。清·江藩《汉学师承记·纪昀》:"遽闻溘逝,深为轸惜。"轸，音zhěn，悲痛。

"倾"字族 倾世、倾殁、倾没、倾背、倾逝、倾殒：皆婉称死亡。倾，倾坍、倾覆、死。《魏书·北海王元详传》："北海叔奄至倾背，痛慕抽恸，情不自任。"

"绝"字族 绝命、绝气、绝世、绝亢、绝吭、绝肮：皆婉称死亡。亢吭肮三字同义，指喉咙、颈项。《史记·张耳陈余列传》："（贯高）乃仰绝肮，遂死。"裴骃《集解》引韦昭曰："肮，咽也。"司马贞《索隐》引苏林曰："肮，颈大脉也。"

"填"字族 填壑、填沟壑、填壑沟：皆婉称死亡。《战国策·赵策四》："（左师公）愿及未填沟壑而托之。"意思是希望没死之前，让自己的儿子有个着落。

"僵"字族 僵死、僵毙、僵覆、僵踣：皆婉称死亡。宋·无名氏《宣和遗事》："帝自土坑中顾视，上皇则僵踣死矣，帝呜咽不胜其恸。"僵踣，坐而僵死，僵，仆倒。

"冥"字族 冥寞、冥茫、冥默、冥客、冥府、冥间、冥土、冥冥：皆婉称死亡。冥，音míng，本指人死后的居处，代称死亡。《文选·颜延之〈陶征士诔〉》："近识悲悼，远士伤情。冥默福应，呜呼淑贞。"刘良注："虽冥默无象，固应神也。"

"徂"字族 徂殁、徂没、徂背、徂落、徂丧、徂谢：均婉称死亡。徂，音cú，通"殂"，死亡。南朝·梁·江淹《杂体诗·效陆机〈羁宦〉》："徂没多拱木，宿草凌寒烟。"没，音mò，通"殁"，死。

"入"字族 入土、入木、入冥：皆婉称死亡。木，棺材。清·蒲松龄《聊斋志异·巧娘》："因悒悒不畅，赍恨入冥。"悒悒，音yìyì，忧愁；赍，音jī，抱着，怀着。

"升"字族 升天、升仙、升西天、升遐：皆婉称死亡。遐，远，远去。晋·王嘉《拾遗记·轩辕黄帝》："及升遐后，群臣观其铭，皆上古之字。"

"去"字族 去了、大去、故去：皆婉称死亡。朱自清《背影》："大约大去之期不远矣。"大去，一去不返，指死。

"过"字族 过去、过世、过背：皆婉称死亡。明·俞弁《逸老堂诗活》卷下："陈声伯《渚山诗话》云：'近世士大夫遇事退恕，则曰：'过背之后，不知和尚在？钵盂在？'"

"没"字族 没世、没落、没齿、没寿：皆婉称死亡。没，音mò，同"殁"，死亡。《战国策·齐策六》："使管仲终穷抑，幽囚而不出，惭耻而不见，穷年没寿，不免为辱人贱行矣。"穷年，终年；辱人，指可耻的人；贱行，卑劣的行为。没齿，一般指终身，如说"没齿难忘"，也婉称死亡、死后。明·陆容《菽园杂记》卷四："夫自开国以来，将相大臣，功名富贵烜赫一时者多矣，没齿之后，陵谷变迁，不能保其坟墓者有矣。"

"丧"字族 丧元、丧室、丧偶、丧俪：皆婉称死亡。元，头，丧元，掉头颅；室，偶，俪，皆代称妻子。《孟子·滕文公下》："志士不忘在沟壑，勇士不忘丧其元。"赵岐注："元，首也。"

"颠"字族 颠殒、颠殁、颠没、颠踣：皆婉称死亡。颠，仆倒，坠落；踣，音bó，仆倒，死亡。宋·朱熹《与周丞相书》："熹之衰病，首尾七年……若不自揆，冒昧轻进，窃恐不唯自取颠踣，亦或反贻丞相轸念之忧。"揆，揣测；窃，私下，谦称自己；贻，遗留，留下；轸，隐痛；轸念，悲痛地思念。

"弃"字族 弃躯、弃背、弃代、弃割、弃移、弃禄、弃世、弃市、弃捐、弃养：皆婉称死亡。弃市，死于闹市，弃尸街头；弃养，谓父母去世。明·李昌祺《剪灯余话·贾云华还魂记》："生又问：'平章弃禄数年，今有谁在？生事若何？'"弃禄，舍弃俸禄，人死的婉称。《礼记·王制》："刑人于市，与众弃之。"《旧唐书·酷吏传》："（来俊臣）弃市，国人无少长皆怨之，竞剐其肉，斯须尽矣。"斯须，须臾，一会儿。

"捨"字族 捨字、捨寿：皆婉称死亡。捨字，谓子女死亡。捨，"舍"的繁体字。清·王昶《金石萃编·唐济度寺尼萧法愿墓志》："粤以龙朔三年八月廿六日捨寿于济度寺之别院，春秋六十三。"

"违"字族 违世、违代、违养：皆婉称死亡。违，弃开；违养，婉称父母或尊长去世，犹"弃养"。《左传·文公六年》：

"秦穆之不为盟主也宜哉！死而弃民。先王违世，犹诒之法，而况夺之善人乎。"诒，音yí，遗留。

"完"字族 完帐、完结、完蛋、完了：皆婉称死亡。明·冯梦龙《醒世恒言·李玉英狱中讼冤》："那时苗全已转进前门，打探听得里边哭声鼎沸，量来已是完帐。"完帐，指死。

"离"字族 离世、离尘、离亲：皆婉称死亡。晋·陶潜《祭从弟敬元文》："奈何吾弟，先我离世。"

"毙"字族 毙命、毙踣：皆婉称死亡。唐·韩愈《论天旱人饥状》："寒馁道涂，毙踣沟壑。"

"息"字族 安息、休息、长息：皆婉称死亡。巴金《探索集·访问广岛》："我不由自主地低声念起了慰灵碑上那一句碑文：'安息吧，过去的错误不会再犯了。'"安息，死的婉词，多用于对死者的悼慰。

"薨"字族 薨夭、薨奄、薨殂、薨殁、薨没、薨背、薨逝、薨落、薨殒、薨谢：皆婉称死亡。薨，周代称诸侯之死曰"薨"，唐代称二品官员之死曰"薨"。宋·文莹《湘山续录》："公，三公也，万一薨奄，銮辂必有祓祧之临，自当敛赠公衮，岂可加于僧体乎！"銮辂，音luánlù，銮驾，天子的车驾；祓祧，音fútiāo，除灾去邪之仪式；公衮，三公一类的显职，衮，音gǔn。

"族"字族 族杀、族死、族灭、族夷、族诛：皆婉称一族人死亡。族，指族人，有三族、五族、七族、九族、十族之分，均为古代杀人诛连上下左右之诸亲，是极其残酷的诛连刑法。夷，死亡。《史记·田儋列传》："高皇帝乃诏卫尉郦商曰：'齐王田衡即至，人马从者敢动摇者致族夷！'"族夷，即族灭，一人犯罪，杀死一族人。

"幽"字族 幽殁、幽没、幽死：皆婉称死亡。幽，囚禁。《宋书·武帝纪下》："从征关、洛，殒身战场，幽没不反者，赡赐其家。"幽没，囚禁而死。没，音mò，同"殁"，死。

"化"字族 迁化、隐化、尘化、大化、神化：皆婉称死亡。清·龚炜《巢林笔谈·沈万三亦能文》："有云：'玉骨土融，百

394

形皆尘化，万态俱空。'"尘化，化为尘土，指消失、死亡。清·梁章钜《浪迹丛谈·人死别称》："凡人死，曰卒，曰没，曰疾终……又有称隐化者。"

12. 其他讳称死亡的词

兵 婉称战死，被刺死。《史记·伯夷列传》："左右欲兵之。"

躺 婉称死亡。清·吴趼人《二十年目睹之怪现状》第六十五回："先母躺了下来，还是很热闹的；及至内人死后，散出讣帖去，应酬的竟就寥寥了。"

没地 人死埋入地下，婉称死亡。南朝·梁·江淹《恨赋》："赍志没地，长怀无已。"意思是胸怀大志没有实现而死，怀恨不已。

影削 婉称死亡。清·刘大櫆《祭张十二郎文》："呜呼，孰谓汝方在蒙养也，而忽焉影削，不保其向聚之形。"

游岱 婉称死亡。岱，泰山。古人认为人死后魂归泰山；或谓泰山是天帝之孙，主召人之魂。晋·张华《博物志》卷一："泰山，一曰天孙，言为天帝孙也，主召人魂魄。"明·王世贞《题扇》乙之四："其人有工临池者，有擅长城者，然半已游岱矣，揽之不胜人日曝书之感。"临池，指苦练书法；曝书，旧有七夕晒书之俗。（按："人日"是正月初七日，这里说"人日曝书"，疑误。）

小汙 婉称死亡。汙，音wū，"污"之异体字。《后汉书·蔡邕传》："有司数以蕃国疏丧，宫内产生，及吏卒小汙，屡生忌故。"李贤注："小汙，谓病及死也。"产生，指分娩。疏，通"疏"；疏丧，指关系疏远，或远宗、远亲的丧事。

放臂 婉称死亡。北齐·颜之推《颜氏家训·终制》："傥然奄忽，岂求备礼乎？一日放臂，沐浴而已，不劳复魄，殓以常衣。"意思是倘若突然死去，是不是会要求你们礼仪周备呢？哪一天我死了，只要为我沐浴遗体而已，不劳你们行复魂之礼，身上只穿普通衣服就行了。奄忽，忽然，指死亡。

无常 婉称死亡。旧时人们认为人将死时，阎王派勾摄生魂的使者白黑二"无常"去索命，俗称"勾魂使者""勾魂鬼"，后代称死亡。如说："那个人无常了。"

殒生、殒丧 婉称死亡。殒，音yǔn，通"殒"，丧命。《史记·太史公自序》："惠之早殒，诸吕不台。"意为汉惠帝早年去世，外戚诸吕当权，百姓不欢悦。惠，指汉惠帝刘盈；诸吕，指吕氏集团，即吕后和母家成员吕禄、吕产等；不台，不高兴；台，通"怡"，喜欢，愉快。南朝·宋·刘义庆《世说新语·伤逝》："支道林丧法虔之后，精神殒丧，风味转坠。"支道林与法虔是同学，法虔先死，支道林便精神垮台，意志消沉，一年后也死了。二人皆为东晋高僧。

饰巾 婉称死亡。上古之人死时不戴冠而裹巾。清·赵翼《挽唐再可》："方当享大耋，光景日正午，何期遽饰巾，霞飞倏羽化。"饰巾、霞飞、羽化，皆称死亡、仙逝。耋，音dié，七八十岁，泛指高龄；倏，音shū，忽然，极快地。

瞑目 婉称死亡。瞑，音míng，闭眼。《文选·刘峻〈广绝交论〉》："及瞑目东粤，归骸洛浦。"张铣注："瞑目，死也。"东粤，指新安，今浙江淳安县西；洛浦，洛水之滨；洛水，在今陕西洛南县，实指扬州。这段话的意思是任昉死于新安太守任上，后归葬扬州。任昉，南朝文学家，方志学家，"竟陵八友"之一。

撤瑟 婉称死亡。语出《仪礼·既夕礼》："有疾，疾者齐，养者皆齐，彻琴瑟。"彻琴瑟本谓撤去琴瑟使病人安静，后代称病重而死。彻，通"撤"。南朝·梁·任昉《出郡传舍哭范仆射》："宁知安歌日，非君撤瑟晨。"安歌，安乐地歌唱。

撤席 撤去坐席，婉称死亡。唐·李绛《兵部尚书王绍神道碑》："在位三岁，享龄七十有二，撤席于长安永乐里之私第。"

枕块 以土块作枕头，表示极其哀痛。婉称父母死亡，也是"寝苫枕块"的省称。《礼记·既夕礼》："居倚庐，寝苫枕块。"倚庐，古人守丧时住的房子，意思是倚木为庐，用草木盖成，不涂泥。倚，依仗。寝苫，睡草席子；苫，音shān，草席。《左传·襄公十七年》："齐晏桓子卒，晏婴……居倚庐，寝苫枕草。"晏桓子，齐国大夫，晏婴的父亲。

弭佩 婉称丧偶。弭，音mǐ，止；佩，身佩之玉，代称配偶。相传周朝郑交甫在汉皋台下遇二女，解佩相赠。典出汉·刘向《列仙传·江妃二女》。清·曹寅《程霬堂至诗以慰之》之一："客毛颁白尽，相见惜庭柯。弭佩三年改，登阶一揖多。"颁白，同"斑白"。

薤露、蒿里 本指古代的两首挽歌《蒿里》《薤露》，代称死亡。晋·崔豹《古今注》："《薤露》《蒿里》，并丧歌也。出田横门人。横自杀，门人伤之，为作悲歌。"西汉音乐家李延年将之分为二曲，《薤露》为送王公贵人之挽歌，《蒿里》为送士大夫、庶人之挽歌。薤，音xiè，植物名。田横，齐国贵族，陈胜起义后，田横与兄也反秦自立，占齐地为王。汉高祖刘邦统一天下后，田横不肯称臣于汉，率五百门客逃往海岛。刘邦派人招抚，田横被迫乘船赴洛阳，途径偃师首阳山自杀。海岛五百部属闻田横死，全部自杀。这就是著名的"田横五百士"的故事。司马迁说："田横之高节，宾客慕义而从横死，岂非至贤！"河南洛阳偃师市有田横墓。参见"著作、学派二字并称"中"蒿露"条。

黄茅 长有黄茅的荒冢，代称死亡。也是婉称。宋·杨万里《曾伯贡主簿挽诗》："即今俱白首，赴告忽黄茅。"

作古 已做古人，婉称死亡。鲁迅《花边文学·趋时和复古》："这一打是有力的，因为他（指刘半农）既是作古的名人，又是先前的新党。"刘半农，中国新文化运动先驱，文学家、语言学家。

盖棺、阖棺 婉称死亡。阖，音hé，合也。常常说："盖棺论定"，即人死入殓盖上棺材盖以后，才能给他下结论。《明史·刘大夏传》："人生盖棺论定，一日未死，即一日忧责未已。"

疾终 婉称死亡。终，死亡。如说"无疾而终""有疾而终"。明·冯梦龙《喻世明言·杨八老越国奇逢》："到三十六岁，忽对人说：'玉帝命我为江涛之神，三日后，必当赴任。'至期无疾而终。"

辞尘 离开尘世，婉称死亡。当代诗句："李敖辞尘惊文坛，自由勇士殒台湾。"李敖，台湾知名作家、学者。

剑化 宝剑化成了龙，婉称死亡。《晋书·张华传》中说晋人雷焕之子持父之太阿宝剑，行至延平，剑从腰间跃出，堕入水中，化而为龙。唐·韩愈《大行皇太后挽歌词》："凤飞终不返，剑化会相从。"

弊仆 婉称死亡。弊，音bì，仆，倒下。三国·魏·文钦《降吴表》："钦累世受魏恩，乌鸟之情，窃怀愤踊，在三之义，期于弊仆。"乌鸟之情，即乌鸦反哺之情，喻尽孝报恩；在三之义，指最受敬重的三种人，即父、师、君的情义。

陨越 婉称死亡。《文选·陆机〈谢平原内史表〉》："重蒙陛下恺悌之宥，回霜收电，使不陨越。"恺悌，音kǎitì，和乐平易；宥，音yòu，饶恕，原谅；回霜收电，喻称帝王息怒。《左传·僖公九年》："恐陨越于下，以遗天子羞。"杨伯峻注："陨越，同义连绵词，犹颠坠也。"这是陨越的本义。

奠楹 婉称死亡。《礼记·檀弓上》："予畴昔之夜，梦坐奠于两楹之间，夫明王不兴，而天下其孰能宗予？予殆将死也。"奠，定；畴昔，日前，往昔；畴，音chóu；楹，音yíng，堂前立柱。大意是孔子死前梦见他坐在庭堂立柱之间，感慨天下不兴明主，谁还能以我的思想为宗，我恐怕快要死了。奠楹，也作"两楹"。

厌世 厌弃人生，婉称死亡。《庄子·天地》："千岁厌世，去而上仙。"南朝·宋·鲍照《白云》："情高不恋俗，厌世乐寻仙。"

云亡 婉称死亡。《文选·王俭〈褚渊碑文〉》："子产云亡，宣尼泣其遗爱。"李善引《左传·昭公二十年》："子产卒，仲尼闻之，出涕曰：'古之遗爱也。'"杜预注："子产见爱，有古人之遗风。"《诗·大雅·瞻卬》："人之云亡，邦国殄瘁。"后以"云亡"代称学界泰斗或能诗文的长辈去世。殄瘁，音tiǎncuì，困苦，死亡。（按：子产，春秋时郑国人，著名政治家。子产死时，孔子二十九岁，孔子为子产之死流泪，说明他推崇子产。）

丢空 婉称死亡。元·李寿卿《伍员吹箫》第二折："凭着我穿杨妙手，管教他一命丢空。"穿杨，"百步穿杨"的省称，意思是在百步之内射柳树树叶，百发百中。

大幻 婉称死亡。宋·洪迈《夷坚甲志·陆氏负约》："忽大幻以长往，慕何人而辄许。"

牺牲 婉称死亡，泛称为正义而死，如说："为国牺牲。"古代祭祀时用牺牲，其本义是：色纯者为"牺"，体全者为"牲"。《周礼·地官·牧人》："凡祭祀，共其牺牲。"《左传·庄公十年》："牺牲玉帛，弗敢加也，必以信。"意思是：祭祀用的牛羊猪和宝玉丝绸等物，不敢向鬼神虚报，总是诚实守信。加，夸大，虚报；信，守信，诚实。

光荣 婉称战士牺牲。这是现代出现的婉称，如说："他在战场上光荣了。"

有讳 婉称死亡。《元朝秘史》（即《蒙古秘史》）卷十三："皇帝涉历山川，远去征战，若一日倘有讳，四子内命谁为主，可令众人先知。"

报销 本指财务上的核销、了结，取销亡、了结义，婉称死亡，也是谐称。俞林《在太行山上》："他简单地讲了跳崖的情景：'那个鬼子垫在我身子底下，他当场报销了。'"

报庙 婉称死亡。旧称人死后亲属到土地庙或五道庙报告死亡消息，并说一些"金童玉女来引路，保佑善人上西天"之类的祈祷语为"报庙"。萧红《生死场》七："后村的庙前，两个村中无家可归的老头，一个打着红灯笼，一个手提水壶，领着平儿去报庙。"五道庙，祭五道将军之庙。五道将军是传说中东岳的属神，掌管人的生死。

回首 婉称死亡。清·吴敬梓《儒林外史》第四十八回："直到临回首的时候，还念着老伯不曾得见一面。"

松下尘 婉称死亡。旧时墓地多种松树；尘，人死化为尘土。隋·昙迁《缁素知友祖道新林去留哀感赋诗》："我住邗江侧，终为松下尘。"邗，音hán，邗江，水名，春秋时吴王夫差在江淮间开凿的一条古运河，也叫"邗沟"，故道在今江苏扬州南。唐·李白《对酒忆贺监》："昔好杯中物，翻为松下尘。"

睡不醒、不睁眼、不在了、养不大　皆婉称死亡。《京本通俗小说·错斩崔宁》："那人大怒道：'这牛子好生无礼！'连搠一两刀，血流在地，眼见得老王养不大了。"搠，音shuò，戳。

青骡事　婉称死亡。《太平御览》卷九〇一引《鲁女生别传》："李少君死后百余日，行人有见少君在河东蒲坂市者，乘青骡。帝闻之，发其棺，无所有。"李少君，西汉道士。

呜呼哀哉　"呜呼哀哉"是祭文结尾处常用的表示悲伤的感叹之词，后婉称死亡。如说"呜呼哀哉，伏惟尚飨"。伏惟尚飨，伏在地上恭敬地请死者享用祭品，飨，音xiǎng，通"享"，享用祭品。伏惟，也作"伏维"，伏，伏在地上；惟，表示愿望、希望。宋·苏轼《祭欧阳文忠公文》："盖上以为天下恸，而下以哭其私，呜呼哀哉，尚享！"

声钟致赙、声钟给赙、鸣钟致赙　皆婉称死亡。古代称以财物帮助人办丧事，后代称死亡。赙，音fù，以财物助人办丧事。宋·岳珂《桯史·秦桧死报》："（赵汾就逮，自分必死）既而狱吏皆来贺，即日脱械出，则桧声钟给赙矣。"赵汾，南宋中兴贤相赵鼎之子。赵鼎被秦桧害死，赵汾也被逮捕，不久秦桧死，赵汾出狱，赵鼎平反，故有上面这一段话。

琴断朱弦　婉称丈夫死亡。清·洪昇《长生殿·幸恩》："琴断朱弦，不幸文君早寡。"也指妻子死亡。文君，指西汉才女卓文君，后嫁司马相如，有《白头吟》和《怨郎诗》传世。

三长两短　婉称死亡。明·范文若《鸳鸯棒·恚剔》："我还怕薄情郎折倒我的女儿，须一路寻上去，万一有三长两短，定要讨个明白。"三长两短，古代棺木不用铁钉子钉，用皮条把棺材底与棺材盖捆在一起。横捆三道，纵捆两道，横的方向木板长，纵的方向木板短，这就是"三长两短"的来源。语出《礼记·檀弓上》。恚，音huì，愤怒，怨恨。

效死捐生、出死断亡　皆婉称死亡。效死，犹"效命"，效力致死；捐生，舍弃生命。唐·白居易《七德舞》："含血吮疮抚战士，思摩奋呼乞效死。"思摩，指东突厥人阿史那·思摩，即李思摩。降唐后，唐太宗李世民赏识他，随太宗东征高句丽，被流矢击中，太宗亲自为他吮血。死后陪葬昭陵。事见《贞观政要》等书。晋·潘岳《寡妇赋》："甘捐生而自引。"自引，自杀。《荀子·富国》："故仁人在上，百姓贵之如帝，亲之如父母，为之出死断亡而愉者，无它故焉；其所是焉诚美，其所得焉诚大，其所利焉诚多。"

令原之威、脊令之痛 皆婉称兄弟去世。《诗·小雅·棠棣》："脊令在原，兄弟急难。"脊令，即鹡鸰，音jīlíng，水鸟名。诗句说脊令在原野，飞鸣求其同类，兄弟赶来救难。《棠棣》是一首歌唱兄弟亲情的诗。

归正首丘、归正首邱、归正邱守、狐死首丘、首丘之思 五个词皆婉称死于故乡。《楚辞·九章·哀郢》："鸟飞反故乡兮，狐死必首丘。"首丘，据说狐狸即使死在外边，也要把头向着它所住洞穴的土丘，后称人死归葬故乡为"归正首丘"。首，向，头向着；丘，土丘；邱，同"丘"。《礼记·檀弓上》："古之人有言曰：狐死正丘首，仁也。"《后汉书·班超传》："况于远处绝域，小臣能无依风首丘之思哉！"清·佚名《苦社会》第二十五回："从此故乡日离日远，我们几个人，看这光景，不知还有归正首丘的日子么？"参见"二字喻称"之"首丘"条。

鸿消鲤息 本谓音讯断绝，代称死亡，也是婉称。鸿，鸿雁，旧有"鸿雁传书""雁足传书"之说，代称书信。汉使苏武出使匈奴被拘留，汉朝要求匈奴释放苏武，匈奴谎称苏武已死。汉使知诈，便对匈奴人说，汉皇在上林苑射下一只大雁，雁足系一苏武帛书，说他未死。匈奴只好释放了苏武。鲤，鲤鱼，旧有"鲤鱼藏书"之说，代称书信。《乐府诗·饮马长城窟行》："呼儿烹鲤鱼，中有尺素书。"饮，音yìn，使之喝；尺素，古代用绢帛书写，通常长一尺，故称写文章用的短笺为"尺素"，代称书信。唐·张九龄《当涂界寄裴宣州》："委曲风波事，难为尺素传。"

清·陈裴之《香畹楼忆语》:"余方凄感欲绝,鸿消鲤息,洵有如姬所云者乎!"洵,音xún,诚然,实在。

烟断火绝　人烟灭绝,婉称死亡。南朝·梁·江淹《恨赋》:"无不烟断火绝,闭骨泉里。"李善注:"烟断火绝,喻人之死也。"

闭骨泉里、魂断泉里　婉称死亡,出处同上。泉里,九泉之下,代称死亡。苏曼殊《断鸿零雁记》第二十七章:"试问鬻花郎,吾家女公子为谁魂断也?"鬻,音yù,卖。唐·李白《自溧水道哭王炎》诗:"故人万化尽,闭骨茅山冈。天上坠玉棺,泉中掩龙章。"闭骨,埋葬尸体。龙章,衮龙之服和章甫之冠,代称皇帝。衮龙之服,皇帝及上公的礼服,衮,音gǔn,画有卷龙的衣服,也作"衮衣";章甫,古代的一种帽子。《礼记·儒行》:"(孔子)长居宋,冠章甫之冠。"

拱木敛魂　婉称死亡。江淹《恨赋》:"蔓草萦骨,拱木敛魂。"敛,通"殓",音liǎn,葬。拱木,指墓旁之大树。《左传·僖公三十二年》:"中寿,尔墓之木拱矣。"这是秦穆公派人对蹇叔说的话,意思是:你若活到六七十岁死去的话,现在你坟上的树也该有两人合抱那么粗了。

后　记

　　《称谓词借代词赏析》即将面世，我本来并不准备做什么后记的，因为已经有一个"前言"，不过那仅仅是就书的内容而言的，充其量只是个"凡例"。还有一些话要说，于是便有了这篇"后记"。

　　南宋著名词人刘克庄写过一首《沁园春·梦孚若》，下片有这么几句："叹年光过尽，功名未立，书生老去，机会方来。"这句话对我这个老书生来讲颇为贴切，只不过这样的机会就我而言已失却了它通常的含义。然而，机会毕竟是机会，所谓机不可失也。

　　宋人邵定《山中》诗，有"眉头无一事，笔下有千年"两句，我没有皱眉发愁之事，于是就读书写书，终于笔下有了文字，给后人留下了一点也许有用的东西。或者说，这就是"道不远人"吧。一位诗僧曾经写过一首《悟道诗》："尽日寻春不见春，芒鞋踏遍陇头云。归来笑拈梅花嗅，春在枝头已十分。"这是一首禅机妙理诗，前两句写求道，后两句写悟道。我辛苦辗转而读书"求道"；现在这本《称谓词借代词赏析》算是一种"悟道"。宋代诗人陈人杰说"诗不穷人"（《沁园春·诗不穷人》），我套用一句"文

403

不穷人"。欧阳修说"穷者而后工"(《梅圣俞诗集序》),我十分赞赏之。我不敢说我的书"工",但总算是"成"了。

或许是机缘巧合,我有两本书都是中国言实出版社出版的,很是欣慰。出版社的编辑同志把关严格,选稿谨慎;审阅认真,校勘精细;增删有度,指瑕准确。他们还专门邀请了专家教授为我把关。我十分感谢出版社的领导和编辑同志。

我的学生建平(笔名平凡),为我写了《读书风雅事,称谓知几人——写在〈称谓词借代词赏析〉前面》这篇序文。我曾说过,学生写书、先生作序是"当仁之责"。仅仅是责任,不敢言水平。而今天我让学生给我写序,我自然是成竹在胸的。虽然他的序文中有些过誉之辞,但就内容而言,他说了真话、行话,从中也可以看出他深厚的古典文学功底。

在成书过程中,还有不少同侪和弟子,比如我的老同学包头师范学院教授张福勋、《文艺报》总编辑梁鸿鹰、北京大学出版社责编王炜烨等,给予我许多鼓励和支持,在此深表谢忱。

三年前,《语文教学艺术论》出版后,本想搁笔休息了,而老同学福勋几经鼓励并责令我继续握翰。于是我作茧自缚,自找苦吃,又拿起了笔。我搜集资料一年,四易其稿一年,加上出版社的三次审稿,已快三个年头了。如果说那本书是"集腋成裘"的话,那么这本书就是"独木成林"了。因为《语文教学艺术论》是多年多篇的汇总,内容纷庞;而《称谓词借代词赏析》却是主题突出、内容单一,如若一棵大榕树又生出了众多气根。这类专业性很强的书,对于一个中学语文教师来说,真有点绠短汲深、弱臂扛鼎、力不从心。这类书写起来可不是粲花之论,而是辛苦之谈;这类文章不能"笔头风雨三千字",只能是一字一句地抠,唯恐有误,真的是战战兢兢,如履薄冰,如临深渊。

"纸上得来终觉浅,绝知此事要躬行"。著书是一项异常艰辛的劳动。有时候为了一个词,需要付出两三个小时的劳动。我翻阅的书籍有《二十五史》《诸子集成》《昭明文选》《左传》等,我依据的工具书有《汉语大词典》《二十六史大辞典》《甲金篆隶大字典》以及上海辞书出版社出版的二十多本《鉴赏辞典》等。写作当中，虽然辛苦，但是我甘愿"有寒灯一点，相伴荧荧"。（元·王旭《春从天上来·退隐》词），甘愿"膏火自煎熬"（宋诗人吕本中《读书》）。建平说我"披星戴月，孤灯守望"，真是一点不假。

元代著名画家黄公望《次所和竹所诗奉柬》云："人生无奈老来何，日薄崦嵫已不多。大抵华年当乐事，好怀开处莫空过。"我素来以书为乐，于是妄改金朝诗人刘汲《题西岩》诗句"人乐纷而意，我乐静而书"（"书"原文是"闲"）。"孤舍一檠灯，夜夜看书夜夜明"（元·刘秉忠《南乡子·南北短长亭》）是我的人生乐趣和写照。有两个酷暑，我只着一裤头，挥汗如雨，白天一坐八个小时翻阅资料，晚上一坐四个小时潜心写作。一个八旬老人，一天低头伏案十二个小时，辛劳至极，这也可以算作黄花晚节了吧！

汉语词汇中有一个词叫"困学"，出自《论语·季氏》，本义是有所不知而学习，后泛称刻苦学习。南宋学者王应麟著有《困学纪闻》，元代诗人鲜于枢号曰"困学山民"，室曰"困学之斋"，皆取此义。我效而学之，困而学，成而书，聊以自慰也。

称谓词与借代词看似简单，数量也仅占汉语词汇总量的百分之一（以《汉语大词典》的词条量为标准），但它涉及经史子集诸多典籍，关联古今中外众多知识，因此词条选择难，需要面广精细。同时，词条注释也难，需要详略适当。在近4000个称谓词与借代词当中，注释词约3200多个，未释词约800多个。这些词的出处引文多，需要反复斟酌取舍，我选取常见常用者，舍弃生僻艰涩者；文字多费解，需要诠释注疏；文字内容深，实在查而不详者，只好藏拙搁置，秘而不宣了。

岁月不居，时节如流，志学以来，已过八秩。"夫怀旧之感，恒笃于暮年；进取之方，不容于反顾。"（王国维《人间闲话·王

后记

405

国维随笔》）诚然，这本书的疏漏谬误之处一定还有很多，敬请方家学者匡之郢之。以上琐屑之辞，权作"后记"之文。

潘　涌

己亥孟夏于古镇陕坝